2011 年国家社科基金重大项目（11&ZD060）

我国公共体育服务统计体系与综合评价实证研究

李伟平　权德庆 等　编著

人民体育出版社

图书在版编目（CIP）数据

我国公共体育服务统计体系与综合评价实证研究 / 李伟平等编著. -- 北京：人民体育出版社，2022
ISBN 978-7-5009-6218-2

Ⅰ. ①我… Ⅱ. ①李… Ⅲ. ①群众体育－社会服务－研究－中国 Ⅳ. ①G812.4

中国版本图书馆 CIP 数据核字（2022）第 177070 号

*

人 民 体 育 出 版 社 出 版 发 行
北京中献拓方科技发展有限公司印刷
新 华 书 店 经 销

*

787×1092 16 开本 19.5 印张 434 千字
2022 年 8 月第 1 版 2022 年 8 月第 1 次印刷

*

ISBN 978-7-5009-6218-2
定价：105.00 元

社址：北京市东城区体育馆路 8 号（天坛公园东门）
电话：67151482（发行部） 邮编：100061
传真：67151483 邮购：67118491
网址：www.psphpress.com
（购买本社图书，如遇有缺损页可与邮购部联系）

编写组人员

李伟平　权德庆　雷福民　魏　华

王　怡　朱元利　罗普磷

前　言

PREFACE

公共体育服务作为一个国家或地区经济发展水平、政治文明程度的重要标志，对促进我国科学发展，建设服务型政府，提高社会民众健康水平，加快由体育大国向体育强国转化发挥至关重要的作用。公共体育服务的核心任务是利用公共社会资源，统筹、组织、协调、配置社会公共体育资源，向社会民众提供基本的公共体育服务及体育产品，以保障社会民众体育权利的实现。建立完善的公共体育服务体系，一项很重要的基础性工作就是对我国公共体育服务的整体发展状况和各地区公共体育服务的发展状况进行统计描述和综合评价，寻找存在的主要问题及解决问题的有效对策，并以此进行科学决策，制定我国公共体育服务发展战略。然而，目前我国在该领域缺乏系统完善的理论研究和实践探索，迫切需要从理论和实践两个方面进行深入研究。探索我国公共体育服务体系的系统构成，构建我国公共体育服务体系统计指标体系，综合实证评价我国公共体育服务发展水平已成为当前亟待解决的重大研究课题。

本书的主要内容包括以下理论研究和实证检验。

在理论研究方面，面向全民健身、体育赛事、青少年体育和体育场地设施等领域的重大公共服务需求，借鉴公共服务和新公共服务理论的有益经验，以体育学、统计学、管理学和信息科学的基本理论为指导，围绕我国公共体育服务体系和关键技术中的基础科学问题，构建课题的研究框架，并着重在以下方面进行理论探讨。①公共体育服务的基本问题研究。通过查阅文献资料和走访专家，从深化体育事业改革的视角界定公共体育服务的概念，阐述公共体育服务的基本特征，探讨公共体育服务的核心内容，梳理我国公共体育服务的发展历程，探索我国公共体育服务体系的基本规律。②公共体育服务统计指标体系构建。经过多轮指标筛选，并结合公共体育服务的特征、指标选取原则等，最终确定包含 3 个层级指标的指标体系。③公共体育服务统计方法研究。依据我国公共体育服务统计的实际需求，设计切实可行的统计调查方法体系。我国公共体育服务统计调查方法体系的构建总体上应采用以普查为基础，以抽样调查为主体，以全面报表、重点调查、典型调查为辅助的方法。④公共体育服务综合评价理论模型构建。建立我国公共体育服务综合评价理论模型，提出多元组合综合评价的机理与方法，解决复杂系统环境下我国公共体育服务水平的综合评测问题。

在实证检验方面，以解决公共体育服务领域统计信息的收集、整理、综合评价与开发为目标，首先对我国公共体育服务统计指标体系中所设计的指标予以解释说明，按照统一的标准和代码，对统计指标体系实行规范和编码，研制我国公共体育服务统计报表；

然后选取陕西省作为实证评价对象，通过年报、抽样调查等方式采集统计数据，运用公共体育服务综合评价模型，分别采用层次分析综合评价法、模糊综合评价法、灰色综合评价法等综合评价方法对实证研究对象进行综合评价，验证公共体育服务统计指标体系和综合评价体系的可操作性；最后依据我国公共体育服务体系框架、统计报表体系和综合评价模型，建立我国公共体育服务统计应用与决策信息支持平台，对相关理论和关键技术进行综合集成。

本书是国家社科基金重大项目的研究成果，由李伟平、权德庆负责统稿。各章编写人员如下：第 1 章（权德庆、李伟平），第 2、3、4、6、7、8、11 章（李伟平），第 5 章（雷福民），第 9 章（罗普磷），第 10 章（朱元利），第 12 章（王怡），第 13 章（魏华）。

由于编著者学识水平有限，书中难免有不当之处，诚请读者给予批评指正。

目　录

PREFACE

第一部　总　报　告

第 1 章　绪论……3

1.1　研究背景……3
1.2　研究意义……4
1.3　总体研究框架、研究目标和基本内容……4
1.4　研究的基本思路……8
1.5　研究方法……12
1.6　学术价值和学术创新……14
1.7　应用价值和社会效益……16
1.8　成果存在的不足……16

第 2 章　文献综述……18

2.1　公共体育服务……18
2.2　体育事业统计……29
2.3　体育产业统计……32
2.4　体育消费统计……35
2.5　综合评价研究……37
2.6　小结……41

第 3 章　公共体育服务的理论基础……42

3.1　新公共服务理论……42
3.2　新公共管理理论……43
3.3　公共体育服务的基本概念……44
3.4　公共体育服务的基本特征……45
3.5　公共体育服务的内容……47
3.6　我国公共体育服务体系的构成……63
3.7　我国公共体育服务统计体系……64

第 4 章　公共体育服务统计指标体系的构建……69

4.1　构建统计指标体系的基本原则……69
4.2　统计指标体系的预选与筛选……70

4.3 统计指标体系的主要框架…………82
4.4 统计指标的解释说明…………83
4.5 统计指标体系的特点…………85

第5章 公共体育服务统计方法体系…………87

5.1 当前统计领域的现状…………87
5.2 公共体育服务统计调查方法研究…………89
5.3 统计指标的分类…………98

第6章 公共体育服务统计报表设计…………100

6.1 统计报表的种类…………100
6.2 统计报表的结构…………101
6.3 报表的规范化…………102
6.4 代码的编制原则…………102
6.5 公共体育服务统计年报报表表式和代码设计…………102

第7章 公共体育服务评价指标体系的构建…………127

7.1 评价指标体系的功能与构建原则…………127
7.2 评价指标体系的预选与筛选…………129
7.3 评价指标体系的确立…………139
7.4 评价指标体系的解释说明…………141
7.5 评价指标体系权重的确立…………144
7.6 指标的无量纲化处理…………153
7.7 综合评价模型的应用与实证研究…………155

第8章 公共体育服务信息系统研制…………163

8.1 需求分析…………163
8.2 研制目标…………164
8.3 系统设计…………164
8.4 系统实现…………165
8.5 系统软件技术架构…………175
8.6 系统的安全性保证…………175
8.7 小结…………177

第二部 子报告

第9章 我国大型体育场馆公共服务能力评价指标体系研究…………181

9.1 研究背景…………181
9.2 文献综述…………182
9.3 研究对象与方法…………185

9.4　研究结果与分析……186
9.5　结论……203

第 10 章　残疾人公共体育服务体系研究……205

10.1　研究背景……205
10.2　研究的总体设计……210
10.3　研究结果与分析……211
10.4　结论……227

第 11 章　陕西省全民健身体育公共服务水平评价指标体系研究……229

11.1　选题背景……229
11.2　研究的基本思路……230
11.3　研究对象……231
11.4　研究方法……231
11.5　研究结果与分析……232
11.6　结论……248

第 12 章　西安市社区公共体育服务体系研究……250

12.1　研究背景……250
12.2　研究的总体设计……255
12.3　研究结果与分析……257
12.4　结论……269

第 13 章　政府公共体育服务投入对体育消费水平影响的应用研究……270

13.1　研究背景……270
13.2　理解体育消费……272
13.3　理解政府公共体育服务投入……277
13.4　理解数据挖掘技术……282
13.5　我国城镇居民体育消费水平的数据挖掘分析……285
13.6　结论与建议……297

主要参考文献……300

第一部分

总 报 告

第1章

绪　论

随着社会进步和人民生活水平的不断提高，全面构建体育强国已成为时代的一项重要命题。提高公共体育服务水平已成为体体育强国建设的重要内容。公共体育服务的核心任务是利用公共社会资源，统筹、组织、协调、配置社会公共体育资源，向社会民众提供基本的公共体育服务及体育产品，以保障社会民众体育权利的实现。建立完善公共体育服务体系，一个很重要的基础性工作就是对我国公共体育服务整体发展状况和各地区公共体育服务的发展状况进行统计描述和综合评价，寻找存在的主要问题及提出解决问题的有效对策，并依此进行科学决策，制定我国公共体育服务发展战略。然而，目前我国在该领域缺乏系统完善的相关理论研究和实践探索，迫切需要从理论和实践两方面进行深入研究。探索我国公共体育服务体系的系统构成，构建我国公共体育服务体系统计指标体系，综合实证评价我国公共体育服务发展水平已成为当前亟待解决的重大研究课题。

1.1　研究背景

公共体育服务作为一个国家或地区经济发展水平、政治文明程度的重要标志，对促进我国科学发展，建设服务型政府，提高社会民众健康水平，加快由体育大国向体育强国转化发挥至关重要的作用。

2003 年，党的十六届三中全会首次明确提出了“公共服务”的政府职能要求，国务院制定颁布了《公共文化体育设施条例》，由此拉开了全国公共事业服务和行政改革的序幕。2005 年，国家体育总局局长刘鹏同志在全国体育局长会议上提出了“公共体育服务”的行政理念；2007 年，党的十七大正式提出了“完善公共服务体系”“建设服务型政府”；2009 年，国务院重新制定颁布了《全民健身条例》，全面提升了公共体育服务的法律地位。2015 年，《体育发展“十三五”规划》提出加快建设水平较高、内容完备、惠及全民的基本公共体育服务体系，逐步推动基本公共体育服务在地域、城乡和人群间的均等化；推进基本公共体育服务示范区建设，制定结构合理、内容明确、符合实际的基本公共体育服务标准体系；加强基本公共体育服务信息化建设，建立数据采集和监测体系。2016 年 6 月 15 日，《国务院关于印发全民健身计划（2016—2020 年）的通知》提出强化全民健身发展重点，着力推动基本公共体育服务均等化和重点人群、项目发展。依法保障基本公共体育服务，推动基本公共体育服务向农村延伸，以乡镇、农村社区为重点促进基本公共体育服务均等化。2016 年，《中共中央 国务院印发〈“健康中国 2030”规划纲要〉》，提出加快开放体育资源，创新健身休闲运动项目推广普及方式，进一步健全政府购买体育公共服务的体制机制。2019 年，《国务院办公厅关于印发〈体育强国建设纲要〉的通知》提出落实全民健身国家战略，完善全民健身公共服务体系。

1.2 研究意义

本研究从公共体育服务的内涵与外延出发，探索构建何种公共体育服务体系才能最有利于实现社会公平与和谐发展，科学测度公共体育服务的发展状况，客观评价公共体育服务的发展水平与程度。本研究将统计应用、综合评价的研究工具和研究方法运用到公共体育服务领域，进行统计指标和评价指标体系的构建、权重的确立、综合指数的开发等，开拓了公共体育服务领域的研究视野，为后续公共体育服务的实证研究提供了方法学借鉴，大量的第一手研究资料和研究成果也为体育管理学、综合评价学、体育统计学及体育相关学科的发展填补了新的学科内容。

按照区域经济划分理论，在东中西部分别选择等经济区（部分省份），对其公共体育服务体系建设现状进行调查，寻找共性特征，初步构建我国体育公共服务统计体系及综合评价指标体系。在此基础上，应用元数据库、数据挖掘等技术，建立我国公共体育服务统计应用与决策信息支持平台，并使用该平台在具有典型特征的区域进行试用，提供给有关政府管理部门，为各级政府和体育行政部门的决策提供切实可行的参考依据。

1.3 总体研究框架、研究目标和基本内容

1.3.1 总体研究框架

紧密围绕 2 个核心科学问题（问题一：我国公共体育服务的现有状况如何？如何划分？相互关系如何？问题二：我国公共体育服务数据如何统计？怎么统计？统计什么？效果如何评价？）研究兼顾国家重大需求和科学前沿，从基础理论模型、统计模型、理论与方法支撑、平台与典型应用示范 4 个层次着手，利用基础理论研究带动核心技术突破，按照“1 套基础理论体系、1 个统计模型、4 项关键技术、1 个立体化平台”的整体目标开展项目研究。把公共体育服务体系结构的理论模型作为研究基础，构建符合国情、精简高效、动态开放的公共体育服务统计体系，特别注意与统计信息化、数据挖掘技术、综合评价技术的联系和集成，研制一个立体化的公共体育服务统计与决策信息支持平台，在全民健身公共体育服务领域展开应用验证，形成完整的研究体系，如图 1-1 所示。

1.3.2 研究目标

面向全民健身、学校体育、体育经济及竞技体育等领域的重大公共体育服务需求，深入分析我国公共体育服务体系的发展历程，以解决公共体育服务领域统计信息的收集、整理、综合利用与开发为目标，揭示我国公共体育服务的现状；以体育学、统计学、管理学和信息科学的基本理论为指导，围绕我国公共体育服务体系和关键技术中的基础科

学问题开展研究，运用系统科学的理论，探索我国公共体育服务体系的基本规律，建立我国公共体育服务体系结构理论模型。

在此基础上，构建我国公共体育服务统计与综合评价体系理论模型。提出我国公共体育服务行业分类标准，建立我国公共体育服务统计指标体系、统计调查方法体系、统计组织体系及统计数据质量保障体系等，及时、可靠地获取我国公共体育服务统计信息并为各级政府和体育职能部门决策服务；建立我国公共体育服务综合评价理论模型，提出多元组合综合评价的机理与方法，解决复杂系统环境下我国公共体育服务水平的综合评测问题。

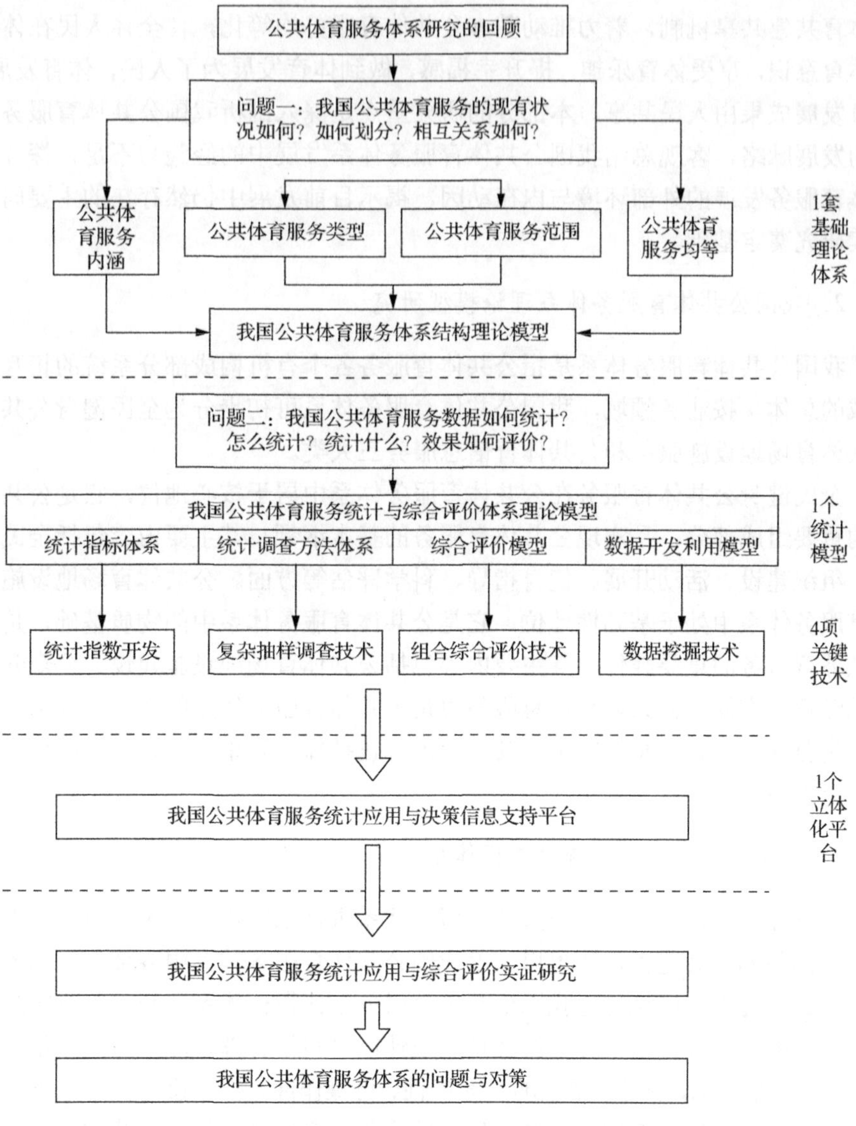

图 1-1 我国公共体育服务统计体系与综合评价研究总体框架

本研究采用抽样调查方法、多元综合评价技术、数据挖掘技术应用及动态系统等方法和理论，在公共体育服务提供等方面取得系列理论成果和关键技术研发成果，并在全民健身公共体育服务领域进行试验和验证；以期为构建我国公共体育服务统计体系和综合评价体系提供理论指导，推动我国在公共体育服务领域的跨越式发展。

1.3.3 基本内容

1．公共体育服务基本问题研究

公共体育服务与义务教育、公共卫生、公共文化一样，是广大群众最基本、最普遍的发展需求，属于政府公共服务的范畴。《体育发展“十三五”规划》中明确提出加快完善体育共建共享机制，着力推动基本公共体育服务均等化，使全体人民在体育参与中增强体育意识，享受体育乐趣，提升幸福感，做到体育发展为了人民，体育发展依靠人民，体育发展成果由人民共享。本部分的研究重点是深入剖析我国公共体育服务体系各个阶段的发展脉络，客观总结我国公共体育服务体系发展中的经验与不足，探寻影响我国公共体育服务发展的外部环境与内在动因，揭示目前发展中仍然存在的主要问题，以期为后续研究奠定基础。

2．我国公共体育服务体系理论模型研究

我国公共体育服务体系是指公共体育服务各个有机构成部分系统的相互联系、相辅相成的总体。按业务领域，我国公共体育服务体系可初步分为全民健身公共体育服务、公共体育场地设施服务和公共体育信息服务三大类。

全民健身公共体育服务在公共体育服务体系中居于核心地位，它是公共体育服务体系的重要组成部分，是实现公共体育服务的基本纲领，其主要内容包括全民健身设施建设、组织建设、活动开展、健身指导、科学评估等方面。公共体育场地设施服务在公共体育服务体系中处于基础性地位，它是公共体育服务体系中的物质基础，是为公众提供公共体育服务的重要载体，其主要内容包括公共体育场地设施建设、公众开放服务以及组织经营等方面。公共体育信息服务也是公共体育服务体系的重要组成部分，主要是为了满足公众对体育信息的需求，其主要内容包括体育赛事电视转播、网络、报纸及体育培训等方面。

3．我国公共体育服务统计指标体系研究

用统计指标体系对我国公共体育服务体系进行系统描述，不仅可以反映我国公共体育服务体系的发展进程，还可以测度我国公共体育服务体系中各部分之间的内在关联。本部分的研究重点围绕构建我国公共体育服务统计指标体系展开，主要研究内容如下。

一是统计指标体系设计。统计指标设计以“科学合理、注重实效、便于操作、强化服务”为基本要求，并遵循目标性、系统性、可操作性、相对独立性、层次性等主要原则。

二是统计指标体系构建。统计指标体系是一个信息系统，因此构建一个统计指标体系就是要构建一个系统。系统的构建应该包括系统元素的配置和系统结构的安排两个方面。在统计指标体系这个系统中，每个指标都是系统元素，而各指标之间的相互关系是系统结构。我国公共体育服务统计指标体系的构建研究可以分解为单项指标的构建和指标体系结构的构建两个方面的内容，构建过程大致分为理论准备、指标体系的初选、指标体系的完善和指标体系的运用4个环节。根据已有研究，我们认为我国公共体育服务统计指标体系可初步设计为3层结构，即总目标层、子目标层和指标层。总目标层为公共体育服务，子目标层可以分解为全民健身服务、青少年体育服务、体育赛事服务及公共体育场地设施服务等6个方面，指标层可以分解为公共体育设施服务、全民健身指导服务、国民体质监测服务。该体系一方面要反映公共体育服务发展基本状况，另一方面也要能够及时反映我国公共体育服务发展趋势或特殊领域的专项统计信息。二者相结合，形成一套全面、准确、科学、系统反映体育事业发展的统计指标体系。

三是与统计指标体系相配套的统计表式和统计指标解释说明。

4．我国公共体育服务统计调查方法体系研究

本部分研究的主要内容是依据我国公共体育服务统计的实际需求，设计切实可行的统计调查方法体系。目前，根据不同的统计需求，体育领域应用的统计调查方法也各不相同，有年报、普查和抽样调查等，呈现出多元化的特征。

初步研究认为，我国公共体育服务统计总体上宜采用以普查为基础，以抽样调查为主体，以全面报表、重点调查、典型调查为辅助的调查方法体系。

统计报表制度，是国家统计系统和各业务部门为了定期取得系统的、全面的基本统计资料，按一定的要求和表式自上而下统一布置、自下而上提供统计资料的一种统计调查方法。各单位统计报表要以一定的原始记录为基础，按照统一的表式、统一的指标、统一的报送时间和报送程序进行填报。

普查，是指一个国家或一个地区为详细地了解某项重要的国情、国力而专门组织的一次性的、大规模的全面调查，其主要用来收集某些不能够或不适宜用定期的全面调查报表收集的信息资料。运用该调查方法时人财物投入大，不宜经常进行。

抽样调查，也称样本调查，是非全面调查中的一种重要方法。运用该方法时，从全部调查研究对象中，遵循随机原则抽选一部分单位进行调查，并对全部调查研究对象做出估计和推断。该调查方法灵活、方便，投入小，可靠性强。

重点调查，是在全体调查对象中整群选择一部分重点单位进行调查，以取得统计数据的一种非全面调查方法。它强调被选单位在某些项目或指标上占绝大比重，其特点是投入少、调查速度快、所反映的主要情况或基本趋势比较准确，其作用是反映调查总体的主要情况或基本趋势。该调查方法重点突出，和抽样调查不同的是，重点调查取得的数据只能反映总体的基本发展趋势，不能用以推断总体，因而也只是一种补充性的调查方法。

典型调查，是一种比较灵活的非全面调查，它是从众多的调查研究对象中，有意识地选择若干个具有代表性的典型单位进行深入、周密、系统的研究的调查方法。所谓“解剖麻雀”就是典型调查。典型单位的选择需要形成对调查对象全面、正确的认识。

5. 我国公共体育服务综合评价模型与实证研究

公共体育服务水平，受区域经济发展水平和居民收入的影响，直接决定着居民的健康状况，它是体育职能管理部门、企业、居民等主体关注的焦点。构建一套系统反映我国公共体育服务水平的综合评价体系，对我国公共体育服务水平进行综合评价，对了解我国公共体育服务水平的发展现状，引导各地重视和推动公共体育服务的发展，制定切实可行的发展政策具有重大的现实意义。本部分将从以下方面开展研究：

一是确定评价目的。评价目的是从事综合评价活动的依据，也是综合评价指标体系设计与模型选择的依据。本研究的评价目的是测评我国公共体育服务水平的发展情况。

二是构建我国公共体育服务水平评价指标体系。该指标体系拟设计全民健身、学校体育、公共体育空间等一级指标；公共体育设施服务、公共体育教育服务、全民健身指导服务、国民体质监测服务、公共体育信息服务等二级指标及细化的三级指标。

三是确立我国公共体育服务水平评价指标权重。选择合适的评价方法与模型，开发我国公共体育服务水平指数。

四是开展综合评价。评价我国公共体育服务水平的发展程度，探讨各区域间公共体育服务水平的差异、公共体育服务水平与区域经济发展的内在关联、公共体育服务水平与居民的生活方式和生活质量的相关性。

6. 我国公共体育服务统计应用与决策信息支持平台研究

依据本研究提出的公共体育服务体系结构理论模型、公共体育服务统计体系模型和公共体育服务体系综合评价模型，建立我国公共体育服务统计应用与决策信息支持平台，对相关理论和关键技术进行综合集成。该平台功能上由 2 个部分组成。

公共体育服务基础数据库，该模块主要是公共体育服务数据统计工作中收集的原始数据、中间参数和结果数据的有效集合。基于关系型数据库管理数据平台，利用云计算信息系统基础软件提供的功能，通过原始资料准备和资料预处理、数据采集、数据处理及建库等工作流程，建立群众体育基础数据库。其主要研究内容是完成基础数据的误差分析、完整性、一致性检验、导入、存储、备份和保密等目标，提供数据的属性组织和逻辑组织形式。

公共体育服务数据管理系统，该模块主要实现对数据的有效管理，如查询、统计、分析、更新等功能。其主要研究内容是从数据库中提炼出有用的信息，对基础数据进一步整合、分类，提取出有规律性的知识。各省结果的内在规律和相互之间的联系隐含在不同数据集之间，挖掘这些数据集之间的有机联系，将各省数据连接成为一个有机的整体，完成国家级数据建库。在这个模块上，数据处理的手段、方法和效率是核心。

1.4 研究的基本思路

本研究将通过广泛调查，从了解和掌握我国公共体育服务体系的现状及基本特征入手，以构建“以政府为主导、以社会为重点、以设施为依托、以活动为载体、以机构为桥梁”的公共体育服务体系统计应用与综合评价体系为总体目标，围绕本研究拟解决 3 个关键问题，覆盖关键问题包含的主要研究内容，本研究将设置紧密联系而有不同侧重的 4 个研究模块开展深入研究。关键问题与研究模块之间的关系、研究模块之间的相互关系如图 1-2、图 1-3 所示。模块 1 为模块 2、模块 3、模块 4 提供基础模型的支持；模块 2、模块 3 围绕模块 1 建立的理论模型，从定量描述、综合评价两个方面开展理论和方法研究；模块 4 用于对本研究提出的统计应用及综合评价体系理论及关键技术进行信息化综合集成， 并反馈指导理论和关键技术研究。

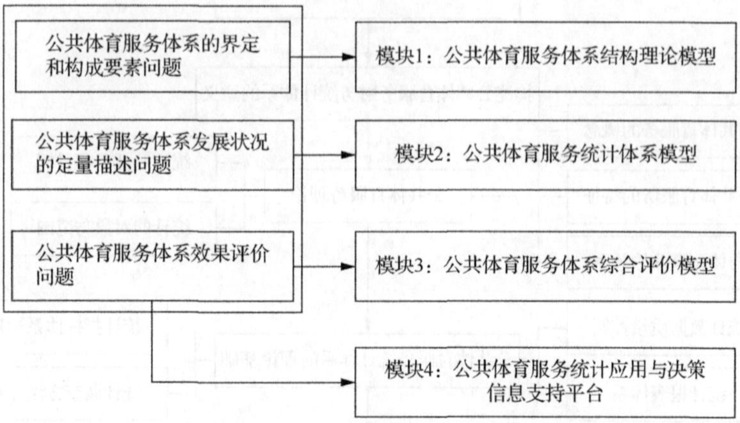

图 1-2 关键问题与研究模块之间的相互关系

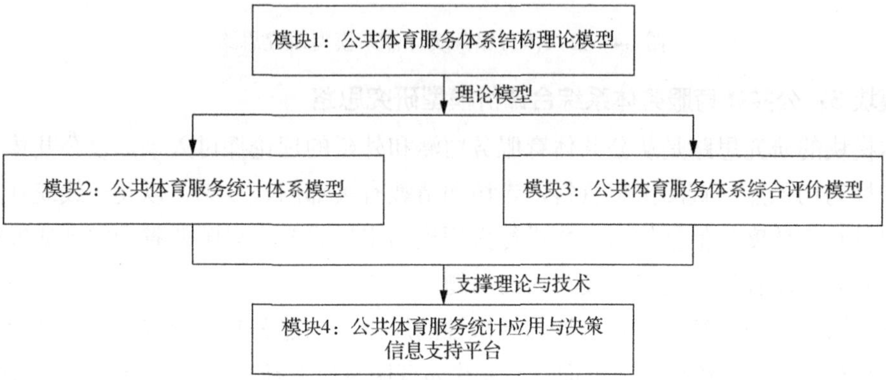

图 1-3 研究模块之间的相互关系

下面是各个研究模块的具体研究思路。

模块 1：公共体育服务体系结构理论模型研究思路

本模块的研究思路是对现有研究观点进行梳理和总结，针对目前大部分观点研究视角存在的问题(即大多从公共组织视角和免费视角)，提出符合我国国情和新公共管理学、经济学、财政学等理论新的内涵解读，对现有公共体育服务的分类及其局限性进行分析，从公共服务需求与供给平衡、保障性服务和发展性服务分野的角度，探讨我国公共体育服务的基本特征，从全民健身、体育赛事服务、青少年体育服务等方面入手，以政府、公众、服务提供者等多视角研究我国公共体育服务与上述内容的交叉与差异，厘清我国现阶段公共体育服务的核心内容。

模块 2：公共体育服务统计体系模型研究思路

本模块的研究思路是在公共体育服务理论分析的基础上，明确公共体育服务统计的目标、范围等，对公共体育服务的统计指标体系构建、统计调查方法体系、统计报表体系及统计数据质量控制进行深入探讨。公共体育服务统计体系模型研究思路如图 1-4 所示。

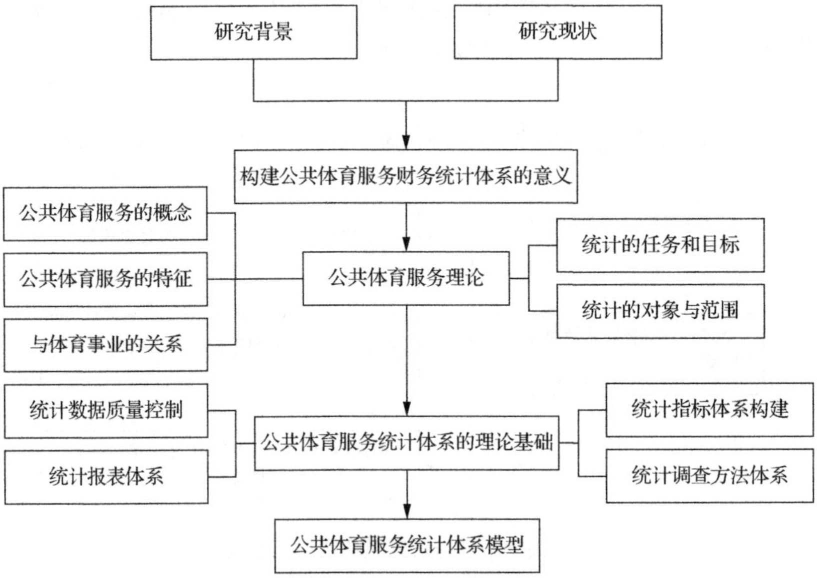

图 1-4 公共体育服务统计体系模型研究思路

模块 3：公共体育服务体系综合评价模型研究思路

本模块的研究思路是从公共体育服务内涵和外延的理论探讨入手，以公共体育服务统计指标为切入点，查阅文献资料，走访和请教有关部门、专家，以及一线统计人员，设计出具有高效度与信度的问卷并进行大规模的定量研究。以陕西省为实证研究样本，分析公共体育服务的发展现状及存在的问题。

按照科学性与可行性、系统性与层次性的原则，构建公共体育服务综合评价指标体系的主体框架。主要包括以下方面：①公共体育服务资源获取能力评价，运用文献研究、体育工作及社会经济资料分析、访谈等方法进行。全面总结我国公共体育服务的发展过程和现状，主要包括公共体育服务政策及措施与实施情况、公共体育服务的运作模式等，并进行国际和国内比较，从宏观角度评价公共体育服务资源的获取能力。②公共体育服务供给能力评价，运用模糊综合评价方法评价公共体育服务资源在公共体育服务层面的供给效率和合理程度。③公共体育服务满意度评价，居民对公共体育服务满意度分析采取抽样调查的方法，调查接受公共体育服务的参与者及居民，调查内容主要包括利用对社区公共体育服务的质量、效果和公共体育服务人员的服务态度等评价，综合分析居民满意度，寻找公共体育服务的不足之处。

运用定性与定量相结合的综合集成法对综合评价系统进行模拟测验，然后根据新产生的经验、数据、资料进行新一轮的测试，直至最终形成符合研究需要的综合评价模型。

运用综合评价模型，对我国公共体育服务发展水平开展综合评价研究，通过历史纵向对比确定其发展水平，通过地区间的比较找出不同地区间的差异。在此基础上，从宏观角度，实证分析我国公共体育服务发展状况与区域经济发展的内在关联；从微观角度，实证分析公共体育服务发展状况与居民的生活方式和生活质量的相关性等。

模块4：公共体育服务统计应用与决策信息支持平台研究思路

本模块的研究思路是从公共体育服务统计应用与决策信息支持平台系统需求探讨入手，以公共体育服务部门应用为切入点，查阅文献资料，走访和请教有关部门、专家，以及一线统计人员，设计出具有高效度与信度的问卷并进行大规模的定量研究，分析公共体育服务统计应用与决策信息支持平台建设的系统需求。公共体育服务统计应用与决策信息支持平台研究思路如图1-5所示。

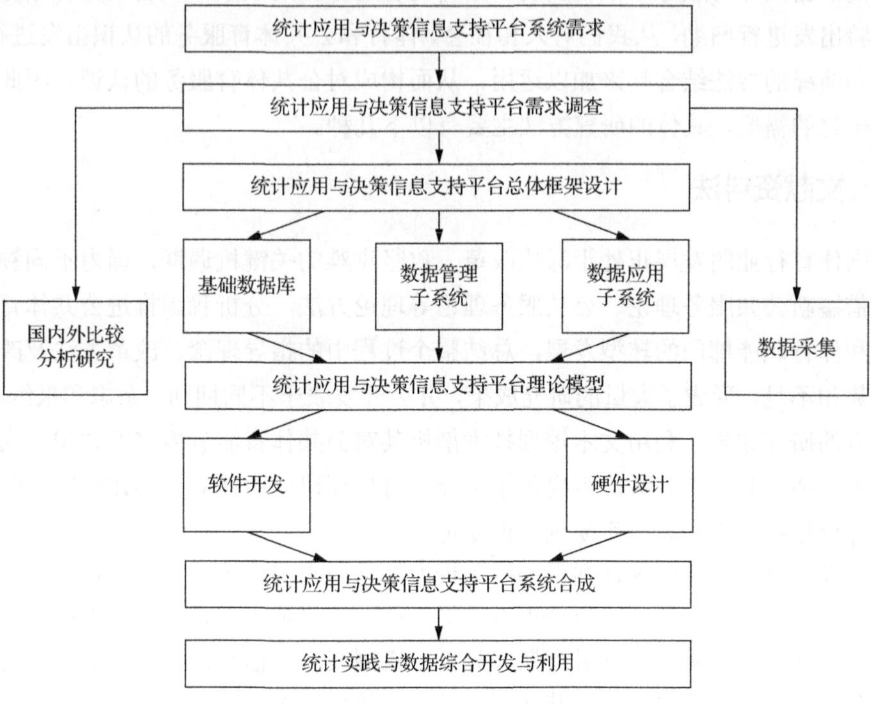

图1-5 公共体育服务统计应用与决策信息支持平台研究思路

按照科学性与可行性、系统性与层次性的原则，构建公共体育服务统计应用与决策信息支持平台总体框架。公共体育服务统计应用与决策信息支持平台的理论模型与系统需求，在公共体育服务统计应用与决策信息支持平台系统设计中采用四层体系结构，其中国家级公共体育服务统计应用与决策信息支持平台数据库平台和公共数据访问平台与数据管理层相对应，工作组内部用户和外部用户与数据应用层相对应。

运用定性与定量相结合的综合集成法对理论模型进行模拟测验，然后根据新产生的经验、数据、资料进行新一轮的测试，直至最终形成符合研究需要的公共体育服务统计应用与决策信息支持平台理论模型。

构建公共体育服务统计应用与决策信息支持平台软、硬件系统。硬件环境部分拟采用 Client/Server 结构，逐步升级到多服务器网络分布式计算结构。服务器端运行 Arc/info、ArcSDE 软件和 Oracle 数据库管理软件，客户端运行基于 ArcDeveloper 开发的用户端模块和桌面操作系统 ArcView。

1.5 研究方法

由于本研究的目的是从统计与综合评价的视角对公共体育服务这一复杂现象进行研究，所以，在课题研究中必须做到以人们长期的实践经验或感性认识为客观依据，用辩证唯物论及其指导下的实践观点、系统观点、关于人和社会发展的基本观点作为认识的方法，揭示公共体育服务这个现实的、具体的客观存在的联系；从公共体育服务实践的感性经验出发进行归纳，从我们对人和社会、体育和公共体育服务的认识出发进行演绎，把归纳和演绎的方法结合起来加以运用，从而构成对公共体育服务的认识。因此，根据本课题研究的需要，具体的研究方法主要有以下几种。

1.5.1 文献资料法

我国体育行业的发展正处于深化改革、攻坚克难的关键机遇期，国内不同领域的专家学者借鉴新公共服务理论、公共服务理论等理论方法，分析我国推进公共体育服务实践改革和体育职能部门的转型发展，总结整个过程中的指导理念、改革方法及改革措施中的优势和不足，形成了大量的研究成果，并公开发表于不同期刊、杂志和报纸。因此，基于现有的研究成果，利用文本挖掘技术剖析其对公共体育服务内容的共识，为进一步从理论上厘清公共体育服务内容提供了可能，对后续研究中建立公共体育服务统计指标体系和评价指标体系具有显而易见的重要价值。

在文献计量学中，关键词共现网络分析方法常用来确定该文献集所代表学科中各主题之间的关系，广义上属于内容分析方法的一种。其原理主要是统计一组词在同一篇文献中出现的次数，并对这些词进行聚类分析，挖掘其隐含信息，进而反映这些词所代表的学科和主题的结构变化。在公共体育服务研究领域，不同的专家学者尝试从不同的视角探讨公共体育服务问题，其核心观点将最终通过研究文献记录下来。关键词作为文献核心内容的集中概括，能够较好地反映公共体育服务研究领域的主题分布与特点，随着研究的发展，关键词的数量会逐渐趋于稳定并成为该领域的核心。如果公共体育服务内容是研究者关注的核心问题，那么反映公共体育服务内容的关键词将随着时间的推移反复出现在不同的研究文献中。从这个意义上讲，我们就可以通过关键词的稳定性情况来识别公共体育服务中的核心内容。因此，本研究选用中国知网数据库。作为数据来源，采用关键词共现网络分析方法探讨理论研究视角下的公共体育服务内容。

本研究利用中国期刊网索引对1993—2016年以下几个方面的内容进行了检索，共收集相关论文5406篇。其中以“公共体育服务”为篇名，有关的研究论文有1968篇；以“体育公共服务”为篇名，有关的研究论文有3228篇；以“体育服务”为篇名，有关的研究论文有210篇。由于部分文献不属于公共体育服务研究领域，为了提高样本代表性，对文献进行预处理，最后确认4926篇文献为计量研究的数据样本。通过广泛学习与借鉴系统论、社会学、体育学、公共服务等方面的有关理论与方法，以及查阅近年来国内外有关社区公共体育服务研究的文献，吸收国内外在构建公共体育服务体系的研究成果，并参考现行发达地区的公共体育服务体系，为研究做好必要的理论准备。

1.5.2 调查法

按照区域经济划分理论，在东中西部分别选择典型的经济区（陕西省、河北省、辽宁省、湖南省和江苏省5个省）作为调查样本，通过问卷调查和实地走访的方式，获取公共体育服务现状方面的第一手资料，为深入研究公共体育服务统计体系与综合评价模型奠定基础。

在公共体育服务统计指标体系的构建过程中，采用三轮问卷调查完成指标的筛选。首先依据指标的重要性程度及指标获取的难易程度将各指标按照“很重要”“重要”“一般”“不重要”“很不重要”分别给予9、7、5、3、1的分值，并将各级评价指标制成专家问卷；然后请专家对问卷进行抽样测试，分析调查问卷的效度和信度；最后对符合效度和信度要求的调查问卷进行指标筛选。对国家体育总局机关单位（7个）、总局直属单位（10个）、各省市体育局（24个）进行访谈，对公共体育服务研究领域专家23人进行三轮问卷调查。

在公共体育服务评价指标体系的构建过程中，也采用三轮问卷调查完成指标的筛选。首先对现有的“中国体育事业统计指标体系”“中国体育产业统计指标体系”“青少年体育统计指标体系”“体育服务业统计指标体系”等资料中涉及我国公共体育服务的相关指标进行初步预选，拟成调查问卷；然后采用邮寄方式将问卷发给国内公共体育服务、体育统计与体育管理等研究领域的45位专家、学者，通过三轮问卷调查完成评价指标的筛选。

1.5.3 专家访谈法

为了使最终结果尽可能地贴近研究目标，在收集归纳统计体系和评价体系指标的同时，通过走访相关领域的专家学者、一线各级统计部门的管理人员，征求他们对公共体育服务统计和评价的方向和原则、理论模型和目标模式及经验预选指标集等的意见与建议，完善研究设计，充实和修改经验预选指标集。

1.5.4 比较研究法

查阅国内外关于公共体育服务建设的情况，进行比较研究，了解不同地域、不同经济发展水平地区公共体育服务建设情况，为构建适合实际国情的公共体育服务统计体系和综合评价体系提供参考。

1.5.5 数理统计法

运用多种数理统计和数量分析方法对数据、资料进行分析处理，结合 SPSS 统计软件对数据进行矩阵分析，获得不同区域公共体育服务需求、公共体育服务供给现状及政府提供服务能力评估等方面的统计学特征和结论，力求在理论分析的基础上结合数理分析更好地阐述和支撑研究观点。

1.6 学术价值和学术创新

本研究的学术价值和学术创新主要表现在以下方面。

1.6.1 基于统计与评价的视角探讨公共体育服务的基本问题

在国内外研究的理论基础上，结合中国实际情况，从构建服务型政府的视角提出公共体育服务的概念。国内外现有的研究成果对公共体育服务概念的界定中，难以厘清公共体育服务和体育公共服务的区别与联系，导致在公共体育服务统计中，难以明确公共体育服务统计什么、谁来统计和怎么统计的问题，进而使得公共体育服务统计体系难以建立、综合评价不能实施，直接影响推进公共体育服务实践的效果。因此，本研究将公共体育服务界定为满足社会成员的体育需求，由法律授权的政府和非政府公共组织及有关工商企业，通过生产和供给纯粹公共体育物品、混合性公共体育物品及特殊私人体育物品等方式，为社会公众提供的、基本的、非营利性的体育服务。公共体育服务的基本特征体现为服务对象的特殊性、服务目的的公益性、服务主体的多元性和服务资源配置的均衡性。公共体育服务内容主要涵盖全民健身、体育赛事服务、青少年体育服务和体育场地设施服务等方面。影响公共体育服务供给的因素主要包括经费、人员、机构和信息化水平等。本研究通过概念的界定，从理论上明确公共体育服务对象，厘清公共体育服务的内涵，框定公共体育服务的外延，从而为建立公共体育服务统计提供统一的调查范围和统计口径，为统计指标体系和评价指标体系的建立提供科学、规范的理论框架。这对我国公共体育服务理论的创新发展和完善具有重要的学术价值。

1.6.2 建立公共体育服务统计指标和方法体系

本研究提出了一套基本符合我国公共体育服务实际的，比较科学、合理和可操作的公共体育服务统计体系。该成果围绕“统计什么”“谁来统计”“怎么统计”的科学问题，构建了公共体育服务统计指标体系，研制了公共体育服务统计报表，论证了相适应的公共体育服务统计方法。该统计体系严格遵循全面性、客观性和可操作性的原则，以现行体育事业统计体系和体育产业统计体系为参考，以适应体育职能部门由管理型向服务型转变为目标，着重考虑了统计指标数据的可获取性、统计报表的可操作性和统计方法的可行性。这一研究成果既符合当前我国推进公共体育服务的实际，基本覆盖公共体育服务的各个领域，又为将来公共体育服务范围的拓展留下了足够空间，为今后开展公共体育服务提供了十分重要的基础和支撑。目前国内在这一领域的研究尚不多见，这对于促进我国公共体育服务统计理论发展具有重要的学术价值。

1.6.3 建立公共体育服务综合评价的模型与方法体系

本研究分别从公共体育服务评价指标、权重确立、评价方法、评价数据获取等方面进行了叙述，系统地整理和归纳现有公共体育服务综合评价的经验和教训，比较了各种综合方法对公共体育服务综合评价的适应程度及其效果，探讨了利用专家经验和中国知网数据库文献数据寻求评价指标权重的确立方法，专门研究了如何根据获得的评价指标权重信息的不同类型，建立恰当地反映评价指标权重的模型，从而最大限度地提高评价指标权重的精度。在此基础上，还对公共体育服务评价指标体系研制及公共体育服务综合评价的功能、原则、方法等方面提出了具有重要参考价值的意见。

1.6.4 建立大型体育场馆公共服务能力综合评价模型与方法体系

大型体育场馆公共服务能力则是指大型体育场馆所具备的利用场馆内各种健身、运动器材和工作人员的各种运动技能和体育知识为社会提供公共体育服务，以满足公共体育服务客体大众的公共体育服务需求的技能、技术和技巧。对大型体育场馆公共服务能力主要从人力资源、设施设备、时间空间、顾客消费、经营理念、规章制度和管理模式七个一级指标来评价。体育场馆公共服务能力评价指标体系的建立对于加强大型体育场馆运营管理改革创新、提高公共服务水平具有重要的学术价值。

1.6.5 给出统计指标与评价指标筛选的新思路

运用文本挖掘分析方法和社会网络分析方法，对现有的公共体育服务研究文献进行定量分析，通过文献中出现的高频关键词，如“全民健身”“社会体育指导员”“体育组织”“公共体育设施”“健身服务”“健身活动”等，并结合关键词共现进行社会网络分析，归纳出公共体育服务初选统计指标。该方法在初选统计指标中，不仅能提高文献的利用效率，也有助于减少同类指标的重复选取和避免指标间的混淆。通过文献中的作者共现网络，依据作者节点在共现网络中的大小和作者节点网络构成情况，确定公共体育服务统计指标筛选中的专家构成。研究认为，采用该方法选取构建公共体育服务统计指标方面的专家，既能使选取专家满足权威性要求，又能避免在同一学术网络中选取多名专家，从而提高公共体育服务统计指标筛选的科学性。

根据评价指标筛选中广泛采用的定性方法和定量方法，并结合学者专家的意见，提出定量和定性相结合的评价指标筛选方法，在此基础上构建公共体育服务综合评价指标体系。该指标体系的设置体现了“抓大放小”和“客观评价和主观评价相结合”的原则，突出重点，兼顾一般，并能够保证评价指标数据获取的可行性。在公共体育服务评价指标的设计过程中，根据各级体育行政部门工作的需要和公共体育服务发展的自身规律，在指标的设计上，既设计了定量指标（人均体育场地面积和每万人拥有社会体育指导员数量等指标），又设计了部分定性指标（如服务质量满意度等指标），以便对公共体育服务评价指标进行综合评价，发现公共体育服务发展中蕴含的规律，同时，公共体育服务满意度指标的设置也从侧面反映了公共体育服务产品供给的情况。

1.6.6 建立公共体育服务统计应用与决策信息化支持系统

研制公共体育服务统计应用与决策信息支持平台实现对公共体育服务体系结构、设计原理、关键技术的验证，提供公共体育服务系统环境的性能检测及诊断工具，突破公共体育服务统计示范应用中的技术难题。建立一套公共体育服务统计应用系统和决策信息支持示范应用系统，不仅可以丰富公共体育服务领域的研究内容，还将为后续公共体育服务的实证研究提供方法学借鉴，为公共体育服务的科学发展提供必要的参考。

1.7 应用价值和社会效益

应用价值和社会效益主要表现在以下方面。

以加快体育发展方式转变，推动体育职能管理部门由管理型向服务型转化为出发点，将体育统计与综合评价理论与方法应用于公共体育服务领域，阐述公共体育服务的基本内容、方法，考虑到公共体育服务统计的特殊性，国内外少有切实可行的方案借鉴，本研究创造性地探索出一套具有科学性、客观性、可操作性的方法，用以构建公共体育服务统计指标体系，并设计了公共体育服务统计调查方法体系，研制出一套公共体育服务统计报表体系，这对于在不同地区开展公共体育服务统计工作具有重要的指导作用。该成果不仅可以检验体育职能管理部门基本责任的落实情况，以统计结果约束、引导体育职能管理部门及其官员的行为，还有利于将服务型政府管理体制改革的宏观战略、规划实施与结果评估、信息反馈有机地结合起来，为提升公共体育服务能力提供有价值的参考信息。

公共体育服务综合评价模型和方法体系的建立，将有利于推动公共体育服务均衡化发展。通过开展综合评价，明确城市体育职能管理部门在该领域的薄弱环节，有针对性地采取措施，提高城市公共体育服务供给的效率，为逐步实现公共体育服务均等化，提供可行性的路径支持，这也有利于体育职能管理部门运用该研究成果对推动公共体育服务建设实践进行指导，从而提高公共体育服务综合评价的方法技术水平。

本研究具体讨论了公共体育服务一些重要理论问题、统计理论和综合评价理论应用于公共体育服务领域中的一些重要理论和技术问题，阐述了研究者的观点与见解，以期引起国内公共体育服务实践人员和研究学者的关注，从而推进公共体育服务领域的统计与综合评价研究，期待能从本研究现有的探索中凝练出更有应用价值的研究方向。

1.8 成果存在的不足

1.8.1 统计指标动态优化问题

在现有构建的统计指标体系中，无论是反映公共体育服务供给的全民健身服务、公共体育场地设施服务等指标，还是反映影响公共体育服务潜力的经费、人员等指标，都将随着不同地区推动公共体育服务建设实践的发展而变化。有些指标数据采集相对容易，有些指标数据收集难度较大，还有些指标需要随着公共体育服务实践的变化而进行删减。因此，统计指标体系未来的研究方向可以致力于实现指标的动态优化，从而使其既能满足在时间维度上实现连续性的需求，也能适应公共体育服务实践发展的需要。

1.8.2 统计数据质量控制问题

统计数据质量是公共体育服务统计的“生命”，关系统计工作的声誉、权威和存在价值。数据质量的好坏，直接影响以此为依据决策的正确性与科学性。随着国家推动公共体育服务实践速度的加快，体育职能管理部门对统计信息的需求越来越广泛，对统计数据质量提出了更高的要求。在公共体育服务统计工作全面开展的基础上，后续研究的重点将是建立一套全面的、系统的统计数据质量评价和管理体系。

1.8.3 评价指标的区域适应问题

因不同地区经济社会发展水平不同，体育事业发展的基础各异，当地居民喜闻乐见的体育活动也有差别，这些都将直接影响不同地区公共体育服务需求和供给。因此，在后续开展不同地区的公共体育服务发展水平综合评价实证研究中，选取评价指标时需重点考虑其区域适应问题。

1.8.4 评价指标权重确立的科学性问题

在本研究中，公共体育服务综合评价指标体系中各指标权重的确立，分别采用了层次分析法、模糊综合权重确立等方法，在现有的数据基础上，初步形成一个权重。但是由于实证数据的有限性，通过定量方法获得的权重有一定局限性，后续研究在实证数据范围扩大的基础上，将进一步提高评价指标权重的科学性。

1.8.5 实证数据覆盖范围扩大问题

公共体育服务综合评价实证研究中的数据获取是本研究的难点问题，因此为了验证评价指标体系的适用性，在后续的研究中，我们计划将研究对象扩展到其他更多的地区，以期在更广泛的数据范围内验证评价体系的普适性、可行性和科学性。

第2章

文献综述

文献综述是公共体育服务研究的基础性内容，厘清公共体育服务的基本概念、理论框架、研究现状有助于后续公共体育服务研究的深入与拓展，增加了公共体育服务应用研究的科学性与合理性。因此有必要重视公共体育服务理论研究现状的系统梳理。

2.1 公共体育服务

为了对现有研究成果进行深入的梳理，本研究选择CNKI中国学术期刊网络出版总库作为数据源，检索时间为1993—2016年，来源类别为核心期刊，检索式为与公共体育服务有关的主题词，共检索出5406条记录，每一条数据记录主要包括“篇名、作者、作者单位、关键词、基金项目、摘要、刊名、发表年、第一作者”等信息。由于部分文献不属于社区研究领域，为了提高样本代表性，对文献进行预处理，最后确认4926篇文献为计量研究的数据样本。数据采集时间为2016年11月30日。

2.1.1 概述

2.1.1.1 时间分布特征

从时间分布上来看，1993—2016年，国内被CNKI数据库收录的以公共体育服务为研究主题的相关文献数量逐年增加（图2-1）。其中，1993—2006年为公共体育服务研究的萌芽期，文献数量较少，国内仅有少量的学者关注该领域。2007—2010年，国内迎来了公共体育服务研究的第一次高潮，期间文献数量最多的一年增加到231篇。2011—2016年，国内迎来了公共体育服务研究的第二次高潮，期间文献数量最多的一年增加到939篇。文献数量的时间分布显示，随着公共体育服务数量的递增，国内学者在该领域的探索逐渐增加，科学知识量也随之增长。

2.1.1.2 期刊分布特征

图2-2显示，从期刊分布来看，《中国体育报》以绝对的刊文数量排在所有期刊的首位，然后依次是《体育文化导刊》《成都体育学院学报》《武汉体育学院学报》《体育科研》《体育科技文献通报》《上海体育学院学报》《北京体育大学学报》《河北体育学院学报》《沈阳体育学院学报》。除专门关注体育学相关问题的期刊外，公共体育服务还出现在社会学和管理学类期刊中，这在一定程度上也表明公共体育服务问题已开始成为体育学与社会学、管理学交叉研究的内容。

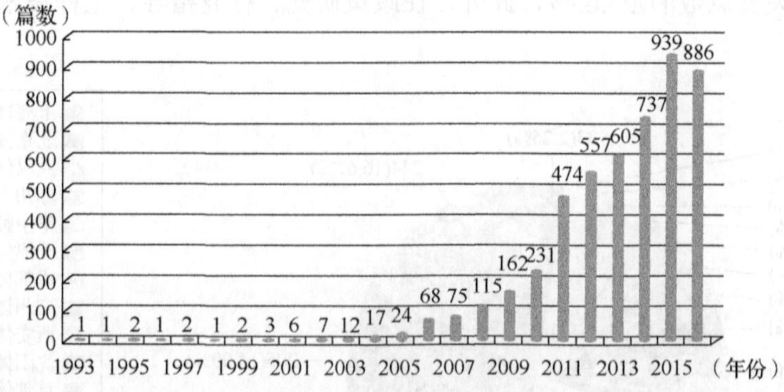

图 2-1 CNKI 数据库中公共体育研究文献数量时间分布

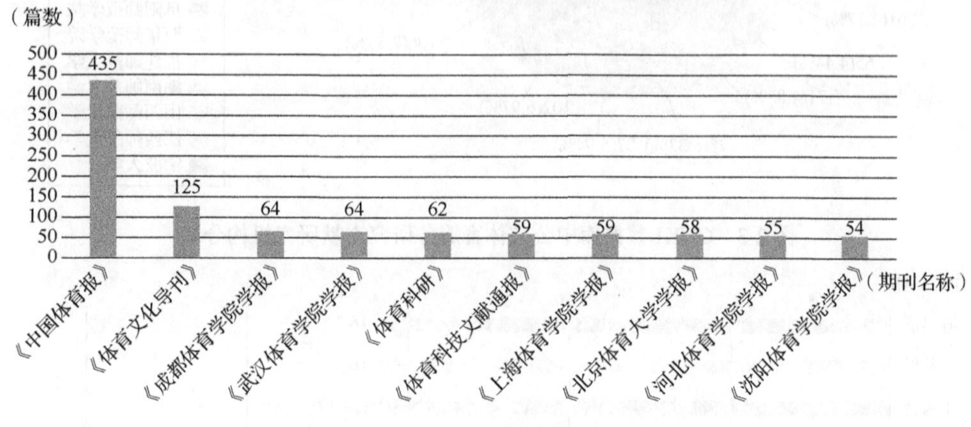

图 2-2 CNKI 数据库中公共体育服务研究文献期刊分布

2.1.1.3 研究机构分布特征

图 2-3 显示，从研究机构分布来看，公共体育服务机构主要分布在高等院校，其中前 3 名分别为上海体育学院、北京体育大学和武汉体育学院；以苏州大学、华中师范大学、天津体育学院、成都体育学院、广州体育学院和西安体育学院为作者单位发表的研究成果数量较多。

2.1.1.4 作者分布特征

图 2-4 显示，从作者分布来看，在公共体育服务领域发文数量较多的前 5 位的作者分别为阜阳师范学院刘玉（22 篇）、华中师范大学王健（21 篇）、天津体育学院肖林鹏（21 篇）、华中师范大学陈元欣（20 篇）、广西师范大学姚绩伟（19 篇）。

2.1.1.5 研究层次分布特征

图 2-5 显示，从研究层次分布来看，公共体育服务领域重要的研究成果集中于基础研究，其发文数量达到 2901 篇，占发文总数的 58.54%，行业指导研究共发表研究成果

1270 篇，占发文总数的 25.63%，此外，在政策研究、行业指导、工程技术等方面的发文数量也较多。

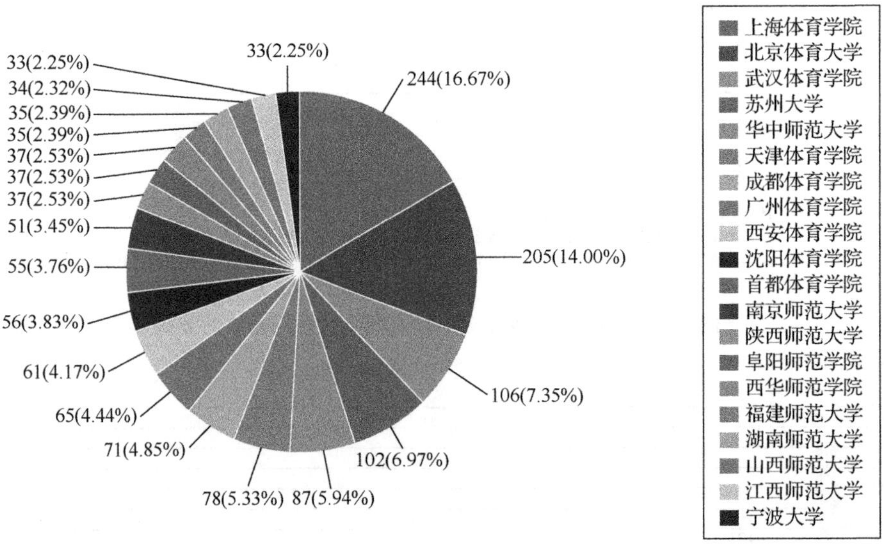

图 2-3　CNKI 数据库中公共体育服务研究文献研究机构分布

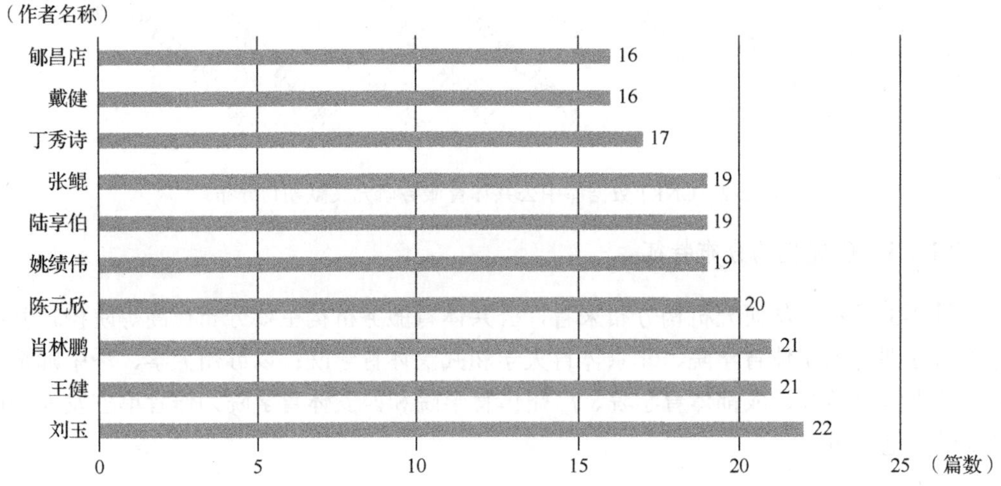

图 2-4　CNKI 数据库中公共体育服务研究文献作者分布

2.1.1.6　基金资助分布特征

图 2-6 显示，从基金资助分布来看，公共体育服务领域获得项目支持的前 5 位的基金分别为国家社会科学基金项目，共发表研究成果 431 篇；湖南省教委科研基金项目，共发表研究成果 35 篇；湖南省社会科学基金项目，共发表研究成果 35 篇；国家体育总局社会科学项目，共发表研究成果 35 篇；国家软科学研究计划项目，共发表研究成果 28 篇。

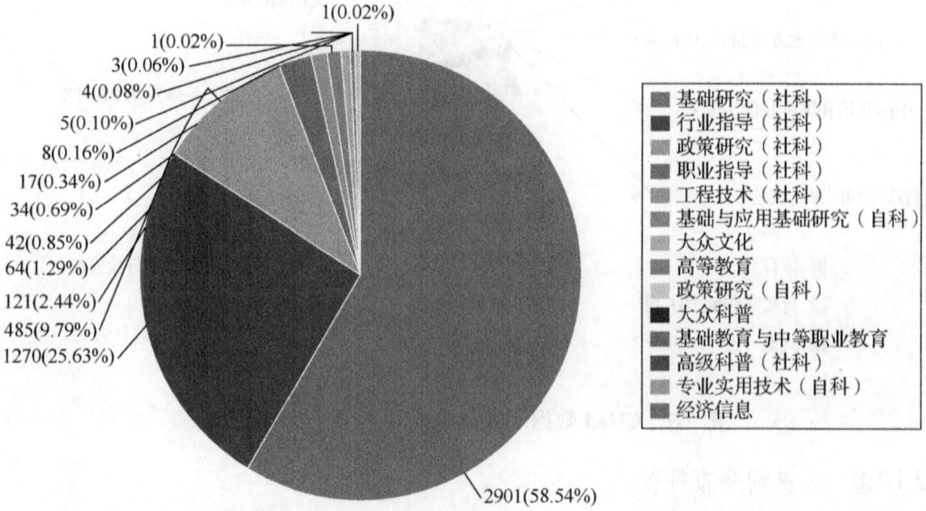

图 2-5 CNKI 数据库中公共体育服务研究文献研究层次分布

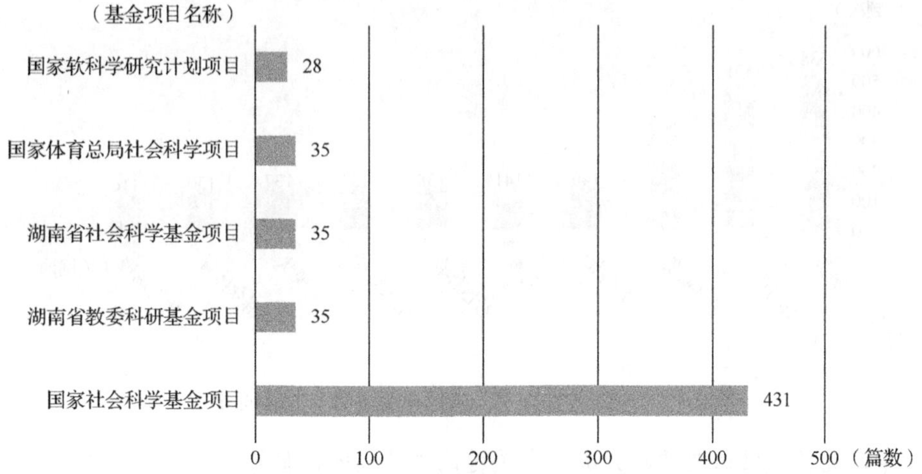

图 2-6 CNKI 数据库中公共体育服务研究基金资助分布

2.1.1.7 学科分布特征

图 2-7 显示，从学科分布来看，公共体育服务研究成果主要分布在体育学科，共发表研究成果 4193 篇，占总发文量的 84%。其次是中国政治和国际政治、行政学和国家行政管理、行政法和地方法制、财政和税收、文化学科发表的研究成果数量较多。

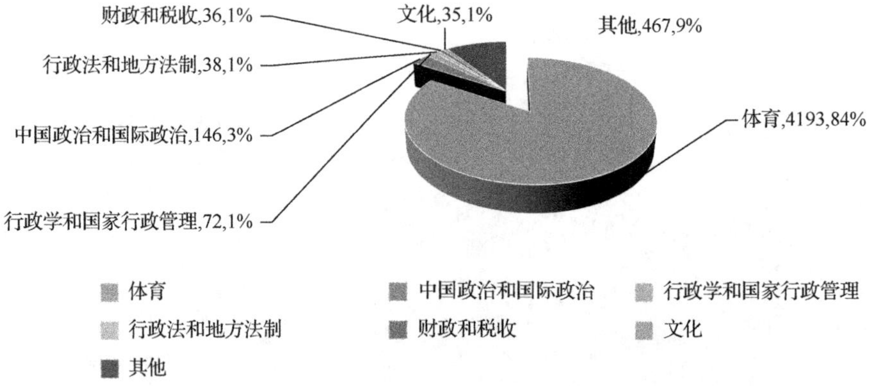

图 2-7　CNKI 数据库中公共体育服务研究学科分布

2.1.1.8　关键词分布特征

图 2-8 显示，从关键词分布来看，“体育公共服务”“公共体育服务”“公共服务”“均等化”“对策”“社区体育”是该研究领域出现频次排前 6 位的关键词。

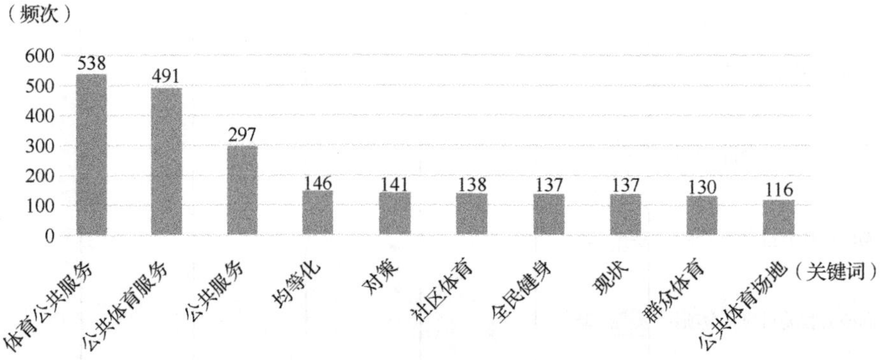

图 2-8　CNKI 数据库中公共体育服务研究关键词分布

其中，在该领域重要的研究成果中关键词“公共体育服务”和“体育公共服务”出现的频次最多，也反映了不同时期国内学者在该领域研究中讨论的核心问题。图 2-9 显示，2004—2006 年，在该领域出现的研究文献中基本以“体育公共服务”作为关键词；2006—2013 年，在该领域的研究文献中以“公共体育服务”作为关键词开始出现，但以“体育公共服务”作为关键词使用的频次依然较多；2014 年后在该领域出现的研究文献中以“公共体育服务”作为关键词的频次超过以“体育公共服务”作为关键词的频次。

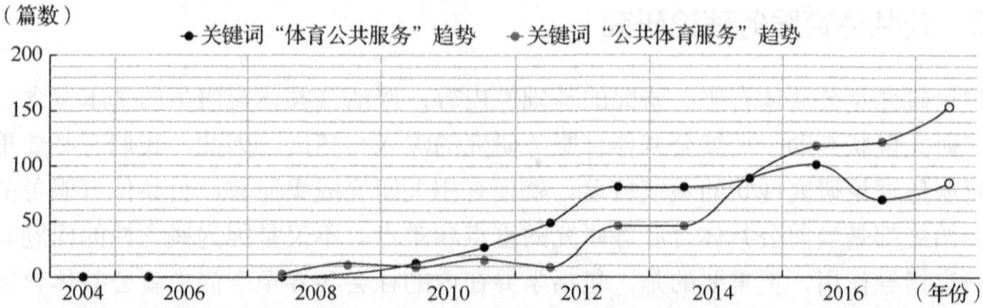

图 2-9 CNKI 数据库中“公共体育服务”和“体育公共服务”研究关键词演进

2.1.1.9 知识共同体群落发现

知识共同体群落是某一学科研究领域中某些学者之间通过信息分享和频繁的科研合作，形成关系特别紧密的知识网络而结合成的一个凝聚子群。知识共同体群落就是建立在互惠性基础上的凝聚子群，它是指一个图中至少包含 3 个节点的最大完备子图。这个概念包含 3 层含义：①一个群落至少包含 3 个点；②群落是完备的，根据完备图的定义，群落中任何两点之间都存在直接联系；③群落是“最大”的，即向这个子图中增加任何一点，将改变其“完备”的性质。

如果公共体育服务研究领域中存在知识共同体群落，并且知识共同体群落的密度较高，这说明处于这个知识共同体群落内部的这部分学者之间的联系紧密，在信息分享和科研合作方面交往频繁，并在交流中逐步就该领域的认识达成共识，从而形成知识网络。

知识共同体群落发现采用社会网络分析方法中的凝聚子群分析理论与计算方法，发现由公共体育服务研究领域文献所构成的知识网络中存在多少个知识共同体群落，群落内部成员之间关系的特点，群落之间关系的特点，一个群落的成员与另一个群落成员之间关系的特点。

图 2-10 显示，国内学者在公共体育服务领域的研究存在 9 个明显的知识共同体群落，其中最大的知识共同体群落为以戴健、郭修金、郑家鲲为核心节点的知识共同体群落。

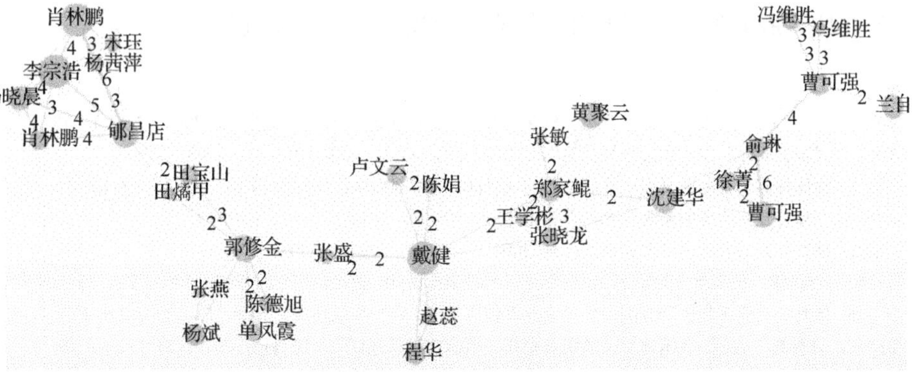

图 2-10 CNKI 数据库中知识共同体群落分布

2.1.2 公共体育服务理论研究

理论研究是公共体育服务研究的基础性内容，厘清公共体育服务的基本概念、理论框架、研究现状有助于后续公共体育服务研究的深入与拓展。因此，我们有必要重视公共体育服务理论研究现状的系统梳理。就现有相关研究成果而言，公共体育服务的概念和内涵始终都是当前公共体育服务研究的重点和难点。不仅是因为概念性的问题具有关键的研究指导作用，更重要的是，包括学界在内的社会各界至今尚未就公共体育服务的概念和内涵形成学术共识，主要围绕“体育公共服务”与“公共体育服务”的概念使用展开学术争论。

肖林鹏等人[①]从公共服务的概念体系推演出公共体育服务的概念，并认为“公共体育服务就是公共组织为满足公共体育需要而提供的公共物品或混合物品”。郇昌店[②]进一步提出“公共体育服务是为满足公众的公共体育需求而提供的各种体育服务和活动的总称。公共体育服务外延包含公共体育设施服务、公共体育教育服务、公共体育指导服务、国民体质监测服务、公共体育制度服务、公共体育信息服务、奥运（全运）争光服务等”。不同于肖、郇二人界定的“公共体育服务”概念名称，其他学者批判性地提出了“公共体育服务”的新认识。范冬云[③]指出“公共体育服务是公共部门为满足社会成员体育公共需要而提供体育公共产品的过程。竞技体育、社会体育和学校体育均有属于公共体育服务范围的内容。”刘亮[④]从体育公共利益需求与价值选择出发，提出“公共体育服务是指为实现和维护社会公众或社会共同体的体育公共利益，保障其体育权益的目标实现，以政府为核心的公共部门，依据法定职责，运用公共权力，通过多种方式与途径，以不同形态的体育公共物品为载体，所实施的公共行为的总称”。值得一提的是，当前学术界关于公共体育服务的概念争论，不仅直接导致相关研究成果在概念使用时出现错乱混淆，而且影响相关政策法规文件的规范使用，损害了国家政策法规的严肃性和权威性。

除了以上关于“公共体育服务”的概念界定研究之外，其他理论研究还包括公共体育服务的理论框架[⑤]、研究框架[⑥]、研究综述[⑦⑧]或述评[⑨]，公共体育服务城乡一体化发展理论[⑩]，新农村公共体育服务理论[⑪]等相关内容。应当说，这些研究成果虽然相对不足，却是对公共体育服务理论研究的有益探索，需要继续深入研究。

---

① 肖林鹏，李宗浩，杨晓晨. 公共体育服务概念及其理论分析[J].天津体育学院学报，2007（2）：97-101.

② 郇昌店. 我国公共体育服务供给市场化运作方式研究[D]. 天津：天津体育学院，2008.

③ 范冬云. 我国体育公共服务研究中几个问题的探讨[J]. 成都体育学院学报，2010，36（2）：6-12.

④ 刘亮. 我国体育公共服务的概念溯源与再认识[J]. 体育学刊，2011，18（3）：14-19.

⑤ 樊炳有. 体育公共服务的理论框架及系统结构[J]. 体育学刊，2009，16（6）：34-40.

⑥ 郇昌店，肖林鹏，杨晓晨. 我国公共体育服务研究框架探讨[J]. 山东体育学院学报，2009，25（2）：4-9.

⑦ 娄坚强. 体育公共服务相关研究的简要评价及理性思考[J]. 嘉兴学院学报，2009，21（3）：120-124.

⑧ 张晓红，计伟忠，张威. 我国体育公共服务中相关概念文献综述[J]. 内江科技，2010，31（11）：19.

⑨ 郇昌店，肖林鹏，李宗浩，等. 我国公共体育服务发展述评[J]. 体育学刊，2009，16（6）：20-24.

⑩ 刘红建，高雯雯，孙庆祝. 体育公共服务城乡一体化发展的理论基础及概念解析[J]. 体育成人教育学刊，2011，27（1）：5-7.

⑪ 齐立斌. 新农村公共体育服务理论体系的架构[J]. 河北体育学院学报，2011，25（2）：4-9.

2.1.3 公共体育服务体系研究

严格说来，公共体育服务体系研究应当属于理论研究范畴，但是由于这部分研究内容紧密联系实践，具有较高的应用价值，因此备受学者关注，也取得了较为丰富的学术成果。近三年来，发表论文26篇左右，获国家社科基金项目2项，国家体育总局社会科学研究项目2项。

现有公共体育服务体系研究成果主要分为概念研究、机制研究、现状与对策研究三个方面。第一，关于公共体育服务体系的概念问题，肖林鹏[①]认为“公共服务体系是指由满足公共需求的要素构成的有机整体，具体包括体育活动体系、体育组织体系、体育场地设施体系、体育信息体系、体育指导体系、体育资金体系、体育政策法规体系、体育监督反馈体系、体育绩效评价体系9个组成部分”。齐立斌[②]将公共体育服务体系简化为“体育场地设施、活动指导、健身组织、组织管理和信息供给5个子系统”。第二，关于公共体育服务体系的机制问题，贺伍[③]认为“公共体育服务体系运行机制指公共体育服务体系运行过程中各要素间关系的处理方式。具体包括目标机制、组织机制、动力机制、约束机制、经营机制、决策机制、人事机制、分配机制、核算机制（财务机制）、筹资机制、激励机制、预警机制、监督机制、准入机制、调控机制等内容”。齐立斌[④]则专门研究了我国农村公共体育服务体系运行机制，并且提出“农村公共体育服务体系运行机制是赋有规律性并具有特定性的运行体系和运行模式。该机制主要由决策机制、动力机制、创新机制、保障机制、监督机制和协调机制等要素构成”。第三，关于公共体育服务体系的现状与对策问题，相关研究立足于地方发展实践，注重当地公共体育服务体系的发展现状和构建完善。现有地方公共体育服务体系研究覆盖广泛，包括浙江[⑤]、上海、安徽、齐齐哈尔、苏州、四川、北京、烟台等省（市）都有针对当地特色的公共体育服务体系现状研究，并且对应提出了许多有益的完善建议。

2.1.4 公共体育服务管理研究

公共体育服务管理研究，是以管理学的研究视角对公共体育服务的管理目标、运行机制、政府职能、绩效评估、制度环境等相关内容进行的研究，旨在帮助政府部门实现科学化管理，提高决策效率及合理性。

第一，管理目标设定研究。潘雪梅等人[⑥]认为“我国公共体育服务总体目标是以满足社会成员的基本体育需要为目的，着眼于提高居民身体素质和生活质量，既给居民提供

---

① 肖林鹏. 我国公共体育服务体系概念开发及其结构探讨[J]. 天津体育学院学报，2007，22（6）：472-475.

② 齐立斌. 新农村公共体育服务理论体系的架构[J]. 河北体育学院学报，2011，25（2）：4-9.

③ 贺伍. 体育公共服务体系运行机制的研究[J]. 内蒙古民族大学学报，2011，17（1）：77-78.

④ 齐立斌. 农村公共体育服务体系的运行机制研究[J]. 南京体育学院学报，2010，24（4）：44-48.

⑤ 李静，陈嵘. 浙江省社区体育公共服务体系的现状与对策研究——以杭州市为例[J]. 成都体育学院学报，2009，35（12）：3.

⑥ 潘雪梅，樊炳有. 我国体育公共服务的发展理念及目标[J]. 上海体育学院学报，2010，34（3）：10-14.

基本的体育文化享受，也提供并保障社会生存与发展所必需的体育环境与条件的体育公共产品和服务”。第二，运行机制分析研究。樊炳有[①]提出“公共体育服务运行是由理论系统和实践系统、支撑点、其动力关系及保障系统构成，其内部的良性理论构成了公共体育服务运行机制的原理”。罗旭等人[②]具体指出“全民健身公共体育服务运行机制是由运作环境、运作主体、运作目的、运作动力、运作程序、运作手段等要素构成的动态系统，这些要素通过不同的作用方式影响和决定着系统的整体功能”。第三，政府职能规范研究。王景波[③]提出“树立符合科学发展观和服务型政府要求的管理理念，深化体育行政管理体制改革，完善管理机制，是强化体育行政部门公共体育服务职能的重要措施”。值得一提的是，相对于数量较少的研究论文，体育行政部门更加重视政府职能的专题研究，并且给予了相关课题资助。第四，绩效评估建模研究。赵锋等人[④]构建了城乡公共体育服务一体化评估指标体系，确定了各指标的权重。王景波等人[⑤]阐述了公共体育服务的概念及绩效评估指标设计与筛选的思路方法，在理论分析与实证研究的基础上，构建出一套包括社会体育、学校体育、竞技体育、体育科技 4 个子系统、37 个具体指标的公共体育服务绩效评估体系。第五，制度结构创新研究。杨冬钧[⑥]分析指出全民共享体育公共服务的制度依赖困境包括成本困境和模式困境，提出了从制度层面创新公共体育服务的模式，以及主体协同的优化措施。陈玉忠[⑦]指出实现我国公共体育服务管理体制的创新路径包括完善政府公共体育服务职能，兼顾不同社会阶层的公共体育服务需求，促进社会公平，充分发挥民间社会体育组织社团的作用等内容。此外，相关立项课题也对公共体育服务管理创新进行了多样化的实践研究。

2.1.5 公共体育服务供给研究

公共体育服务供给是以制度经济学的研究视角定量分析我国公共体育服务投入问题的，对于政府部门科学制定公共体育服务管理决策具有重要意义。现有研究主要集中在供给的制度、主体、模式及现状等方面。

第一，关于供给制度。樊炳有[⑧]认为“我国公共体育服务供给的制度安排面临的首要问题是公共体育服务体制实践抉择问题。正确面对城市与农村二元公共体育服务体制的格局，在不同地区实行公共体育服务体制的梯度推进。明确划分不同层级的政府在公共体育服务中的职能权限，遵循以政府供给模式为主、以社会化运行为辅，采用命令与控

---

① 樊炳有. 体育公共服务的运行机制探讨[J]. 体育与科学，2010，31（2）：25-32.

② 罗旭，苗向军，邢文华. 全民健身体育公共服务运行机制的理论分析[J]. 沈阳体育学院学报，2009，28（6）：4.

③ 王景波. 加强体育行政部门体育公共服务职能的研究[J]. 沈阳体育学院学报，2009，28（1）：18-20.

④ 赵峰，孙庆祝，刘红建. 城乡体育公共服务一体化评估指标体系研究[J]. 吉林体育学院学报，2010，26（6）：129-131.

⑤ 王景波，赵顺来，魏丕来等. 地方政府体育公共服务绩效评估指标体系的研究[J]. 沈阳体育学院学报，2011，30（2）：1-3，7.

⑥ 杨冬钧. 全民共享体育公共服务的制度困境与优化[J]. 浙江工业大学学报，2010，9（3）：286-289.

⑦ 陈玉忠. 社会转型与体育公共服务管理体制改革[J]. 体育文化导刊，2008，（3）：9-12.

⑧ 樊炳有. 我国体育公共服务供给制度及实践路径选择探讨[J]. 体育与科学，2009，30（4）：27-31.

制、工商管理、社会化手段、市场化制度安排模式”。古礼燕[①]具体提出“社区公共体育服务供给制度的改革措施包括拓展社区公共体育服务的资金渠道，创新社区公共体育服务物品的供给模式，建立和完善社区公共体育服务的质量监控制度，创新运行规则不断提高服务组织运作绩效等方式”。第二，关于供给主体研究。蓝国彬等人[②]提出，公共体育服务供给主体将由政府唯一主体，逐步转化为政府部门、非政府部门、非盈利部门、私人部门多主体并存。郝艳艳等人[③]认为“公共体育服务的四个供给主体：政府及体育行政部门、非营利性体育组织、营利性体育组织、个人”。第三，关于供给模式研究。蓝国彬等人[④]认为，公共体育服务供给方式及供给主体将逐渐从“政府公共体育服务供给垄断单一模式”转向“政府主导的多主体供给模式”和“市场主导的多主体供给模式”。曹可强等人[⑤]指出，我国公共体育服务供给主体单一且供给效果不佳，应该运用市场化和社会化手段，引导和吸引社会资源参与体育共服务供给，逐步形成政府、社会非营利组织和市场商业性组织的多元化公共体育服务供给格局。陈静霜[⑥]同样认为，只有政府、企业和非政府组织在公共体育服务中多元合作、良性互动，才能最大限度地满足人民群众日益增长的多元化体育需要。第四，关于供给现状研究。肖林鹏[⑦]分析了我国公共体育服务供给的困境，即“公共体育服务供给的主体单一，公共体育服务供给的对象有限，公共体育服务供给的总量不足，公共体育服务供给的结构失衡，公共体育服务供给的方式简单和公共体育服务供给的制度缺位等”。卢文云[⑧]认为，我国西部农村公共体育服务供给存在地位低、供给水平低、缺乏针对性及供给机制缺陷等主要问题。此外，国家社科基金也很重视公共体育服务供给研究，仅 2011 年的相关立项课题就有 2 项。

2.1.6 公共体育服务均等化研究

均等化（均衡化）研究是财政学视野下公共体育服务供给公正性的新兴研究方向。该方面研究虽然起步较晚，但发展迅速，特别是在国家政府的大力扶持下取得了一系列丰硕的研究成果，引起了学界和社会的广泛关注。现有公共体育服务均等化研究主要集中在概念内涵、发展现状、原因分析、实现路径四个方面内容。

第一，关于公共体育服务均等化的概念内涵研究。刘玉[⑨]认为，公共体育服务均等化是指政府要为社会公众提供基本的、在不同阶段具有不同标准的、最终大致均等的体育

---

① 古礼燕. 我国城市社区体育公共服务供给制度的改革研究[J]. 广州体育学院学报，2011，31（1）：24-27.

② 蓝国彬，樊炳有. 我国体育公共服务供给主体及供给方式探析[J]. 首都体育学院学报，2010，22（2）：27-31.

③ 郝艳艳，李金亮. 体育公共服务多主体供给分析[J]. 体育科技文献通报，2010，18（6）：98-99，112.

④ 蓝国彬，樊炳有. 我国体育公共服务供给主体及供给方式探析[J]. 首都体育学院学报，2010，22（2）：27-31.

⑤ 曹可强，俞琳. 论体育公共服务供给主体的多元化[J]. 体育学刊，2010，17（10）：22-25.

⑥ 陈静霜. 我国公共体育服务模式选择与供给主体分析[J]. 成都体育学院学报，2009，35（6）：32-34.

⑦ 肖林鹏，李宗浩，杨晓晨，等. 论我国公共体育服务的供给困境[J]. 山东体育学院学报，2008（8）：1-4.

⑧ 卢文云，梁伟，孙丽，等. 新农村建设背景下西部农村公共体育服务供给现状、问题及对策研究[J]. 体育科学，2010，30（2）：11-19.

⑨ 刘玉. 论体育公共服务均等化的内涵及意义[J]. 吉林体育学院学报，2010，25（4）：277-281.

公共产品和公共体育服务。秦小平等人[①]提出了体育基本公共服务均等化的概念，其内涵是让社会上的每一位公民，无论生活在城市还是农村，都能够均等地享受到政府利用公共资源提供的公共体育服务和体育公共产品。范宏伟[②]等人从公共服务均等化的概念演绎推理，公共体育服务均等化一般是指公共组织考虑到公民的生活娱乐需要，能够按照全国一般和一致的标准，提供基本的公共体育产品和服务。第二，关于公共体育服务均等化的发展现状研究。张利[③]等人分析指出，我国体育公共服务总量严重不足、区域差异明显、城乡差异明显、阶层差异明显。汤际澜[④]认为，我国全民健身公共体育服务中存在着基本标准缺失、城乡和区域之间不均等的现象。第三，关于公共体育服务均等化不足的原因分析。钱伟良[⑤]认为，传统的城乡二元制度、分税制财政体制改革不到位及政府与农民的理性选择均成了影响农村公共体育服务均等化的关键因素。郇昌店[⑥]等人提出，各级政府公共体育服务事权、财权不对称，体育行政部门体育发展策略存在缺陷，农村公共体育服务供给决策机制不规范，公共体育组织不健全等因素是影响现行公共体育服务发展机制实现均等化目标的主要原因。黄晓[⑦]也指出，地域城乡差异、社会阶层分化、过度体育市场化、体育管理体制改革滞后等因素导致我国公共体育服务呈非均等化发展态势。第四，关于公共体育服务均等化的实现路径研究。蓝国彬[⑧]提出，加强公共体育服务供给、财政支出和结构调整等基础性制度规范，同时与调节性制度有机结合，以促进公共体育服务逐渐向均等化过渡。汤际澜[⑨]提出，应当对公共服务职能转变、服务内容标准确立、城乡区域统筹发展和构建体系完善机制的相关路径进行积极探索。刘玉[⑩]综合提出，应当突出均等化在我国公共体育服务发展中的重要地位，加强公共体育服务发展监督；合理配置政府间财权和事权，加大公共体育服务投入；扩大公共体育服务范围，促进社会公平；加大体育利益补偿力度，加强体育资源整合；建立以政府为主体的多元化公共体育服务供给体系，加强“第三部门”培育；确立全国公共体育服务均等化标准，建立多元评估体系。

2.1.7　公共体育服务政策研究

公共体育服务政策研究是公共体育服务研究和体育公共政策之间的交叉研究，旨在通过体育公共政策选择的优化研究，提升我国公共体育服务质量，满足社会大众的体育

---

① 秦小平，李明. 体育基本公共服务均等化的内涵分析及评价指标构建[J]. 河北体育学院学报，2010，24（5）：15-18.

② 范宏伟，靳厚忠，秦椿林，等. 中国都市公共体育服务均等化发展的实证研究[J]. 武汉体育学院学报，2009，43（9）：12-16.

③ 张利，田雨普. 我国体育公共服务均等化现状及发展对策研究[J]. 西安体育学院学报，2010，27（2）：137-141.

④ 汤际澜，徐坚，郭权. 全民健身公共体育服务均等化的模式选择和路径探索[J]. 南京体育学院学报（社会科学版），2010，24（05）：80-84.

⑤ 钱伟良. 农村公共体育服务均等化研究[J]. 湖州师范学院学报，2009，31（2）：63-66.

⑥ 郇昌店，肖林鹏. 公共体育服务均等化初探[J]. 体育文化导刊，2008（2）：29-31.

⑦ 黄晓. 和谐社会语境下公共体育服务均等化发展研究[J]. 成都体育学院学报，2008，34（5）：5-8.

⑧ 蓝国彬. 实现城乡公共体育服务均等化的路径思考[J]. 体育与科学 2010，31（2）63-66.

⑨ 汤际澜，徐坚，郭权. 全民健身公共体育服务均等化的模式选择和路径探索[J]. 南京体育学院学报（社会科学版），2010，24（05）：80-84.

⑩ 刘玉. 公共服务均等化视野中的体育管理体制改革[J]. 上海体育学院学报，2010，34（5）：4-7.

需求，促进社会主义和谐体育建设。显然，此类研究具有积极的现实意义。遗憾的是，目前相关研究成果相对较少（仅有5篇期刊论文），尤其缺乏系统完整的课题立项研究，这也预示着未来我国公共体育服务政策研究具有更为广阔的发展空间。就现有研究成果而言，公共体育服务政策的研究内容相对分散。在均等化政策方面，冯国有①提出了推进我国公共体育服务均等化的财政政策建议，如尊重均等化的选择权、把握均等化进程的财政着力点、发挥体育财政政策的激励作用、加大体育财政对公共体育服务体系的支撑力度。刘玉②认为，我国应当借鉴发达国家公共体育服务政策经验，将统筹城乡公共体育服务发展作为基本落脚点；加快财政体制改革，提供坚实的经济基础；强化政府主体责任，丰富供给方式；加快体育管理体制改革，建立社会和公共参与机制；构建适合我国国情的评估体系，促进我国公共体育服务均等化的快速发展。在社会化政策方面，刘玉③提出，我国公共体育服务社会化政策系统主要包括政策主体、政策客体、政策环境。通过研究公共体育服务社会化政策系统，可以逐步改变我国公共体育服务发展中的城乡不均衡、区域不均衡、阶层不均衡，不断推进我国公共体育服务社会化的发展。郝军龙④对我国农村公共体育服务政策进行了反思，认为现行成熟的政策可以向法律过渡，建立以需求为导向的供给模式，要变单一主体的单一服务模式为多主体的针对性服务模式，加强信息化建设，走农村公共体育服务市场化、社会化道路。于善旭⑤从政策法制化的视角阐释了《全民健身条例》对于我国公共体育服务的重要意义，《全民健身条例》是国家在推进公共体育服务中根据发展诉求作出的重要制度安排，归纳和分析了该条例有关公共体育服务的各方面制度内容，揭示了其在推进公共体育服务方面表现出来的各种鲜明特点，提出了创造性地开展《全民健身条例》实施工作、促进全民健身公共服务制度化发展的有关思路。

2.2 体育事业统计

体育事业统计是各级体育管理部门实行科学决策和管理的重要基础工作，体育事业统计信息是研究体育问题和制定体育政策的重要依据。随着新时期全民健身计划的顺利实施、竞技水平的不断提高、体育市场的不断发育，各级体育管理部门及社会各界对体育统计信息的需求不断增大，对体育事业统计指标、方法、制度等方面也提出了更高的要求。

进入21世纪，由于以前的指标体系无法满足体育事业发展的需要，2003—2004年国家体育总局经济司对体育事业统计年报报表进行了多次修订，统计的范围由以竞技体育、经济统计为主扩大到社会体育指导员、体育彩票、全民健身情况等新领域，体育事业统计年报由13张报表和卡片组成，分为综合、竞技体育、群众体育及经济统计4个部分。

2005年，国家体育总局组织了体育事业统计改革专项调查，摸清了我国体育事业统

① 冯国有. 体育公共服务均等化及其财政政策选择[J]. 上海体育学院学报，2007，31（6）：26-31.

② 刘玉. 发达国家体育公共服务均等化政策及启示[J]. 上海体育学院学报，2010，34（3）：1-5.

③ 刘玉. 我国体育公共服务社会化政策系统研究[J]. 阜阳师范学院学报（社会科学版），2011（2）：117-122.

④ 郝军龙，贾文彤，齐文华，等. 我国农村体育公共服务政策研究[J]. 南京体育学院学报（社会科学版），2010，24（1）：61-64.

⑤ 于善旭. 论《全民健身条例》对公共体育服务的制度推进[J]. 天津体育学院学报，2010，26（6）：6-8.

计中存在的主要问题，了解了各级体育管理部门的统计需求。2006 年，国家体育总局经济司、中国体育科学学会体育统计分会、西安体育学院共同组成课题组，首次系统研究我国体育事业统计体系，构建了符合中国国情实际的精简高效、运转协调、动态开放的新体育事业统计体系。新体育事业统计体系扩大了我国体育事业统计的范围，调查统计的内容也有所扩展，使我国体育事业统计实现了从局部探讨到系统研究的过渡。

为了加快我国体育事业统计体系改革，构建能够反映中国体育国情实际的统计体系，以满足体育管理部门及社会不断增长的体育统计信息需要，由权德庆、徐文强、雷福民、安儒亮、郑凯、陈元欣等学者组成的研究团队，于 2009 年修订完成了现行的中国体育事业统计指标体系①，该统计指标体系包括 5 个一级指标、23 个二级指标的主体框架（表 2-1）。5 个一级指标包含竞技体育统计，群众体育统计，体育场地设施统计，体育教育、宣传、对外交流、科技统计，财务统计。其主要特点为指标内容涵盖面更广，基本覆盖体育事业的各个领域；指标体系 5 个组成部分特征鲜明，界限清晰，有利于进行统计数据的分析和开发。

表 2-1　中国体育事业统计指标体系总体框架

一级指标	二级指标
竞技体育统计	体育人才
	后备人才培养
	运动成绩
	竞赛计划
群众体育统计	社会体育指标员
	体育管理机构、人员情况
	群众体育活动
	晨、晚练情况
	体育社团组织
	国民体质监测
	体育俱乐部
体育场地设施统计	体育场地变更情况
	政府命名、援建的群众体育场地
	农民体育健身工程
体育教育、宣传、对外交流、科技统计	体育教育
	体育宣传
	体育对外交流
	体育科技

① 权德庆，徐文强，安儒亮，等. 中国体育事业统计体系研究[J]. 体育科学，2009，29（11）：15-22.

续表

一级指标	二级指标
财务统计	收入
	支出
	资产
	费用
	公益金

2011年8月，权德庆主编的《中国体育事业统计体系研究》一书由人民体育出版社出版。该书是在承接国家体育总局重点社科研究课题的基础上编写而成的，内容包括中国体育事业统计体系研究，中国体育事业统计方法体系，竞技体育统计指标体系，群众体育统计指标体系，体育场地指标体系，体育科教、宣传、与对外交流统计指标体系，体育系统财务统计指标体系，中国体育事业发展评价体系，中国体育事业统计信息化等。

依据构建的中国体育事业统计指标体系及体育事业统计年报统计的主要内容，目前我国体育事业统计年报报表共计由30张报表组成（表2-2）。

表2-2 我国体育事业统计年报报表

序号	名称
表1	基本信息表
表2	体育系统从业人员情况表
表3	后备人才项目分布情况表
表4	当年等级运动员、教练员、裁判员发展情况表
表5	运动成绩统计表
表6	竞赛计划执行情况统计表
表7	未执行的竞赛计划登记卡片
表8	专职教练员卡片
表9	运动员卡片
表10	裁判员卡片
表11	社会体育指导员情况表
表12	街道、乡镇群众体育工作管理机构、人员情况表
表13	群众体育活动情况表
表14	晨、晚练基本情况表
表15	体育社团组织情况表
表16	国民体质监测站点基本情况表
表17	体育俱乐部情况表
表18	政府命名群众体育场地统计表
表19	政府援建体育场地统计表
表20	新建体育场地登记表

续表

序号	名称
表 21	体育场地改（扩）建登记表
表 22	减少体育场地登记表
表 23	体育系统学校、学生、科技统计表
表 24	体育国际交流情况表
表 25	体育文化宣传情况表
表 26	体育系统单位财务状况表
表 27	彩票公益金使用情况表
表 28	体育事业资金收支情况表
表 29	体育系统其他资金收支情况表
表 30	基本建设情况表（按项目分类）

2.3 体育产业统计

2.3.1 国内体育产业统计现状

产业统计信息是制定产业政策和产业发展规划的基础，各行业政府主管部门对统计工作都给予高度重视①。我国虽然有部分省（自治区、直辖市）曾多次进行省一级的体育产业统计调查，但整体来看缺乏科学、统一的标准，这就造成各地体育产业统计的分类、统计口径不一，统计指标、实施办法等存在很大差异，影响对我国体育产业发展状况的把握和地区间的比较，体育产业在国民经济中的地位和对社会经济的作用也不能得到准确反映。

为全面、准确地掌握我国体育产业发展的基本情况，进一步促进我国体育产业健康、有序发展，国家体育总局于 2006 年 5 月正式启动体育产业统计研究工作，由张林、刘炜、鲍明晓、张立、林显鹏、杨越、李南筑、黄海燕等学者组成的研究团队，对我国体育产业统计的理论和实施方案等进行较为系统的研究，提出了与我国国民经济行业分类相衔接的《体育及相关产业分类（试行）》方案，于 2008 年 6 月 18 日由国家统计局和国家体育总局正式颁布。

《体育及相关产业分类（试行）》方案，是迄今为止我国体育行业首个具有约束力的国家统计标准，建立的体育及相关产业统计指标体系分为 3 个层次、8 个大类，即体育产业核心层（体育组织管理活动、体育场馆管理活动、体育健身休闲活动）、体育产业外围层（体育中介活动、其他体育活动）和相关体育产业层（体育用品、服装、鞋帽及相关体育产品的制造，体育用品、服装、鞋帽及相关体育产品的销售，体育场馆建筑活动）。在 8 个大类的基础上还进一步细分为 24 个中类、57 个小类。该体育产业统计指标体系

① 杨涛，蔡军. 体育、文化产业统计指标与体育消费统计指标的比较研究[J]. 中国商贸，2011（3）：242-243.

的建立，有利于体育产业现状的调查、统计和分析，便于建立体育及相关产业动态监测机制和体育产业统计数据库，维护和提交我国的体育产业统计年报。

2015年8月27日，国家统计局第12次常务会议通过了《国家体育产业统计分类》，将体育产业范围确定为体育管理活动，体育竞赛表演活动，体育健身休闲活动，体育场馆服务，体育中介服务，体育培训与教育，体育传媒与信息服务，其他与体育相关服务，体育用品及相关产品制造，体育用品及相关产品销售、贸易代理与出租，体育场地设施建设11个大类。

分类以《国民经济行业分类》为基础，是对《国民经济行业分类》中符合体育产业特征有关活动的再分类，以体现我国体育活动的特点为主要划分依据。本分类突出了我国体育活动的特点和我国体育实际发展现状，兼顾与体育相关的上下游产业及新兴产业。分类将体育产业划分为3层，第一层为体育产业的11个大类，第二层为体育产业的37个中类，第三层为体育产业的52个小类（表2-3）。

表2-3 体育产业统计分类表

大类	中类	小类
体育管理活动	公共体育事务管理活动	公共体育事务管理活动
	体育社会组织管理活动	体育社会组织管理活动
	其他体育管理活动	其他体育管理活动
体育竞赛表演活动	职业体育竞赛表演活动	职业体育竞赛表演活动
	非职业体育竞赛表演活动	非职业体育竞赛表演活动
体育健身休闲活动	休闲健身活动	休闲健身活动
	体育文化活动	群众体育文化活动
		民族民间体育活动
	其他休闲健身活动	其他休闲健身活动
体育场馆服务	体育场馆	体育场馆
	其他体育场地	其他体育场地
体育中介服务	体育经纪与广告活动	体育经纪人
		体育广告服务
	体育活动的策划服务	体育活动的策划服务
	其他相关体育中介服务	其他相关体育中介服务
体育培训与教育	体育培训	体校及体育培训
		其他体育培训
	体育教育	体育教育
体育传媒与信息服务	体育出版物出版服务	体育出版物出版服务
	体育影视及其他传媒服务	体育影视及其他传媒服务
	互联网体育服务	互联网体育服务
	其他体育信息服务	其他体育信息服务

续表

大类	中类	小类
其他与体育相关服务	体育旅游活动	体育旅游活动
	体育健康服务	体育健康服务
	体育彩票服务	体育彩票服务
	体育会展服务	体育会展服务
	体育金融与资产管理服务	体育金融与资产管理服务
	体育科技与知识产权服务	体育科技与知识产权服务
	其他未列明与体育相关服务	其他未列明与体育相关服务
体育用品及相关产品制造	体育用品制造	球类制造
		体育器材及配件制造
		训练健身器材制造
		运动防护用具制造
		其他体育用品制造
	运动车、船、航空器等设备制造	运动车、船、航空器等设备制造
	特殊体育器械及配件制造	特殊体育器械及配件制造
	体育服装鞋帽制造	运动服装制造
		运动鞋帽制造
	体育游艺娱乐用品设备制造	体育游艺娱乐用品设备制造
	其他体育用品及相关产品制造	其他体育用品及相关产品制造
体育用品及相关产品销售、贸易代理与出租	体育及相关产品销售	体育用品销售
		运动服装销售
		运动鞋帽销售
		运动饮料营养品销售
		体育出版物销售
		其他体育用品及相关产品销售
		体育用品及相关产品综合销售
		体育用品及相关产品互联网销售
	体育设备出租	体育设备出租
	体育用品及相关产品贸易代理	体育用品及相关产品贸易代理
体育场地设施建设	室内体育场地设施建设	室内体育场地设施建设
	室外体育场地设施建设	室外体育场地设施建设

2.3.2 与国外体育产业统计的比较

联合国于1989年颁布的《全部经济活动的国际标准产业分类索引》(*Indexes to the International Standard Classification of all Economic Activities*)是目前世界上大多数国家制定国民经济产业分类标准的基本依据。在联合国的标准产业分类中，体育和其他娱乐活动一起被列为正式产业（号码为924）。

在体育产业统计方面，澳大利亚体育决策组织——澳大利亚体育与休闲部长理事会成立了体育产业统计委员会，建立了《全国体育与休闲产业统计框架》。该框架将体育与休闲产业划分为主体产业和相关产业，主体产业包括5个产业门类和39个次级产业门类，相关产业包括7个产业门类及23个次级产业门类。每个产业门类和次级产业门类的主要活动范围都有界定。

美国的体育产业统计将体育产业总值划分为3个部分，即体育消费、体育投资、体育净出口，其统计指标体系建立在体育消费基础上。该统计体系的最大贡献是基本避免了重复统计的错误，它对美国体育产业总值的统计及对体育产业规模的估算得到了美国体育界的广泛认可。

加拿大将体育产业分成5个门类：教练、裁判和运动员，体育用品产业，体育与休闲服务产业，全国性体育组织，政府。在此基础上建立加拿大体育产业统计框架和指标体系。

与国外体育产业统计相比，我国的主要差距表现在：调查范围没有包含体育及相关产业的全部；体育产业统计指标体系有待进一步完善；缺乏对体育产业的综合评价研究等①。

综上所述，国外发达国家结合本国实际建立了相对比较完善的体育产业统计指标体系，这对我国体育产业统计研究具有重要的借鉴意义。未来的体育产业统计研究，应重点探讨我国体育产业统计指标体系中统计分析方法的应用问题，将体育产业统计与统计分析方法有机结合起来，进行体育产业统计指标的量化研究，其中包括体育产业统计指标分类的定量分析、体育产业统计指标权重问题的研究及体育产业统计体系的综合评价研究等。

2.4 体育消费统计

体育消费统计的核心任务是对体育消费的发展情况进行统计调查、统计分析，提供统计信息和咨询，实行统计监督。如何通过制度设计和系统建设来切实保障获得真实、可靠的体育消费统计数据，构建何种统计指标体系已成为当前理论研究和实践探索的热点。

2.4.1 国外研究现状

统计指标体系作为用来判断社会在准则、价值和目标等方面的表现的依据，是作为具有普遍社会意义的社会状况的指数，为我们提供有关社会状况的各种信息。在EBSCO数据库中输入 statistical index system 或者 index system，得出有关统计指标的文章大多围绕着经济、社会、人口、收入、消费等方面，但没有专门对体育消费的指标体系进行研究。国外对体育消费相关领域的研究内容丰富、涉及广泛，具有现实意义，但是大多数是从管理学和心理学的角度来研究居民体育消费状况的异同，却鲜少涉及通过制定体育消费指标体系来衡量一个国家或地区居民的体育消费水平，从而去评估一个国家或地区

① 曹建平.新世纪国内外体育产业发展的现状及对策[J].体育科学研究,2008,12(3):18-20.

的体育产业发展情况。澳大利亚学者 Adam[①]创新性地应用社会科学神经网络方法构建了基于社会学的体育消费统计研究框架，该方法脱离了传统体育统计方法的框架，创新性地构建了以社区为中心单元的体育消费统计指标体系。美国学者 Walker[②]提出了基于消费心理偏向的体育消费统计指标体系框架，利用美国麦肯锡提供的测量数据对不同体育行业竞争力进行了测评，并对不同体育行业的发展潜力进行了预测。希腊学者 Kostas[③]利用投入产出法创新性地提出了结构性体育消费统计指标体系，并应用此指标体系研究了不同体育行业之间的关联度，并运用此指标体系研究了各国举办奥运后的体育产品消费与体育广告业、体育旅游业和体育博彩业之间的数据联系。比利时学者 Veerle[④]对比利时、加拿大、意大利等 6 个国家的体育消费统计数据进行比较，分析了各国在国际体育赛事成绩之间的差距，并研究了体育成绩的取得与体育消费统计数据之间的关系，为各国如何发展体育产业提出了对策。

从国外的研究来看，体育消费统计指标的研究已经成为体育领域研究的一个重点，由体育消费统计指标优化而衍生的体育消费统计制度设计已经成为该领域研究的一个热点课题。国外关于体育消费统计指标的研究都侧重于统计实务的实现，大部分研究也都是集中于如何更好地促进体育消费统计工作的开展，而纳入国家统计调查制度层面的体育消费统计指标和调查方法体系尚未形成。本书将体育消费统计指标体系优化和体育消费统计制度创新结合起来研究，填补了该领域研究的一项空白，为推动我国体育消费统计工作的有效开展提供了理论支撑。

2.4.2 国内研究现状

目前，国内学者有关体育消费统计指标体系研究的较少。其中，朱家新[⑤]在《体育消费统计指标体系探讨》一文中指出，体育消费统计指标是研究体育消费特征的重要依据，并从体育消费内涵、体育消费统计指标存在的问题及设计的原则进行探讨；李文杰[⑥]在《我国体育消费统计指标体系设计》一文中从体育消费统计指标存在的问题及设计的原则进行探讨，提出了新的体育消费统计指标体系；蔡军、权德庆等人[⑦]对城镇居民体育消费统计指标体系进行了较为深入的研究，初步构建出我国城镇居民体育消费统计指标体系（体

① Adam J. Karg. Fantasy sport participation as a complement to traditional sport consumption [J]. Sport Management Review,Vol.2 , No.4, 2002:327-346.

② Matthew Walker. Toward an integrated framework of sports consumption and sports industry development[J].Sport Management Review,Vol.13 , No.6, 2005:198-213.

③ Kostas Alexandris. Sport consumer motivation: Autonomy and control orientations that regulate fan behaviors [J]. Sport Management Review, Vol.134, No.2, 2006:13-28.

④ Veerle De Bosscher. Explaining international sporting success: An international comparison of elite sport systems and policies in six countries. Sport Management Review, Vol.126,No.6,2009:113-136.

⑤ 朱家新．体育消费统计指标体系探讨[J]．体育科学研究，2007（1）：18-20.

⑥ 李文杰. 我国体育消费统计指标体系设计[J]. 统计与决策，2008（13）：151-152.

⑦ 蔡军，康勤国，李法伟，等. 我国体育消费统计调查制度建设与创新研究[J]. 西安体育学院学报，2018，35（5）：541-547.

育健身消费、体育观赏消费、体育用品与体育信息消费和体育时间消费一级指标、19个二级指标和众多三级指标），其中部分指标已进入陕西省统计年鉴；李法伟等人[①]通过构建统计指标体系对陕西省居民消费进行定量分析，该研究的统计与评价指标层次清晰、细致；杨涛等人[②]的《体育、文化产业统计指标与体育消费统计指标的比较研究》，针对三类指标体系设计中存在时间的阶段性和局限性问题，提出了对它们进行不断创新和完善的措施；胡笑寒[③]在《澳大利亚体育消费研究》一文中着重介绍了依附在《澳大利亚体育与休闲产业报告》中的直接反映居民体育消费水平的一级指标（居民参与体育活动的情况、居民体育时间消耗情况、居民观看体育赛事情况、居民家庭消费情况），该项指标每6年进行一次专项调查，而国家统计层面独立的体育消费统计调查制度是没有的。以上多层面的研究成果从不同视角对体育消费统计指标体系进行了一定的定性和定量分析，但是针对基于体育消费统计指标体系优化和统计制度的改革创新，开展体育消费统计服务引导体育产业协调发展的实证应用研究却鲜见报道。

2.5 综合评价研究

统计评价属于描述统计学范畴，是以统计指标为基础的评价，可以分为单指标评价方法和多指标综合评价方法。统计指标是统计学的一个基础性概念，也是人们认识社会经济现象的一个有效工具[④]。随着社会经济现象的复杂化和人们认识水平的提高，统计指标也经历了一个由简单到复杂、由具体到抽象、由比较片面到比较全面、由非整体性到整体性、由单指标到多指标的演进过程。

2.5.1 统计指标评价的三种类型

2.5.1.1 实物指标

实物指标是人类使用最早的一类统计指标，它是采用自然单位或实物特征来计量的统计指标。实物指标是对社会经济中一些最基本、最重要的现象和事物的综合数量特征进行的概括，代表性地反映一个社会的物质基础和社会经济实力，因此在生产力水平不太发达的情况下，实物指标可以满足社会经济管理的需要[⑤]。

实物指标的局限性主要表现为实物指标只能在同种、同类事物间进行加总，面对越来越多的不同种类经济产品，实物指标的综合力显然不够，并且统计总体在不断扩大，单纯使用实物指标的难度也在逐渐加大。在这种背景下，实物指标就越来越难以满足社会经济管理的需要了。

---

① 李法伟，蔡军. 陕西省居民体育消费水平研究[C]//第九届全国体育科学大会论文摘要汇编（4）. 北京：中国体育科学学会，2011：459.

② 杨涛，李法伟，蔡军. 文化产业与体育产业中体育消费统计现状研究[J]. 首都体育学院学报，2019，31（4）：316-320.

③ 胡笑寒，毛雅萍. 澳大利亚体育消费研究[J]. 体育文化导刊，2010（2）：155-158.

④ 杜栋，庞庆华. 现代综合评价方法与案例精选[M]. 北京：清华大学出版社，2005.

⑤ 朱孔来. 国民经济和社会发展综合评价研究[M]. 济南：山东人民出版社，2004.

2.5.1.2 价值指标

价值指标是利用价格作为同度量因素把不同种类的产品进行加总计量的一类统计指标。与实物指标相比，价值指标是一种更加综合的评价方法，能够对社会经济活动各个方面的总规模和总水平加以定量描述，可以满足社会经济管理的需要。

价值指标的局限性主要表现为在相当长的时期内，基本满足了人们进行社会经济管理的需要，但随着社会经济活动复杂性的提高，价值指标对人们认识社会经济现象的能力也提出了更高的要求。从指标评价方法来说，单个统计指标只能反映复杂社会现象的一个侧面，无法给出全景式的描绘，即便是最综合的价值指标也是如此。由此看来，价值指标这一单指标评价方法显然就不够用了。

2.5.1.3 指标体系

既然单个指标不能全面地对客观社会经济现象进行描述，那么运用多个指标、从多个侧面来反映社会经济现象就能突破单个指标的缺陷，这种方法就是统计指标体系方法①。从认识的全面性上来讲，指标体系方法比实物指标和价值指标的单指标方法要更进一步。

指标体系方法的局限性主要表现为指标体系方法在解决认识的全面性问题的同时，也产生了新的问题，那就是指标体系在评价的总体性上存在不足。在由一大堆指标组成的指标体系所构造的多维空间上，对被评价对象做出一个总体性评价的难度较大。

2.5.2 多指标综合评价

多指标综合评价按照评价对象的特点结合综合评价的理论与方法，将指标体系在多维空间中的多个点值进行综合，把说明被评价对象主要指标的信息综合起来，将之转化为一个综合评价价值。这就解决了指标体系的整体性问题②。

多指标综合评价的特点如下：①运用若干个指标而非单一指标进行评价；②不同的评价指标从不同侧面反映被评价对象的某一方面，不同指标之间是异度量，不是同度量因素；③多指标评价方法对被评价对象进行整体的评价，用合成的总指标来说明被评价对象的一般水平。

2.5.2.1 评价指标筛选方法

多指标综合评价需要对被评价对象的诸多因素进行考查。这些因素既有定量的，也有定性的；既有独立的，也有相互关联的；既有影响评价结果小的指标，也有影响评价结果大的指标。因而，有必要对影响因素进行分析，分清主次，抓住主要因子，剔除次要因子。这样做一方面可以使评价模型简单化，就事件的主流或本质进行评价；另一方面可以节省计算量，提高模型的精度与准确度③。建立多指标综合评价体系的方法包括经

① 朱庆芳，吴寒光. 社会指标体系[M]. 北京：中国社会科学出版社，2001.

② 邱东. 多指标综合评价方法的系统分析[M]. 北京：中国统计出版社，1991.

③ 郑杭生. 社会指标理论研究[M]. 北京：中国人民大学出版社，1989.

验筛选法（大多评价中采用经验法，即专家调研法）、数学筛选法（单因素分析法、多元相关分析法、多元回归分析法、逐步回归法、岭回归法、条件广义方差极小法和极大不相关法等）。

（1）经验筛选法

评价指标经验筛选法主要是借鉴专家的专业经验，通过向专家发函征求意见获得评价指标筛选依据的方法。按照评价目标及评价对象的特征，评价者在专家意见调查表中，设计一系列的评价指标，并分别征询专家意见，然后进行统计处理，并反馈咨询结果，经几轮咨询后，如果专家意见趋于集中，则由最后一次咨询确定出具体的评价指标体系[21]。

（2）数学筛选法

① 最小均方差法。对于n个取定的被评价对象，$s_1,s_2,\cdots,s_n$每个被评价对象都可用m个指标的观测值$x_{ij}(i=1,2,\cdots,n;j=1,2,\cdots,m)$来表示。如果$n$个被评价对象关于某项评价指标的取值都差不多，那么尽管这个评价指标非常重要，但对于这n个被评价对象的评价结果来说，它并不起什么作用。因此，为了减少计算量，可以删除这个评价指标，这就是最小均方差的筛选原则。

即

$$s_j=\left(\frac{1}{n}\sum_{i=1}^{n}(x_{ij}-\overline{x}_j)^2\right)^{\frac{1}{2}},j=1,2,\cdots,m$$

式中，s_j表示评价指标的按n个被评价对象取值构成的样本均方差。

其中，

$$\overline{x}_j=\frac{1}{n}\sum_{i=1}^{n}x_{ij},j=1,2,\cdots,m$$

式中，$\overline{x}_j$表示评价指标的n个被评价对象取值构成的样本均值。

若存在，使得$k_0(1\leqslant k_0\leqslant m)$

$$s_{k_0}=\min_{1\leqslant j\leqslant m}\{s_j\}\text{且}s_{k_0}\approx 0$$

则可删除掉s_{k_0}与相应的评价指标x_{k_0}。

② 极小极大离差法。先求出各评价指标的最大离差r_j，即

$$x_j$$

$$r_j=\max_{1\leqslant i,k\leqslant n}\{|x_{ij}-x_{kj}|\}$$

再求出r_j的最小值，即令$r_0=\min\limits_{1\leqslant j\leqslant m}(r_j)$。

当r_0接近零时，则可删除掉r_0与之相应的评价指标。

2.5.2.2 体育领域综合评价

随着综合评价的研究成为我国体育研究领域一个热点问题，针对体育这一主题进行的评价实践与研究也在我国逐渐开展起来。从收集的文献看，国内对体育这一主题的评

价指标体系研究涉及体育的各个领域，其特点主要体现在以下几个方面。

（1）逐步重视整体和综合评价研究

《农村体育评价指标体系的研究》①《农村体育治理评价指标体系构建与实证研究》②《国际体育城市评价指标体系的构建研究》③等文章都是运用一系列的指标构建多指标综合评价指标体系，从不同侧面对评价对象进行系统和整体评价，其优点在于能更加全面、真实、准确地反映体育发展的整体状况，以及各部分之间的内在联系。孙晋海④在《体育系统工程研究》中提出，目前体育评价较多应用于学校体育中，且多集中于研究局部或个别现象，不利于体育系统整体的协调发展。应逐步转变体育评价的指导思想，根据评价对象的实际，重视整体和综合评价。

（2）注重评价理论模型的构建

借鉴各个领域的研究成果，构建体育事业领域评价的理论模型，是国内研究者作为研究的起点与基础。在我国现有的体育事业领域评价指标体系研究中，提出或采用的理论模型主要有：董新光等人⑤提出的我国农村体育评价指标体系的“条件—结果”理论模型；戴狄夫等人⑥提出“条件—方式—结果”评估体系理论模型；楼兰萍、虞力宏⑦构建了“资源—制度—服务—效益”理论模式。

（3）构建评价指标体系的方法多元化

筛选评价指标的方法主要包括定性与定量两类方法。定量方法就是根据评价指标间的数量关系运用数学的方法选取指标体系的方法；定性方法就是运用系统思想，根据评价目地对评价对象的结构进行深入的系统分析，把评价对象分解成不同的侧面，在对每个侧面的属性进行深入分析的基础上提出反映各个侧面的衡量指标，构成评价指标体系。其中的典型代表就是特尔斐法。在现有的研究中，大部分研究者筛选评价指标，都采用了定性与定量相结合的方法，如《体育系统高层次体育人才评价指标体系研究》《我国青少年体育俱乐部评估体系研究》《体育人口测度指标体系的研究》等。根据评价目的与构建指标体系的原则，选择恰当的权重处理方法也是构建评价指标体系的重要组成部分。

综上所述，在目前我国公共体育服务体系、评价指标、方法的研究中，学者们还没有形成统一认识，每一种评价指标、方法侧重都有被忽略的一面。随着我国体育事业和体育产业的不断发展，公共体育服务体系的评价指标也应该从事业和产业两个角度考虑，建立更加完善和系统的公共体育服务体系及其评价指标。

---

① 董新光，晓敏，丁鹏，等. 农村体育评价指标体系的研究[J]. 体育科学，2007（10）：49-55.

② 胡庆山，曹际玮. 农村体育治理评价指标体系构建与实证研究[J]. 体育科学，2019，39（5）：26-38.

③ 陈林华，王跃，李荣日，等. 国际体育城市评价指标体系的构建研究[J]. 体育科学，2014，34（6）：34-41.

④ 孙晋海，曹莉，伊超，等. 体育系统工程理论与实践研究[Z]. 国家科技成果，2007-03-01.

⑤ 同①

⑥ 戴狄夫，金育强，李先雄，等. “特色学校”校园足球政策执行力评价指标体系研究[J]. 武汉体育学院学报，2021，55（5）：93-100.

⑦ 楼兰萍，虞力宏. 社区体育发展水平评价指标的研究[J]. 北京体育大学学报，2004（5）：595-596，599.

2.6 小结

目前，我国有关公共体育服务统计及公共体育服务水平评价方面的研究虽有一定基础，但不够系统深入，在一定程度上影响和制约了我国公共体育服务业的发展。本书将以区域经济和公共服务理论为基础，以公共体育服务体系为依托，以实地调查为手段，通过准确把握不同经济区域构建公共体育服务体系的基本特征和规律，在科学筛选的基础上，构建一套统计和评价我国公共体育服务状况及服务水平的指标体系，为我国公共体育服务业的科学发展提供必要的参考。

建立公共体育服务统计体系和开展综合评价实证研究，是客观测度和评价公共体育服务事业发展现状的需要，也是充分发挥统计和综合评价的导向功能、管理功能、促进功能、预测功能、鉴定功能、交流功能及调控功能，深入研究公共体育服务发展规律的需要，更为研究和制定公共体育服务发展目标及制定公共体育服务发展各项具体政策提供科学依据。

第3章

公共体育服务的理论基础

公共体育服务的基本理论问题研究，着重从深化体育事业改革的视角界定公共体育服务的概念，阐述公共体育服务的基本特征，探讨公共体育服务的核心内容，梳理我国公共体育服务发展历程，探索我国公共体育服务体系的基本规律。

3.1 新公共服务理论

3.1.1 基本内容与主要理念

新公共服务理论是20世纪80年代以来在英国、美国等国家出现的行政改革的指导理论，它是对当代西方行政改革实践经验的基本总结，是以美国著名公共管理学家罗伯特·丹哈特为代表的一批公共管理学者基于对新公共管理理论的反思。新公共管理理论不再将公共管理活动看作是政府的行政管理职能，也不再将公共管理活动等同于公共部门的管理活动，而是将公共管理看成在公共产品与公共服务供给过程中，由多元主体共同组成的复杂网络的治理，由公共部门、准公共部门及部分参与公共服务提供的私人部门共同对公共事务的处理。这是新公共管理的最基本的特征。

新公共服务理论主要包括以下内容：民主社会的公民权理论，社区和市民社会的模型，组织人本主义和组织对话理论。新公共服务理论的主要观点包括：服务于公民，而不是服务于顾客；追求公共利益；重视公民权胜过重视企业家精神；思考要具有战略性，行动要具有民主性；承认责任并不简单；服务，而不是掌舵；重视人，而不只是重视生产率[①]。

3.1.2 启示与借鉴

新公共服务理论具有许多闪光的思想，可以为构建公共体育服务所借鉴。首先，关于服务理念。新公共服务理论强调，要重视与公民之间的关系，要尊重公民。不管是由政府提供公共服务，还是由非营利性组织或私营部门提供公共服务，公民作为服务的接受者都有权利选择和参与公共服务的决策。其次，关于政府的主要角色与职责。新公共服务理论认为，公共利益应是政府的基本立场，政府的基本职能在于实现社会公共利益的最大化，其本质在于它的公共性和社会性。再次，关于服务主体。新公共服务理论认

① Janet V. Denhardt， Robert B. Denhardt. 新公共服务：服务，而不是掌舵[M]. 北京：中国人民大学出版社出版，2010.

为，应该在政府垄断的公共服务领域引入竞争机制[①]。这一观点给我们的启示是必须在公共体育服务领域引入竞争机制，实现公共体育服务提供主体的多元化。政府、私人部门或者第三部门均可成为公共体育服务的提供者、生产者。政府部门可以提供纯公共产品，也可以通过政府补贴的方式和私人混合提供准公共产品。最后，关于社会治理结构。新公共服务理论认为，政府的治理方式完全以服务代替了控制，政府、私人组织与公民组成的各种志愿组织共同构成了社会的治理体系，政府与社会、公民之间不再是一种自上而下的单一的权力服从型的关系，而是一种多向的、信任合作的良性互动关系。

3.2 新公共管理理论

3.2.1 基本内容与主要理念

新公共管理（New Public Management，NPM）以现代经济学为理论基础，主张在政府等公共部门广泛采用私营部门成功的管理方法和竞争机制，重视公共服务的产出，强调文官对社会公众的响应力和政治敏锐性，倡导在人员录用、任期、工资及其他人事行政环节上实行更加灵活、富有成效的管理[②]。

新公共管理理论的基本理论内容有如下几个方面。一是引入竞争机制，重视效率追求：主张政府管理应广泛引入市场竞争机制，通过市场测试，让更多的私营部门参与公共服务的提供，提高服务供给的质量和效率，实现成本的节省。二是以竞争求生存，以竞争求质量，以竞争求效率：追求效率是公共行政的出发点和落脚点。三是以顾客为导向，奉行顾客至上：政府以提供全面优质的公共产品、公平公正的公共服务为其第一要务。四是政府职能由"划桨"转为"掌舵"：主张政府在公共行政中应该只是制定政策而不是执行政策，政府应该把管理和具体操作分开，政府的角色应是"掌舵"而不是"划桨"[③]。五是改造公务员制度：对公务员制度的一些重要原则和核心特征进行瓦解。六是建立临时雇佣制、合同用人制等新制度。

新公共管理理论的主要理念：绩效的明确标准和测量[④]。这就需要确立目标并设定绩效标准，其支持者在论证时提出"委以责任需要明确描述目标；提高效率需要牢牢盯住目标"。新公共管理主张放松行政规制，实行严明的绩效目标控制，即确定组织、个人的具体目标，与之签订绩效合同，并根据绩效目标对完成情况进行测量和评估。注重政府的政策职能与管理职能的分离。公共部门向更具竞争性的方向发展，这包括"订阅合同条款以及公开招标程序"，其合理性则在于"竞争是降低成本和达到更高标准的关键所在"。注重将私营部门的管理方式引入公共部门。需要将私营部门"经证实有效的"管理手段转到公共部门中加以运用。

---

① 陈庆云，鄞益奋，曾军荣，等. 公共管理理论研究：概念、视角与模式[J]. 中国行政管理，2005，3：15-18.

② 陈华栋，顾建光，裴锋. 新公共管理理论及实践模式探析[J]. 求索，2005，7：42-44.

③ 刘力，张源. "新公共管理"运动及其对中国行政改革的启示[J]. 天府新论，2003（4）：67-70.

④ 黄小勇. 新公共管理理论及其借鉴意义[J]. 中共中央党校学报，2004，3：62-65.

3.2.2 启示与借鉴

虽然新公共管理理论是西方特定的社会、政治、经济条件的产物，但它在一定程度上反映出当代各国公共行政发展的规律和趋势，因此了解和学习新公共管理理论，对我国公共体育服务的理论和实践有一定的借鉴意义。目前，“居民参与体育权益被忽视”的情况比较严重，以政府有限的力量去监督和管理这些问题还显得力不从心，应该充分发挥非政府组织和志愿组织的作用。实行绩效目标控制，积极推行行政问责制。新公共管理的核心价值之一就在于调整国家与社会、政府与市场的关系，让市场发挥更大的作用，这对于公共体育服务改革有一定的指导作用，并能激励公众和社会组织更积极地参加公共体育服务。确定各职能部门及个人的具体目标，制定科学合理的绩效评估体系，使组织和个人具有更多的灵活性、创新精神和效率。在实践中，完善体育事业实施和考核机制，完善体育工作机制，加大保障力度。根据考核结果对于那些玩忽职守、不能胜任岗位工作的人员坚决处理，积极推行行政问责制，做到责、权、利相结合。

3.3 公共体育服务的基本概念

3.3.1 公共服务概念界定

针对“公共服务”的概念界定，国内学术界主要有以下几种不同的意见。第一种是将“公共服务”等同于“为人民服务”。该种理解的局限在于将带有政治性的色彩“为人民服务”的概念混同于公共服务这一行政职能概念①。第二种是以公共物品理论为理论依据，根据物品的特性来界定公共服务的概念，即由法律授权政府和非政府公共组织及有关工商企业在纯粹公共物品、混合性公共物品及特殊私人物品的生产和供给中所承担的职责。第三种是从政府行政职能视角将“公共服务”理解为国家公务人员的职责和工作的一般属性，将“公共服务”的范围简单认定为政府的工作职能，将政府公共服务职能等同于公共服务本身。该种理解的局限在于当前的中国政府不仅是公共服务的提供者，同时还是公共服务的生产者。这就是当前中国公共服务领域普遍存在的“政府中心”而不是“顾客中心”的原因所在。第四种是指包括弥补市场不足，促进社会公平在内的所有政府工作②。该种理解过于概括，模糊了政府公共管理职能与公共服务职能的界限。从政府职能的角度说，这种认定是不着边际之论，如果按照这样的说法去认识公共服务，那将会使从事政府公务的人员无从把握工作边界。第五种是从服务的角度，即根据服务的特性来界定公共服务。有学者认为，公共服务是一个有着特定含义的概念，它是指为社会公众提供的、基本的、非营利性的服务。

综上所述，以公共物品理论和新公共服务理论等有关理论和基本概念为基础，综合国内外相关研究可资借鉴的定义，本研究将公共服务界定为：由法律授权的政府和非政

---

① 马庆钰. 关于“公共服务”的解读[J]. 中国行政管理，2005（2）：78-82.

② 李朝祥. 政府公共服务职能的市场化[J]. 广西社会科学，2003（4）：16-17.

府公共组织及有关工商企业，通过生产和供给纯粹公共物品、混合性公共物品及特殊私人物品等方式，为社会公众提供的、基本的、非营利性的服务。

3.3.2 公共体育服务概念界定

公共体育服务的概念和内涵始终是当前公共体育服务研究的重点和难点。不仅因为概念性问题具有关键的研究指导作用，更重要的是，包括学界在内的社会各界迄今为止尚未就公共体育服务的概念和内涵形成学术共识，这些人主要围绕“公共体育服务”与“公共体育服务”的概念使用展开学术争论。

关于“公共体育服务”的代表性观点有：肖林鹏[①]从公共服务的概念体系推演出公共体育服务的概念，即公共体育服务是公共组织为满足公共体育需要而提供的公共物品或混合物品。公共体育服务外延包含公共体育设施服务、公共体育教育服务、公共体育指导服务、国民体质监测服务、公共体育制度服务、公共体育信息服务、奥运（全运）争光服务等；范冬云[②]指出，公共体育服务是公共部门为满足社会成员公共体育需要而提供公共体育产品的过程。竞技体育、社会体育和学校体育均有属于公共体育服务范畴的内容。这些研究成果虽然相对不足，但对于公共体育服务理论的研究却是有益探索，需要继续深入研究。

综上所述，本研究将公共体育服务界定为：为满足社会成员的体育需求，由法律授权的政府和非政府公共组织及有关工商企业，通过生产和供给纯粹公共体育物品、混合性公共体育物品及特殊私人体育物品等方式，为社会公众提供的、基本的、非营利性的体育服务。

3.4 公共体育服务的基本特征

公共服务是指为集体或别人工作，或为他人提供帮助，即满足他人需求的行为。公共体育服务是满足居民群体公共体育需求的行为，是为公共体育利益提供基本性或普遍性的服务。公共体育服务较其他公共服务、体育服务有其明显的基本特征。

3.4.1 服务对象的特殊性

保障居民的体育参与权利是社会文明进步的重要标志，健全和完善公共体育服务是构建社会主义和谐社会的有机组成部分。居民拥有参与体育活动的权利，由于体育场地相对封闭，体育场地设施相对较少，难以充分满足居民实现其体育权利的诉求，需要建构和完善专门的公共体育服务体系，做到其服务对象是独立的、个体的，但面向生活着的所有居民。公共体育服务对象的特殊性并不意味着其服务对象的特定性，为特定人提供的服务属于私人服务，私人服务是根据特定人的需求个别安排的服务。公共体育服务的对象是不特定的居民，是根据一般性体育需求安排一般性体育服务。

---

① 肖林鹏，李宗浩，杨晓晨，等. 论我国公共体育服务的供给困境[J]. 山东体育学院学报，2008（8）：1-4.
② 范冬云. 我国体育公共服务研究中几个问题的探讨[J]. 成都体育学院学报，2010，36（2）：6-12.

3.4.2 服务目的的公益性

公益即“公众利益”之意。公益事业是指直接或间接地为经济活动、社会活动和居民生活服务的部门、企业及其设施。公益性企业是指直接涉及社会公共利益领域服务的企业。我国绝大多数公共体育服务都通过免费的方式向居民提供相应的体育服务，其服务对象的特殊性决定了公共体育服务的公益性特征。不同阶段、不同类型、不同地区的居民又有不同的体育服务需求，营利性的体育服务和长期性的体育服务必然给家庭和个人带来沉重的负担。因此，公共体育服务体系的建设要落实“以居民为本”，并要求政府和社会提供公益性的服务，而且必须根据的个体性和差异性来设计和提供多样化的公益性服务。

3.4.3 服务主体的多元性

体育作为一种准公共产品，其服务主体主要有政府、企业和非营利性组织三类。公共体育服务是体育的一部分，也是政府公共服务的一部分；政府是公共体育服务的主体之一，公共体育服务职能只是政府公共服务职能之一。当前，公共体育服务发展中存在的突出问题是现有的体育资源难以满足广大居民日益增长的参与体育活动尤其是享受公共体育服务的需要，突出表现是居民专门体育设施和专业体育指导人才的匮乏，其实质是公共体育服务主体单一导致的居民体育“供给”和“需求”之间的突出矛盾的集中反映。公共体育服务不仅要发挥政府部门及公共财政支持的事业单位的主导作用，而且要大力动员和鼓励社会各界力量建立非营利性体育公益服务机构，参与公共体育服务。在政府实施有效监管、机构严格自律、社会加强监督的基础上，实现公共体育服务供给主体的多元化，用更多的社会资源来化解当前公共体育服务中的供求矛盾，构建满足社会需求的公共体育服务。

3.4.4 服务资源配置的均衡性

均衡性主要指公共体育服务体系中的体育资源配置的均衡。构建公共体育服务体系，必然涉及公平正义的问题，居民作为社会成员均等享有公共服务是公共体育服务的一个重要组成部分，也是和谐社会建设过程中不得不关注的一个重要内容，这就在客观上要求公共体育服务实现资源配置的均衡性。当前，我国在体育公共服务建设方面，供给疲软、资源配置不均、效率不高等现象突出。城乡二元结构和各地经济社会发展极不平衡导致城乡之间居民体育公共服务资源配置不均衡。不同区域之间体育公共服务资源配置的不均衡导致东部体育公共服务资源的配置优于中部，而中部又优于西部。按照政府提出的实现基本公共服务均等化目标的要求，就要建立健全体育公共服务有效的工作机制，着力解决体育公共服务在城乡之间、地域之间、不同居民之间的不均衡问题。

3.5 公共体育服务的内容

3.5.1 全民健身服务

3.5.1.1 理论研究视角下的全民健身服务

我国体育行业的发展正处于深化改革、攻坚克难的关键期，国内不同领域的专家学者借鉴新公共服务理论、公共服务理论等理论方法，分析我国推进公共体育服务实践改革和体育职能部门的转型发展，总结整个过程中指导理念、改革方法及改革措施中的优势和不足，形成了大量的研究成果，并公开发表于不同期刊、杂志和报纸。因此，基于现有的研究成果，利用文本挖掘技术剖析其对公共体育服务内容的共识，为进一步从理论上厘清公共体育服务内容提供了可能，也对后续研究中建立公共体育服务统计指标体系和评价指标体系提供了便利。

（1）文献数据情况

本研究选择 CNKI 中国学术期刊网络出版总库作为数据源，检索时间为 1993—2016 年，来源类别为核心期刊，检索式为与“公共体育服务”有关的主题词，共检索出 5406 条记录，每一条数据记录主要包括“篇名、作者、作者单位、关键词、基金项目、摘要、刊名、发表年、第一作者”等信息。随后以“全民健身”为主题词，在“公共体育服务”检索结果中继续筛选相关文献，将不属于公共体育服务研究领域的文献予以剔除，最后确认 819 篇文献为公共体育服务语境下全民健身服务研究的数据样本。数据采集时间为 2016 年 11 月 30 日。

（2）发表年度分布

从发表年度分布上来看，国内以公共体育服务为研究主题的相关文献数量逐年增加（图 3-1）。2007—2011 年，文献数量呈几何级增加，一方面是有关文献总量的增加；另一方面可能是由于文献质量的提高，国内学者对该领域研究的关注程度提升。2011—2014 年，筛选出的文献数量维持在 100 篇左右。2015—2016 年，该领域高质量的研究成果数量进一步增多。

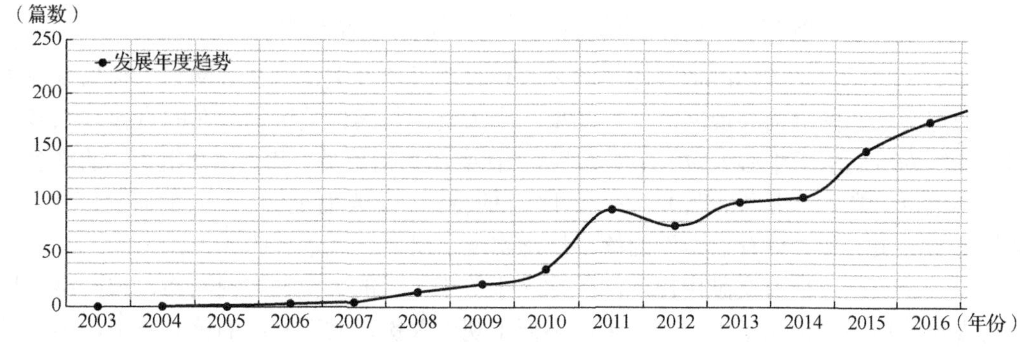

图 3-1　公共体育服务语境下全民健身主题文献发表年度分布

（3）关键词分布

在公共体育服务研究领域，不同的专家学者尝试从不同的视角探讨公共体育服务问题，其核心观点将最终通过研究文献记录下来。关键词作为文献核心内容的集中概括，能够较好地反映公共体育服务研究领域的主题分布与特点，随着研究的发展，核心关键词的数量会逐渐趋于稳定并成为该领域的核心。如果公共体育服务内容是研究者关注的核心问题，那么反映公共体育服务内容的关键词就会随着时间的推移反复出现在不同的研究文献中。从这个意义上讲，我们可以通过关键词的稳定性情况来识别公共体育服务中的核心内容。从关键词分布来看（图 3-2），在公共体育服务领域“社会体育指导员”和“体育组织”出现的频次分别为 77 次和 58 次，显著高于其他关键词。

（4）关键词共现网络

在文献计量学中，关键词共现网络分析方法常用来确定该文献集所代表学科中各主题之间的关系，广义上属于内容分析方法的一种。其原理主要是对一组词两两统计它们在同一篇文献中出现的次数，对这些词进行聚类分析，从而达到挖掘隐含信息的目的，进而反映这些词所代表学科和主题的结构变化。因此，本研究选用中国知网数据库作为数据来源，采用关键词共现网络分析方法来探讨理论研究视角下的公共体育服务内容。

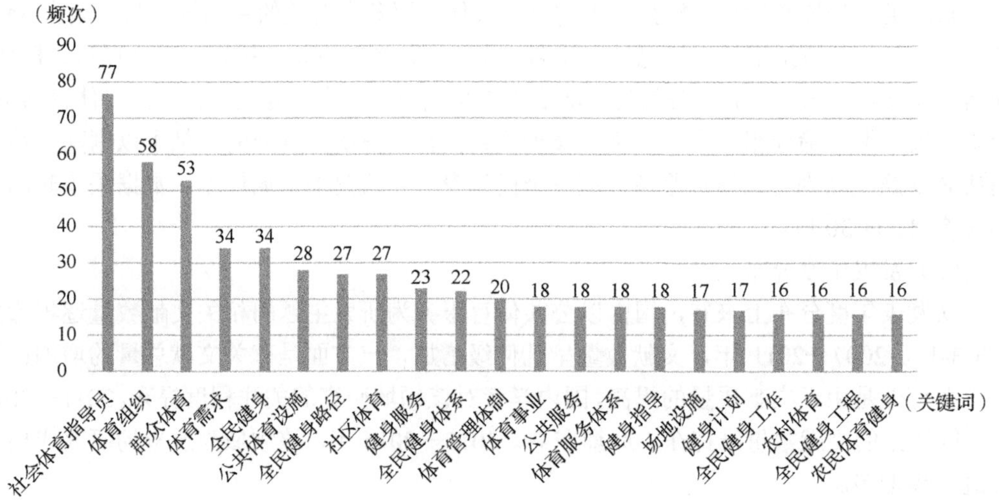

图 3-2　公共体育服务语境下全民健身主题文献关键词分布

图 3-3 显示，中国知网数据库中的公共体育服务研究关键词共现网络，根据度数中心度的定义，在关键词共现网络中，如果一个关键词与其他关键词存在的直接联系多，那么该行为者就居于中心地位。不难发现，“社会体育指导员”和“体育组织”的概念处于中心地位。整个网络也呈现出“多元网络”的特征。从表面上看，已有的研究围绕“社会体育指导员”和“体育组织”的核心概念实现了研究领域本身的成长。

图 3-3 显示了所有文献中出现的频次大于等于一次的关键词共现网络，该网络所呈现可视化共现关系信息量大、节点多，不便于观察关键词共现网络的核心特征，因此对关键词节点进行筛选，将出现频次设定为大于等于 9，获得高频关键词共现网络，如

图 3-4 所示。

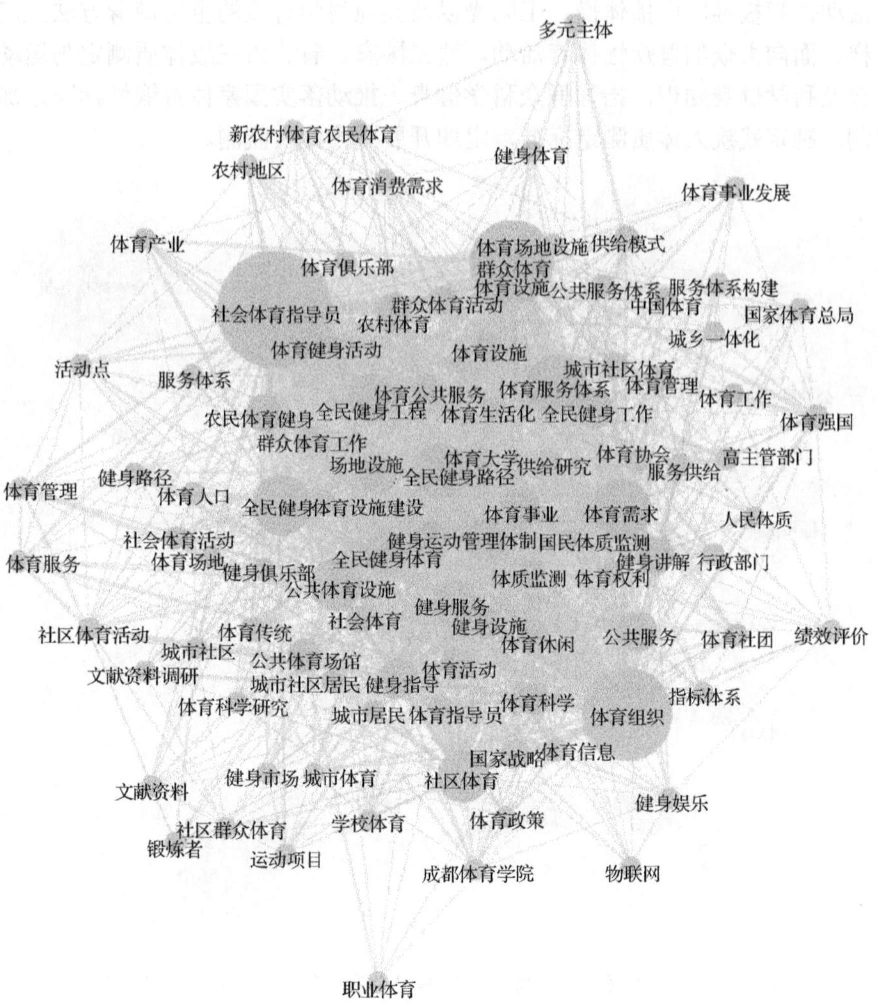

图 3-3 公共体育服务语境下全民健身服务主题文献关键词共现网络

在公共体育服务语境下全民健身主题文献高频关键词共现网络中，“社会体育指导员”“体育组织”“全民健身”“群众体育”是反映全民健身服务中公共服务属性的核心关键词。因此，在构建我国公共体育服务统计指标体系中，建议在指标预选中重点考虑上述内容。

3.5.1.2 实践探索视角下的全民健身服务

《国家基本公共服务体系“十二五”规划》（国发〔2012〕29 号）中指出“十二五”时期，政府在公共文化体育服务方面要：加强基层公共体育设施建设。大力推动公共体育设施向社会开放，健全学校等企事业单位体育设施向公众开放的管理制度。全面实施全民健身计划，健全基层全民健身组织服务体系，扶持社区体育俱乐部、青少年体育俱乐部和体育健身站（点）等建设，发展壮大社会体育指导员队伍，大力开展全民健身志愿服务活动。积极推广广播体操、工间操以及其他科学有效的全民健身方法，广泛开展形式多样、面向大众的群众性体育活动。建立国家、省、市三级体质测定与运动健身指导站，普及科学健身知识，指导群众科学健身。推动落实国家体育锻炼标准，加强学生体质监测，制定残疾人体质测定标准，定期开展国民体质监测。

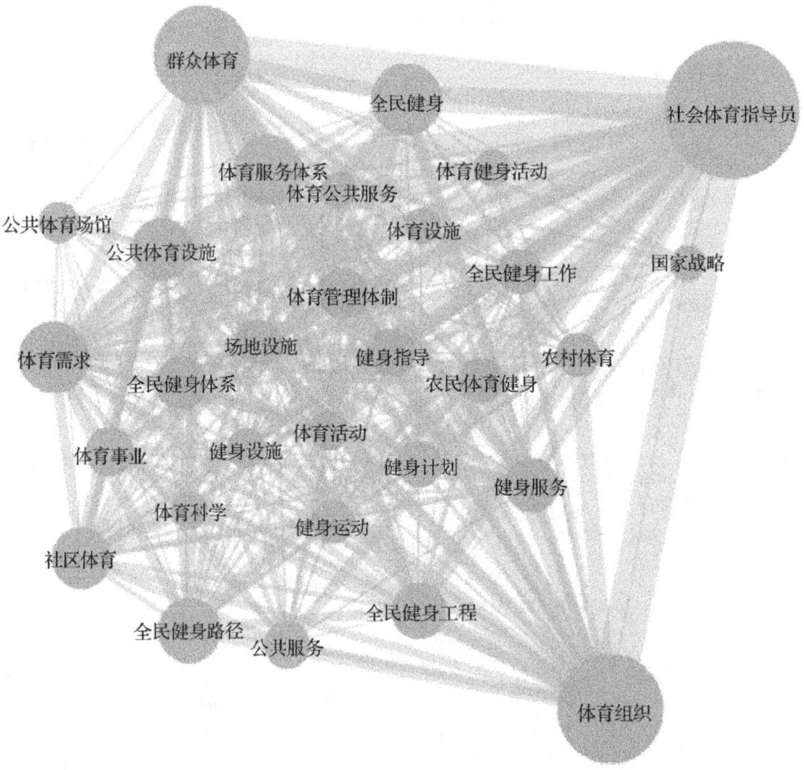

图 3-4　公共体育服务语境下全民健身主题文献高频关键词共现网络

《体育事业发展“十二五”规划》中提出全面贯彻《全民健身条例》，实施《全民健身计划（2011—2015 年）》，强化公共体育服务职能，建立完善以全民健身设施建设、组织建设、活动开展、健身指导、科学评估等为主要内容的全民健身公共服务体系，切实保障广大人民群众参加体育活动的权利。

《体育事业“十三五”发展规划》中提出不断完善基本公共体育服务。加快建设水平较高、内容完备、惠及全民的基本公共体育服务体系，逐步推动基本公共体育服务在地域、城乡和人群间的均等化。推进基本公共体育服务示范区建设，制定结构合理、内容明确、符合实际的基本公共体育服务标准体系。加强基本公共体育服务信息化建设，建立数据采集和监测体系。以实施《全民健身计划（2016—2020 年）》为主要抓手，落实目标任务和重大政策措施，创新全民健身组织方式、活动开展方式、服务模式，开展实施效果评估和满意度调查。

2020 年，国务院办公厅印发《关于加强全民健身场地设施建设发展群众体育的意见》，紧紧围绕发展以人民为中心体育的思想，化民生关切为民生动力，以场地设施这一核心生产要素为切入点，以“大体育”发展观构建更高水平全民健身公共服务体系。

国家体育总局发布关于认真贯彻落实《全民健身计划（2021—2025 年）》的通知，从加大全民健身场地设施供给，到广泛开展全民健身赛事活动，从提升科学健身指导服务水平，到激发体育社会组织活力。坚持以人民为中心的发展思想，把人民作为发展体育事业的主体，把满足人民健身需求、促进人的全面发展作为体育工作的出发点和落脚点，深入实施健康中国战略和全民健身国家战略，不断提高人民健康水平，才能加快建设体育强国，构建更高水平的全民健身公共服务体系。

3.5.2 体育赛事服务

3.5.2.1 理论研究视角下的体育赛事服务

从发表年度分布上来看，国内以公共体育竞赛服务为研究主题的相关文献数量逐年增加（图 3-5）。2004—2009 年，有关体育赛事服务内容的文献数量相对较少，这可能与公共体育服务研究者前期重点关注全民健身服务领域有关。2010—2014 年，文献数量维持在 10~20 篇，这可能与部分发达地区在初步实现基本公共体育服务供给的基础上，随着居民观赏高水平体育赛事需求的增加，尝试在公共体育服务领域增加相应产品供给的前期理论探讨有关。2015—2016 年，该领域研究文献维持在 20 篇左右，数量进一步增多。

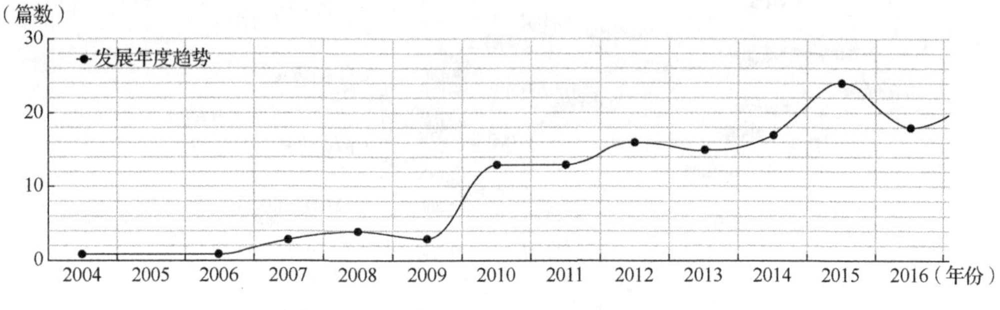

图 3-5　公共体育服务语境下体育赛事服务主题文献发表年度分布

从关键词分布来看（图 3-6），公共体育服务语境下体育赛事服务主题文献关键词中“群众体育”和“体育事业”出现的频次分别为 41 次和 28 次，显著高于其他关键词。这可能是因为公共体育服务研究视角下，体育赛事服务内容与群众体育、体育事业等概念共同探讨的文献数量较多。此外，竞技体育水平、体育需求、体育管理体制和体育组织等关键词出现的频次也较高，表明上述内容同样是体育赛事服务关注的重点内容。

从关键词共现网络来看（图 3-7），中国知网数据库中的公共体育服务研究关键词共现网络，根据度数中心度的定义，不难发现，“群众体育”“体育事业”“竞技体育水平”的概念处于中心地位，整个网络也呈现出“多元网络”的特征。从表面上看，已有研究围绕着“体育事业”“竞技体育水平”“群众体育”等核心概念实现了研究领域本身的成长。

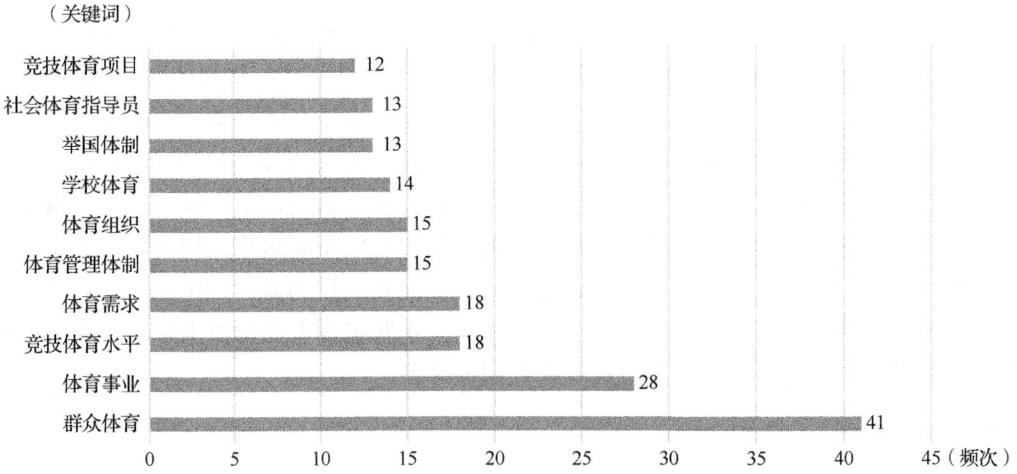

图 3-6　公共体育服务语境下体育赛事服务主题文献关键词分布

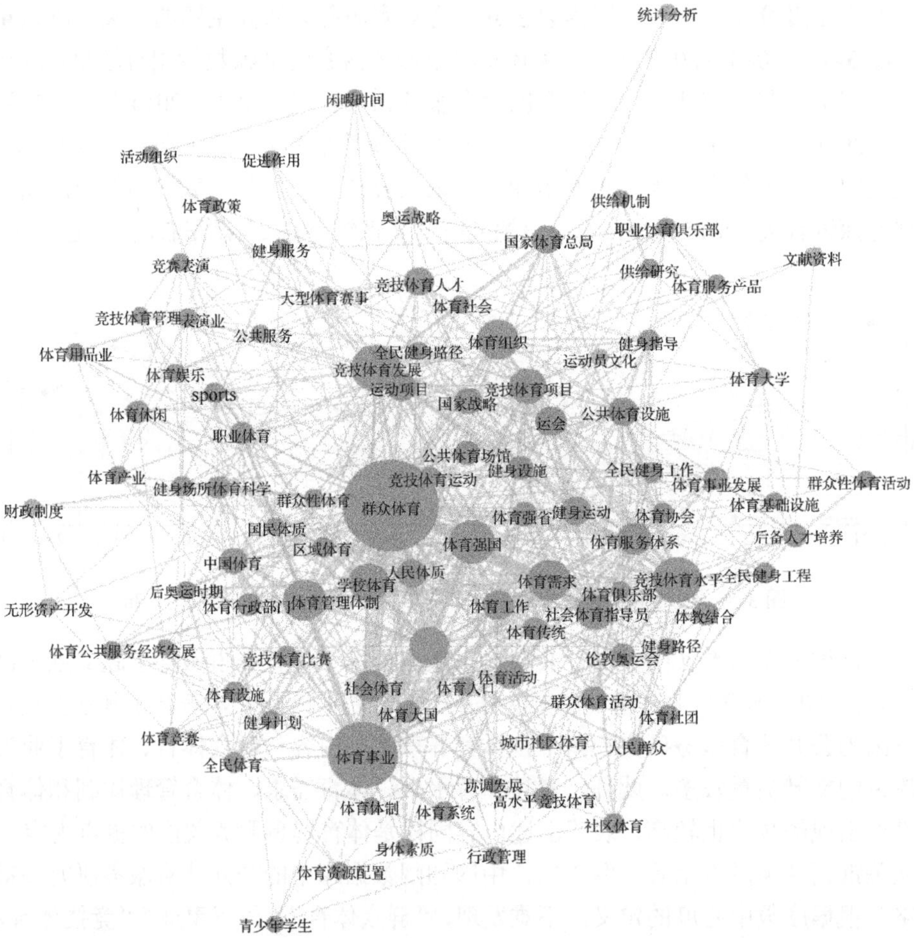

图 3-7　公共体育服务语境下体育赛事服务主题文献关键词共现网络

通过尝试，将 CNKI 期刊数据库中取共现次数≥2，得到新的关键词共现网络（图 3-8）。“体育赛事服务”网络的规模有所下降，复杂程度也急剧降低，分为“体育事业”和“群众体育”两个部分，这表明体育赛事服务在公共体育服务语境下不仅需考虑运动成绩，还需考虑居民体育需求。在公共体育服务语境下体育赛事服务主题文献高频关键词共现网络中，“运动项目”“竞技体育人才”“竞技体育水平”是反映体育赛事服务中公共服务属性的核心关键词。因此，在构建我国公共体育服务统计指标体系中，建议在指标预选中重点考虑上述内容。

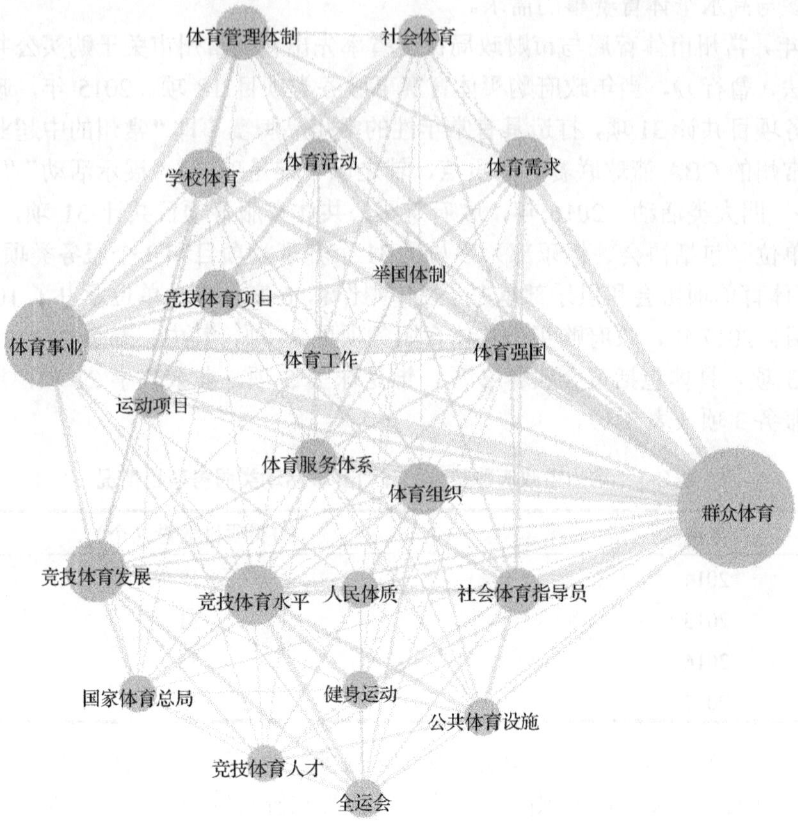

图 3-8 公共体育服务语境下体育赛事服务主题文献高频关键词共现网络

3.5.2.3 实践探索视角下的体育赛事服务

体育赛事作为体育产业和体育事业发展的双重引擎，在经济社会发展的过程中表现出快速发展的态势，大型体育赛事和以百姓参与为主要目的的群众性体育赛事具有突出的公共性，因此体育赛事服务不仅是体育产业发展的重要内容，也是公共体育服务的核心内容之一。近年来，群众健身热情空前高涨，公共体育服务需求迅速增长，但作为体育事业管理者和体育服务“供应商”的体育行政部门，力量有限，依靠现有资源难以满足群众对公共体育服务的需求。因此，不同地区体育职能管理部门为提高公共体育赛事服务供给能力，开展了一系列有益的尝试。

2014 年，江苏省与国家体育总局共建公共体育服务示范区，出台《省政府办公厅关于推进公共体育服务体系示范区建设的实施意见》，提出丰富体育赛事活动。大力发展多层次、多样化的各类体育赛事，积极申办有吸引力的国际性、区域性重大赛事；全力打造具有江苏自主知识产权的品牌赛事；支持各地和机关团体、企事业单位等广泛举办各类体育比赛；引导体育社会组织等社会力量举办群众性体育赛事活动。着力培育体育中介市场，加强体育经纪人队伍建设。推进省级竞赛赛制改革，探索完善综合性运动会、单项体育赛事的市场开发和运作模式，不断提高办赛质量和综合效益，更好满足人民群众欣赏和参与高水平体育赛事的需求。

2014 年，常州市体育局与市财政局在全省率先出台《常州市关于购买公共体育服务的实施办法（暂行）》，当年政府购买体育赛事服务类项目 18 项。2015 年，政府购买公共体育服务项目共计 31 项，打造具有常年性的常州品牌赛事即“常州的中超业余足球联赛”和“常州的 CBA 篮球联赛”为重点，辅之以“谁是球王”“展示活动”“业余赛事”“健身服务”四大类活动。2016 年，政府购买公共体育服务项目共计 31 项，全市有 56 家企事业单位（包括协会、俱乐部）参与了 31 个赛事类项目和 3 个服务类项目的竞标，最终 22 家体育单项协会和俱乐部承办了 24 项比赛，6 家企事业单位承办了 10 项赛事和服务类项目。2017 年，政府购买公共体育服务项目 35 项，其中，赛事类项目 32 项，服务类项目 3 项。具体包括黄金联赛 2 项，谁是球王 5 项，业余赛事 21 项，展示活动 4 项，健身服务 3 项（表 3-1）。

表 3-1　常州市政府购买公共体育赛事活动类服务项目情况

年份	购买项目数量（个）
2014	18
2015	31
2016	31
2017	32

2016 年，苏州首次实施政府购买公共体育服务，政府购买公共体育服务项目包括赛事活动类、组织平台类、培训保障类、信息宣传类和健身综合类，如表 3-2 所示。赛事活动类购买项目数量 37 项，占全部项目的 78.72%。在这一新举措的带动下，公共体育赛事服务做大做强，已经往系统化、品牌化“联赛模式”发展。

表 3-2　2016 年苏州市政府购买公共体育服务项目情况

序号	项目类别	购买项目数量（个）	百分比（%）
1	赛事活动类	37	78.72
2	组织平台类	2	4.26
3	培训保障类	4	8.51
4	信息宣传类	2	4.26
5	健身综合类	2	4.26

2016 年，山东省泰安市积极转变政府职能、推进政府购买服务的新思路，财政支付 574.8 万元用于购买社会服务，成功组织 62 项体育赛事活动，涉及全民健身、赛事表演、竞技体育、业务培训等 8 大类，对象涵盖全市中小学校学生、青少年运动员、体育协会俱乐部会员、社会体育健身爱好者及体育项目教练员、裁判员、社会体育指导员等，吸引 1.2 万余人直接参与其中，影响带动锻炼人群 10 万余人。

2017 年，无锡市公布向社会力量购买公共体育服务项目，这是《无锡市政府购买公共体育服务实施办法》出台后的首次实践。2017 年，该市安排专项经费 343 万元，购买的公共体育服务项目分 3 大类、32 个小项，作为重头戏的赛事活动占 20 小项，涉及经费 252 万元。

2017 年，山东省日照市公布向社会力量购买公共体育服务项目，包括羽毛球、钓鱼、毽球、跆拳道、太极拳、健身气功、象棋、乒乓球、篮球、台球、创新项目、龙舟等比赛项目。日照市体育局积极探索向社会力量购买服务的模式，在赛事开展、经费保障、评估机制等方面积累了一些做法和经验，有效动员了社会力量，整合了社会资源，增强了公众参与意识，提高了公共服务水平，促进了社会力量办体育。

3.5.3 公共体育场地服务

3.5.3.1 理论研究视角下的公共体育场馆服务

从发表年度分布上来看，国内以公共体育场馆服务为研究主题的相关文献数量逐年增加（图 3-9）。1999—2004 年，有关体育赛事服务内容的文献数量相对较少，这可能是由于体育场地设施领域的研究尚未从公共体育服务的视角进行探索。2005—2010 年，文献数量维持在 10 篇以下，虽然这一阶段文献总量有所增加，但是尚未成为研究新热点，这可能与这一阶段公共体育服务的研究刚刚起步有关。2011—2016 年，筛选出的文献数量维持在 10~30 篇，文献数量呈现出明显的增长，进一步表明该领域研究的热度增加。

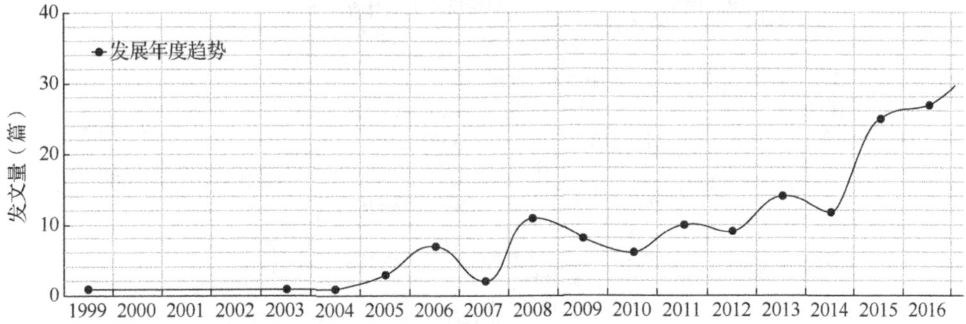

图 3-9 公共体育服务语境下公共体育场地服务主题文献发表年度分布

从关键词分布来看（图 3-10），公共体育服务语境下公共体育场地服务主题文献关键词中“体育场地”和“公共体育服务”出现的频次分别为 17 次和 11 次，显著高于其他关键词。此外，“对策”“体育场馆”“现状”“公共体育场馆”“发展”“公共体育”等关键词出现的频次也较高，这表明上述内容是公共体育场地服务研究关注的重点内容。

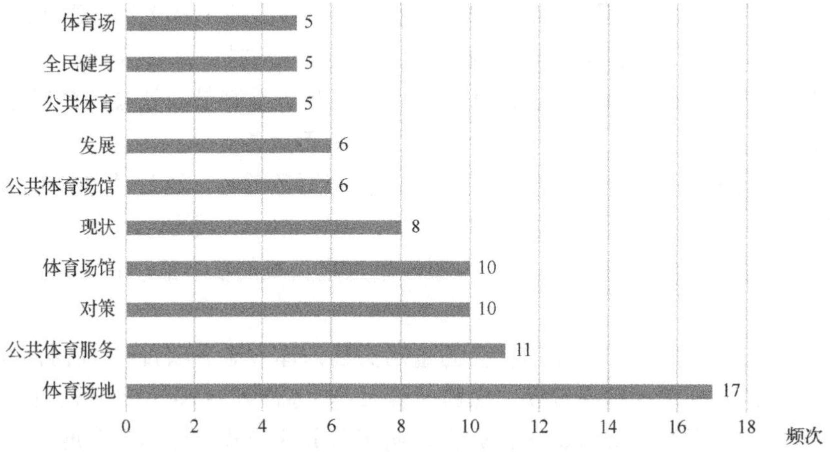

图 3-10　公共体育服务语境下公共体育场地服务主题文献关键词分布

从关键词共现网络来看（图 3-11），中国知网数据库中的公共体育服务研究关键词共现网络，根据度数中心度的定义，不难发现，“场地设施”“公共体育服务”两个关键词处于中心地位，整个网络也呈现出复杂化的特征。在初步构建的关键词共现网络中，选择的关键词数量太多，导致网络过于复杂，不利于了解网络中的关键信息，因此需要对该关键词共现网络进行降维处理。

图 3-11　公共体育服务语境下公共体育场地服务主题文献关键词共现网络

通过尝试，将 CNKI 期刊数据库中取共现次数≥6，得到新的关键词共现网络（图 3-12）。可以看出，“公共体育场地服务”网络的规模和复杂程度急剧下降，“公共体育服务”“场地设施”“体育组织”“社会体育指导员”成为网络中的核心关键词，出现的频次较多，与其他关键词的共现次数也较多，这表明在考虑公共体育场地服务时，与其有关联的内容如体育组织和社会体育指导员等全民健身服务内容会较多地出现在网络中，这也说明上述内容与公共体育场地服务一起将构成公共体育服务的主要内容。因此，在构建我国公共体育服务统计指标体系中，建议在指标预选中重点考虑上述内容。

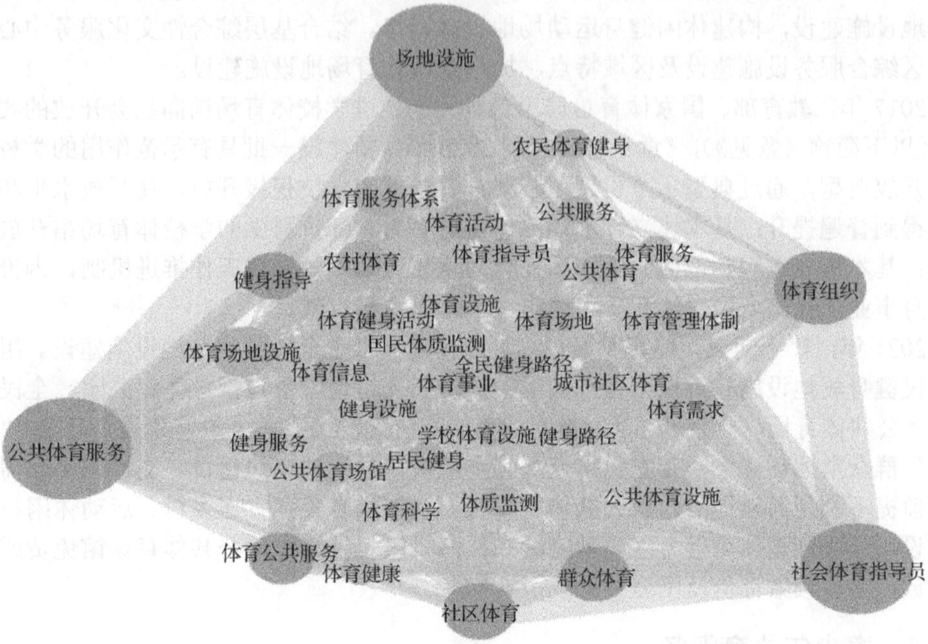

图 3-12　公共体育服务语境下公共体育场地服务主题文献高频关键词共现网络

3.5.3.2　实践探索视角下的公共体育场地服务

公共体育场地是公共体育服务发展的依托和载体，为我国公共体育服务发展提供重要的物质基础和保障。公共体育场馆的投资主体主要是政府，是国有资产，具有典型的公共性特征，该特征决定了公共体育场馆在使用上要“用之于民”，即为公众提供公共服务；公共体育场馆的服务性特征决定了提供服务时要将社会利益摆在核心地位。为提高公共体育场地的公共服务能力，体育职能管理部门开展了积极的探索，积累了有益的经验。

2012 年，国务院关于印发《国家基本公共服务体系“十二五”规划》的通知中明确提出：“体育基本公共服务建设工程。重点支持县级公共体育场建设，加快建设一批面向群众、贴近基层的中小型全民健身中心和灯光球场，充分利用城市绿地、广场、公园等公共场所和适宜的自然区域建设全民健身活动设施。继续实施农民体育健身工程，改善农村公共体育设施条件。”

2012 年，国家发展和改革委员会、国家体育总局出台《“十二五”公共体育设施建设规划》。2015年，公共体育设施建设有较大发展，人均体育场地面积达到1.5平方米以上，有条件的市（地）、县（区）、街道（乡镇）、社区（行政村）普遍建有体育场地，各类体育设施的综合利用率和运营能力有较大提高，开放时间明显增加，初步形成布局合理、互为补充、覆盖面广、普惠性强的公共体育设施网络。

2016 年，《体育发展“十三五”规划》中提出，完善政府购买体育场馆公益性服务的机制和标准，健全体育场馆公益性开放评估体系。统筹规划，合理布局，规范标准，节约集约，重点建设一批便民利民的健身场地设施，逐步建成县（市、区）、街道（乡镇）、社区（村）三级群众健身场地设施网络，推进建设城市社区15分钟健身圈。推动休闲健身场地设施建设，构建休闲健身运动场地设施网络。结合基层综合性文化服务中心、农村社区综合服务设施建设及区域特点，加强乡镇体育场地设施建设。

2017年，教育部、国家体育总局出台《关于推进学校体育场馆向社会开放的实施意见》（以下简称《意见》），《意见》要求到2020年，要建设一批具有示范作用的学校体育场馆开放典型，通过典型示范引领，带动具备条件的学校积极开放，使开放水平和使用效率得到普遍提升；基本建立管理规范、监督有力、评价科学的学校体育场馆开放制度体系；基本形成政府、部门、学校和社会力量相互衔接的开放工作推进机制，为推动全民健身事业，提高全民身体素质和健康水平作出积极贡献。

2021年，《“十四五”体育发展规划》中提出，推进全民健身场地设施建设。组织实施全民健身场地设施补短板工程，利用中央资金支持地方重点推进体育公园、全民健身中心、公共体育场、社会足球场、健身步道、户外运动公共服务设施建设，开展 “百城千冰”群众滑冰场建设，在农村重点加强乡镇级专项运动场地建设。支持在不妨碍防洪安全前提下利用河滩地等建设公共体育设施。紧密结合美丽宜居乡村、运动休闲特色小镇建设，鼓励创建休闲健身区、功能区和田园景区。持续推动公共体育场馆免费或低收费开放，完善绩效评价及资金补助政策。

3.5.4 青少年体育服务

3.5.4.1 理论研究视角下的青少年体育服务

从发表年度分布上来看，国内以公共体育场馆服务为研究主题的相关文献数量逐年增加（图 3-13）。2000—2008 年，有关体育赛事服务内容的文献数量相对较少，这可能与在青少年体育领域的研究尚未从公共体育服务的视角进行过探索有关。2009—2014年，文献数量维持在10~20篇，文献总量有所增加，这一时期国家层面开始关注青少年体育问题，国家体育总局成立了专门负责青少年体育工作的管理部门，并开始组织相应的研究，但研究前期相对成果较少在公开期刊发表。2015—2016年，筛选出的文献数量维持在20~30篇，文献数量呈现出明显的增长，这可能是由于前期的研究积累较多，也提示这一阶段青少年体育开始为更多的研究者所关注。

从关键词分布来看（图 3-14），公共体育服务语境下公共体育场地服务主题文献关键词中 “青少年”和“体育公共服务”出现的频次分别为17次和11次，显著高于其他关键词。“体育俱乐部”“体育”“社区”“休闲体育” 等关键词出现的频次也较高，这表明上述内容是公共体育场地服务研究关注的重点内容。

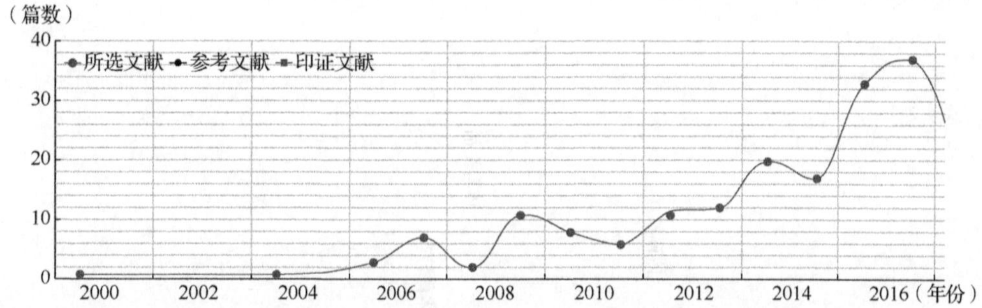

图 3-13　公共体育服务语境下青少年体育服务主题文献发表年度分布

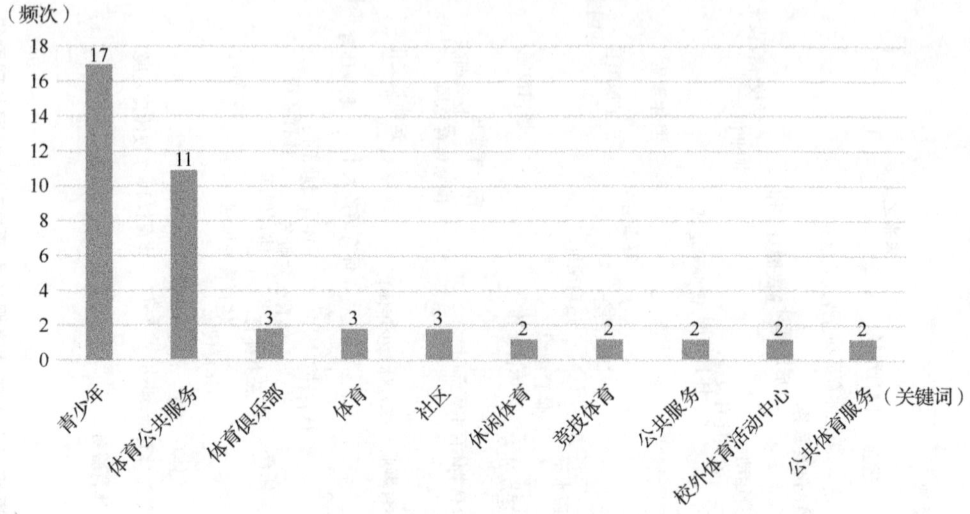

图 3-14　公共体育服务语境下青少年体育主题文献关键词分布

从关键词共现网络来看（图 3-15），中国知网数据库中的公共体育服务研究关键词共现网络，根据度数中心度的定义，不难发现，“青少年学生”“体育组织”“体育活动”三个关键词处于中心地位，整个网络也呈现出复杂化的特征。在初步构建的关键词共现网络中，选择的关键词数量太多，导致网络过于复杂，不利于了解网络中的关键信息，因此需要对该关键词共现网络进行降维处理。

通过尝试，将 CNKI 期刊数据库中取共现次数≥6，得到新的关键词共现网络（图 3-16）。可以看出，“青少年体育服务”网络的规模和复杂程度急剧下降，“青少年学生”“体育组织”“体育活动”成为网络中的核心关键词，出现的频次较多，与其他关键词的共现次数也较多，这表明青少年公共体育服务面向的对象主要是青少年学生，服务对象的特点决定了青少年公共体育服务的公益性和服务性。青少年公共体育服务的供给中体育组织是关键，体育组织既可以是服务的直接供给者，也可以是通过购买方式获得服务后的间接供给者。“体育活动”这一关键词的出现，提示在后续的研究中应该关注青少年体育活动的内容，在设计统计指标过程中，应重点关注青少年体育活动属于公共服务范畴的那些内容。

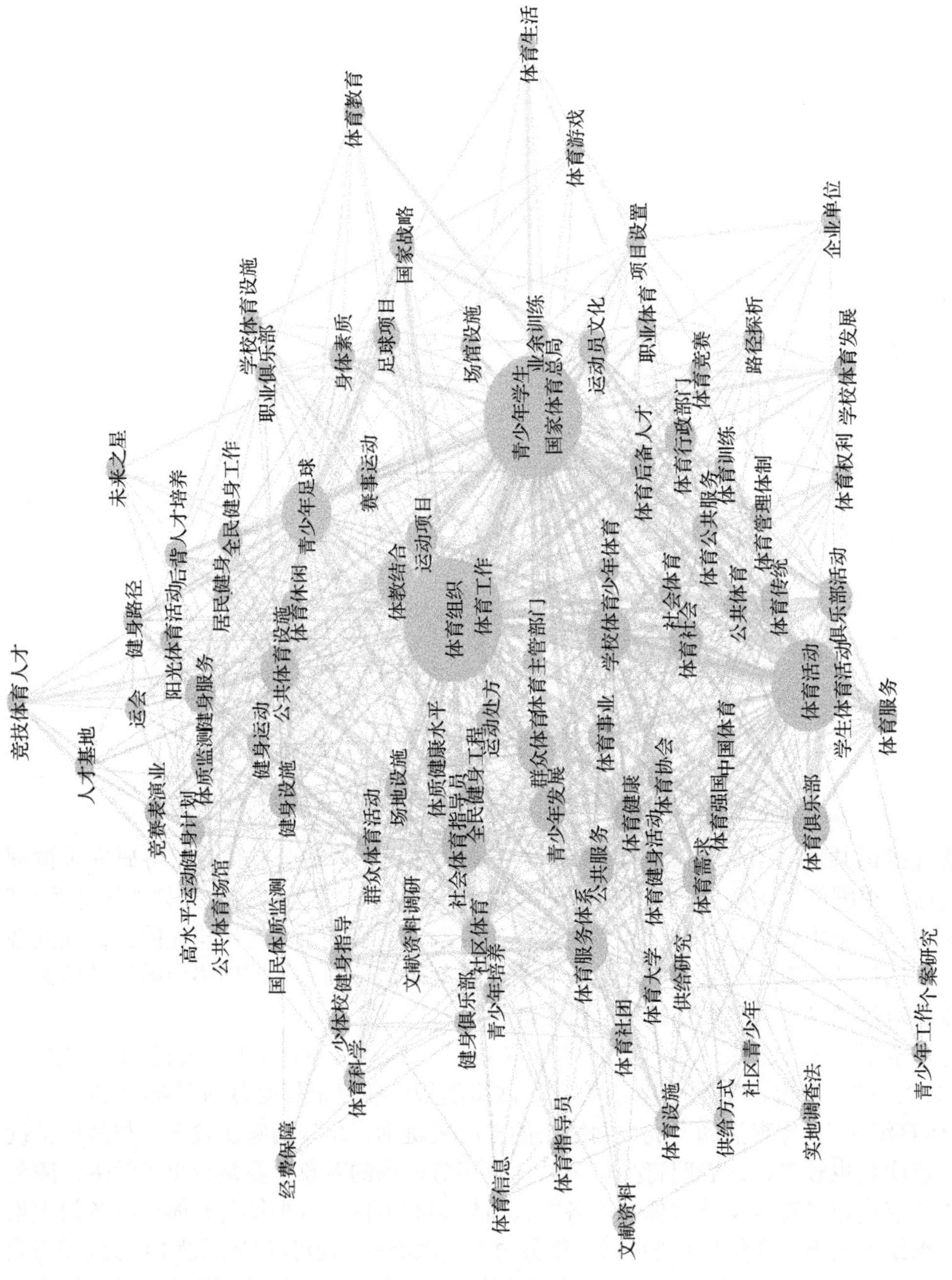

图 3-15　公共体育服务语境下青少年体育服务主题文献关键词共现网络

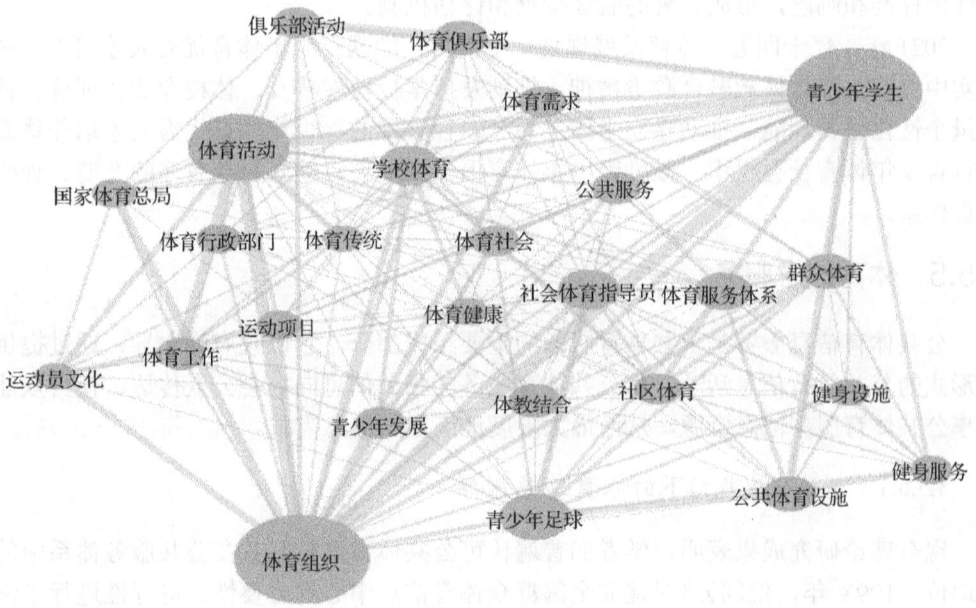

图 3-16　公共体育服务语境下青少年体育服务主题文献高频关键词共现网络

3.5.4.2　实践探索视角下的青少年体育服务

青少年身心健康，体魄强健、意志坚强、充满活力，是一个民族旺盛生命力的体现。加强青少年体育、完善青少年公共体育服务体系，对于落实全民健身国家战略、实施奥运战略、建设体育强国，培养中国特色社会主义事业的合格建设者和接班人，全面建成小康社会，具有重要意义。

2007 年，《中共中央、国务院关于加强青少年体育增强青少年体质的意见》中指出青少年公共服务体系是社会服务体系的重要组成部分，增强青少年体质、促进青少年健康成长，是关系国家和民族未来的大事。

2011 年，国家体育总局印发《青少年体育“十二五”规划》，提出初步建成符合国情、较为完善、受益面广、服务均等，社会、学校、家庭相结合，以各级各类学校、体校、公共体育场地设施及社会各类性质场地设施为载体，以青少年校外体育活动中心、青少年体育俱乐部、体育传统项目学校、青少年户外体育活动营地和社会其他服务机构为组织形式，以体育教师、教练员、家长、社会体育指导员和体育志愿者为组织指导人员，以健身活动、竞赛交流、技能培训、健身咨询、体质监测等为主要服务的青少年体育公共服务体系。

2015 年，中共中央办公厅、国务院办公厅印发《关于加快构建现代公共文化服务体系的意见》中明确提出“实施青少年体育活动促进计划”。

2016 年，国家体育总局印发《青少年体育“十三五”规划》，提出努力提升青少年体育公共服务水平；建立青少年体育公共服务标准体系；促进形成更加有利于体教结合的政策机制；推动建立政府购买青少年体育公共服务制度；建立健全青少年体育发展水平评价标准和制度，形成完善的监督检查和评估机制。

2021 年，《“十四五”体育发展规划》中提出，加强青少年体育优秀人才培养。全面落实中央有关深化体教融合政策精神，推动发挥学校技能普及、体校专业代训练、社会力量个性化培训功能，推动建立主体多元、途径多样的青少年体育优秀人才培养体系。培育青少年体育社会组织。鼓励青少年体育俱乐部发展，建立衔接有序的竞赛、训练和培训体系。

3.5.5 体育信息服务

公共体育信息服务是公共体育服务的重要组成部分，它以政府为主导，通过提供各种形式的公共体育信息活动，将公共体育服务的相关信息向社会公众传达，使公众能够共享公共体育服务信息资源，从而最大限度地满足其信息需求。

3.5.5.1 理论研究视角下的体育信息服务

现有理论研究成果表明，学者们普遍认可公共体育信息服务在公共服务体系中的重要地位。1998 年，倪同云①对建立全国群众体育信息中心的必要性、可行性进行了深入的探讨，是最早面向社会公众的公共体育信息服务应用性研究成果。2008 年，肖林鹏②等学者展开了公共体育服务体系结构的研究，并指出公共体育信息服务是公共体育服务系统的一部分。曹可强③等学者也在其关于公共体育服务体系的研究中论述了公共体育信息服务存在的问题与不足，强调信息服务是公共体育服务体系中不可或缺的组成部分。

3.5.5.2 实践探索视角下的体育信息服务

公共体育服务要想在高度信息化的社会环境中取得进一步的发展，其公共体育信息服务至关重要。我国《体育发展“十三五”规划》已明确指出，在不断完善基本公共体育服务过程中要加强基本公共体育服务信息化建设。

2016 年，江苏公共体育服务频道上线。该平台是江苏体育宣传思想舆论和公共体育服务的主阵地，主要展示我省公共体育服务体系建设成果，是集体育宣传、公共体育服务推广、科学健身普及、体育爱好者交流等功能于一体的综合性媒体平台，为群众提供及时、科学、权威的公共体育服务信息，方便群众参与健身，营造良好的健身氛围。

2018 年，上海体育公共信息服务平台在全市公共体育资源的信息服务平台的基础上，实现了市区互联互通、各领域跨界融合、开放联动发展。平台致力于全面提升体育治理体系和治理能力现代化水平，促进上海全民健身和全民健康的深度融合，为市民享有便捷、高效、优质的体育公共服务提供信息支撑。

2020 年，全民健身信息服务平台（www.js365.org.cn）及其微信公众号正式上线，为各级政府部门和公众提供服务。该平台在国家体育总局群众体育司的指导支持下，由国

① 倪同云. 关于建立群众体育信息中心的思考[J]. 中国体育科技，1998（12）：7-11.
② 肖林鹏. 论我国公共体育服务供给的基本问题[J]. 体育文化导刊，2008（1）：10-12.
③ 曹可强，俞琳. 国外公共体育服务供给模式及启示[J]. 西安体育学院学报，2015，32（1）：11-15.

家体育总局信息中心、科研所组织国体智慧体育技术创新中心开发。该平台上已有上万个体育设施的开放服务信息，其中包括中央财政资金补助的1000多个大型公共体育场馆信息，可为各级体育主管部门提供体育场馆免费或低收费开放的信息公开、赛事活动管理等服务，同时为体育场馆提供开放服务信息填报和公开、场地预订、赛事活动举办、信息化建设等服务，并提供云分发到主流预订客户端，提高场馆的大众知晓率和管理服务水平。

3.5.6　体育科技服务

体育科技服务是构建公共体育服务体系的内容，是体育科学化、现代化的基础。加强体育科技服务，是促进公共体育服务发展的需要。体育科技服务内容不仅丰富了体育科学技术的内容，也推动了公共体育服务高质量发展。

“十一五”期间，科技部与国家体育总局就公共体育服务领域体育科技服务的相关议题进行了研究。科技部通过国家科技支撑计划立项全民健身关键技术研究与信息系统开发，增强青少年体质关键技术研究与应用。2012年，科技部会同财政部出台了新的科技惠民计划，将指导地方开展科学健身作为一个重要的方向和内容。通过惠民计划切实把科技成果在现实中进行转换，让更多的老百姓体会到体育科技服务。2016年，《全民健身计划（2016—2020年）》提出，强化全民健身科技创新，推动移动互联网、云计算、大数据、物联网等现代信息技术手段与全民健身相结合，建设全民健身管理资源库、服务资源库和公共服务信息平台，促进全民健身服务更加便捷、高效、精准。2016年，《体育发展“十三五”规划》提出建立和完善资源布局合理、配置优化，适应体育领域“大众创业、万众创新”的科技创新体系。我国全民健身、体育场地设施服务和体育信息服务等领域一系列问题的解决都需要体育科技服务的支撑。2021年，国家重点研发计划“主动健康和老龄化科技应对”重点专项、“社区科学健身综合应用示范”项目和“智慧健身区域服务综合示范”项目相继启动。科技部和国家体育总局将继续推进科学健身关键技术研究，以及信息系统开发，基于体育科技构建更高水平的公共体育服务体系。

3.6　我国公共体育服务体系的构成

“公共体育服务体系”不同于“公共体育服务内容”，公共体育服务体系是指特定的政策规范和供给模式下形成的公共体育服务系统。公共体育服务内容关注“是什么”的问题，而公共体育服务体系关注“怎么做”的问题，更看重如何整合资源，进行公共体育服务内容的有效供给（图3-17）。

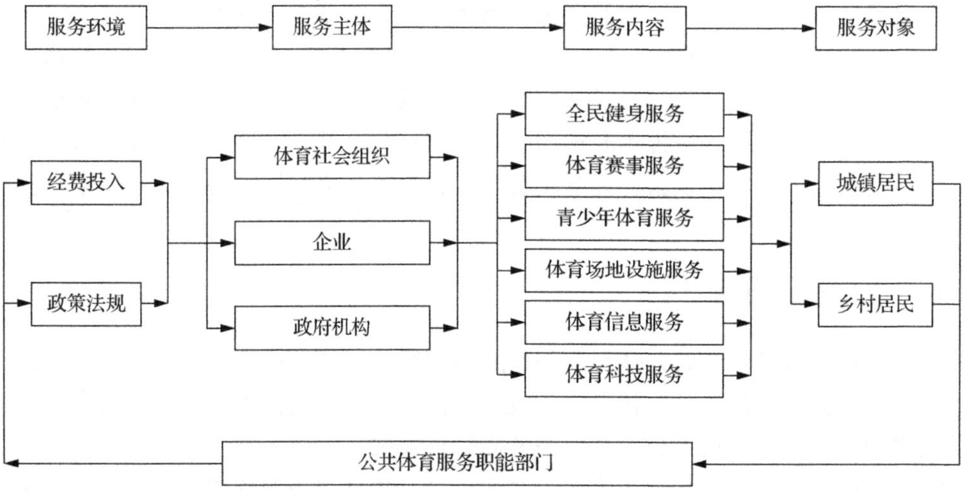

图 3-17　我国公共体育服务体系构成

服务主体是指向居民提供基本公共体育服务的政府部门、体育社会组织和企业，如各级体育行政管理部门免费提供的全民健身场地设施，学校向社会开放的体育场地设施，社会体育指导员提供的科学健身指导等。服务主体是公共体育服务的提供者，通过公共体育产品和体育服务的供给，促进公共体育服务提升。

服务对象是指公共体育服务的群体，重点是经常参加体育锻炼的居民。不同年龄、性别、地域和受教育程度的居民，在运动项目的选择、健身场地和锻炼时间等方面均存在较大差异，因此满足居民日益多样化的基本公共体育服务需求，是拉动公共体育服务提升的主要动力。

服务环境是指服务主体向服务对象提供公共体育服务的环境状况，是支撑公共体育服务活动正常开展的基础。例如，通过财政投入的方式支持基本公共体育服务力的提升，将全民健身事业经费纳入各级财政预算；安排体育彩票公益金，支持大型体育场馆免费或低收费开放，鼓励各级各类学校积极向社会开放体育场地设施等。

服务内容是体现公共体育服务的主要载体，是服务对象有效需求与服务主体有效供给的外在表现形式，是二者均衡选择的结果，如全民健身服务、体育场地设施服务、体育科技服务及体育赛事服务等。

3.7　我国公共体育服务统计体系

我国公共体育服务统计工作是构建更高水平公共体育服务体系的一项基础性工作，是反映我国公共体育服务体系运行情况的重要手段。公共体育服务统计体系既是各级体育部门有效行使统计工作和协调职能的组织保证，也是公共体育服务体系运行情况的制度保证。如何加快我国公共体育服务统计体制改革，是公共体育服务体系建设中亟待解决的重要问题。

3.7.1 我国公共体育服务统计体系建设的必要性

3.7.1.1 公共体育服务改革与发展的需要

公共体育服务作为社会经济发展中的重要组成部分，多元价值越来越明显，对经济、政治、文化、社会也产生着深刻的影响。随着我国进入由以经济领域为重点的改革转向全面改革的新阶段，公共体育服务改革也逐步走向深入。公共体育服务改革涉及竞技体育、群众体育、青少年体育等各个方面，是一项复杂的系统工程。公共体育服务改革的复杂性致使仅简单地依靠个人主观经验难以在公共体育服务管理中作出科学的决策。面对复杂与多元化的改革形势，客观、真实的公共体育服务统计数据是作出科学决策的基础，而获得高质量的数据需要有高效的公共体育服务统计体制予以保障。近年来，公共体育服务蓬勃发展，对提升国民经济和促进就业的贡献日趋显现。但是公共体育服务统计体制僵化与公共体育服务快速发展形成了巨大的反差，导致指导我国公共体育服务发展的最基础、最必要的公共体育服务统计工作因体制体系的不健全而一直滞后不前。由于无法全方位掌握我国公共体育服务的基本情况，公共体育服务在国民经济中的地位和对社会经济的作用不能得到很好反映，这就给公共体育服务的宏观管理、战略规划造成了很大困难，影响了公共体育服务的发展进程。因此，公共体育服务改革和发展的形势迫切需要完善公共体育服务统计体系。

3.7.1.2 公共体育服务统计实践的需要

自20世纪80年代中期，国家体育运动委员会（以下简称国家体委）着手启动体育统计工作后，与之相应的体育统计体系也逐步建立。1991年，国家体委出台的《体育统计工作管理办法》为体育统计工作的顺利进行提供了制度保障，使体育统计体系走上了制度化、规范化和法治化的道路。近年来，我国公共体育服务改革不断深入，为满足国家对公共体育服务发展宏观调控需要和社会公众对公共体育服务统计信息需求，我国公共体育服务统计实践不断丰富，同时一些新问题、新情况随之出现，如统计内容不断增加、统计主体与统计客体之间关系的变化、统计范围的调整及各级体育职能管理部门对统计产品需求的变化等。随着公共体育服务统计实践中新问题、新情况的出现，公共体育服务统计体系却未进行与之配套的修订与完善。统计体系体制改革的相对滞后导致现行公共体育服务统计体制存在诸多与公共体育服务统计实践不适应之处。

3.7.1.3 国家推动部门统计系统改革完善国家统计体系的需要

政府部门统计系统是国家统计体系的一个重要组成部分，部门统计体制改革是完善国家统计体制的重要内容。根据国家统计局的要求和部署，文化、旅游、信息、海洋、环保等部门相继进行了改革，并形成了与相应部门统计实践相适应的统计新体系，以保障统计工作为各级政府职能部门管理和决策提供高质量的统计信息。但由于历史原因，我国公共体育服务统计体制改革仍处于起步阶段，体育部门急需加强公共体育服务统计体系改革。

3.7.2 我国公共体育服务统计体系的定位

3.7.2.1 关于对公共体育服务统计体系的认识

体育是人类共同创造的一种特殊的文化现象。体育构建的以身体运动为主要特征，以公平竞争为道德核心，以和平、进步、团结为价值目标的体育文化，是社会发展与人类文明进步的一个标志。我国的公共体育服务是中国特色社会主义现代化建设事业的重要组成部分，是国家综合国力和社会文明程度的重要体现。公共体育服务统计从体育事业发展的实际出发，以体育统计的基本原理和方法为依据，遵循客观、准确、实用、有效的原则，全面、系统地收集、整理、分析数值资料，对公共体育服务发展的现状进行描述，并为预测公共体育服务未来的发展趋势提供依据。我国公共体育服务统计体系是围绕公共体育服务统计功能的实现，由多个分系统、子系统按一定结构组成的，是与公共体育服务大系统和国家统计大系统相互作用的开放系统。该体系包括公共体育服务统计组织管理分系统与公共体育服务统计认识活动分系统，两者相互作用，组成有机的整体。公共体育服务统计组织管理分系统（载体维）包括三个子系统：公共体育服务统计主体，即各级体育统计部门；公共体育服务统计客体，即统计对象；公共体育服务统计宿体，即统计信息的使用者。这三个子系统都是统计认识活动的社会载体，每个子系统内部又有许多层次更小的子系统，如公共体育服务统计主体包括体育系统内的统计部门和民间的统计组织。公共体育服务统计认识活动分系统（环节维）由统计指标和标准的制定、统计数据的收集、统计信息的发布三个子系统组成。这三个子系统内部也包含许多更小的子系统，如统计指标又包括竞技体育指标、群众体育指标、体育场地指标等。

3.7.2.2 关于对国家统计体系与公共体育服务统计体系关系的认识

从全国范围的统计工作来看，我国的公共体育服务统计体系是国家统计体系的一个分体系。国家统计体系为我国公共体育服务统计体系提供可借鉴的统计理论、调查方法、技术。例如，在法制建设方面，《体育统计工作管理办法》就是基于 1983 年中华人民共和国第一部统计法典——《中华人民共和国统计法》而制定实施的。国家统计法律与法规不断完善，促进了体育事业统计朝法制化、规范化发展。在管理模式方面，公共体育服务统计体系基本借鉴国家统计体系“统一领导，分级负责”的管理模式；在数据收集方式上，公共体育服务统计体系目前主要依靠全面报表形式，而这种形式仅仅是国家统计体系所经常采用的抽样调查、全面报表、周期性普查、重点调查等多种统计手段中的一种。我国公共体育服务统计体系正以自己的理论、方法等丰富和充实着国家统计体系。

3.7.2.3 关于对公共体育服务与公共体育服务统计体系关系的认识

公共体育服务统计体系是开放的，它是公共体育服务这个大系统的一个分系统，主要表现在以下两个方面。

一方面，公共体育服务决定公共体育服务统计体系的性质、结构和功能，为公共体育服务统计体系提供环境和条件。大系统有所变化，公共体育服务统计体系必然要进行相应的调整。我国由计划经济体制下的体育体制向与社会主义市场经济体制相适应的体育体制转变，公共体育服务统计体系必然也要相应地发生变化。从统计认识活动系统来看，建立适应中国特色的社会主义体育新体制的公共体育服务统计指标体系和分类标准体系，实行与利益主体多元化情况相适应的调查方法体系，并建立智能化的统计信息系统和决策系统，及时满足各级体育管理部门对统计信息的新要求。从统计组织管理分系统来看，各级体育管理部门统计需求正在发生变化。在体育社会化与体育市场化的条件下，从以竞技体育、群众体育为主的统计信息需求，逐步转向包含赛事服务、全民健身、体育场地服务等内容的多元化统计信息需求。这个变化是统计体系变化的动力、起点和归宿。

另一方面，公共体育服务统计体系通过统计信息输出，反作用于公共体育服务大系统，为公共体育服务发展服务。统计信息是全面、系统反映公共体育服务发展运行的数据体系，是国家对公共体育服务进行现代化管理的重要工具。其作用主要表现在：①为宏观决策和制定公共体育服务发展计划提供科学依据。②对公共体育服务发展运行进行监测。③为宏观分析公共体育服务状况提供基础数据，即对整个公共体育服务发展的规模、速度、结构、重要比例及经济效益进行分析。各级体育管理部门向公共体育服务统计部门提出统计任务和信息需求；公共体育服务统计部门根据这些任务和需求并结合可能的条件，制定统计指标和标准，研究统计方案，向统计对象进行统计；统计对象向统计部门提供统计所要求的数据和情况；统计部门对收集的数据进行整理、分析等，最后向各级体育管理部门提供所需要的统计信息产品。各级体育管理部门依据统计信息作出各种决策，制定各种规划，进行公共体育服务管理的实践，接着在实践中向统计部门提出新的信息需求。如此往复循环，不断发展，不断前进。

3.7.3　我国公共体育服务统计体系建设的目标

针对当前公共体育服务工作存在的问题，此次改革的最终目标是通过统计创新，建立精简高效、运转协调、动态开放的公共体育服务统计体系。公共体育服务统计建设目标与内容及其相互关系可用以下框架简明扼要地显示（图 3-18）。

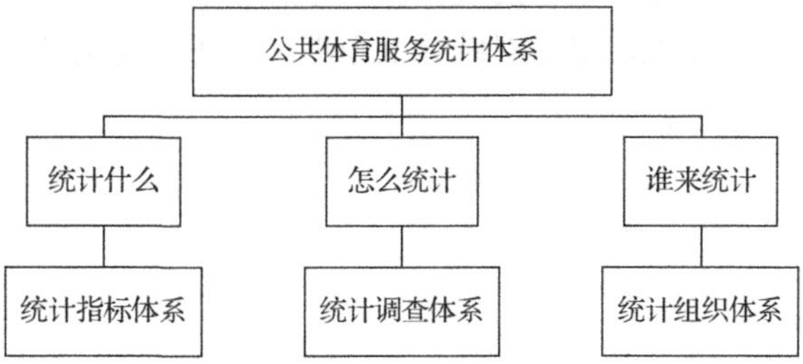

图 3-18　公共体育服务统计体系建设目标与内容

战略发展目标的确定是公共体育服务统计研究的重要前提。根据我国公共体育服务发展规划要求，今后一段时期公共体育服务统计战略发展目标的重点建设内容包括：建立与国际标准接轨、符合可持续发展要求的公共体育服务统计指标体系；加强公共体育服务统计制度建设，改革公共体育服务统计运行机制；建立科学的公共体育服务统计调查方法体系；提高公共体育服务统计信息化水平，建立统计信息系统；建立统计创新机制和人才激励机制，培养和造就一批高素质公共体育服务统计人才；建设强有力的公共体育服务统计信息管理体系，确保统计信息质量。

3.7.3.1 建立和完善统计指标体系

通过对现有的统计指标体系进行全面改革和重新组合，逐步建立和完善以公共体育服务年报为核心的统计指标体系：一方面要反映公共体育服务发展基本状况；另一方面要及时反映公共体育服务发展趋势或特殊领域的专项统计信息，包括赛事服务、全民健身、体育场地服务等。二者相结合，形成一套全面、准确、系统反映公共体育服务发展的科学的统计指标体系。

3.7.3.2 建立公共体育服务组织体系

对现有的公共体育服务统计运行机制进行改革，逐步建立和完善以公共体育服务年报为核心的一套规范程度高、可操作性强的制度体系。具体来说，主要包括：

① 建立以“归口管理、部门协作”为基础的统计管理制度。

② 不断完善年报制度，完善重要指标月报或季报制度各项制度。

③ 建立公共体育服务统计指标长期研究机构，建立高效的科研创新机制；建立健全科研创新的激励机制，努力营造良好的科研创新环境。

④ 加快统计信息化建设，逐步建立以信息化建设为主要内容的统计数据搜集、整理、分析、传输、查询的技术管理制度。建立一个以现代计算机网络和现代计算机软件系统为依托的体育事业统计网上申报系统。

3.7.3.3 建立公共体育统计调查方法体系

建立以必要的周期性普查为基础，以经常性抽样调查为主体，同时辅之以重点调查、科学推算和有限的全面报表综合运用的统计调查方法体系。建议先制定统计方案并进行可行性研究，然后进入实施步骤，最后对统计工作进行评估，实现指标体系制度化。

第4章

公共体育服务统计指标体系的构建

公共体育服务体系是一个复杂系统，构建一个统计指标体系就是要从不同维度选取的合适的指标来反映公共体育服务体系这一复杂系统的运行情况。统计指标体系系统的构建应该包括系统元素的配置和系统结构的安排两个方面。在统计指标体系这个系统中，每个指标都是系统元素，而各指标之间的相互关系是系统结构。我国公共体育服务统计指标体系的构建研究可以分解为单项指标的构建和指标体系结构的构建两方面的内容，构建过程大致分为理论准备、指标体系的初选、指标体系的完善和指标体系的运用四个环节。该体系一方面要反映公共体育服务发展基本状况；另一方面也要能够及时反映我国公共体育服务发展趋势或特殊领域的专项统计信息。二者相结合，形成一套全面、准确、系统反映公共体育服务发展的统计指标体系。

4.1 构建统计指标体系的基本原则

本研究结合我国国情进行公共体育服务统计体系的构建，以“注重实效、体现实效、科学合理、便于操作、强化服务”为出发点，并遵循以下主要原则。

客观性原则：统计指标能够真实地测度所统计的对象，把事物的实有状态真实地记录下来。

整体性原则：指标体系要从各级组织的角度出发，预选的各个指标在其相互配合中能比较全面、科学、准确地反映、描述和涵盖公共体育服务的内涵及特征，同时体现公共体育服务的发展趋势。

可操作性原则：所选指标要有比较客观的理论根据，建立在准确、科学的基础上。同时在实践中要有可操作性，尽可能利用已有的信息资源，选择统计报表中可取的数据资料，或由已有的数据资料通过间接运算得到具体的数据指标。另外，要尽量选择那些有代表性的综合指标或主要指标，力求简捷、可操作。

相对独立性原则：要求指标之间不存在包含、重叠现象，互不取代，尽量避免指标信息的重复，最大限度降低信息的冗余度。

层次性原则：公共体育服务统计指标体系是一个复杂的系统，在设计指标体系时，必须按公共体育服务的系统结构将指标体系划分为若干层次，逐层次进行分解，并确定出具体指标，从而实现层次化描述，以确保指标体系结构清晰，便于实际应用。

4.2 统计指标体系的预选与筛选

4.2.1 统计指标体系的预选

从系统论的角度看，公共体育服务是一个由众多相互联系的子系统构成的结构复杂的巨系统，基本可以分解为全民健身、赛事服务、青少年体育、体育场地等子系统。指标体系的构建从我国公共体育服务整体出发，将我国公共体育服务这个总目标系统分解为不同的子系统，然后在分解后研究的基础上，再综合集成到我国公共体育服务这一整体，最终是从整体上构建公共体育服务的系统结构。围绕其系统结构，采用问卷调查与专家咨询相结合的方法预选代表性指标，这些指标综合概括、系统反映和描述了体育事业总目标系统的各个子系统的本质与特征，在此基础上最终形成我国公共体育服务统计指标体系（表 4-1）。

表 4-1 我国公共体育服务统计指标体系初选指标

一级指标	二级指标
政策法规	公共体育服务的“三纳入”
	公共体育服务发展规划
	公共体育服务购买、体育组织发展的相关政策
服务机构	政府机构
	体育社团
	体育协会
	体育企业
经费投入	公共体育服务预算收入
	公共体育服务预算支出
	体育彩票公益金
	固定资产
全民健身	社会体育指导员
	晨、晚练点
	国民体质监测站点
	全民健身活动
	社区体育服务人员
	全民健身路径
赛事服务	体育竞赛计划执行率
	运动成绩
	竞赛人才

续表

一级指标	二级指标
青少年体育	业余体校
	学校体育场馆向社会开放
	青少年户外体育活动营地
	青少年校外体育活动中心
	传统体育项目学校
体育场地设施服务	人均场地面积
	人均场地数量
体育信息服务	网站
	微博
	微信
体育科技服务	科技项目
	科技成果

2012 年 10 月，问卷调查对象包括国家体育总局机关单位（7 个）、总局直属单位（10 个）、各省市体育局（24 个），主要考察各部门所辖范围内的公共体育服务工作，以及在工作中所需的具体统计指标情况。邀请总局经济司综合处、24 个省（自治区、直辖市）体育统计工作人员及体育统计学专家进行多次访谈和座谈，从理论上探讨公共体育服务统计指标体系的科学性、客观性和可操作性。根据问卷调查反馈的信息以及专家的经验，初步形成了包括 9 个一级指标、32 个二级指标的预选统计指标体系。

4.2.2　统计指标体系的筛选

科学客观及具有可操作性的指标体系是获得高质量公共体育服务统计信息的前提，因此在预选指标体系的基础上，还需采用定性与定量相结合的方法对其中的指标进行筛选。在指标的筛选中，数量指标与质量指标、绝对量指标与相对指标、总量指标与人均指标需相互兼顾，力求使指标体系在实际运用中方便简洁。指标筛选的主要依据是指标的重要性程度及指标获取的难易程度。首先将各指标按照“很重要”“重要”“一般”“不重要”“很不重要”分别给予 9、7、5、3、1 的分值，并将各级评价指标制成专家问卷；然后请专家对问卷进行抽样测试，分析调查问卷的效度和信度；最后利用符合效度和信度要求的调查问卷进行指标筛选。对国家体育总局机关单位（7 个）、总局直属单位（10 个）、各省市体育局（24 个）、公共体育服务研究领域专家 23 人进行第一轮问卷调查，回收问卷 64 份，剔除空白或者无意义的问卷 5 份，共回收有效问卷 59 份。

4.2.2.1　调查问卷的效度、信度检验

（1）效度检验

① 表面效度与内容效度：专家问卷中指标的选择首先经过大量文献研究和调查，经

反复研究讨论作出初选，然后走访各个领域的专家、学者，提出修改意见，对指标进行必要的增删和修改，删除内容不清、操作性不强的指标，并对容易引起歧义或者误解的指标表述进一步予以明确，以保证专家问卷具有可靠的表面效度与内容效度。

② 结构效度：采用主成分分析的方法检验专家问卷的结构效度问卷中，有100%的一级指标共同度在0.5以上（表4-2），有95%的二级指标共同度在0.5以上，达到了统计学结构效度检验的统计学要求，因此其结构效度比较理想。

表4-2 一级指标共同度

指标	初生共同度	再生共同度
政策法规	1.000	0.656
服务机构	1.000	0.625
经费投入	1.000	0.682
全民健身	1.000	0.742
赛事服务	1.000	0.621
青少年体育	1.000	0.558
体育场地设施服务	1.000	0.587
体育信息服务	1.000	0.534
体育科技服务	1.000	0.657

（2）信度检验

信度测量方法主要包括重复测量、复本测量和折半测量等方法。根据本研究的实际情况，采用折半测量的方法测量专家调查问卷的信度。首先将调查结果随机排序，然后按照单双号进行分组，计算两者的相关系数。信度系数用Cronbach α系数来检验，得到的α系数值越高，则代表其检验的问卷内部一致性越大，信度越高。用Cronbach α系数对本问卷及其9个维度的内部一致性进行检验，如表4-3所示。结果表明，公共体育服务统计指标体系初选专家问卷的内部一致性信度为0.75。其中，政策法规为0.81，服务机构为0.75，经费投入为0.73，全民健身为0.80，赛事服务为0.70，青少年体育为0.75，体育场地设施服务为0.72，体育信息服务为0.76，体育科技服务为0.71。以上数据说明该问卷具有良好的信度。

表4-3 第一轮问卷信度检验结果

指标	部分量表	整体量表
政策法规	0.81	
服务机构	0.75	
经费投入	0.73	0.75
全民健身	0.80	
赛事服务	0.70	

续表

指标	部分量表	整体量表
青少年体育	0.75	
体育场地设施服务	0.72	
体育信息服务	0.76	
体育科技服务	0.71	

4.2.2.2　筛选指标的定量依据

专家调查问卷的分析主要采用以下统计参数。

（1）变异系数

变异系数是指各个指标的标准差与其加权平均值之比，变异系数值越小，表明专家评价结果的分散程度越小。一般认为，变异系数≥0.25，则该指标的专家协调程度不够。假设 $X_{i,j}$ 表示第 i 个专家，第 j 个指标的打分，现在共有 n 个专家、m 个指标，则变异系数的计算公式如下：

$$M_j = \frac{1}{n}\sum_{i=1}^{n} X_{ij}$$

$$V_j = \frac{S_j}{M_j}$$

式中，V_j 表示指标的变异系数；S_j 表示指标标准差；M_j 表示指标的算术平均值。V_j 越小，则专家意见的协调度越高，指标越符合统计学要求。

（2）协调系数

协调系数是指专家组中各专家彼此间对每项指标给出的评价意见是否存在较大分歧。通过对协调系数的研究，了解专家对全部指标的协调程度。协调系数用 W 表示，取值区间为 0~1。

协调系数的计算公式如下：

$$W = \frac{12}{m^2(n^3 - n) - m\sum_{i=1}^{m} T_i}\sum_{i=1}^{n} d_i^2$$

协调程度的显著性检验采用等级一致性检验（非参数检验）。如果 $P > 0.05$，则认为专家意见的评估或预测的可信度差，评价或预测结果不可取；如果 $P < 0.05$，则认为专家意见的评估或预测的可信度好，评价或预测结果可信。

协调系数一致性检验的计算公式如下：

$$\chi^2 = \frac{1}{mn(n+1) - \frac{1}{n-1}\sum_{i=1}^{m} T_i}\sum_{i=1}^{n} d_i^2$$

式中，m 表示专家总数；n 表示指标数；d 表示 m 个专家对 n 个指标评分的均值之差；T_i

表示修正系数。

一般情况下，在采用专家调查法进行指标筛选过程中，关于专家的一致意见，很少有资料对其进行明确的定义。李建国等人①在《县级公共卫生应急反应能力评价方法的研究》一文中，选取重要性得分在 70 分以上的指标（满分为 100 分）作为研究的评价指标。袁海霞等人②在《德尔菲法在潜艇舱室空气质量评价指标筛选中的应用》一文中认为，如果评选此指标的专家人数超过 50%，就选用此指标。综上所述，现有的研究成果中普遍采用指标的变异系数小于 0.25，所选指标的平均得分 6.3 以上（达到总分的 70%），作为现阶段研究中指标的筛选依据。

因此，本研究在专家调查筛选指标时主要依据为：公共体育服务统计指标重要性程度和可操作性的平均得分需在 6.3 分以上，且指标的变异系数小于 0.25。

4.2.2.3　第一轮指标筛选

针对第一轮回收的调查数据，采用 SPSS16.0 软件进行描述统计量和非参数检验的统计分析，具体结果如表 4-4 所示。

表 4-4　第一轮一级指标重要性筛选统计分析

一级指标	均数	标准差	变异系数
政策法规	8.5	1.05	0.12
服务机构	7.9	1.39	0.18
经费投入	7.8	1.57	0.20
全民健身	8.7	1.24	0.14
赛事服务	7.8	1.35	0.17
青少年体育	8.1	1.12	0.14
体育场地设施服务	7.2	1.54	0.21
体育信息服务	7.7	1.21	0.16
体育科技服务	7.3	1.67	0.23

从表 4-4 中可以看出，9 个一级指标的变异系数均小于 0.25。其中，体育科技服务的变异系数最大，为 0.23，说明被调查者对该指标的评价协调度相对较低。协调系数反映被调查者对全部指标进行评判时评判标准的一致性程度，协调系数越接近 1，说明被调查者的评价标准的一致性程度越强。

从表 4-5 中可以看出，调查对象的一致性检验为 0.425，经过一致性检验，$P<0.05$，表明评判人意见的评估或预测的可信度好，评价或预测结果可信。

① 李建国，贲智强，阙文进，等. 县级公共卫生应急反应能力评价方法的研究[J]. 数理医药学杂志，2006（1）：93-96.
② 袁海霞，汪南平，史德. 德尔菲法在潜艇舱室空气质量评价指标筛选中的应用[J]. 海军医学杂志，2005（3）：18-20.

表 4-5　一级指标重要性协调系数统计分析表

项目	结果
轮次	第一轮
一致性检验	0.425
卡方值	17.39
P	0.045

从表 4-6 中可以看出，9 个一级指标的变异系数均小于 0.25。其中，体育信息服务的变异系数最大为 0.21，说明被调查者对该指标的评价协调度相对较低。

表 4-6　第一轮一级指标可操作性筛选统计分析

一级指标	均数	标准差	变异系数
政策法规	7.8	1.12	0.14
服务机构	7.5	1.26	0.17
经费投入	8.5	1.15	0.14
全民健身	7.4	1.43	0.19
赛事服务	8.4	1.23	0.15
青少年体育	8.2	1.21	0.15
体育场地设施服务	7.6	1.43	0.19
体育信息服务	7.4	1.54	0.21
体育科技服务	7.5	1.52	0.20

表 4-7 显示，协调检验为 0.433，$P < 0.05$，意味着在可操作性方面，指标的得分之间存在显著性差异，进而说明被调查者评价标准的一致性。

表 4-7　一级指标可操行性协调系数统计分析表

项目	结果
轮次	第一轮
一致性检验	0.433
卡方值	16.88
P	0.048

从表 4-8 中可以看出，2 个二级指标的变异系数均大于 0.25，传统体育项目学校的变异系数为 0.28，固定资产的变异系数为 0.29，说明被调查者对这 2 个指标的评价协调度相对较低。

表 4-8　第一轮二级指标重要性筛选统计分析

二级指标	均数	标准差	变异系数
体育彩票公益金	9.0	1.10	0.12
学校体育场馆向社会开放	8.8	1.12	0.13
人均场地面积	8.6	1.25	0.15
公共体育服务预算支出	8.5	1.10	0.13
政府机构	8.5	1.22	0.14
公共体育服务预算收入	8.4	1.26	0.15
国民体质监测站点	8.3	1.35	0.16
全民健身活动	8.2	1.02	0.12
社会体育指导员	7.9	1.5	0.19
业余体校	7.8	1.3	0.17
全民健身路径	7.8	1.45	0.19
网站	7.7	1.58	0.21
体育协会	7.6	1.57	0.21
体育社团	7.6	1.65	0.22
微信	7.5	1.32	0.18
公共体育服务的“三纳入”	7.5	1.49	0.20
竞赛人才	7.4	1.33	0.18
公共体育服务发展规划	7.4	1.41	0.19
青少年户外体育活动营地	7.4	1.29	0.17
人均场地数量	7.2	1.24	0.17
晨、晚练点	7.2	1.27	0.18
运动成绩	7.2	1.32	0.18
青少年校外体育活动中心	7.0	1.65	0.24
体育竞赛计划执行率	6.9	1.45	0.21
公共体育服务购买、体育组织发展的相关政策	6.8	1.58	0.23
社区体育服务人员	6.7	1.54	0.23
微博	6.6	1.32	0.20
体育企业	6.5	1.25	0.19
科技成果	6.5	1.36	0.21
科技项目	6.4	1.37	0.21
传统体育项目学校	5.8	1.65	0.28
固定资产	5.5	1.59	0.29

表 4-9 显示，协调检验为 0.462，$P<0.05$，意味着在可操作性方面，指标的得分之间存在显著性差异，进而说明被调查者的评价标准的一致性。

表 4-9　二级指标可操行性协调系数一致性检验

项目	结果
轮次	第一轮
一致性检验	0.462
卡方值	15.74
P	0.032

从表 4-10 中可以看出，2 个二级指标的变异系数均大于 0.25，公共体育服务购买、体育组织发展的相关政策的变异系数为 0.26，社区体育服务人员的变异系数为 0.28，说明被调查者对这 2 个指标的评价协调度相对较低。

表 4-10　第一轮二级指标可操作性筛选统计分析

二级指标	均数	标准差	变异系数
体育彩票公益金	9.3	1.03	0.11
人均场地面积	9.0	1.04	0.11
政府机构	9.0	1.10	0.12
国民体质监测站点	8.7	1.26	0.14
公共体育服务预算支出	8.5	1.15	0.14
公共体育服务预算收入	8.5	1.12	0.13
竞赛人才	8.3	1.29	0.16
体育竞赛计划执行率	8.3	1.32	0.16
业余体校	8.2	1.31	0.16
全民健身路径	7.9	1.28	0.16
运动成绩	7.9	1.37	0.17
公共体育服务的“三纳入”	7.6	1.42	0.19
社会体育指导员	7.5	1.46	0.19
晨、晚练点	7.4	1.44	0.19
学校体育场馆向社会开放	7.2	1.42	0.20
网站	7.1	1.47	0.21
公共体育服务发展规划	7.1	1.24	0.17
人均场地数量	7.1	1.32	0.19
科技项目	6.9	1.27	0.18
体育协会	6.8	1.58	0.23
微博	6.8	1.32	0.19
传统体育项目学校	6.8	1.35	0.20
青少年校外体育活动中心	6.7	1.42	0.21
科技成果	6.6	1.28	0.19

二级指标	均数	标准差	变异系数
全民健身活动	6.5	1.55	0.24
体育社团	6.5	1.45	0.22
固定资产	6.5	1.29	0.20
微信	6.4	1.55	0.24
体育企业	6.4	1.25	0.20
公共体育服务购买、体育组织发展的相关政策	6.2	1.59	0.26
青少年户外体育活动营地	6.1	1.37	0.22
社区体育服务人员	5.5	1.54	0.28

表 4-11 显示，一致性检验为 0.454，$P<0.05$，意味着在可操作性方面，指标的得分之间存在显著性差异，进而说明被调查者的评价标准的一致性。

表 4-11　二级指标可操行性协调系数一致性检验

项目	结果
轮次	第一轮
一致性检验	0.454
卡方值	16.53
P	0.045

根据课题设计中指标筛选的依据，本轮筛选中一级指标全部达到保留条件，在二级指标中，按照指标的重要性程度，传统体育项目学校和固定资产指标未达到保留条件，按照指标的可操作性，公共体育服务购买、体育组织发展的相关政策，青少年户外体育活动营地，社区体育服务人员三个指标未达到保留条件。在指标定量筛选结果的基础上，课题组邀请了体育学、社会学、统计学的专家进行研讨。

建议一：在全民健身活动指标设计中，结合《全民健身纲要》要求，虽然指标设计涵盖健身场地、指导人员及体质监测等内容，但在初选指标中健身场地指标设计，仅仅考虑了全民健身路径和晨、晚练点。目前全民健身场地类型中还包括村级农民体育健身工程、乡镇体育健身工程、全民健身路径工程、大中型全民健身活动中心、小型全民健身活动中心、体育公园和全民健身广场。因此，在指标设计中应将这类指标合并修改为全民健身场地设施，这样既考虑了指标的全面性，也考虑了指标的可获取性，同时便于利用现有的统计数据。

建议二：在全民健身服务中，科学健身指导是推动全民健身的重要内容，也是公共体育服务机构提供公共体育服务的内容，在指标设计中应考虑将该指标增加至全民健身部分。

建议三：在体育场地设施服务指标设计中，原有的指标设计着重考虑公共体育服务资源供给的人均场地面积和人均场地数量，而全民健身指标中又详细统计了全民健身场地设施情况，造成该类指标重复统计。因此，建议在考虑体育场地设施服务指标时，重点考察体育场地设施服务运营情况，可设计经营类指标，如场地设施服务收入和支出、平均周接待健身人次等。

在充分听取专家意见与建议的基础上，结合统计工作的实际需要，对二级指标中在指标重要性程度与获得难易程度中得分较低的指标做了适当修正。由于三级指标数量众多，未请专家打分，而是通过座谈研讨的方式集中征询专家的意见，并对其进行了完善调整。经过第一轮的专家咨询，最终形成了包括 9 个一级指标、27 个二级指标和 45 个三级指标的公共体育服务统计指标体系。

4.2.2.4　第二轮指标筛选

2013 年 6 月，课题组将第一轮专家咨询中形成的指标体系制成层次分析法（Analytic Hierarchy Process，AHP）专家调查问卷，进行第二轮专家咨询。咨询对象包括国家体育总局机关单位（6 个）、总局直属单位（12 个）、各省市体育局（24 个），以及济南市体育局、青岛市体育局、南京市体育局、渭南市体育局、宝鸡市体育局、益阳市体育局、张家口市体育局、广州市体育局、南宁市体育局、西安市体育局等 45 个市级体育局的体育统计部门负责人，共获得 136 份有效问卷和 8 份无效问卷。将回收的问卷进行整理后，采用与上轮相同的指标筛选方法进一步完善指标体系。

表 4-12 显示，在该轮筛选中，一级指标重要性得分的均数都在 6.3 分以上，变异系数都在 0.25 以内，符合指标保留的条件。其中，均数最高的为经费投入，其次为全民健身，第三位为服务机构，这在某种程度上也表明现阶段我国公共体育服务领域急需落实的三个方面，公共体育服务的核心内容是全民健身，而服务机构和经费投入是公共体育服务有效供给的重要保障。

表 4-12　第二轮一级指标重要性筛选统计分析

一级指标	均数	标准差	变异系数
政策法规	8.1	1.47	0.18
服务机构	8.4	1.29	0.15
经费投入	8.8	1.12	0.13
全民健身	8.5	1.25	0.15
赛事服务	7.6	1.41	0.19
青少年体育	7.9	1.26	0.16
体育场地设施服务	7.1	1.47	0.21
体育信息服务	7.4	1.28	0.17
体育科技服务	7.5	1.49	0.20

表 4-13 显示，在该轮筛选中，一级指标可操作性得分的均数都在 6.3 分以上，变异系数都在 0.25 以内，符合指标保留的条件。其中，均数最高的为经费投入，其次为赛事

服务，第三位为青少年体育，这在某种程度上也表明现阶段我国体育统计领域的统计能力情况，在经费投入、赛事服务和青少年体育方面，现有的体育统计数据基本涵盖公共体育服务统计所需的数据，因此在可操作性方面得分较高。

表 4-13　第一轮一级指标可操作性筛选统计分析

一级指标	均数	标准差	变异系数
政策法规	7.6	1.21	0.16
服务机构	7.8	1.23	0.16
经费投入	8.8	1.09	0.12
全民健身	7.1	1.51	0.21
赛事服务	8.5	1.14	0.13
青少年体育	8.0	1.24	0.16
体育场地设施服务	7.6	1.41	0.19
体育信息服务	7.5	1.48	0.20
体育科技服务	7.4	1.46	0.20

表 4-14 显示，在该轮筛选中，二级指标重要性得分的均数都在 6.3 分以上，变异系数都在 0.25 以内，符合指标保留的条件。其中，均数最高的为体育彩票公益金，其次为公共体育服务预算支出，第三位为公共体育服务的“三纳入”，这在某种程度上也反映了现阶段我国公共体育服务中急需解决的问题：一是筹措公共体育服务资金，二是公共体育服务场地建设。

表 4-14　第一轮二级指标重要性筛选统计分析

二级指标	均数	标准差	变异系数
体育彩票公益金	9.0	1.11	0.12
公共体育服务预算支出	8.9	1.23	0.14
公共体育服务的“三纳入”	8.7	1.22	0.14
政府机构	8.6	1.22	0.14
公共体育服务预算收入	8.6	1.19	0.14
全民健身活动	8.5	1.45	0.17
学校体育场馆向社会开放	8.5	1.34	0.16
平均周接待健身人次	8.3	1.25	0.15
社会体育指导员	8.1	1.25	0.15
体育场地设施经营情况	8.0	1.48	0.19
体育协会	7.9	1.43	0.18
国民体质监测站点	7.8	1.33	0.17
公共体育服务发展规划	7.8	1.43	0.18
科学健身指导	7.6	1.28	0.17

续表

二级指标	均数	标准差	变异系数
体育社团	7.5	1.46	0.19
运动成绩	7.5	1.24	0.17
网站	7.4	1.33	0.18
青少年校外体育活动中心	7.4	1.39	0.19
竞赛人才	7.3	1.43	0.20
微信	7.2	1.55	0.22
全民健身场地设施	7.1	1.24	0.17
微博	7.0	1.32	0.19
业余体校	6.9	1.50	0.22
体育竞赛计划	6.6	1.45	0.22
科技成果	6.6	1.36	0.21
科技项目	6.5	1.54	0.24
体育企业	6.4	1.55	0.24

表 4-15 显示，该轮筛选中，二级指标可操作性得分的均数都在 6.3 分以上，变异系数都在 0.25 以内，符合指标保留的条件。其中，体育彩票公益金、政府机构、公共体育服务预算支出的均数并列第一，这在某种程度上也反映了现阶段我国公共体育服务统计中，统计数据获取难易程度与现阶段已开展的体育统计工作密切相关，建立公共体育服务统计指标体系中选取的指标应尽可能的结合现有的体育统计工作。

表 4-15　第一轮二级指标可操作性筛选统计分析

二级指标	均数	标准差	变异系数
体育彩票公益金	9.0	1.06	0.12
政府机构	9.0	1.11	0.12
公共体育服务预算支出	9.0	1.23	0.14
公共体育服务预算收入	8.6	1.22	0.14
国民体质监测站点	8.5	1.15	0.14
体育场地设施经营情况	8.4	1.23	0.15
竞赛人才	8.3	1.30	0.16
体育竞赛计划	8.2	1.31	0.16
业余体校	8.1	1.25	0.15
科学健身指导	7.9	1.28	0.16
平均周接待健身人次	7.9	1.26	0.16
运动成绩	7.8	1.29	0.17
公共体育服务的“三纳入”	7.7	1.36	0.18
社会体育指导员	7.6	1.40	0.18

续表

二级指标	均数	标准差	变异系数
全民健身场地设施	7.5	1.49	0.20
网站	7.1	1.47	0.21
公共体育服务发展规划	7.1	1.24	0.17
学校体育场馆向社会开放	7.0	1.51	0.22
科技项目	6.9	1.31	0.19
体育协会	6.8	1.43	0.21
传统体育项目学校	6.8	1.41	0.21
微博	6.7	1.27	0.19
青少年校外体育活动中心	6.5	1.51	0.23
科技成果	6.5	1.28	0.20
体育社团	6.5	1.39	0.21
全民健身活动	6.4	1.45	0.23
微信	6.4	1.55	0.24

4.3 统计指标体系的主要框架

经过指标体系的预选以及两轮的专家咨询，最终形成了包括 9 个一级指标、27 个二级指标的我国公共体育服务统计指标主体框架（表 4-16）。

表 4-16 我国公共体育服务统计指标体系框架

一级指标	二级指标
政策法规	公共体育服务的“三纳入”
	公共体育服务发展规划
服务机构	政府机构
	体育社团
	体育协会
	体育企业
经费投入	公共体育服务预算收入
	公共体育服务预算支出
	体育彩票公益金
全民健身	社会体育指导员
	全民健身场地设施
	国民体质监测站点
	全民健身活动
	科学健身指导

续表

一级指标	二级指标
赛事服务	体育竞赛计划执行率
	运动成绩
	竞赛人才
青少年体育	后备人才
	学校体育场馆向社会开放
	青少年体育组织及俱乐部
体育场地设施服务	经营情况
	平均每周接待健身人次
体育信息服务	网站
	微博
	微信
体育科技服务	科技项目
	科技成果

4.4　统计指标的解释说明

在政策法规中，主要指涵盖促进公共体育服务体系建设的制度安排。其中，公共体育服务的“三纳入”是指把公共体育服务纳入政府工作报告、纳入财政预算、纳入国民经济和社会发展规划。公共体育服务发展规划是指各级体育部门出台的公共体育服务发展规划文件。

服务机构是由辖区所在的政府、社会体育组织和体育企业单独构成或者共同组建的为辖区内居民提供公共体育服务的机构。其中，政府机构是指由政府领导担任主要负责人，在区域内，以组织开展公共体育服务活动、为居民提供公共体育服务为功能的，经当地政府批准设立的，具有事业单位性质的公共体育服务工作机构。体育社团是指为了满足居民公共体育服务的需求，人为组织或自发组织由各级体育行政部门或体育总会批准并在民政部门登记注册的公共体育服务社团法人。体育协会是指为了共同某一项公共体育服务项目爱好，自发地或人为地组织起来的具有结构性特征的体育社团法人。体育企业是指为了满足居民公共体育服务的需求，持续存在的、以为社会提供具有公共体育性质的产品和服务为主要经营活动的、具有一定盈利目标、受政府特殊管制措施制约的组织化经济实体。

在经费投入中，公共体育服务预算收入是指为单位为完成特定的公共体育服务任务或事业发展目标而获得的各项支出，包括财政拨款、财政专户管理资金、事业收入、其他收入等。公共体育服务预算支出是指为单位为完成特定的公共体育服务任务或事业发展目标而发生的各项支出，包括基本支出、项目支出、上缴上级支出、经营支出、和对附属单位补助支出等。体育彩票公益金是指在统计年度由本级财政下达、来源于各级安排使用的用于公共体育服务的公益金。

在全民健身中，社会体育指导员是指为居民提供科学健身指导、全民健身赛事组织等公共体育服务，取得技术等级称号或者职业资格的人员。获得技术等级称号的社会体育指导员指经过注册登记的各级社会体育指导员，分为国家级、一级、二级、三级 4 个等级。获得职业资格的社会体育指导员指经过培训后获得职业资格并注册登记的各级职业社会体育指导员，分为指导师、高级、中级、初级 4 个等级。全民健身场地设施是指用于全民健身公共体育服务的场地设施，包括村级农民体育健身工程、乡镇体育健身工程、全民健身路径工程、大中型全民健身活动中心、小型全民健身活动中心、体育公园、全民健身广场、户外体育营地、社区运动场和健身步道等。国民体质监测站点是指各省（自治区、直辖市）进行国民体质监测任务所组建的国民体质测试场所。全民健身活动是指县级以上体育行政部门、行业体育协会、人群体育协会、单项体育协会组织的各类全民健身活动。科学健身指导是指县级以上体育行政部门、行业体育协会、人群体育协会、单项体育协会组织的举办的科学健身讲座和培训。

在赛事服务中，体育竞赛计划执行率是指国家体育总局竞赛计划中执行的竞赛占上一年国家体育总局竞赛计划中安排竞赛的比率。运动成绩是指各地区在世界比赛、亚洲比赛、全国比赛和省级比赛中获得的名次。世界比赛、亚洲比赛、全国比赛统计前 8 名，省级比赛取 3 名。竞赛人才是指各地区为居民提供公共体育赛事服务的人员，包括等级裁判员、等级运动员和教练。

在青少年体育中，后备人才是指按国家规定的设置标准经教育部门批准设立的体育运动学校、竞技体校、单项运动学校、少年儿童体育学校和体育中学等培训的体育后备力量。学校体育场馆向社会开放是指学校的体育场馆在保证校园安全和体育活动时间的前提下向社会在课余时间和节假日开放。学校体育场馆向社会开放的体育场馆应具备以下条件：学校体育场馆有健全的安全管理规范，明确的责任区分办法和完善的安全风险防控条件、机制及应对突发情况的处置措施和能力；学校体育场馆在满足本校师生日常体育活动需求的基础上，还应有向社会开放的容量和时间段；学校体育场馆区域与学校教学区域相对独立或隔离，体育场馆开放不影响学校其他工作的正常进行；学校体育场馆、设施和器材等安全可靠，符合国家安全、卫生和质量标准及相关要求；学校有相对稳定的体育场馆设施更新、维护和运转的经费，能定期对场馆、设施、器材进行检查和维护。青少年体育组织及俱乐部是指以满足城乡青少年便捷、安全参加体育健身需要为目的，以开展青少年喜闻乐见的体育活动为主要内容，按设计标准建设与管理，具有相应配套的服务设施并经过有关部门认定的体育组织及俱乐部，包括青少年户外体育营地、青少年校外体育活动中心、青少年体育俱乐部、体育传统项目学校和高水平体育后备人才培养基地。

在体育场地服务中，经营情况是指公共体育服务场地设施年度开展运营的收入和支出情况。平均每周接待健身人次是指平均每周本场地参加体育健身活动的人次。

在体育信息服务中，网站是指为满足居民公共体育服务信息需求，由政府、机构或企业在互联网上建立的站点，是政府、机构或企业开展公共体育信息服务的基础设施和平台，是实施政府、机构或企业与居民之间的交互界面，是公共体育信息服务的有效载体。微博是博客的一种，是一种通过关注机制分享简短实时公共体育服务信息的广播式的社交网络平台。微信有订阅号、服务号、企业号等功能，可以供用户订阅他们喜欢的公众号，政府、机构或企业可在微信平台上通过公众号实现和特定群体就公共体育服务信息以文字、图片、语音、视频等方式进行全方位沟通、互动。

在体育科技服务中，科技项目是指由各级各类科技管理机构正式批准的公共体育服务科技领域的研究项目。科技成果主要是指获得各级政府的奖励：著作指正式出版发行的出版物，论文指在国家公开发行的刊物、会议论文集发表的文章，其他指除上述之外的成果。

4.5 统计指标体系的特点

新的指标体系是以公共体育服务实际工作的需要为出发点的，能更加明晰地反映公共体育服务的构成情况，其具有以下特点。

4.5.1 指标内容涵盖面广

新的公共体育服务统计指标体系包含九个方面的内容：政策法规、服务机构、经费投入、全民健身、赛事服务、青少年体育、体育场地服务、体育信息服务和体育科技服务，基本覆盖公共体育服务的各个领域。该指标体系的设计既考虑了现阶段我国推进公共体育服务体系建设的国情实际，即以全民健身为核心的基本公共体育服务体系建设阶段，又考虑了随着体育事业的发展在公共体育服务体系建设中将逐步加大在赛事服务、科技服务等领域建设的需求。

4.5.2 指标体系界限清晰

新的公共体育服务统计指标体系，按照体育系统不同部门提供公共体育服务的共同属性，将政策法规、服务机构、经费投入和体育场地等列为一级指标。根据公共体育服务发展趋势和部门管理需求，按照部门特点将全民健身、赛事服务、青少年体育、体育信息和体育科技方面的公共体育服务内容列为一级指标，并通过子一级的具体指标对其进行反映，有利于保证统计指标体系能全面反映公共体育服务发展的新情况和新趋势。构建的统计指标体系将反映公共体育服务的综合性指标与反映赛事服务、群众体育、青少年体育等指标列为同一级指标，既符合重要性原则，也避免了指标分类界限模糊的问题。指标分类清晰，有利于满足在特定环境特征下对统计信息分类进行适当调整的需要。

4.5.3 有利于统计数据的分析和开发

新的公共体育服务统计指标体系将公共体育服务分为九个部分予以反映，这九个部分所统计的内容相对独立，在一定程度上避免了交叉统计的发生，既有利于提高统计效率，减少重复统计，又有利于对统计数据进行统计分析和评价。在统计数据的利用上，实现了分门别类，严格区分，使统计数据能够被更加有效地应用到具体体育事业研究领域。

第5章

公共体育服务统计方法体系

体育领域根据不同的统计需求，应用的统计调查方法有年报、普查和抽样调查等，呈现出多元化特征。我国公共体育服务统计调查方法的研究，需从我国公共体育服务统计的实际出发，设计切实可行的统计调查方法体系。我国公共体育服务统计调查方法体系总体上宜采用总体上应采用以普查为基础，以抽样调查为主体，以全面报表、重点调查、典型调查为辅助的调查方法体系。

5.1 当前统计领域的现状

5.1.1 我国的统计调查

我国政府统计系统目前所采用的调查方法主要包括周期性普查、经常性全面报表、抽样调查、重点调查、典型调查等。统计调查体系逐渐从以全面调查为主向以非全面调查为主转变，抽样调查方法在居民收支、价格统计、农产量统计等领域广泛应用。近年来，我国政府还组织了一批快速调查和专项调查。

当前，我国政府统计信息发布的主要途径有：每年一度的《统计公报》；每季度过后20天左右，以新闻发布会形式向社会发布季度国民经济运行情况；统计信息发布日程提前公示制度；中国统计信息网；《中国统计年鉴》《中国统计摘要》等书籍；统计资料中心的专门对外咨询机构。

自1983年《中华人民共和国统计法》公布实施以来，我国建立了集中统一的统计系统，目前已形成一支规模庞大的统计队伍。2003年底，县级以上人民政府统计机构编制人员共计9.5万人。其中，国家统计局行政及在京事业单位有917人，大学本科及以上学历占76.5%，中、高级技术职称占64.8%。

2021年12月21日，国家统计局发布的《“十四五”时期统计现代化改革规划》中提出，“十四五”时期，要完善统计体制机制，改革统计制度方法，变革统计生产方式，发挥统计监督职能作用，提升统计服务水平，增强统计保障能力。

随着我国社会主义经济体制的建立和完善，统计调查中抽样调查技术的应用越来越广泛。1994年，国务院批准了国家统计局关于改革统计调查体系的请示。我国统计调查改革的目标是建立以必要的周期性普查为基础，以经常性抽样调查为主体，同时辅以重点调查、科学推算等多种方法综合运用的统计调查方法体系。近年来，我国统计系统中数万名业务骨干参加了技能培训，改进了国家统计局数据发布的质量和时效。

目前，我们迫切需要适合我国国情的抽样调查方法和技能，以体现我国调查事业自己的特色。统计信息，特别是有关人口、社会、经济等领域的信息资料，对各级政府都是十分重要的。要获得这些信息，就必须进行调查研究，而大型调查的设计至少要考虑以下两个方面的因素。

一是全国大型调查的信息资料，不仅中央政府需要，各省（自治区、直辖市）、地区（地级市）、县（区）及至街道（乡、镇）等各级地方政府也都需要，这就决定了我国抽样调查的多层次性。

二是我国幅员辽阔，地理、经济、人文等环境非常复杂，大致地讲，东部沿海地区发达，中部平原地区次之，西部多山地区欠发达。发达的东部存在相对欠发达的农村，而中西部又有比较发达的地市。由于大型的国情调查通过各级政府来执行，不同发达程度的省份对调查的推断要求不尽一致，这就出现了推断要求的不一致性。

全国的抽样调查，一般需要采用分层多阶段抽样。一般来说，县内差异不会太大，故常将县级单位作为初级单元。就全国的目标量而言，一个精心挑选的不太大的全国样本可以得到相当可靠的估计，但这种样本对特定的省就缺乏代表性。一般的做法是，在有推断精度要求的省级单位增加抽取部分样本，和本单位内的全国样本一起组成省级样本，用于该省级推断，这也是样本追加策略的基本思想。

5.1.2 国际统计标准的现状

1993年3月，国际货币基金组织（International Monetary Fund，IMF）执行董事会批准了第一级标准，称为数据公布特殊标准 SDDS。针对经济和统计发展不平衡，为了更广泛地吸引成员国组织的加入，IMF 在 1997 年度正式决定，批准建立数据公布通用系统 GDDS。GDDS 系统建立的目的在于规范各成员国政府数据编制和公布的系统，我国于 2002 年 4 月正式加入该项系统。近年来，我国政府统计工作在体制改革、方法制度、国民核算、信息化和服务社会等方面取得了重大进展。

两级标准的总体要求一致，但在具体操作上有所不同，SDDS 对数据公布频率和及时性的要求比 GDDS 更严格一些，即各参加者国在 IMF 的网站上要及时公布项目的宏观经济统计数据。GDDS 对数据公布的要求要宽松得多，不要求提供数据，但要向 IMF 提供有关统计数据编制和公布的现行做法（包括统计指标概念、数据来源、调查方法、数据编制方法和发布制度等），以及针对 GDDS 的要求制定有关统计体制短期和中长期的改进计划。一般来说，GDDS 是 SDDS 的过渡。

数据公布通用包括四大特征：数据、质量、完整性、公众可得性。这些特征构成了 GDDS 的核心内容。GDDS 的原则是，数据及时性的重大改进不应以牺牲数据质量为代价；质量不单是数据质量，更是系统质量；完整性体现政府工作的诚信度，显示数据编制机构开展统计活动的透明度；公众可得性要求预先假定统计数据按易于获取和公平的方式向用户公布，体现方便、平等、及时等特点。

5.1.3　公共体育服务统计面临的挑战

公共体育服务统计面临的挑战主要表现为：统计指标体系不完善，抗干扰能力差；统计方法不够完善，统计调查管理和资料发布不够规范；基层统计工作任务繁重，条件差，缺乏专职统计人员，兼职统计人员变动频繁；统计调查对象成倍增加，且频繁变动；虚报、瞒报、伪造、篡改统计资料的现象时有发生；统计工作受“政绩”和经济利益的影响；统计工作对外宣传不够，不少人对统计不太了解，产生许多误解。

统计方法存在两大问题：一是统计指标不够健全；二是统计调查方法比较笨重，很大程度上依赖传统的全面统计报表制度，影响了统计调查的效率和质量。从总体上来看，我国的统计调查尚未使经常性的抽样调查上升到主体地位。

具体工作中应加大抽样调查的实施范围，在适宜运用抽样调查方法的实际调查中，同时注重运用重点调查等统计调查方法。

5.1.4　对统计方法的理解和认识

统计学的生命力就在于创新，创新为统计学的发展赋予活力。本研究的创新点是将统计方法贯穿于公共体育服务统计指标体系的建立过程中，体现“从定性到定量，定性定量相结合”的统计原则，通过增加相对量指标和动态发展指标，创新综合评价指数等，提高统计资料的利用率。

统计方法研究是把各种实际问题转化为统计问题，如何合理选用统计学方法，并正确运用统计学理论进行分析、处理及解决实际问题，对公共体育服务的发展将产生积极的作用，对保证公共体育服务统计指标体系的科学性、可持续性具有重要意义，对体育科研水平的健康发展也有极大的促进作用。另外，有必要进行时间序列等问题的研究，创造适合中国公共体育服务发展规律的各种类型数据的统计方法，使公共体育服务统计指标体系更加客观有效。

统计方法研究还应着重考虑以下几个问题：建立先进的调查方法体系；建立统一规范的统计标准体系，规范统计指标的含义和计算方法；加快统计信息化建设，其中包括实施统计信息扩建工程，建立数据库指标体系，加强基层统计信息化基础建设等。

5.2　公共体育服务统计调查方法研究

统计调查方法按被调查对象包括的范围可分为全面调查和非全面调查。

全面调查是对调查对象中所有单位都进行调查，包括定期报表和普查。定期报表包括各行业的月报、年报。我国通过普查进行的统计调查内容和时间周期已经规范化、制度化，具体包括：①人口普查，每 10 年进行一次，逢“0”的年份进行；②第三产业普查，每 10 年进行一次，逢“3”的年份进行；③工业普查，每 10 年进行一次，逢“5”的年份进行；④农业普查，每 10 年进行一次，逢“7”的年份进行；⑤基本单位普查，每5年进行一次，逢“1”和“6”的年份进行。

非全面调查是对被调查对象中部分单位进行调查，包括抽样调查、重点调查、典型调查等。

5.2.1 公共体育服务调查方法体系研究

随着公共体育服务发展，公共体育服务统计工作的对象日益复杂，被调查对象对统计调查的配合程度大为降低，统计信息在运行过程中人为干扰的现象逐渐严重，统计工作的难度越来越大，统计信息失真的危险日渐突出，以经常性的全面调查为主体的统计调查体系难以开展。

为适应新形势的发展需要，从根本上改革我国的统计调查方法，1994年提出建立以必要的周期性普查为基础，以经常性抽样调查为主体，以重点调查、科学估算等为补充的多种方法综合运用的国家统计调查方法体系。1996年，统计调查的方法体系在法律上有了明确的规定。《中华人民共和国统计法》第十六条规定：“搜集、整理统计资料，应当以周期性普查为基础，以经常性抽样调查为主体，综合运用全面调查、重点调查等方法，并充分利用行政记录等资料。”这是统计法从总体上对我国统计调查方法所做的一个基本的法律规范，进一步明确了统计调查方法体系的总框架。

公共体育服务统计指标体系的调查方法体系，总体上应采用以普查为基础，以抽样调查为主体，以全面报表、重点调查、典型调查为辅助的调查方法体系。

普查，是指一个国家或一个地区为详细地了解某项重要国情国力而专门组织的一次性的、大规模的全面调查，其主要用来收集某些不能够或不适宜用定期的全面调查报表搜集的信息资料。该调查方法人财物投入大，不宜经常进行。

抽样调查，也称样本调查，是非全面调查中的一种重要方法。它是从全部调查研究对象中，遵循随机原则抽选一部分单位进行调查，并对全部调查研究对象做出估计和推断的一种调查方法。该调查方法灵活、方便，投入小，可靠性强。

全面报表，是国家统计系统和各业务部门为了定期取得系统的、全面的基本统计资料，按一定的要求和表式自上而下统一布置、自下而上提供统计资料的一种统计调查方法。各单位统计报表要以一定的原始记录为基础，按照统一的表式、统一的指标、统一的报送时间和报送程序进行填报。

重点调查，是在全体调查对象中整群选择一部分重点单位进行调查，以取得统计数据的一种非全面调查方法。它强调被选单位在某些项目或指标上占绝大比重，在调查对象中，选择一部分重点单位作为样本进行调查。该调查方法的特点是投入少、调查速度快，能够准确反映调查总体的主要情况或基本趋势。该调查方法重点突出，和抽样调查不同的是，重点调查取得的数据只能反映总体的基本发展趋势，不能用以推断总体，因而也只是一种补充性的调查方法。

典型调查，是一种比较灵活的非全面调查，是从众多的调查研究对象中，有意识地选择若干个具有代表性的典型单位进行深入、周密、系统的调查研究的调查方法。所谓

“解剖麻雀”就是典型调查。典型单位的选择需要形成对调查对象全面、正确的认识。

5.2.2　公共体育服务统计调查方案设计

5.2.2.1　统计调查方案设计步骤

明确统计调查的目的和内容；确定调查对象和调查单位；设计调查项目和调查表；确定调查的时间和方法；制订调查工作的组织实施计划。

5.2.2.2　统计调查体系的主要构想

统计调查体系如图 5-1 所示。

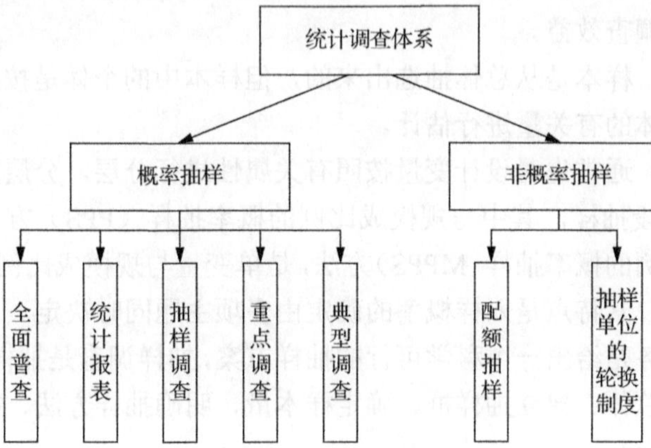

图 5-1　统计调查体系

注：配额抽样是非随机抽样中使用最为广泛的一种抽样方法，所谓配额是指对划分出总体各类型，并分配给一定数量，从而组成的调查样本的方法。按照某些特性（这些特性与所研究的总体特性应有较强的相关性，并且它们的各种取值在总体中所占的比例是已知的）将总体细分为几个次总体，然后将总样本量按照各次总体中所占的比例分配，这样在选择样本单元时，即可以为每个调查员指派“配额”，要他在某个次总体中访问一定数额的样本单元。

5.2.2.3　统计调查的步骤

统计调查的步骤如图 5-2 所示。

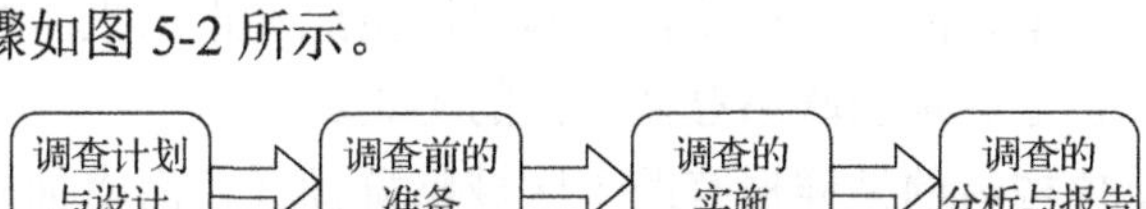

图 5-2　统计调查的步骤

在实际调查过程中，应做到以下几点：一是采用灵活多样的调查方法，做到全面调查、抽样调查、重点调查、典型调查相结合；二是体育总局统计部门与各省、市业务主管部门分工合作、资料互补与共享；三是全面报表与经常性抽样调查及临时性专题调查相结合。另外，必须建立和完善自动化、制度化、规范化、网络化相结合的数据管理与发布系统。

5.2.3 公共体育服务调查的抽样设计

《中华人民共和国统计法实施细则》第二章第十一条规定：在已经批准实施的各种统计调查中能够搜集到资料的，不得重复调查；抽样调查、重点调查或行政记录可以满足需要的，不得制发全面统计调查表；一次性统计调查可以满足需要的，不得进行经济性统计调查；按年统计调查可以满足需要的，不得按季统计调查；按季统计调查可以满足需要的，不得按月统计调查；月以下的进度统计调查必须从严控制；编制新的统计调查方案，必须事先试点或者征求有关地方、部门和基层单位的意见，进行可行性论证，保证切实可行，注重调查效益。

在专项调查中，样本是从总体抽选出来的，但样本中的个体是按照一定的概率抽取的，以便能够对总体的有关量进行估计。

在抽样调查中，通常先对设计变量按照有关属性进行分层，分层后再利用抽样框的有关资料进行多阶段抽样，其中与规模成比例的概率抽样（PPS）方法是经常用到的。多变量与规模成比例的概率抽样（MPPS）方法，是单变量与规模成比例的概率抽样（PPS）技术的进一步推广，其特点是入样概率的确定由多项主题同时决定。

抽样设计的任务是给出一个科学可行的抽样方案，抽样调查是抽样设计的具体过程，内容包括定义调查总体、建立抽样框、确定样本量、明确抽样方法、抽选样本等。

5.2.3.1 定义调查总体

抽样调查中首先要解决的问题是研究谁，即确定目标总体。总体是指研究对象（个体）的综合。这个定义限定了所要研究的主体的深度和广度，以及想通过样本结果推出哪些信息。

调查总体是实际调查所覆盖的总体，在抽样调查中称作被抽样的总体，通过抽样框来体现。

5.2.3.2 建立抽样框

抽样框是构成总体单元的一个框架，样本可以由此抽选出来。抽样框主要有名录框和区域框两种类型，它是辨别和联系总体单元的工具。

按适当的地理单位构造的抽样框有助于区域整群抽样，而将抽样框按有关的分层因子分组，则有助于分层抽样。

理想的抽样框，是其中每一个单元与目标总体的单元一一对应，不应有遗漏或重复，并具有辅助信息可以利用。

有缺陷的抽样框主要有：不完全涵盖，即抽样框遗漏了一些总体单元；过涵盖，即抽样框中包含了不属于目标总体的单元，或是空白单元；重复，即抽样框中某些单元不止出现一次；分类错误。

5.2.3.3　确定样本量

抽样框架建立之后，接下来就是确定样本量或样本规模。样本规模主要取决于以下两个方面的因素：一是与满足数据的可靠性要求有关的因素，如总体变异程度、调查精度要求、总体规模、抽样方式、回答率等；二是实际操作上的限制因素，如调查经费、时间限制、人力资源等。

（1）影响样本量大小的主要因素

从定量的方面考虑，有具体的统计学公式，不同的抽样方法有不同的公式。归纳起来，样本量的大小主要取决于研究对象的变化程度，即变异程度；要求和允许的误差大小，即精度要求；要求推断的置信度（一般情况下，置信度为 95%）；总体的大小；抽样的方法。

也就是说，研究的问题越复杂，差异越大时，样本量要求越大；要求的精度越高，可推断性要求越高时，样本量也越大；同时，总体越大，样本量也相对越大，增大呈现出一定的对数特征，而不是线性关系。

特别要注意的是：对于不同城市，当总体未知或很大，需要进行推断时，大城市多抽，小城市少抽，这种说法原则上是不对的。实际上，在大城市抽样太大是浪费，在小城市抽样太少没有推断价值。例如，以问卷调查为研究主体时，各省样本量的确定。在95%的置信度下，使城乡每个研究域比例型目标量估计的绝对误差限不超过 5%，设计效应 Deff 估计为 2.5 的前提下，可计算得样本量为 960。故取 1000 为省内分域的样本量，而每个省分城、乡两个域，所以省内样本量设计为 2000。

一般来说，抽样效率越低，设计效应越高；$P=50\%$ 时，$P(1-P)$ 值最大。

$$n=\frac{Z^2P(1-P)}{e^2}=\frac{1.96^2\times0.5\times(1-0.5)}{0.05^2}=384.16，\quad n'=n\times Deff=384.16\times2.5=960.4$$

（2）简单随机抽样确定样本量

确定样本量的基本方法很多，但是公式检验表明，当误差和置信区间一定时，不同的样本量计算公式计算出来的样本量是十分相近的，所以，我们完全可以使用简单随机抽样计算样本量的公式去近似估计其他抽样方法的样本量，这样可以更加快捷方便。

① 对于平均数类型的变量，已知数据为绝对数，一般根据下列步骤计算样本量。已知期望调查结果的精度（e），置信度要求的统计量（Z），以及总体的标准差估计值σ的具体数据，总体数为N。

计算公式如下：

$$n=\frac{\sigma^2}{\dfrac{e^2}{Z^2}+\dfrac{\sigma^2}{N}}$$

特殊情况下，如果总体很大，则计算公式如下：

$$n=\frac{Z^2\sigma^2}{e^2}$$

② 对于百分比类型的变量，已知数据为百分比，一般根据下列步骤计算样本量。已知期望调查结果的精度（e），置信度要求的统计量（Z），以及比例估计的精度（P），即样本变异程度，总体数为N。

计算公式如下：

$$n=\frac{P(1-P)}{\frac{e^2}{Z^2}+\frac{P(1-P)}{N}}$$

特殊情况下，如果不考虑总体（或总体很大），则计算公式如下：

$$n=\frac{Z^2P(1-P)}{e^2}$$

一般情况下，我们不知道P的取值，取其样本变异程度最大时的值0.5。

（3）样本量和总体大小的关系

在其他条件一定的情况下，即误差、置信度、抽样比率一定，样本量随总体的大小而变化。

总体很大时，抽样误差与样本规模对照如表5-1所示（置信度取95%，为直观起见，样本规模取整数）。

表5-1　抽样误差与样本规模对照

抽样误差e（%）	样本规模n	抽样误差e（%）	样本规模n
1.0	9604	5.5	317
1.5	4268	6	267
2	2401	6.5	227
2.5	1537	7	196
3	1067	7.5	171
3.5	784	8	150
4	600	8.5	133
4.5	474	9	119
5	384	9.5	106
		10	96

可见，总体越大时，其变化越不明显；总体越小时，其变化越明显。变化趋势如图5-3所示。

从样本量与总体大小的关系可知，二者之间的变化并非线性关系。所以，样本量并不是越大越好，应该综合考虑，在实际工作中达到要求即可。

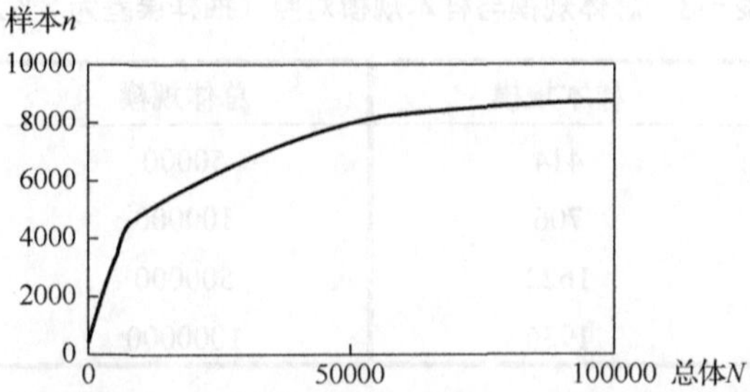

图 5-3　样本量与总体大小的关系（e=1%）

在总体比较小时，会对样本规模产生较大影响，这时就要考虑总体对样本规模的影响。通常可以用公式 $n=\dfrac{n_1}{1+\dfrac{n_1}{N}}$ 进行转换。

式中，n_1 表示在总体很大时根据一定的置信度和允许误差计算所得的样本量；N 表示总体数。

按此公式，不同总体在 95%的置信度下，抽样误差取 2%时，常见样本量规模如表 5-2 和图 5-4 所示。抽取误差取 3%时，常见样本量规模如表 5-3 和图 5-5 所示。

表 5-2　总体规模与样本规模对照（抽样误差为 2%）

总体规模	样本规模	总体规模	样本规模
500	340	50000	1044
1000	516	100000	1055
5000	879	500000	1064
10000	964	1000000	1065

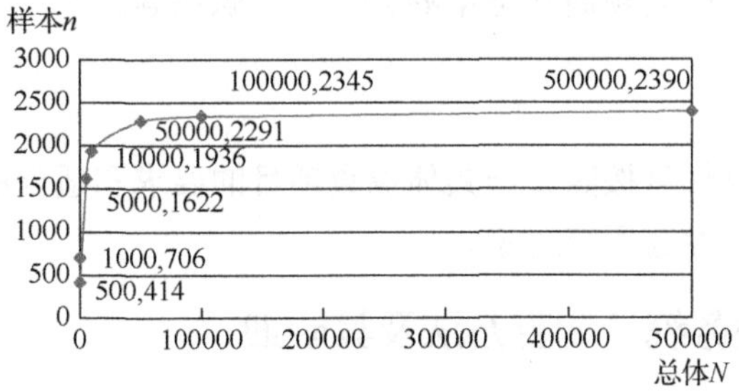

图 5-4　样本量与总体大小的关系（e=2%）

表 5-3　总体规模与样本规模对照（抽样误差为 3%）

总体规模	样本规模	总体规模	样本规模
500	414	50000	2291
100	706	100000	2345
500	1622	500000	2390
10000	1936	1000000	2395

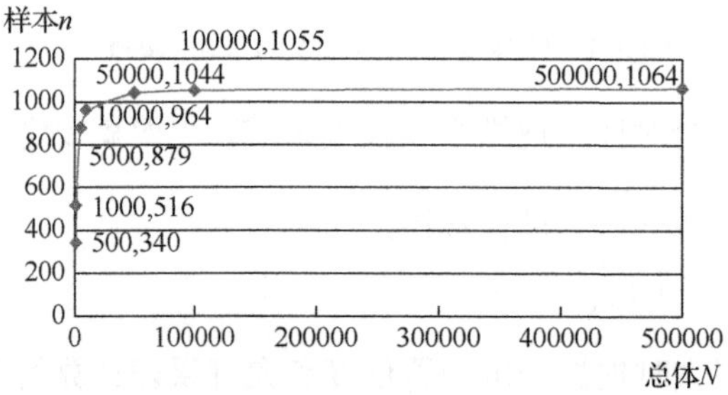

图 5-5　样本量与总体大小的关系（e=3%）

5.2.3.4　明确抽样方法

调查抽样方法主要有概率抽样与非概率抽样。一般来说，抽样方法的抽样误差大小是决定选择何种抽样方法最重要的标准。

概率抽样是根据一个已知的概率选择受访者，从理论上讲，它是一种最理想、最科学的抽样方法，能保证样本数据对总体参数的代表性，也能将抽样误差限制在一定的范围内。但对于非概率抽样来说，概率抽样是一种费用较高的抽样方法。

非概率抽样不是完全按照随机原则选取样本，只要不是需要进行总体推论的项目，一般都采用非概率抽样，其中配额抽样经常被使用，即抽选一群特定数目的满足特定条件的受访者进行调查，而配额通常是年龄、收入、职业等。

5.2.3.5　抽选样本

抽选样本的具体操作可按照某一具体调查项目的要求和适当的抽样方法，借助抽样表或某种指定的方法，抽选研究对象。

5.2.4　公共体育服务统计调查方法及其明细

根据公共体育服务类别多、项目分布广等特点，对经费投入、赛事服务等考虑采用以统计报表为基础的全面调查方法；对体育场馆类采用以 5 年（或 10 年）为周期的普查和每年一次的变更调查方法；对全民健身类部分指标采用以抽样调查为主，配合统计报表、重点调查和典型调查的方法（表 5-4）。

进行抽样调查时，应根据不同调查内容选择不同的抽样调查方式。对于调查内容中各单位规模比较接近的情况，可以采取简单随机抽样方式，按照单位数比例推算；对于各单位差异较大的情况，则可以采取分层抽样方式，将其划分成不同等级的层次，这样即便每个层中的单位相对较接近，也可以运用简单随机抽样调查方法进行统计。

表 5-4　公共体育服务统计调查方法及其明细

一级指标	二级指标	调查方法
政策法规	公共体育服务的“三纳入” 公共体育服务发展规划	建立年报制度： 全面调查
服务机构	政府机构 体育社团 体育协会 体育企业	建立年报制度： 全面调查
经费投入	公共体育服务预算收入 公共体育服务预算支出 体育彩票公益金	建立年报制度： 全面调查
全民健身	社会体育指导员 全民健身场地设施 国民体质监测站点 全民健身活动 科学健身指导	全面调查 +重点调查
赛事服务	体育竞赛计划执行率 运动成绩 竞赛人才	建立年报制度： 全面调查
青少年体育	后备人才 学校体育场馆向社会开放 青少年体育组织及俱乐部	全面调查 +重点调查
体育场地设施服务	经营情况 平均每周接待健身人次	抽样调查 +重点调查
体育信息服务	网站 微博 微信	抽样调查 +重点调查
体育科技服务	科技项目 科技成果 未执行竞赛计划情况	建立年报制度： 全面调查

5.3 统计指标的分类

5.3.1 总量指标

总量指标指在统计资料汇总后得到的总和指标，从指标的数字来看表现为绝对数。它反映了某种现象在一定时间、地点和条件下的规模和水平。总量指标是计算相对指标与平均指标的基础，相对指标和平均指标是总量指标的派生指标。编制总量指标时必须明确各项总量指标的含义、范围，分清它与有关指标的界限。

常见总量指标有总量、增加值。总量是指当年各类项目汇总数据的绝对量；增加值是指计算当年与上年的总量差值。

5.3.2 相对指标

相对指标是两个有联系的指标之比，表明各种现象间的数量对比关系。相对指标最常用的表现形式是百分数。其优点在于它可以把反映分子和分母两个社会经济现象的具体数值抽象化，便于在现象间进行对比分析。

其中，构成比是总体中不同性质的各部分有关数值与总体数值之比，反映各部分在总体中所占的比重；比较相对指标是同一时期某一同类现象在不同空间的对比，表明某一同类现象在各国、各地或各部分之间的相对差异程度；动态相对指标是某一现象的报告期数值与同一现象基期数值之比，反映了事物的发展速度或增长速度；常用相对数有增长率、定基比、环比，分别表示现在比原来增加的幅度、现象在较长时期内总的发展速度、逐期的发展速度。

5.3.3 平均指标

平均指标是说明同质总体内某一数量标志在一定历史条件下一般水平的综合指标，如人均国民生产总值、职工平均工资反映了总体的一般水平。

平均指标只能就同类现象进行计算，也就是计算平均指标的各单位必须具有同类性质。平均指标可用于同一现象在不同地区、不同部门或单位间的对比，以反映各地区、各部门或各单位的效益；还可用于同一现象在不同时间的对比，以反映现象发展的趋势和规律性。最常用的平均指标是算术平均数与几何平均数。

5.3.4 等级位数

等级位数可以反映各省部分统计结果的名次或等级排序。

5.3.5 统计指数

统计指数是表明某种现象动态变化的相对数，运用统计指数可以测定不能直接相加和不能直接对比的现象的总动态；分析现象总变动中各因素变动的影响程度；研究总平均指标变动中各组标志水平和总体结构变动的作用。

统计指数通常是不同时间的现象水平的对比、不同空间的现象水平的对比、实际水平与计划水平的对比。统计指数能够说明各种复杂现象的发展情况，并可分析各种构成因素的影响程度。

第 6 章

公共体育服务统计报表设计

统计报表是按照国家有关法规的规定，以一定的原始记录为依据，按照统一的表式、统一的指标项目、统一的报送时间和报送程序，自下而上地统一布置，逐级定期提供基本统计资料的一种调查方式。统计报表所包含的范围比较全面，项目比较系统，分组比较齐全，指标的内容和调查周期相对稳定。目前，它仍是我国统计调查中搜集统计资料的主要方式。

统一统计指标的分类标准和代码是实现统计计算的建库联网，有效地推行统计数据基层直报制度的基础。其中包含三个方面的内容：一是要在统一的科学的统计指标体系基础上对统计指标体系实行规范和编码；二是要对统计指标的内容和范围做出明确的解释，并形成规范的工作文件；三是要加强这方面的研究和开发工作，通过推行基层直报工作体系，实现统计信息来源的规范化和标准化。

6.1 统计报表的种类

按调查范围不同，可分为全面的统计调查表和非全面的统计调查表。全面的统计调查表要求调查对象的每一个单位都要填报；非全面的统计调查表只要求调查对象的一部分单位填报。

按报送周期长短，可分为日报、旬报、月报、季报、半年报和年报。

按填报单位，可分为基层报表和综合报表。由基层单位填报的统计调查表是基层报表，填报的单位称为基层填报单位；由主管部门或统计部门根据基层报表逐级汇总填报的统计调查表是综合报表，填报的单位称为综合填报单位。

按报表内容和实施范围，分为国家统计调查表、部门统计调查表和地方统计调查表。国家统计调查表是根据国家统计调查项目和统计调查计划制定的，包括国家统计局单独拟订和国家统计局与国务院有关部门共同拟订的统计调查项目。部门统计调查表是根据有关部门统计调查项目和统计调查计划制定的，一般用来搜集各主管部门所需的专业统计资料，在各主管部门系统内施行。地方统计调查表是根据有关地方统计调查项目和统计调查计划制定的，用来满足地方需要的地方性统计调查。

6.2　统计报表的结构

将统计分析的事物的特征指标值用表格的形式列出，即为统计表。合理的统计表可将统计数据和分析结果简明正确地表达出来，既避免了冗长的文字叙述，又使数据条理化、系统化，便于理解、分析和比较。

一般统计表主要由表头、列标题、行标题、数字、备注 5 个部分组成。表头是说明统计表的内容，放在表的上方；列标题、行标题是表示研究问题的类别名称和指标名称，通常安排在统计表的第一列和第一行，当数据较多时，时间类放在横行标题位置；数字资料是所要指标的具体数值，位于表的核心部分，是统计表的实质内容；备注主要是对资料来源、指标的注释，通常放在统计表的下方。

从外形上看，统计表由标题、标目（包括横标目、纵标目）、线条、数字和备注 5 个部分构成。其基本格式如表 6-1 所示。

表 6-1　统计表的基本结构

横标目的总标目	纵标目	……	合计
横标目			
……			
……			
合计			

标题：它是统计表的总名称，不可缺少。标题文字应该简明扼要，清晰确切地反映出统计表的中心内容。必要时需注明时间和地点。

标目：对标目的要求是文字简明，有单位的标目要注明单位。根据位置与作用，标目可分成横标目、纵标目和总标目。横标目位于表的左侧，向右说明各横行数字的含义；纵标目位于表头上侧，向下说明各纵栏数字的含义，如表 6-2 中的“获得技术等级称号的人数”“获得职业资格的人数”。总标目是对横标目和纵标目内容的概括，横标目的总标目位于表的左上角，如表 6-2 中的“截至年末累计审批人数”，纵标目的总标目在需要时才设置。

线条：线条不宜过多，除上面的顶线、下面的底线及隔开纵标目与数字的横线外，其余线条均可省去，特别是表左上角的斜线和两侧的边线是绝对禁止使用的。表的顶线和底线可比其他线条略粗些。

数字：表内数字必须准确，用阿拉伯数字表示，字迹清晰，填写完整，位数对齐，小数位数一致，表内不留空格，无数字可用“—”表示，若数字是“0”，则填写“0”。表内相邻的相同数字均应照写，不能用“同上”或符号“〃”。

备注：表格一般不列备注或其他文字说明，特殊情况需要说明时可用“※”标出，将说明文字写在表格的下面。

表 6-2　社会体育指导员统计表

指标名称	代码	合计	获得技术等级称号的人数					获得职业资格的人数				
			小计	国家级	一级	二级	三级	小计	指导师	高级	中级	初级
甲	乙	01	02	03	04	05	06	07	08	09	10	11
截至年末累计审批人数	A01											
其中：本年度审批人数	A02											

6.3　报表的规范化

统计报表的格式要符合规范。表名与表的内容一致，指标间的逻辑关系正确。报表左上角列出填报单位标志：名称、代码。右上角列出审批标志：表号、制表机关、批准机关、批准文号、有效期限。表脚列出制表责任标志：单位负责人、统计负责人、填表人和报出日期。

表内指标含义、口径范围、计算方法要明确，附有详细的指标解释，所用的统计分类目录、编码及计量单位必须符合国家标准。

统计调查的实施办法必须说明：调查机关、调查目的、调查范围、调查对象、调查方式、调查时间、报送期限、编报机关、填表单位、上报份数等。

6.4　代码的编制原则

凡已公布国家/行业标准的遵循国家/行业标准，无国家/行业标准的参考国际标准和国内各地区已经形成的标准、规范，主要参考标准有：《中华人民共和国行政区划代码》(GB/T 2260—2002)、《全国组织机构代码编制规则》(GB 11714—1997)、《个人基本信息分类与代码 第 1 部分：人的性别代码》(GB/T 2261.1—2003)、《专业技术职务代码》(GB/T 8561—2001)、《单位隶属关系代码》(GB/T 12404—1997)。

6.5　公共体育服务统计年报报表表式和代码设计

公共体育服务统计年报报表目录如表 6-3 所示。

表 6-3　公共体育服务统计年报报表目录

代码	表名	报告期别	填报范围	报送单位	报送日期及方式
GT01	表 1 单位基本信息表	年报	体育系统内部各级体育行政机关（含与文化教育等合并的体育行政机关）、体育事业单位及其他机构	国家体育总局直属项目中心，各省（自治区、直辖市）体育局	下一年度第一季度末电子邮件
GT02	表 2 政策法规情况表	年报	同上	同上	同上
GT03	表 3 服务机构情况表	年报	同上	同上	同上
GT04	表 4 公共体育服务预算收入情况表	年报	同上	同上	同上
GT05	表 5 公共体育服务预算支出情况表	年报	同上	同上	同上
GT06	表 6 彩票公益金使用情况表	年报	省级体育彩票管理机构	国家体育总局，各省（自治区、直辖市）体育局体彩中心	同上
GT07	表 7 社会体育指导员情况表	年报	由各级部门审批的各级获得技术等级称号和获得职业资格的社会体育指导员	国家体育总局群体司，各省（自治区、直辖市）体育局	同上
GT08	表 8 健身场地设施统计表	年报	各级体育行政部门参与建设或援建、命名的健身场地设施	国家体育总局群体司，各省（自治区、直辖市）体育局	同上
GT09	表 9 国民体质监测（站）点基本情况表	年报	各级体育部门建立的国民体质监测站	国家体育总局群体司，各省（自治区、直辖市）体育局	同上
GT10	表 10 全民健身活动情况表	年报	由各级体育行政体育部门组织的参与人数达到 100 人以上的群众体育活动	国家体育总局群体司，各省（自治区、直辖市）体育局	同上
GT11	表 11 科学健身指导情况表	年报	由各级体育行政体育部门组织的参与人数达到 100 人以上的科学健身指导活动	国家体育总局群体司，各省（自治区、直辖市）体育局	同上

续表

代码	表名	报告期别	填报范围	报送单位	报送日期及方式
GT12	表12竞赛计划执行情况统计表	年报	由国家体育总局竞赛计划中安排的比赛	国家体育总局人力中心，各省（自治区、直辖市）体育局	同上
GT13	表13运动成绩统计表	年报	省级以上比赛运动成绩	各省（自治区、直辖市）体育局	同上
GT14	表14竞赛人才情况表	年报	国家级、省级优秀运动队在编教练员，经各级审批部门批准注册的等级裁判员，国家级、省级优秀运动队在编运动员	各省（自治区、直辖市）体育局	同上
GT15	表15后备人才分布情况表	年报	体育事业单位（含体育运动学校）	国家体育总局青少司，各省（自治区、直辖市）体育局	同上
GT16	表16全国已向公众开放体育场馆学校情况表	年报	体育系统内部各级体育行政机关（含与文化教育等合并的体育行政机关）、体育事业单位及其他机构	国家体育总局青少司，各省（自治区、直辖市）体育局	同上
GT17	表17青少年体育活动组织及体育俱乐部情况表	年报	由国家或省体育局扶持并命名的青少年俱乐部，社区体育健身俱乐部和其他体育俱乐部	国家体育总局青少司，各省（自治区、直辖市）体育局	同上
GT18	表18体育场地设施服务统计表	年报	体育系统内部各级体育行政机关（含与文化教育等合并的体育行政机关）、体育事业单位及其他机构	国家体育总局经济司，各省（自治区、直辖市）体育局	同上
GT19	表19体育信息服务统计表	年报	体育系统内部各级体育行政机关（含与文化教育等合并的体育行政机关）、体育事业单位及其他机构	国家体育总局群体司，各省（自治区、直辖市）体育局	同上
GT20	表20体育科技服务统计表	年报	各级体育行政机构和体育事业单位	国家体育总局经济司，各省（自治区、直辖市）体育局	同上

表1　单位基本信息表

组织机构代码：□□□□□□□□—□
单位名称（签章）：

单位名称（公章）：　数据年份：　年
单位地址：省（自治区、直辖市）市（州、区盟）县（区、市、旗）乡（镇）街（村）号
法人代表：______ 固定电话：______ 移动电话：______
邮编：______ 电子邮箱：______

行政区划码：□□□□□□　机构计数：□□□□□
隶属关系：□1. 国家　2. 省（区、市）级　3. 市（州、盟）级　4. 县（市、区、旗）级
单位性质：
1. 行政机关□①独立②合并
2. 事业单位□②运动项目管理部门（优秀运动队）②本科院校③职业、运动技术学院
④体育运动学校⑤竞技体校⑥少年儿童体育学校（业余体校）⑦单项运动学校
⑧体育中学⑨训练基地⑩体育场馆⑪体育科研机构⑫其他事业单位
3. 其他□①企业②体育社团③体育类民办非企业
经费来源□①财政补助②经费自理
编制人数□①行政编制名②事业编制名 其中：教练员编制名　运动员编制名　试训运动员编制名
③其他编制名

单位负责人：　统计负责人：　填表人：
报出时间：20　年　月　日

填报说明：

1．单位名称：填报单位的名称全称，一定要加盖公章。

2．机录编码：共有9位，前6位代表省、市、县的区划码，7、8、9位代表单位的顺序码，由计算机录入人员负责填写顺序。

3．组织机构代码：该单位组织机构代码证的号码。

4．行政区划码：国家统计局公布的最新县以上行政区划码。机构改革使区划码与名称不一致的，按原机构码和名称填写。

5．隶属关系：填报单位的主管部门的行政级别，分中央、省、市、县四级。

6．单位性质和类型：①行政机关指各级政府部门所属的体育行政主管部门，包括独立的和合并的，如体育行政部门与文化、教育行政部门合并；②运动项目管理部门（优秀运动队），指国家体育总局及各省、市、自治区和地市体育行政部门直属的运动项目管理机构及其所属的从事专业体育训练的优秀运动队；③本科院校，指国家体育总局及省级体育行政部门主管的专业体育高等本科院校；④职业、运动技术学院，指由各省（自治区、直辖市）体育局所属的运动技术学院及在此基础上转型的体育职业教育学院；

⑤体育运动学校，指按国家规定的设置标准经教育部门批准设立的培养体育中等专业学历和体育后备力量的中等专业学校；⑥竞技体校，主要指体育院校的附属竞技体校，是经教育部门批准成立，依附高等体育院校，坚持“亦训亦读”的全日制体育中等专业学校；⑦少儿体育运动学校（业余体校），指经县以上有关单位批准成立的配有专职教练员、训练场地，能坚持常年系统训练的重点或普通少年儿童业余体育学校；⑧单项运动学校，指经教育部门批准成立，以某一运动项目为训练的主要内容的培养体育中等学历和体育后备人才的专业学校；⑨训练基地，指经各级行政管理部门批准成立的，以为优秀运动队提供训练场所为主要目的的，有专业训练和后勤服务设施的独立法人单位；⑩体育场馆，指为训练、竞赛、健身提供服务的，以面向社会公众为主要服务对象的，经各级行政主管部门批准成立的机构；⑪体育科研机构，指各级体育局所属的主要从事体育科学研究活动的机构；⑫其他事业单位，指上述类型以外的经各级行政机关批准成立的独立法人单位；⑬其他，指体育系统所属的其他非行政事业单位，如体育社团等。

7．机构计数：单个机构选择 1，一个单位存在多种类型，或一个部门两块牌子，主要类型选择 1，其他选择 0。

表 2　政策法规情况表

组织机构代码：□□□□□□□□—□
单位名称（签章）：

编码	统计项	合计	国家	省级	地市级	县区
		01	02	03	04	05
A01	公共体育服务的“三纳入”					
A02	公共体育服务发展规划					
A03	合计（个）					

单位负责人：　　　　统计负责人：　　　　填表人：
报出时间：20　年　月　日

填报说明：

1．本表由各级体育行政部门填报，统计年末在册体育社团的时点数。

2．公共体育服务的“三纳入”：把公共体育服务纳入政府工作报告、纳入财政预算、纳入国民经济和社会发展规划。

3．公共体育服务发展规划：各级体育部门出台的《公共体育服务发展规划》文件。

4．审核关系：01=02+03+04+05，A03=A01+A02。

表3 服务机构情况表

组织机构代码：□□□□□□□□—□
单位名称（签章）：

编码	统计项	合计	国家	省级	地市级	县区
		01	02	03	04	05
A01	政府机构（个）					
A02	体育社团（个）					
A03	行业协会（个）					
A04	企业（个）					
A05	合计（个）					

单位负责人： 统计负责人： 填表人：
报出时间：20 年 月 日

填报说明：

1. 本表按照“谁审批，谁统计”的原则，由各级体育行政部门填报，统计年末在册体育社团的时点数。

2. 政府机构：由政府领导担任主要负责人，在区域内，以组织开展公共体育服务活动、为居民提供公共体育服务为功能的，经当地政府批准设立的，具有事业单位性质的公共体育服务工作机构。

3. 体育社团：为了满足居民公共体育服务的需求，人为组织或自发组织由各级体育行政部门或体育总会批准并在民政部门登记注册的公共体育服务社团法人。

4. 体育协会：为了共同某一项公共体育服务项目爱好，自发或人为组织起来具有结构性特征的体育社团法人。

5. 企业：为了满足居民公共体育服务的需求，持续存在的、以为社会提供具有公共体育性质的产品和服务为主要经营活动的、具有一定盈利目标、受到政府特殊管制措施制约的组织化经济实体。

6. 审核关系：01=02+03+04+05，A05=A01+A02+A03+A04。

表4 公共体育服务预算收入情况表

组织机构代码：□□□□□□□□—□
单位详细名称（签章）：

指标名称	代码	收入合计	财政拨款	上级补助收入	事业收入	经营收入	附属单位缴款	其他收入
甲	乙	01	02	03	04	05	06	07
合计（万元）	A01							
文化体育与传媒	A02							
其中：体育	A03							

续表

指标名称	代码	收入合计	财政拨款	上级补助收入	事业收入	经营收入	附属单位缴款	其他收入
其中：行政运行	A04							
一般行政管理事务	A05							
机关服务	A06							
运动项目管理	A07							
体育竞赛	A08							
体育训练	A09							
体育场馆	A09							
群众体育	A10							
体育交流与合作	A11							
其他	A12							
社会保障和就业	A13							
其中：行政事业单位离退休	A14							
医疗卫生	A15							
其中：医疗保障	A16							
住房保障支出	A17							
其中：住房改革支出	A18							

单位负责人：　　　　　　　　　　统计负责人：　　　　　　　填表人：

报出时间：20　年　月　日

填报说明：

1．本表由各级体育行政部门和事业单位按照本系统决算数据填报。具体填报要求如下。

① 财政拨款：单位本年度从本级财政部门取得的财政拨款，不包括彩票公益金拨款。一级预算单位收到的应拨给下级单位使用的款项，年终决算时尚未拨出的，在编报时列为本单位财政拨款。

② 上级补助收入：事业单位从主管部门和上级单位取得的非财政补助收入。

③ 事业收入：事业单位开展专业业务活动及辅助活动取得的收入，其中财政专户管理资金填列事业单位收到的财政专户实际核拨的教育收费等资金。

④ 经营收入：事业单位在专业业务活动及辅助活动之外开展非独立核算经营活动取得的收入。

⑤ 附属单位缴款：事业单位附属的独立核算单位按有关规定上缴的收入。

⑥ 其他收入：单位取得的除上述收入以外的各项收入，包括未纳入财政专户管理的投资收益、利息收入、捐赠收入等。各单位“本级横向财政拨款”（从本级财政部门以外的“同级单位”取得的财政拨款）和“非本级财政拨款”填列在本项内。

⑦ 一般行政管理事务：反映行政单位（包括实行公务员管理的事业单位）未单独设

置项级科目的其他项目收入。

⑧ 机关服务：反映为行政单位（包括实行公务员管理的事业单位）提供后勤服务的各类后勤服务中心、医务室等附属事业单位的收入。

⑨ 运动项目管理：反映各项目运动管理中心和运动学校等单位的日常管理收入。

⑩ 体育竞赛：反映综合性运动会及单项体育比赛收入。

⑪ 体育训练：反映各级体育运动队训练补助及器材购置等方面的收入。

⑫ 体育场馆：反映体育场馆建设及维护等方面的收入。

⑬ 体育交流与合作：反映用于体育交流与合作等方面的收入。

⑭ 其他：反映除行政运行、一般行政管理事务、机关服务、运动项目管理、体育竞赛、体育训练、体育场馆、群众体育、体育交流与合作、其他体育支出等项目外其他用于体育方面的收入。

2．本表未填列彩票公益金，财政拨款也不含彩票公益金。

3．A11“体育交流与合作”，合并单位只填体育方面数据。

4．审核关系：“A01=A13+A15+A17，01=02+03+04+05+06+07。

表 5　公共体育服务预算支出情况表

组织机构代码：□□□□□□□□—□

单位详细名称（签章）：

指标名称	代码	支出合计	基本支出	项目支出	上缴上级支出	经营支出	对附属单位补助支出
甲	乙	01	02	03	04	05	06
合计（万元）	A01						
文化体育与传媒	A02						
其中：体育	A03						
其中：行政运行	A04						
一般行政管理事务	A05						
机关服务	A06						
运动项目管理	A07						
体育竞赛	A08						
体育训练	A09						
体育场馆	A10						
群众体育	A11						
体育交流与合作	A12						
其他体育支出	A13						
社会保障和就业	A14						
其中：行政事业单位离退休	A15						

续表

指标名称	代码	支出合计	基本支出	项目支出	上缴上级支出	经营支出	对附属单位补助支出
医疗卫生	A16						
其中：医疗保障	A17						
住房保障支出	A18						
其中：住房改革支出	A19						

单位负责人：　　　　　　　统计负责人：　　　　　　填表人：

报出时间：20　　年　　月　　日

填报说明：

1．本表由各级体育行政部门和事业单位按照本系统决算数据填报。具体填报要求如下。

① 基本支出：单位为保障机构正常运转、完成日常工作任务而发生的各项支出。

② 项目支出：单位为完成特定的行政工作任务或事业发展目标，在基本支出之外发生的各项支出。

③ 上缴上级支出：实行收入上缴办法的事业单位按规定的定额或比例上缴上级单位的支出。

④ 经营支出：事业单位在专业活动及辅助活动之外开展非独立核算经营活动发生的支出。

⑤ 对附属单位补助支出：事业单位发生的用非财政预算资金对附属单位的补助支出。

⑥ 主管部门在汇总决算时，应使用调整表对“上缴上级支出”“对附属单位补助支出”与收入情况表中的“附属单位缴款”“上级补助收入”进行冲抵。

在指标名称栏中，一、二类指标口径按照当年《政府收支分类科目》中的说明为准。三类指标说明如下：

⑦ 行政运行：反映行政单位（包括实行公务员管理的事业单位）的基本支出。

⑧ 一般行政管理事务：反映行政单位（包括实行公务员管理的事业单位）未单独设置项级科目的其他项目支出。

⑨ 机关服务：反映为行政单位（包括实行公务员管理的事业单位）提供后勤服务的各类后勤服务中心、医务室等附属事业单位的支出。其他事业单位的支出，单独设置项级科目的，在单独设置的项级科目中反映。未单独设置项级科目的，在“其他”项级科目中反映。

⑩ 运动项目管理：反映各项目运动管理中心和运动学校等单位的日常管理支出。

⑪ 体育竞赛：反映综合性运动会及单项体育比赛支出。

⑫ 体育训练：反映各级体育运动队训练补助及器材购置等方面的支出。

⑬ 体育场馆：反映体育场馆建设及维护等方面的支出。

⑭ 体育交流与合作：反映用于体育交流与合作等方面的支出。

⑮ 其他体育支出：反映除行政运行、一般行政管理事务、机关服务、运动项目管理、体育竞赛、体育训练、体育场馆、群众体育、体育交流与合作、其他体育支出等项目外其他用于体育方面的支出。

⑯ 社会保障和就业：反映政府在社会保障与就业方面的支出。有关事项包括社会保障和就业管理事务、民政管理事务、财政对社会保险基金的补助、补充全国社会保障基金、行政事业单位离退休、企业改革补助、就业补助、抚恤、退役安置、社会福利、残疾人事业、城市居民最低生活保障、其他城镇社会救济、农村社会救济、自然灾害生活救助、红十字事务等。

⑰ 行政事业单位离退休：反映用于行政事业单位离退休方面的支出。

⑱ 医疗卫生：反映政府医疗卫生方面的支出，具体包括医疗卫生管理事务支出、医疗服务支出、医疗保障支出、疾病预防控制支出、卫生监督支出、妇幼保障支出、农村卫生支出等。

⑲ 医疗保障：反映用于医疗保障方面的支出，包括行政单位医疗、事业单位医疗、公务员医疗补助、优抚对象医疗补助、城市医疗救助、新型农村合作医疗、农村医疗救助、城镇居民基本医疗保险、其他医疗保障支出。

⑳ 住房改革支出：反映行政事业单位用财政拨款资金、预算外资金和其他资金等安排的住房改革支出。

2．本表未填列彩票公益金；A12“体育交流与合作”，合并单位只填体育方面数据。

3．审核关系：A01=A02+A14+A16+A18，01=02+03+04+05+06。

表6　彩票公益金使用情况表

组织机构代码：□□□□□□□□—□

单位详细名称（签章）：

指标名称	代码	金额（万元）
甲	乙	01
彩票公益金收入	A01	
其中：本年彩票公益金	A02	
上年结余	A03	
彩票公益金支出	A04	
其中：用于体育事业的彩票公益金	A05	
1．体育设施	A06	
其中：体育设施建设	A07	
其中：全民健身场地设施建设	A08	
其他体育设施建设	A09	
体育设施维护和运行	A10	

续表

指标名称	代码	金额（万元）
2．群众体育	A11	
其中：资助全民健身活动	A12	
资助全民健身组织	A13	
开展科学健身指导	A14	
3．竞技体育	A15	
其中：体育竞赛	A16	
运动员保障	A17	
体育训练	A18	
4．青少年体育	A19	
其中：资助青少年体育活动	A20	
资助青少年体育组织	A21	
5．其他（含体育扶贫）	A22	
用于非体育事业支出	A23	

单位负责人：　　　　统计负责人：　　　　填表人：

报出时间：20　　年　　月　　日

填报说明：

1．本表由各级体育行政部门和事业单位按照本系统决算数据填报。具体填报要求如下。

① 本年彩票公益金：在统计年度由本级财政下达、来源于各级安排使用的公益金。

② 上年结余：以前年度下达但尚未使用的公益金。

③ 体育设施：反映各级彩票公益金用于体育场馆设施建设及维护等方面的支出。其中，体育设施建设指反映各级彩票公益金用于体育场地设施建设方面的支出；体育设施维护和运行反映各级彩票公益金用于体育场地设施维护和运行方面的支出。

④ 群众体育：反映各级彩票公益金用于业余体校和全民健身等群众体育活动方面的支出。其中，资助全民健身活动反映各级彩票公益金用于全民健身活动方面的支出；资助全民健身组织主要反映各级彩票公益金用于全民健身组织方面的支出；开展科学健身指导主要反映各级彩票公益金用于全民健身指导和志愿服务方面的支出。

⑤ 竞技体育：反映各级彩票公益金用于综合性运动会及单项体育比赛支出，各级体育运动队训练补助及器材购置等方面的支出。其中，体育竞赛主要反映各级彩票公益金用于体育竞赛方面的支出；运动员保障主要反映各级彩票公益金用于运动员保障方面的支出；体育训练主要反映各级彩票公益金用于运动队训练方面的支出。

⑥ 青少年体育：反映各级彩票公益金用于青少年体育活动和青少年组织建设等方面的支出。

⑦ 其他：反映除上述项目以外的用于体育事业的支出，如体育扶贫等。

⑧ 用于非体育事业支出：反映经批准各级彩票公益金用于其他非体育方面的支出。

2．审核关系：A01=A02+A03，A04=A05+A23，A05=A06+A11+A15+A19+A22。

表 7 社会体育指导员情况表

组织机构代码：□□□□□□□□—□

单位名称（签章）：

代码	统计项	合计	获得技术等级称号的人数					获得职业资格的人数				
			小计	国家级	一级	二级	三级	小计	指导师	高级	中级	初级
		01	02	03	04	05	06	07	08	09	10	11
A01	本年度审批人数											
A02	截至年末审批总人数											
A03	本年度参加培训人数							—	—	—	—	—

单位负责人：　　统计负责人：　　填表人：

报出时间：20　年　月　日

填报说明：

1．本表获得职业资格的社会体育指导员（原“职业性”）由国家体育总局有关部门统计，数据来源于国家体育总局人力资源开发中心；获得技术等级称号的社会体育指导员（原“公益性”）国家级由国家体育总局有关部门统计，数据来源于国家体育总局社会体育指导中心；一级由各省体育行政部门统计，数据来源于各省体育局社会体育指导中心；二、三级由各地市、县体育行政部门统计，数据来源于各地市、县体育行政部门委托的单位组织。

① 获得技术等级称号的社会体育指导员：经过注册登记的各级社会体育指导员，分为国家级、一级、二级、三级 4 个等级。

② 获得职业资格的社会体育指导员：经过培训后获得职业资格并注册登记的各级职业社会体育指导员，分为指导师、高级、中级、初级 4 个等级。

③ 本年度审批人数：在当年中被批准为社会体育指导员的人数。

④ 截至年末审批总人数：从实行审批制度起截至本年末被批准为社会体育指导员的累计人数。

⑤ 本年度参加培训人数：当年度参加指导员培训的总人数。

2．审核关系：01=02+07，02=03+04+05+06，07=08+09+10+11。

表 8　健身场地设施统计表

组织机构代码：□□□□□□□□—□
单位名称（签章）：

指标名称	代码	合计	村级农民体育健身工程	乡镇体育健身工程	全民健身路径工程	全民健身活动中心		户外健身场地设施					其他场地设施
						大、中型	小型	体育公园	全民健身广场	户外体育营地	社区运动场	健身步道	
甲	乙	01	02	03	04	05	06	07	08	09	10	11	12
数量（个）	A01												
器材件数（件）	A02		—	—		—	—	—	—	—	—	—	—
场地面积/长度（m^2/m）	A03												
投资总额（万元）	A04												
其中：财政资金	A05												
彩票公益金	A06												
社会资金	A07												

单位负责人：　　　　　　　　统计负责人：　　　　　　填表人：
报出时间：20　　年　　月　　日

填报说明：

1. 本表统计每年新增情况，自下而上，由属地区县体育行政部门填报，填报范围为辖区内当年完成竣工验收的新建健身场地设施，画“—”栏不填报。具体填报要求如下。

① 村级农民体育健身工程：在行政村或自然村建设的含有 1 块混凝土标准篮球场，配备 1 副标准篮球架和 2 张室外乒乓球台的健身场所。

② 乡镇体育健身工程：乡镇以室内体育场地设施和室外灯光篮球场为主、含有多种体育场地设施、可开展多项群众健身活动的场所。

③ 全民健身路径工程：在社区、村、公园、绿地等地建设由室外健身器材组成、占地不多、经济实用、可免费使用的体育健身设施。

④ 大、中型全民健身活动中心：室内建筑面积 2000 平方米以上、具有 7 种以上体育场地设施、不设固定看台的可开展多项群众健身活动的场所。

⑤ 小型全民健身活动中心：室内建筑面积 500~2000 平方米以内、具有 5 种以上体育场地设施、不设固定看台的可开展多项群众健身活动的场所。

⑥ 体育公园：配建有 5 种以上健身场地设施（需同时具备球类、步道类、器械类场地设施）、体育场地设施面积占一定比例、能较好地满足群众健身需求的公园。

⑦ 全民健身广场：占地面积较大、配建有 4 种以上健身场地设施（需同时具备球类、步道类、器械类场地设施）、体育场地设施面积占一定比例、能较好地满足群众健身需求的广场。

⑧ 户外体育营地：依托郊野外的山水等户外运动资源，建有 4 种以上符合国家相关标准的户外运动场地设施，可开展登山、水上、拓展等户外体育休闲运动，且配备必要生活设施的场所。

⑨ 社区运动场：在街道社区内建设，面向公众开放、占地面积 800 平方米以上、可开展多项群众健身活动的公共室外运动场所（含笼式足球、拆装式游泳池等）。

⑩ 健身步道：在城市公园、江（河、湖）边和道路隔离绿化带等地建设的环形或非环形用于群众健身、休闲的步道。

⑪ 其他场地设施：本表中所列举全民健身场地设施以外的用于群众健身的场地设施。

⑫ 器材件数：每个健身场地设施中配备的健身器材的件数，如一个标准的村级农民体育健身工程中器材件数为 3 件（2 个篮球架、1 张乒乓球台）。

⑬ 场地面积/长度：可供训练、比赛健身活动的有效面积/长度。

⑭ 投资总额：对体育场地的全部投资额。

⑮ 财政资金：政府为实现一定的政策目标，通过国家税收、信用等方式筹集资金，由财政统一掌握和管理，并根据国民经济和社会发展规划，以出资人身份投向急需发展的产业部门或企事业单位的资金。

⑯ 彩票公益金：通过发行体育彩票方式筹集，由财政统一掌握和管理，并用于全民健身场地设施建设的资金。

⑰ 社会资金：体育场地建设管理单位的内部自有资金，以及通过贷款、社会捐赠等渠道筹集的资金。

2．审核关系：01=02+03+04+05+06+07+08+09+10+11+12，A04=A05+A06+A07。

表 9　国民体质监测（站）点基本情况表

组织机构代码：□□□□□□□□—□
单位名称（签章）：

代码	统计项	合计 01	国家 02	省 03	地市 04	县区 05
A01	总站（点）数		—	—		
A02	本年度新增站（点）数		—	—		
A03	组建测试队（支）		—	—		
A04	测试工作人员数		—	—		
A05	累计受测人员数		—	—		
A06	本年度受测人员数		—	—		
A07	本年度测试达标人数		—	—		
A08	本年度测试达标率		—	—		

单位负责人：　　　　统计负责人：　　　　填表人：
报出时间：20　　年　月　日

填报说明：

1．本表由各省（自治区、直辖市）体育行政部门填报，数据来源于各省（自治区、直辖市）国民体质监测中心。

① 总站（点）数：各省（自治区、直辖市）所建立的国民体质监测站的总数量。

② 本年度新增站（点）数：各省（自治区、直辖市）本年度新建立的国民体质监测站（点）的数量。

③ 组建测试队（支）：各省（自治区、直辖市）进行国民体质监测任务所组建的测试队。

④ 测试工作人员数：各省（自治区、直辖市）各级测试队的技术人员和在测试中进行服务的人员总数。

⑤ 累计受测人员数：从本地开始进行国民体质监测截至目前的受测总人数。

⑥ 本年度受测人员数：各省（自治区、直辖市）本年度参加国民体质测试的人数。

⑦ 本年度测试达标人数：各省（自治区、直辖市）按照《国民体质测定标准》，本年度参加国民体质测试的达标人数。

⑧ 本年度测试达标率：由系统自动生成，指各省（自治区、直辖市）按照《国民体质测定标准》，本年度受测人数的达标率情况，保留一位小数。

2．审核关系：01=02+03+04+05。

表 10　全民健身活动情况表

组织机构代码：□□□□□□□□□—□
单位名称（签章）：

代码	统计项	国家级 01	省级 02	地市级 03	县区 04
A01	年活动总次数		—		
A02	每次活动平均参与人数				
A03	年参加活动总人数				

单位负责人：　　　　统计负责人：　　　　填表人：
报出时间：20　　年　月　日

填报说明：

1．本表规定统计的活动规模标准是参与人数达到 100 人以上才可以统计。

2．按照“谁举办，谁统计”的原则。国家级群体活动统计由国家体育总局有关单位填报，数据来源于国家体育总局群体司。省级群体活动由各省体育行政部门填报，数据来源于各省体育局群体处。地市级群体活动由各地市体育行政部门填报，数据来源于各省地市体育行政部门群体处。县区级群体活动由各县区体育行政部门填报，数据来源于各县区文化体育行政部门管理部门。具体填报要求如下。

① 全民健身活动：县级以上体育行政部门、行业体育协会、人群体育协会、单项体育协会组织的各类全民健身活动。

② 年活动总次数：本统计年度举办的不同级别群众体育活动的总次数。

③ 年参与活动总人数：本统计年度参加不同级别群众体育活动的总人数。

④ 每次活动平均参与人数：各级别群体活动本年度每次参加体育活动的平均人数。

3．审核关系：A01=01+02+03+04。

表 11　科学健身指导情况表

组织机构代码：□□□□□□□□—□

单位名称（签章）：

代码	统计项	国家级 01	省级 02	地市级 03	县区 04
A01	讲座		—		
A02	培训				
A03	其他				

单位负责人：　　　　统计负责人：　　　　填表人：

报出时间：20　　年　月　日

填报说明：

1．本表规定统计的活动规模标准是参与人数达到 100 人以上才可以统计。

2．按照“谁举办，谁统计”的原则。国家级群体活动统计由国家体育总局有关单位填报，数据来源于国家体育总局群体司。省级群体活动由各省体育行政部门填报，数据来源于各省体育局群体处。地市级群体活动由各地市体育行政部门填报，数据来源于各省地市体育行政部门群体处。县区级群体活动由各县区体育行政部门填报，数据来源于各县区文化体育行政部门管理部门。具体填报要求如下。

① 科学健身指导：县级以上体育行政部门、行业体育协会、人群体育协会、单项体育协会组织的举办的科学健身指导活动。

② 讲座：由科学健身指导专家向居民传授全民健身方面的知识、技巧，或改善全民健身能力、心态的一种公开半公开的学习形式。

③ 培训：面向居民，提供专业的全民健身领域的公开课程和服务及咨询辅导。

表 12　竞赛计划执行情况统计表

组织机构代码：□□□□□□□□—□

单位名称（签章）：

代码	统计项	合计	世界比赛	亚洲比赛	全国比赛
A01	计划安排的竞赛数量				
A02	按照原定计划开展的竞赛数量				
A03	变更原定计划开展的竞赛数量				
A04	原定计划外开展的新增竞赛数量				
A05	未执行的竞赛计划数量				

单位负责人：　　　　统计负责人：　　　　填表人：

报出时间：20　　年　月　日

填报说明：

1．本表由国家体育总局所属各运动项目管理中心填报，省、市体育行政部门无须填报。

① 计划安排的竞赛数量：上一年国家体育总局竞赛计划中安排的竞赛。

② 按照原定计划开展的竞赛数量：国家体育总局竞赛计划中安排的竞赛，不包括变更原定计划开展的竞赛。

③ 变更原定计划开展的竞赛数量：国家体育总局竞赛计划中安排的竞赛项目，在开展过程中改变了比赛时间或比赛地点或运动员人数。

④ 原定计划外开展的新增竞赛数量：开展的竞赛项目不是国家体育总局竞赛计划中安排的竞赛，不包括变更原定计划开展的竞赛。

⑤ 未执行的竞赛计划数量：未执行的国家体育总局竞赛计划，不包括变更原定计划开展的竞赛，也不包括原定计划外开展的新增竞赛。

2．审核关系：01=02+03+04。

表 13　运动成绩统计表

组织机构代码：□□□□□□□□—□

单位名称（签章）：

编码	项目	项目代码	代码	世界比赛								亚洲比赛								全国比赛								省级比赛		
				金	银	铜	四	五	六	七	八	金	银	铜	四	五	六	七	八	金	银	铜	四	五	六	七	八	金	银	铜
A01	合计																													
A02	田径																													
A03	游泳																													

单位负责人：　　　　　　统计负责人：　　　　　　填表人：

报出时间：20　　年　月　日

填报说明：

本表由总局各项目中心、省、地、县三级体育行政部门填报，但上下级之间不汇总。

1．世界比赛：包括夏季和冬季奥林匹克运动会的比赛，单项国际联合会正式批准举办的世界锦标赛、世界杯赛或世界杯系列赛总决赛。（《关于我国体育运动项目统计世界冠军、奥运会冠军（金牌）的管理办法》——1995 年 12 月 10 日国家体委发布）

2．亚洲比赛：包括夏季和冬季亚洲奥林匹克运动会的比赛，单项亚洲联合会正式批准举办的亚洲锦标赛、亚洲杯赛或亚洲杯系列赛决赛。

3．全国比赛：包括夏季和冬季全国运动会的比赛，单项全国运动协会正式批准举办的全国锦标赛和杯赛。

4．省级比赛：全省运动会。本年没有举行省运会则不填报。

表14 竞赛人才情况表

组织机构代码：□□□□□□□□—□
单位详细名称（签章）：

指标名称	代码	年度新增人数	累计人数
甲	乙	01	02
教练员	A01		
其中：国家级	A02		
高级	A03		
中级	A04		
初级	A05		
裁判员	A06		
其中：国际级	A07		
国家级	A08		
一级	A09		
二级	A10		
三级	A11		
运动员	A12		
其中：国际级运动健将	A13		
运动健将	A14		
一级	A15		
二级	A16		
三级	A17		

单位负责人： 统计负责人： 填表人：
报出时间：20 年 月 日

填报说明：

1．本表由体育事业单位（含体育运动学校）填报。具体要求如下。

① 运动员：经各级体育行政部门正式批准授予技术等级的运动员，分为国际级运动健将、运动健将、一级、二级、三级。

② 裁判员：经考核正式批准授予技术等级的裁判员，分为国际级、国家级、一级、二级、三级。

③ 教练员：经各级体育行政部门正式批准授予职称等级的教练员，分为国家级、高级、中级和初级。

2．审核关系：A01=A02+A03+A04+A05；
A06=A07+A08+A09+A10+A11；
A12=A13+A14+A15+A16+A17。

表 15　后备人才分布情况表

组织机构代码：□□□□□□□□—□
单位详细名称（签章）：

指标名称	代码	体校数量	在训运动员数量	教练员数量	文化教师数量
甲	乙	01	02	03	04
总计	A01				
体育运动学校	A02				
竞技体校	A03				
单项运动学校	A04				
体育中学	A05				
少年儿童体育学校（业余体校）	A06				

单位负责人：　　　　　　　　统计负责人：　　　　　　填表人：
报出时间：20　　年　　月　　日

填报说明：

1．本表由体育事业单位（含体育运动学校）填报。具体填报要求如下。

① 体育运动学校：按国家规定的设置标准经教育部门批准设立的培养体育中等学历和体育后备力量的专业学校。统计运动队队员和运动班学生数。

② 竞技体校：体育院校的附属竞技体校，指经教育部门批准成立，依附高等体育院校，坚持“亦训亦读”的全日制体育中等专业学校。统计运动队队员和运动班学生数。

③ 单项运动学校：经教育部门批准成立，以某一运动项目为训练的主要内容的培养体育中等学历和体育后备人才的专业学校。统计运动队队员和运动班学生数。

④ 体育中学：经教育部门批准成立，由当地体育、教育部门联合办校，普通中学教育与体育专项训练相结合的，培养体育后备人才的新型学校。

⑤ 少年儿童体育学校（业余体校）：九年义务教育阶段培养少年儿童体育专项运动技能的体育特色学校。统计运动队队员和运动班学生数。

2．审核关系：A01=A02+A03+A04+A05+A06。

表 16　全国已向公众开放体育场馆学校情况表

组织机构代码：□□□□□□□□—□
单位详细名称（签章）：

指标名称	代码	国家	省	地市	县
甲	乙	01	02	03	04
学校体育场馆向社会开放	A01				
其中：数量	A02				
面积	A03				

续表

指标名称	代码	国家	省	地市	县
开放类型	A04				
其中：每天开放	A05				
节假日开放	A06				
经费投入	A07				
其中：本省市财政补贴	A08				
学校自筹	A09				
其他	A10				

单位负责人：　　　　　　统计负责人：　　　　　　填表人：

报出时间：20　　年　　月　　日

填报说明：

1. 学校体育场馆向社会开放：是指学校的体育场馆在保证校园安全和体育活动时间的前提下向社会在课余时间和节假日开放。学校体育场馆向社会开放的体育场馆应具备以下条件：学校体育场馆有健全的安全管理规范、明确的责任区分办法和完善的安全风险防控条件、机制及应对突发情况的处置措施和能力；学校体育场馆在满足本校师生日常体育活动需求的基础上，还应有向社会开放的容量和时间段；学校体育场馆区域与学校教学区域相对独立或隔离，体育场馆开放不影响学校其他工作的正常进行；学校体育场馆、设施和器材等安全可靠，符合国家安全、卫生和质量标准及相关要求；学校有相对稳定的体育场馆设施更新、维护和运转的经费，能定期对场馆、设施、器材进行检查和维护。

2. 开放类型：学校体育场馆向社会开放包括每天开放和节假日开放。

3. 本省市财政补贴：政府为实现一定的政策目标，通过国家税收、信用等方式筹集资金，由财政统一掌握和管理，并根据国民经济和社会发展规划，以出资人身份投向急需发展的产业部门或企事业单位的补贴。

4. 学校自筹：学校的内部自有资金，以及通过贷款、社会捐赠等渠道筹集的资金。

5. 其他：指通过本省市财政补贴和学校自筹以外的渠道筹集的资金。

6. 审核关系：A04=A05+A06，A07=A08+A09+A10。

表 17　青少年体育活动组织及体育俱乐部情况表

组织机构代码：□□□□□□□□—□
单位详细名称（签章）：

指标名称	代码	截至年末累计数（个）					本年新增（个）				
		合计	国家	省	地市	县区	合计	国家	省	地市	县区
甲	乙	01	02	03	04	05	06	07	08	09	10
青少年户外体育活动营地	A01										
青少年校外体育活动中心	A02					—					—
青少年体育俱乐部	A03					—					—
体育传统项目学校	A04										
高水平体育后备人才培养基地	A05										

单位负责人：　　　　　　　统计负责人：　　　　　　填表人：
报出时间：20　　年　　月　　日

填报说明：

1. 本表统计范围是国家或省体育局扶持并命名的青少年体育活动组织和俱乐部，由审批青少年体育活动组织和俱乐部的各级体育行政部门填报。具体填报要求如下。

① 青少年户外体育活动营地：由政府倡导，由体育彩票公益金资助，依托江河湖海、山地森林、公园景区等自然资源，按照一定标准建设与管理，具有相应服务设施，以户外体育项目活动为主要内容，培养青少年热爱大自然、热爱体育活动良好品质的青少年户外体育活动场所。

② 青少年校外体育活动中心：由各级政府资助建设，以满足城乡青少年便捷、安全参加体育健身需要为目的，以开展青少年喜闻乐见的体育活动为主要内容，按设计标准建设与管理，具有相应配套的服务设施并经过有关部门认定的公益性综合体育健身活动场所。

③ 青少年体育俱乐部：国家体育总局或省体育行政部门运用体育彩票的资金扶持的，旨在推动青少年体育健身活动的公益性组织，被国家体育总局或省体育局命名的，以培养青少年体育兴趣、爱好和终身体育锻炼的习惯，增强青少年体质，并向其传授体育运动技能，发现和培养体育人才为目标的社会体育组织，具有专业性、群众性和非营利性的特点。

④ 体育传统项目学校：开展学生体育活动形成传统，并在一至两个体育运动项目技能上具有特色的中小学校。统计校级运动队队员。

⑤ 高水平体育后备人才培养基地：由国家体育总局倡导，旨在推动各级各类体育学校的建设与发展，促进高水平竞技体育后备人才培养，以更好适应我国竞技体育事业发展需要为目标的符合国家高水平体育后备人才基地认定方法的各级各类体育学校。

2．审核关系：01=02+03+04+05，06=07+08+09+10。

3．画“—”栏不填报。

表 18 体育场地设施服务统计表

组织机构代码：□□□□□□□□—□
单位名称（签章）：

指标名称	代码	合计	国家	省	地市	县区
甲	乙	01	02	03	04	05
体育场地设施经营情况	A01					
其中：收入	A02					
支出	A03			—	—	
平均每周接待健身人次	A04					
其中：500 人次以下/周	A05					
501~2500 人次/周	A06					
2501~5000 人次/周	A07					
5001~10000 人次/周	A08					

单位负责人： 统计负责人： 填表人：
报出时间：20 年 月 日

填报说明：

1．本表统计每年新增情况，自下而上，由属地区县体育行政部门填报，填报范围为辖区内经营性体育场地设施。具体填报要求如下。

① 收入：行政事业单位场地的本年收入包括财政拨款、行政单位预算外资金、上级补助收入、事业收入（事业单位经营收入、附属单位上缴收入和其他收入），根据行政事业单位收入支出决算总表中的“本年收入合计”项目填报。企业单位体育场地的本年收入合计包括营业收入和营业外收入，根据企业会计利润表中各自的“营业收入”的本年累计数与“营业外收入”的本年累计数之和填写。

② 支出：年度本场地（含附属用房）付出的全部支出之和。行政事业单位体育场地本年支出指在业务活动中发生的各项资产耗费和损失等支出情况，根据行政事业单位收入支出决算总表中的“本年支出合计”项目填报。

③ 平均每周接待健身人次：平均每周在本场地参加体育健身活动的人次。

2．审核关系：01=02+03+04+05。

表 19　体育信息服务统计表

组织机构代码：□□□□□□□□—□
单位详细名称（签章）：

指标名称		代码	合计	政府机构	体育社团	体育协会	体育企业	其他
甲		乙	01	02	03	04	05	06
网站	数量	A01						
	访问量	A02						
	访客	A03						
	人均访问页面	A04						
微博	日发布微博数	A05						
	粉丝数	A06						
	平均转发数	A07						
	平均评论数	A08						
微信	日发图文数	A09						
	粉丝数	A10						
	图文页平均阅读人数	A11						

单位负责人：　　　　　　　　　统计负责人：　　　　　　　填表人：
报出时间：20　　年　　月　　日

填报说明：

1．本表由各级体育行政机构和体育事业单位填报。具体填报要求如下。

① 网站：为满足居民公共体育服务信息需求，由政府、机构或企业在互联网上建立的站点，是政府、机构或企业开展公共体育信息服务的基础设施和平台，是实施政府、机构或企业与居民之间的交互界面，是公共体育信息服务的有效载体。

② 网站数量：提供公共体育信息服务的网站个数。

③ 网站访问量：访问公共体育信息服务网站的用户数量。

④ 网站访客：访问或点击公共体育信息服务网站网页的不同 IP 地址的人数。在同一天内，UV 只记录第一次进入网站的具有独立 IP 的访问者，在同一天内再次访问该网站则不计数。

⑤ 网站人均访问页面：在一定期间内，平均每个用户的访问公共体育信息服务网站页面数量。

⑥ 微博：博客的一种，是一种通过关注机制分享简短实时公共体育服务信息的广播式的社交网络平台。

⑦ 微博日发布微博数：在提供公共体育服务信息的微博中每日发布的博文数量。

⑧ 微博粉丝数：在提供公共体育服务信息的微博中的粉丝人数。

⑨ 微博平均转发数：在提供公共体育服务信息的微博中博文的平均转发次数。

⑩ 微博平均评论数：在提供公共体育服务信息的微博中发布的博文平均个评论的次数。

⑪ 微信：有订阅号、服务号、企业号等功能，可以供用户订阅他们喜欢的公众号，政府、机构或企业可在微信平台上通过公众号实现和特定群体就公共体育服务信息以文字、图片、语音、视频等方式进行全方位沟通、互动。

⑫ 微信日发图文数：在提供公共体育服务信息的微信公众号每日发布的图文数量。

⑬ 微信粉丝数：在提供公共体育服务信息的微信公众号中的粉丝人数。

⑭ 微信图文页平均阅读人数：在提供公共体育服务信息的微信公众号中发布的图文页平均阅读的人数。

2．审核关系：01=02+03+04+05+06。

表20　体育科技服务统计表

组织机构代码：□□□□□□□□—□
单位详细名称（签章）：

指标名称			代码	合计	本科院校	职业运动技术学院	体育运动学校	竞技体校	少年儿童体育学校	单项运动学校	体育传统项目学校	体育科研机构	体育协会	其他
甲			乙	01	02	03	04	05	06	07	08	09	10	11
科技项目	横向课题	数量（个）	A01											
		经费（万元）	A02											
	纵向课题	数量（个）	A03											
		经费（万元）	A04											
	其他课题	数量（个）	A05											
		经费（万元）	A06											
科技成果	获奖（项）		A07											
	著作（部）		A08											
	论文（篇）		A09											
	其他（篇）		A10											

单位负责人：　　　　　　　　统计负责人：　　　　　　填表人：
报出时间：20　　年　　月　　日

填报说明：

1．本表由各级体育行政机构和体育事业单位填报。具体填报要求如下。

科技项目：由各级各类科技管理机构正式批准立项，合作研究、委托研究须具有双方正式签署的合作或委托协议，参与运动队科技工作须有运动队的委托或邀请函。

科技成果：其中，获奖主要指获得各级政府的奖励，著作指正式出版发行的出版物，论文指在国家公开发行的刊物、会议论文集上发表的文章，其他指除上述之外的成果。

体育科研机构：专门从事体育科学研究的事业单位，如各省市体育科学研究所等。

纵向课题：国家、各省区市科技厅（委）、国家有关部委批准立项的项目或课题。

横向课题：除纵向课题项目之外的其他各级各类的项目或课题。

2．审核关系：01=02+03+04+05+06+07+08+09+10+11。

第7章

公共体育服务评价指标体系的构建

我国公共体育服务的发展，不仅影响着公共体育服务的结构，也是制约体育事业发展的重要因素。公共体育服务涉及全民健身、赛事服务、体育场馆服务、体育信息服务和体育科技服务等诸多内容，运用单一的评价指标和方法难以全面、客观地反映不同区域内公共体育服务的发展情况。因此，运用综合评价的理论与方法构建系统反映公共体育服务的评价指标体系，具有重要的理论和实践价值。

7.1 评价指标体系的功能与构建原则

评价指标的选取，必须由评价指标体系的功能决定。评价指标的设计，必须根据被评价对象的特点，结合综合评价实践中总结出来的带有规律性的原则进行。

7.1.1 评价指标体系的功能

我国公共体育服务综合评价指标体系，是对我国公共体育服务的总体情况和程度进行评价，是制定与实施公共体育服务发展规划的重要依据。它应该具有导向、描述、评价和预测功能。

7.1.1.1 导向功能

构建评价指标体系中所筛选的指标，对我国公共体育服务的发展具有导向作用，即发展我国公共体育服务需着力建设哪些方面，抓哪些关键环节，这些都将为制定我国公共体育服务发展战略提供咨询依据。

7.1.1.2 描述功能

建立评价指标体系，要涵盖我国公共体育服务的各个领域，能够全面、综合地描述和反映我国公共体育服务的总体发展状况。

7.1.1.3 评价功能

一个国家、地区的公共体育服务的总体情况和程度必须通过评价才能得出结论，因此，指标体系要具有综合评价的功能。我国公共体育服务综合评价指标体系可以作为一把标尺，衡量全民健身、赛事服务、体育场地设施服务等方面的总体情况。

7.1.1.4 预测功能

评价指标体系不仅能反映当下状况，还能预测未来的发展趋势，对未来公共体育服务的发展作出定量测算和分析，为决策提供依据。预测功能是描述功能的进一步体现，因为在资源获取、资源配置和资源供给等多方面，当给出明确的反映指标时，我国公共体育服务即可作出预测。

7.1.2 评价指标体系的构建原则

在评价指标体系的构建过程中，应遵循科学性、系统性、可比性和实用性原则。

7.1.2.1 科学性原则

从公共体育服务的基本定义出发，选取能准确反映公共体育服务发展总体情况和程度的适当指标。遵循科学性原则设计评价指标，主要体现在理论和实践相结合，以及所采用方法的科学性上。评价指标的设计要逻辑清晰、层次分明，抓住评价对象的实质，并具有针对性，同时又能反映评价对象的客观实际情况；评价指标体系是理论与实际相结合的产物，无论采用什么样的定性、定量方法，无论建立什么样的模型，都必须是客观的抽象描述，要抓住最重要、最本质和最具有代表性的东西。对客观实际抽象描述得越清楚、越简练、越符合实际，科学性就越强。

7.1.2.2 系统性原则

选出的指标，既要全面反映国家（或地区）公共体育服务的发展水平，以衡量整个评价对象公共体育服务的整体情况，又要反映影响公共体育服务各个构成要素的情况。评价对象可以用某些指标进行衡量，这些指标是相互联系和相互制约的，有些指标之间有横向联系，反映不同侧面的相互制约关系；有些指标之间有纵向关系，反映不同层次之间的包含关系；同层次指标之间尽可能界限分明，避免相互有内在联系的若干组、若干层次的指标体系，体现出很强的系统性。

按照系统性原则，选取的指标不仅能反映被评价对象的主要方面，而且指标的数量不能过于繁杂，追求评价指标体系的总体最优或满意。精选出来的系列指标要有概括性，达到少而精的目的，即用尽可能少的指标来反映公共体育服务的水平。

7.1.2.3 可比性原则

可比性指不同时期及不同对象间的比较，即纵向和横向比较。

纵向比较是同一对象这个时期与另一个时期做比较。评价指标体系要有通用可比性，条件是指标体系和各项指标、各种参数的内涵和外延保持稳定，用以计算各指标相对值的各个参照值（标准值）不变。

横向比较是不同对象之间的比较，找出共同点，按共同点设计评价指标体系。在公共体育服务综合评价过程中，通过对不同指标设计不同权重的方法，来实现对不同评价对象的横向比较。

公共体育服务测算与评价的指标体系既要符合中国国情，反映公共体育服务发展的实际，进行区域间公共体育服务的总体情况比较，又要纵向测算国家（或地区）公共体育服务的历史进程，横向比较不同国家、不同地区间公共体育服务的差异。

7.1.2.4　实用性原则

实用性原则是指设计的评价指标可操作性、可行性。选取的评价指标在获得其评价数据时要简单易行。评价指标体系设计过于烦琐，不利于综合评价的实施，而且会直接影响评价的效果，既不能把握被评价对象的主要方面，也增加了工作的难度。

数据易于获取指评价指标所需的数据易于采集，无论是定性评价指标，还是定量评价指标，其信息来源渠道都必须可靠，并且容易取得。否则，评价工作难以进行或代价较大。

整体操作规范指各项评价指标及其相应的计算方法，各项数据都要标准化、规范化。

严格控制数据的准确性指能够实行评价过程中的质量控制，即对数据的准确性和可靠性加以控制。

考虑评价指标体系的可操作性，所选取的指标最好能够从各种统计资料上直接获得，或者通过计算后获取，使理想化的指标体系能够现实化，并可以进行量化处理。理论上对于非常好的指标，若现有数据库没有或计量手段无法量化，则一般予以剔除或者寻找其他替代性指标。

7.2　评价指标体系的预选与筛选

科学、客观及具有可操作性的评价指标体系是获取高质量评价结果的前提。因此，在前期理论研究的基础上，结合综合评价的理论与方法，依据评价指标体系的功能，遵循构建的基本原则，采用定性与定量相结合的方法对其中的评价指标进行筛选。

7.2.1　评价指标体系的预选

综合评价指标体系是从不同的侧面反映社会现象的复杂系统，因此，在构建一个综合评价指标体系的过程中，一般包括系统元素的配置和系统结构的安排两个方面的内容。

我国公共体育服务评价指标体系结构需按照该系统中各个指标之间的相互关系进行层次结构的设计。越复杂的综合评价问题，其层次结构就越多。理顺指标之间的层次关系，对提高评价指标体系的科学性、系统性都有重要的作用。从系统论的角度看，我国公共体育服务是一个结构复杂的系统，该系统中又有众多相互联系的子系统，如资源获取子系统、资源整合子系统、资源配置子系统和资源供给子系统等。我国公共体育服务的发展，不是各个子系统作用的简单相加，而是靠构成我国公共体育服务发展的各个子系统综合作用实现系统的“整体效应”。构造我国公共体育服务评价指标体系，必须从我国公共体育服务整体出发，将我国公共体育服务这个总目标系统分解为不同的子系统与子子系统，在分解后研究的基础上，再综合集成到我国公共体育服务这一整体，最终从整体上构建我国公共体育服务的系统结构。基于前期的理论基础，本研究将我国公共体育服务评价指标体系结构初步设计为四层结构（不包括由评价对象所构成的底层，以下研究都不包括“对象层”），即总系统层、子系统层、准则层、指标层，如图 7-1 所示。

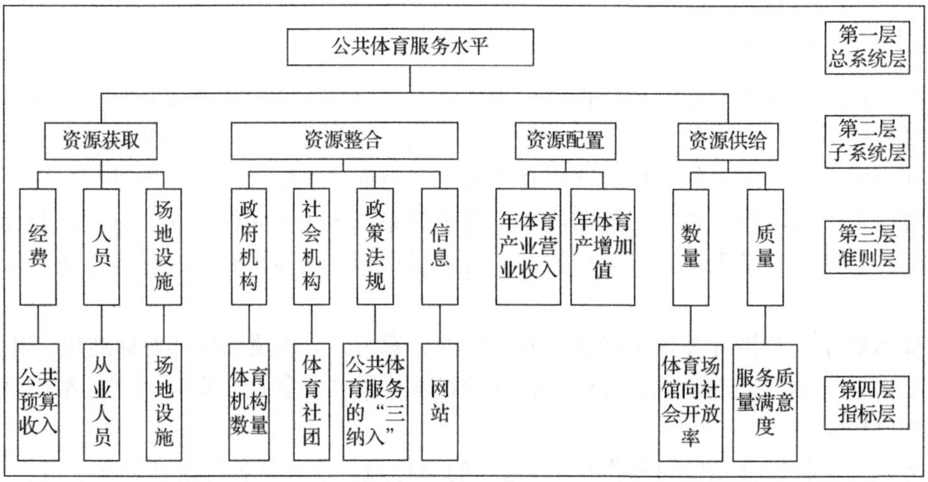

图 7-1　公共体育服务评价指标体系结构

基于上述系统结构，评价指标体系的构建须采用单项评价指标对我国公共体育服务这一总目标系统的各个子系统，以及子子系统的各个方面进行综合概括、系统反映和描述（表 7-1）。单项评价指标的构造就是要解决我国公共体育服务评价指标体系是由哪些具体指标组成的，以及每个指标的概念、计算范围（包括计算的总体范围界定、时空范围界定、标志内容界定等）、计算方法、计量单位。

表 7-1　公共体育服务评价指标体系预选指标

总系统层	一级指标（子系统层）	二级指标（准则层）	三级指标（指标层）
公共体育服务水平	资源获取	经费	公共预算收入
			公共预算支出
			体育彩票公益金
			社会资本投入
		人员	从业人员
			社会体育指导员
			等级裁判员
			等级运动员

续表

总系统层	一级指标（子系统层）	二级指标（准则层）	三级指标（指标层）
			专职教练员
			后备人才
		场地设施	健身场地设施
			国民体质监测站点
			青少年户外体育活动营地
			青少年校外体育活动中心
	资源整合（服务潜力）	信息	网站
			微博
			微信
		政府机构	政府牵头成立本级示范区建设工作机构数量
			体育机构数量
		社会机构	体育社团
			青少年体育组织及俱乐部
		政策法规	公共体育服务的“三纳入”
			公共体育服务发展规划
	资源配置	年体育产业营业收入	
		年体育产业增加值	
		体育服务业增加值在体育产业增加值中比例	
	资源供给（服务现状）	数量	体育场馆向社会开放率
			体育竞赛计划执行率
			全民健身活动
			国民体质监测站点数
			科学健身指导讲座人次
			科学健身指导培训人次
			人均体育场地面积
			人均体育场地数量
		质量	服务质量满意度
			服务价格满意度
			服务水平满意度

根据公共体育服务这一总目标系统，以及各个子系统、子子系统的本质与特征，采用问卷调查与专家咨询相结合的方法预选具有代表性的指标。本研究先对现有的“中国体育事业统计指标体系”“中国体育产业统计指标体系”“青少年体育统计指标体系”“体育服务业统计指标体系”等资料中涉及我国公共体育服务的相关评价指标进行初步预选，拟成调查问卷。问卷的发放，采用邮寄方式进行，发给国内公共体育服务、体育统计与

体育管理等研究领域的 45 位专家、学者，咨询评价指标具体内容的设置，回收 40 份，回收率为 88.89%。根据反馈的信息及收集的资料，初步形成公共体育服务评价指标体系，该体系包括资源获取、资源整合、资源配置和资源供给评价指标体系，并按照指标的层级和先后顺序用字母和数字标注各级指标（在后续指标体系的筛选中，将指标简化为上述标注），如表 7-1 所示。

7.2.2 评价指标体系的筛选

首先将各指标按照“很重要”“重要”“一般”“不重要”“很不重要”分别给予 9、7、5、3、1 的分值，并将各级评价指标制成专家问卷；然后请专家对问卷进行抽样测试，分析调查问卷的效度和信度；最后对符合效度和信度要求的调查问卷进行指标筛选。本轮共计发放问卷 60 份，其中公共体育服务研究领域专家 15 人、体育统计研究领域专家 20 人、体育管理研究领域专家 15 人、一线管理人员统 10 人，回收问卷 51 份，剔除空白或者无意义的作废问卷 3 份，共回收有效问卷 48 份。

7.2.2.1 调查问卷的效度、信度检验

（1）效度检验

① 表面效度与内容效度：专家问卷中指标的选择首先经过大量文献研究和调查，以及反复研究讨论作出初选，然后走访各个领域的专家、学者，提出修改意见，对指标进行必要的增删和修改，删除内容不清、操作性不强的指标，并对容易引起歧义或者误解的指标表述进一步予以明确，以保证专家问卷具有可靠的表面效度与内容效度。

② 结构效度：采用主成分分析的方法检验专家问卷的结构效度。在问卷中，有 100%的一级指标共同度在 0.5 以上（表 7-2），有 95%的二级指标共同度在 0.5 以上，达到了统计学结构效度检验的统计学要求，因此其结构效度比较理想。

表 7-2 一级指标共同度

一级指标	初生共同度	再生共同度
资源获取	1.000	0.853
资源整合	1.000	0.748
资源配置	1.000	0.791
资源供给	1.000	0.868

（2）信度检验

信度测量方法主要包括重复测量、复本测量和折半测量等。根据本研究的实际情况，采用折半测量的方法测量专家调查问卷的信度。首先将调查结果随机排序，然后按照单双号进行分组，计算两者的相关系数。信度系数用 Cronbach α系数来检验，得到的 Cronbach α系数值越高，则代表其检验的问卷内部一致性越大，信度越高。用 Cronbach α 系数对本问卷及其 4 个维度的内部一致性进行检验如表 7-3 所示。结果表明，公共体育服务评价指标体系初选专家问卷的内部一致性信度为 0.76。其中，资源获取为 0.79、资

源整合为 0.81、资源配置为 0.72 和资源供给为 0.80。这说明该问卷具有良好的信度。

表 7-3　第一轮问卷信度检验结果

一级指标	部分量表	整体量表
资源获取	0.79	0.76
资源整合	0.81	
资源配置	0.72	
资源供给	0.80	

7.2.2.2　筛选指标的定量依据

专家调查问卷的分析主要采用公共体育服务统计指标筛选中所采用的统计参数。本研究在专家调查筛选指标时的主要依据为：指标的变异系数小于 0.25。专家的评价结果取得一致性检验，即 $P<0.05$ 或 $P<0.01$ 。所选指标的平均得分在 6.3 分以上(达到总分的 70%)。

7.2.2.3　第一轮指标筛选

针对第一轮回收的调查数据，采用 SPSS19.0 软件进行描述统计量和非参数检验的统计分析，具体结果如表 7-4 所示。其中，4 个一级指标的变异系数均小于 0.25。协调系数是指调查对象中被调查者彼此间对每项指标给出的评价意见是否存在较大分歧。协调系数反映被调查者对全部指标进行评判时评判标准的一致性程度，用 W 表示协调系数。W 为 0~1，W 越接近 1，意味着指标所得分散间存在的差异越显著，也说明被调查者评价标准的一致性越高。

表 7-4　第一轮一级指标筛选统计分析

一级指标	均数	标准差	变异系数
资源获取	9.0	1.34	0.15
资源整合	8.3	1.27	0.15
资源配置	8.1	1.46	0.18
资源供给	9.0	1.20	0.13

调查对象的一致性检验为 0.513，经过一致性检验，$P<0.050$，表明评判人意见的评估或预测的可信度好，评价或预测结果可信（表 7-5）。

表 7-5　一级指标参数统计分析

项目	结果
轮次	第一轮
一致性检验	0.513
卡方值	23.39
P	0.043

二级指标调查结果显示（表 7-6），大部分指标的变异系数均小于 0.25，仅有年体育产业营业收入的变异系数大于 0.25，依据指标的筛选的定量标准，对年体育产业营业收入指标予以删除；从指标的得分均数来看，11 个二级指标的得分在 6.3 分以上，1 个二级指标的得分在 6.3 分以下；其中，满分率达到 100%的指标有 1 个指标，得分在 8 分以上的指标有 7 个（含 8 分，但不包括满分指标）。这说明经过预选的指标体系具有较好的代表性，但还存在一定的问题，需对指标体系进行修订。

表 7-6　第一轮二级指标筛选统计分析

二级指标	均数	标准差	变异系数
经费	9.0	1.12	0.12
人员	8.5	1.24	0.15
场地设施	8.8	1.21	0.14
信息	7.5	1.34	0.18
政府机构	8.7	1.15	0.13
社会机构	8.1	1.54	0.19
政策法规	8.2	1.38	0.17
年体育产业营业收入	6.2	1.61	0.26
年体育产业增加值	7.3	1.44	0.20
体育服务业增加值在体育产业增加值中比例	7.4	1.39	0.19
数量	8.9	1.25	0.14
质量	8.7	1.31	0.15

二级指标参数统计分析结果显示（表 7-7），专家评价的一致性检验为 0.426，且 P 值小于 0.05，说明被调查者对二级指标的评价一致性高，彼此间对二级指标给出的评价意见分歧较小。

表 7-7　二级指标参数统计分析

项目	结果
轮次	第一轮
一致性检验	0.426
卡方值	18.44
P	0.041

三级指标调查结果显示（表 7-8），大部分指标的变异系数小于 0.25，仅有社会资本投入、从业人员、青少年户外体育活动营地的变异系数大于 0.25，依据指标的筛选的定量标准，对该三指标予以删除；从指标的得分均数来看，31 个三级指标的得分在 6.3 分以上（含 6.3 分），2 个三级指标的得分在 6.3 分以下；其中，满分率达到 100%的指标有 1 个指标，得分在 8 分以上的指标有 10 个（含 8 分，但不包括满分指标）。这说明经过预选的三级指标具有较好的代表性，但还存在一定的问题，需对指标体系进行修订。

表 7-8　第一轮三级指标筛选统计分析

三级指标	均数	标准差	变异系数
公共预算收入	8.5	1.23	0.14
公共预算支出	8.9	1.25	0.14
体育彩票公益金	9.0	1.15	0.13
社会资本投入	6.2	1.68	0.27
从业人员	6.0	1.54	0.26
社会体育指导员	8.3	1.36	0.16
等级裁判员	6.3	1.41	0.22
等级运动员	6.4	1.52	0.24
专职教练员	6.9	1.58	0.23
后备人才	7.4	1.39	0.19
健身场地设施	8.1	1.29	0.16
国民体质监测站点	7.9	1.35	0.17
青少年户外体育活动营地	6.6	1.69	0.26
青少年校外体育活动中心	6.5	1.28	0.20
网站	6.4	1.24	0.19
微博	6.7	1.42	0.21
微信	6.5	1.37	0.21
政府牵头成立本级示范区建设工作机构数量	6.5	1.38	0.21
体育机构数量	6.7	1.27	0.19
体育社团	6.8	1.45	0.21
青少年体育组织及体育俱乐部	6.7	1.36	0.20
公共体育服务的“三纳入”	8.1	1.29	0.16
公共体育服务发展规划	7.9	1.34	0.17
体育场馆向社会开放率	8.4	1.42	0.17
体育竞赛计划执行率	8.2	1.39	0.17
全民健身活动	8.5	1.45	0.17
国民体质监测点数	8.1	1.37	0.17
科学健身指导讲座人次	7.3	1.32	0.18
科学健身指导培训人次	7.1	1.28	0.18
人均体育场地面积	8.4	1.28	0.15
人均体育场地数量	7.9	1.37	0.17
服务质量满意度	7.5	1.32	0.18
服务价格满意度	7.9	1.42	0.18
服务水平满意度	7.4	1.29	0.17

三级指标调查结果显示（表 7-9），专家评价的一致性系数的 P 值为 0.048，且 P 值小于 0.05，说明被调查者对三级指标的评价一致性高，彼此间对三级指标给出的评价意见分歧较小。

表 7-9　三级指标参数统计分析

项目	结果
轮次	第一轮
一致性检验	0.46
卡方值	15.58
P	0.048

在此基础上，课题组走访了部分体育院校的公共体育服务研究专家、参加全国体育统计论文报告会的体育统计学专家，以及体育职能主管部门一线管理人员和省市统计局的公共体育服务统计人员，获得的建议与意见如下。

建议一：有专家认为，该指标体系的理论框架设计模型中将评价指标体系的层级设计为四层，即总系统层、子系统层、准则层和指标层，层次结构虽较为清晰，但是准则层与指标层之间，指标的选择存在交叉现象，指标层中三级指标的设计过于繁杂，在进行综合评价时应选取代表性强、数据容易获取的指标，因此建议将准则层中所采用的指标进行归类处理，对目前公共体育服务中涉及较少的指标予以删除，重点指标以全民健身、体育场馆服务类指标为主，使得指标体系的层级更为清晰、结构更趋合理。

建议二：就指标体系中的部分定性指标，如“服务质量满意度”“服务数量满意度”“服务水平满意度”等，在指标体系中所占的比重较小，专家从不同角度提出了不同建议。有专家认为，衡量公共体育服务总体情况和发展程度的某些方面不适宜进行定量评价，设计定性指标将更有利于全面地反映公共体育服务总体情况和发展程度。也有专家认为，设计定性指标虽然能增加指标体系评价的全面性，但是定性指标的可操作性较低，数据获得的难度较大。

建议三：在公共体育服务领域，专职教练员、等级裁判员和等级运动是否纳入综合评价指标体系值得商榷。现阶段大部分地区仍然将以提供基本公共体育服务为主，涉及赛事服务的内容应暂缓纳入评价指标体系。

建议四：在预选的指标体系中，指标层中的指标以绝对量指标为主，绝对量指标在反映评价指标体系的公共体育服务资源获取能力方面有重要作用，而在反映公共体育服务资源配置方面，指标的灵敏度较低，因此建议在反映资源配置中增加部分相对量指标，如人均公共体育服务经费基尼系数、每万人拥有公共体育服务人员基尼系数、体育服务业增加值在体育产业增加值中比例和人均体育场地面积基尼系数。

建议五：在资源整合子系统层中，建议将政府机构、社会机构合并，在二级指标层将设计服务机构与政策法规并列。

建议六：在资源供给数量中，建议将科学健身指标讲座人次，科学健身指标培训人次合并，在三级指标层将设计科学健身指标人次指标。

在问卷调查分析及充分听取专家意见与建议的基础上，根据综合评价理论和方法，以及实际需要，对评价指标体系修正并进行下一轮的指标筛选。

7.2.2.4　第二轮指标筛选

2013 年 11 月，笔者将第一轮专家咨询中形成的指标体系制成专家调查问卷，进行第二轮专家咨询（本轮调查原则上不再增加新的指标）。咨询对象为上一轮返回专家问卷的专家、学者共 48 人，共获得 45 份有效问卷。将回收的问卷进行整理后，采用与第一轮相同的指标筛选方法进一步完善指标体系。

从表 7-10 中可以看出，4 个一级指标的变异系数均小于 0.25，其中，资源配置的变异系数最大，为 0.17。表 7-11 显示，调查对象评判的一致性系数为 0.461，经过一致性检验，$P<0.050$，表明评判人意见的评估或预测的可信度好，评价或预测结果可信。

表 7-10　第二轮一级指标筛选统计分析

一级指标	均数	标准差	变异系数
资源获取	9	1.26	0.14
资源整合	8.6	1.31	0.15
资源配置	8.4	1.43	0.17
资源供给	9	1.18	0.13

表 7-11　一级指标统计参数统计分析

项目	结果
轮次	第一轮
一致性检验	0.461
卡方值	16.34
P	0.044

从表 7-12 可以看出，从指标的得分均数来看，10 个二级指标的得分都在 8 分以上，其中，满分率达到 100%的指标有 2 个指标，说明经过第一轮指标筛选所构建的二级指标具有较高的可信度。

表 7-12　第二轮二级指标筛选统计分析

二级指标	均数	标准差	变异系数
经费	9.0	1.14	0.13
人员	8.9	1.26	0.14
场地设施	8.7	1.21	0.14
信息	7.9	1.34	0.17
服务机构	8.5	1.24	0.15
政策法规	8.8	1.41	0.16

续表

二级指标	均数	标准差	变异系数
人均公共体育服务经费	8.4	1.51	0.18
每万人拥有公共体育服务人员	8.3	1.47	0.18
体育服务业增加值在体育产业增加值中比例	7.9	1.38	0.17
人均体育场地面积	7.5	1.31	0.17
服务数量	9.0	1.09	0.12
服务质量	8.7	1.13	0.13
人均公共体育服务经费	8.4	1.51	0.18

二级指标参数统计分析结果显示（表 7-13），各个指标的变异系数均小于 0.25，专家评价的一致性系数为 0.395，且 P 值小于 0.05，说明被调查者对二级指标评判的一致性高。

表 7-13　二级指标参数统计分析

项目	结果
轮次	第一轮
一致性检验	0.395
卡方值	15.12
P	0.045

三级指标调查结果显示（表 7-14），各个指标的变异系数均小于 0.25，从指标的得分均数来看，26 个三级指标的得分均在 6.3 分以上。

表 7-14　第二轮三级指标筛选统计分析

三级指标	均数	标准差	变异系数
人均公共预算收入	8.8	1.26	0.14
人均公共预算支出	9.0	1.28	0.14
人均体育彩票公益金	9.0	1.17	0.13
每万人拥有社会体育指导员	8.6	1.39	0.16
每万人拥有竞赛人才数量	7.5	1.44	0.19
后备人才数量	7.7	1.42	0.19
健身场地设施数量	8.4	1.32	0.16
国民体质监测站点数量	8.2	1.38	0.17
青少年校外体育活动中心数量	7.7	1.31	0.17
网站平均点击量	7.6	1.27	0.17
微博博文平均点击量	7.9	1.45	0.18
微信图文平均点击量	7.7	1.40	0.18
政府机构	7.7	1.41	0.18
社会组织	7.9	1.30	0.16

续表

三级指标	均数	标准差	变异系数
公共体育服务的"三纳入"	8.4	1.32	0.16
公共体育服务发展规划	8.2	1.37	0.17
体育场馆向社会开放率	8.7	1.45	0.17
体育竞赛计划执行率	8.5	1.42	0.17
全民健身活动	8.8	1.48	0.17
每万人拥有国民体质监测站点数量	8.4	1.40	0.17
科学健身指导人次	7.8	1.48	0.19
人均体育场地面积	8.7	1.31	0.15
每万人拥有体育场地数量	8.2	1.40	0.17
服务质量满意度	7.8	1.35	0.17
服务价格满意度	8.2	1.45	0.18
服务水平满意度	7.7	1.29	0.17

三级指标参数统计分析结果显示（表 7-15），各个指标的变异系数均小于 0.25，专家评价的一致性系数为 0.429，且 P 值小于 0.05，说明被调查者对三级指标评判的一致性高。

表 7-15　三级指标参数统计分析

项目	结果
轮次	第一轮
一致性检验	0.429
卡方值	15.33
P	0.041

7.3　评价指标体系的确立

评价指标体系是指由表征评价对象各方面特性及其相互联系的多个指标所构成的具有内在结构的有机整体。评价指标体系的建立是进行预测或评价研究的前提和基础，它是将抽象的研究对象按照其本质属性和特征的某一方面标识分解为具有行为化、可操作化的结构，并对指标体系中每一构成元素（即指标）赋予相应权重的过程。

分析和评价一个地区公共体育服务综合状况的好坏，除了进行定性描述和分析之外，还需要对其进行定量分析。所谓定量分析就是要寻找或建立一个度量标尺，通过这一度量标尺去测量一个地区城市居民的公共体育服务综合状况。

度量或评价一个地区的公共体育服务综合状况是一个涉及多方面的连续过程。分析一个地区的公共体育服务综合情况涉及资源获取、资源整合、资源配置和资源供给等很多方面，采用一个或几个指标不足以分析和评价一个地区公共体育服务综合发展问题，所以需要建立公共体育服务综合指标体系对其进行分析和评价。

通过三轮指标筛选，最终确定包括 4 个一级指标、10 个二级指标和 27 个三级指标的指标体系，以此来评价公共体育服务的总体情况和发展程度（表 7-16）。

表 7-16　公共体育服务综合评价指标体系层次框架

总系统层	一级指标（子系统层）	二级指标（准则层）	三级指标（指标层）
公共体育服务水平	资源获取	经费	人均公共预算收入
			人均公共预算支出
			人均体育彩票公益金
		人员	每万人拥有社会体育指导员
			每万人拥有竞赛人才
			每万人拥有后备人才
		场地设施	健身场地设施
			国民体质监测站点
			青少年校外体育活动中心
		信息	网站平均点击量
			微博博文平均点击量
			微信图文平均点击量
	资源整合	政府机构	政府牵头成立公共体育服务建设工作机构数量
			体育系统机构数量
		社会机构	每万人拥有体育社团数量
			青少年体育组织及俱乐部数量
		政策法规	公共体育服务的“三纳入”
			公共体育服务发展规划
	资源配置		人均公共体育服务经费
			每万人拥有公共体育服务人员数量
			体育服务业增加值在体育产业增加值中比例
			政府牵头成立的体育服务机构覆盖率
	服务供给	服务数量	体育场馆向社会开放率
			体育竞赛计划执行率
			全民健身活动
			国民体质监测达标率
			科学健身指导人次
			人均体育场地面积
		服务质量	服务质量满意度
			服务价格满意度
			服务水平满意度

7.4 评价指标体系的解释说明

为了对公共体育服务发展水平进行全面的综合评价，就要对所涉及指标体系中的指标进行归类整理，使整个体系既系统又完整。层次结构可用来建立公共体育服务综合评价指标体系。本研究采用三层指标体系结构，总体目标对公共体育服务的总体情况和发展程度进行综合评价，在总目标下，设计子系统层、准则层和指标层三层。

7.4.1 框架说明

7.4.1.1 子系统层设置依据及意义

总体目标过于笼统，不能很好地体现各个侧面的具体情况，因此，子系统层的设置有利于进一步明确总体目标在不同侧面的子目标，同时也可以将指标通过子系统层的各个子目标进行分类。这样就可以将反映公共体育服务综合评价总体目标的指标归入资源获取、资源整合、资源配置和资源供给 4 个子目标层，使得指标体系层次更加分明，结构更加合理。

7.4.1.2 准则层设置依据及意义

由于各个子目标下具体反映的指标较多，如果直接在子目标层下设置具体指标，就会显得杂乱无章，而且在运用层次分析法确定权重时，也会因评价对象过多而无能为力。因此设置准则层，不仅能使层次清晰，还有利于综合评价时权重的确定和计算。

7.4.1.3 指标层设置依据及意义

指标层是整个评价指标体系的基础层，它是通过该层各个具体指标来实现的。指标层指标的筛选采用定性与定量相结合的方法，从众多指标中，筛选出具有可操作性、可比性和代表性的评价指标。同时指标层注意与我国公共体育服务统计指标体系相衔接，尽可能利用现有的统计指标数据，保证了开展综合评价时数据的收集，提高了数据的可获得性。

7.4.2 指标解释说明

公共体育服务综合评价指标体系如表 7-16 所示，分为子系统层、准则层和指标层。子系统层包括资源获取、资源整合、资源配置和资源供给 4 个方面；准则层包括经费、人员、场地设施、信息、政府机构、社会机构、政策法规等 12 个准则，指标层包括 27 个具体指标，主要指标解释如下。

7.4.2.1 资源获取子系统层

经费：被评价地区在被评价年度获得的用于公共体育服务的各项费用的情况。具体反映被评价对象经费情况的指标包括人均公共预算收入、人均公共预算支出和人均体育彩票公益金。

人均公共预算收入：被评价地区本年度取得的除彩票公益金外的各项收入除以被评价地区辖区内的人口总数。

人均公共预算支出：被评价对象本年度取得的除彩票公益金外的各项支出除以被评价地区辖区内的人口总数。

人均体育彩票公益金：各级彩票公益金用于公共体育服务方面的支出除以被评价地区辖区内的人口总数。

人员：被评价地区在被评价年度从事公共体育服务及相关服务的人员情况。具体反映被评价对象人员情况的指标包括每万人拥有社会体育指导员、每万人拥有竞赛人才和每万人拥有后备人才。

每万人拥有社会体育指导员：评价地区在被评价年度每万人拥有的获得技术等级称号的社会体育指导员人数。

每万人拥有竞赛人才：评价地区在被评价年度每万人拥有从事公共体育赛事服务的人员数量。

每万人拥有后备人才：评价地区在被评价年度每万人拥有的公共体育赛事后备力量的人员数量。

场地设施：被评价地区在被评价年度为辖区内居民提供公共体育服务和相关服务的健身场地设施、国民体质监测站点及青少年体育活动场所等。具体反映被评价对象场地设施情况的指标包括健身场地设施、国民体质监测站点和青少年校外体育活动中心。

健身场地设施：用于全民健身公共体育服务的场地设施，包括村级农民体育健身工程、乡镇体育健身工程、全民健身路径工程、大中型全民健身活动中心、小型全民健身活动中心、体育公园、全民健身广场、户外体育营地、社区运动场和健身步道等。

国民体质监测站点：各省（自治区、直辖市）进行国民体质监测任务所组建的国民体质测试场所。

青少年校外体育活动中心：由各级政府资助建设，以满足城乡青少年便捷、安全参加体育健身需要为目的，以开展青少年喜闻乐见的体育活动为主要内容，按设计标准建设与管理，具有相应配套的服务设施并经过有关部门认定的公益性综合体育健身活动场所。

信息：被评价地区在被评价年度为辖区内居民体育公共体育服务信息的情况。具体反映被评价对象信息情况的指标包括网站平均点击量、微博博文平均点击量和微信图文平均点击量。

网站平均点击量：被评价地区在被评价年度内，平均每天访问公共体育信息服务网站的用户数量。

微博博文平均点击量：被评价地区在被评价年度内，提供公共体育服务信息的微博中每日发布的博文平均点击次数。

微信图文平均点击量：在提供公共体育服务信息的微信公众号中发布的图文页平均阅读的次数。

7.4.2.2　资源整合子系统层

政府牵头成立公共体育服务建设工作机构数量：被评价地区由体育职能管理部门牵头成立专职负责本辖区推进公共体育服务工作的工作部门。

体育系统机构数量：由政府领导担任主要负责人，在区域内，以组织开展公共体育服务活动、为居民提供公共体育服务为功能的，经当地政府批准设立的，具有事业单位性质的公共体育服务工作机构的数量。

每万人拥有体育社团数量：被评价地区拥有的体育社团总数除以辖区内万人数。

青少年体育组织及体育俱乐部数量：以满足城乡青少年便捷、安全参加体育健身需要为目的，以开展青少年喜闻乐见的体育活动为主要内容，按设计标准建设与管理，具有相应配套的服务设施并经过有关部门认定的体育组织及俱乐部，包括青少年户外体育营地、青少年校外体育活动中心、青少年体育俱乐部、体育传统项目学校和高水平体育后备人才培养基地。

政策法规：涵盖促进公共体育服务体系建设的制度安排。

公共体育服务的“三纳入”：被评价地区下属的辖区已将公共体育服务纳入政府工作报告、纳入财政预算、纳入国民经济和社会发展规划占下属辖区的比例。

公共体育服务发展规划：被评价地区下属的辖区已出台的《公共体育服务发展规划》文件占下属辖区的比例。

7.4.2.3　资源配置子系统层

人均公共体育服务经费：在人均公共体育服务经费中，用于进行不平均分配的那部分经费所占的比例。

每万人拥有公共体育服务人员：在人均公共体育服务人员中，用于进行不平均分配的那部分人员所占的比例。

体育服务业增加值在体育产业增加值中比例：被评价地区体育服务业增加值除以体育产业增加值。

政府牵头成立的体育服务机构覆盖率：被评价地区下属的辖区已有政府牵头成立体育服务机构占下属辖区的比率。

7.4.2.4　资源供给子系统层

体育场馆向社会开放率：被评价地区学校体育场馆中已对外开放的场馆数量除以全部学校体育场馆数量。

体育竞赛计划执行率：被评价地区体育竞赛按照年初计划已执行的数量除以年初体育竞赛计划数量。

全民健身活动：县级以上体育行政部门、行业体育协会、人群体育协会、单项体育协会组织的各类全民健身活动。

国民体质监测达标率：由系统自动生成，指各省（自治区、直辖市）按照《国民体质测定标准》，本年度受测人数的达标率情况。

科学健身指导人次：县级以上体育行政部门、行业体育协会、人群体育协会、单项体育协会组织举办的科学健身指导活动中参与的人数。

人均体育场地面积：被评价地区体育场地面积除以总人口数。

服务质量满意度：被评价地区居民对政府、体育社会组织和企业提供的公共体育服务质量的满意程度。

服务价格满意度：被评价地区居民对政府、体育社会组织和企业提供的公共体育服务价格的满意程度。

服务水平满意度：被评价地区居民对政府、体育社会组织和企业提供的公共体育服务水平的满意程度。

7.5 评价指标体系权重的确立

层次分析法在主观赋权过程中引入定量分析，并充分利用专家在两两比较中给出的偏好信息进行分析与决策支持，此法既有效吸收了定性分析的结果，又发挥了定量分析的优势，使赋权过程具有很强的条理性和科学性。它改变了传统的权重确定方法由于人为误差可能导致的最终评价结果失真这一现象，为后续开展综合评价奠定了可靠基础。

7.5.1 层次分析法概述

层次分析法是一种简便、灵活而又实用的系统化、层次化分析方法，它为复杂评价问题的决策和排序提供了便捷，在对复杂的决策问题的本质、影响因素及其内在关系等进行深入分析的基础上，利用较少的定量信息使决策的思维过程数学化，可以为多目标、多准则或无结构特性的复杂决策问题提供简便的决策方法，尤其适用于对决策结果难于直接准确计量的场合。层次分析法是一种既能适应各种对象评价又能充分利用专家经验和智慧的有效方法，它可以使科研评价系统从无结构向结构化和有序状态转化，因而有着重要的应用价值。

层次分析法是把一个复杂问题分解成若干组成因素，并按支配关系形成层次结构，然后应用两两比较的方法确定各因素所包含指标和方案的相对重要性，最后计算各因素的权重，并以此为基础实现对不同决策方案的排序。层次分析法建立在专家经验判断的基础上，可将专家的经验判断由直接面对许多因素同时进行分析判断，转变为直接对两个因素进行分析判断，并运用数学的方法对各位专家经验判断的结果“兼收并蓄”，进行科学的综合和定量计算，是定性分析与定量判断相结合的一种方法。此方法需要聘请有关熟悉这方面情况的专家，通过经验分析，采用 1~9 标度法，从上到下逐层确定出因素之间两两比较相对重要性的比值，形成矩阵，并通过计算矩阵的标准化特征向量进行一致性检验，得到令人信服的某一层因素相对于上一层次某一因素相对重要性的权值；在此基础上，与上一层次因素本身的权值再进行加权综合，计算出该层因素相对于上一层整个层次的相对重要性权值，即层级总排序权值。这样，由上而下即可逐层计算出最低层因素即具体评价指标相对于最高层的目标相对重要性的权值。

层次分析法的优点：一是系统性，该方法将研究对象作为一个系统，按照分解、比较、判断、综合的思维方式进行决策，成为继机理分析、统计分析之后发展起来系统分析的又一重要工具。尤其在对无结构特性的系统评价及多目标、多准则、多时期的系统评价中效果更为明显。二是可操作性，该方法将定性方法与定量方法有机融合，既不要求人们具备高深的数学基础，又简化了理论上的逻辑、推理，将复杂的系统分解，并将人们的思维过程数学化、系统化，便于操作，即使是具有中等文化程度的人也可了解层次分析法的基本原理，掌握它的基本步骤。三是数据收集可行性，该方法从评价者对评价问题的本质、要素的理解出发，比一般的定量方法更讲求定性的分析和判断，把判断各要素的相对重要性的步骤留给了大脑，只保留人脑对要素的印象，将其化为简单的权重进行计算。这种思想能处理许多用传统最优化技术无法着手的实际问题。

层次分析法的不足之处：该方法虽然较好地集成了综合评价过程中的各种定性与定量信息，但是在应用中仍摆脱不了评价过程中的随机性、评价专家主观上的不确定性及认识上的模糊性，这就必然使评价过程带有一定程度的主观臆断，从而使结果的可信度下降。当同一层次的元素很多时，除了使上述问题更加突出外，还容易使决策者做出矛盾和混乱的判断，导致判断矩阵出现严重的不一致现象。

7.5.2　基于层次分析法确立权重的基本步骤

根据上述原理，本研究将公共体育服务水平这一总目标分解成 3 个层次指标，然后通过两两比较各层指标构造的判断矩阵，最后求出该判断矩阵的最大特征根及其对应的特征向量，特征向量的各个分量就是每个层指标相对于总目标的权重。这样，用层次分析法就可以得出公共体育服务水平综合评价指标体系中各指标的权重。层次分析法的整个过程大致可以分为以下 4 个步骤：第一步，建立层次结构模型；第二步，构造两两判断矩阵；第三步，层次单排序及其一致性检验；第四步，层次总排序及其一致性检验。

7.5.2.1　建立层次结构模型

通过分析，将因素分解为不同层次的要素，构成递阶层次结构（表 7-17）。总目标层为公共体育服务水平；子目标层为资源获取、资源整合、资源配置和资源供给；准则层为经费、人员、场地设施、信息、政府机构、社会机构、政策法规、人均公共体育服务经费、每万人拥有公共体育服务人员数量、体育服务业增加值在体育产业增加值中比例、政府牵头成立的机构覆盖率、服务数量和服务质量。

表 7-17　公共体育服务水平综合评价指标体系层次框架

总系统层	一级指标（子系统层）	二级指标（准则层）	三级指标　（指标层）	
G1 公共体育服务水平	A1 资源获取	B1 经费	C1	人均公共预算收入
			C2	人均公共预算支出
			C3	人均体育彩票公益金
		B2 人员	C4	每万人拥有社会体育指导员
			C5	每万人拥有竞赛人才
			C6	每万人拥有后备人才
		B3 场地设施	C7	健身场地设施
			C8	国民体质监测站点
			C9	青少年校外体育活动中心
		B4 信息	C10	网站平均点击量
			C11	微博博文平均点击量
			C12	微信图文平均点击量
	A2 资源整合（服务潜力）	B5 政府机构	C13	政府牵头成立公共体育服务建设工作机构数量
			C14	体育系统机构数量
		B6 社会机构	C15	每万人拥有体育社团数量
			C16	青少年体育组织及体育俱乐部数量
		B7 政策法规	C17	公共体育服务的“三纳入”
			C18	公共体育服务发展规划
	A3 资源配置（效率）	B8 人均公共体育服务经费		
		B9 每万人拥有公共体育服务人员数量		
		B10 体育服务业增加值在体育产业增加值中比例		
		B11 政府牵头成立的体育服务机构覆盖率		
	A4 资源供给（服务现状）	B12 服务数量	C19	体育场馆向社会开放率
			C20	体育竞赛计划执行率
			C21	全民健身活动
			C22	国民体质监测达标率
			C23	科学健身指导人次
			C24	人均体育场地面积
		B13 服务质量	C25	服务质量满意度
			C26	服务价格满意度
			C27	服务水平满意度

7.5.2.2　构造两两判断矩阵

矩阵的构造是应用层次分析法的关键一步。在建立层次结构模型后，邀请专家对各个层次中的指标两两比较其重要性，以便得出它们的权重。构建判断矩阵时，本研究采用了1~9标度法，因为这种比例标度比较符合人们进行判断时的思维习惯。各个等级及其对应的比例标度如表7-18所示。

表7-18　判断矩阵的元素采用的1~9标度法

标度	含义
1	两个因素相比，具有相同重要性
3	两个因素相比，前者比后者稍重要
5	两个因素相比，前者比后者明显重要
7	两个因素相比，前者比后者强烈重要
9	两个因素相比，前者比后者极端重要
2，4，6，8	上述相邻判断的中间值
倒数	如果因素 i 与因素 j 重要性之比为 A_{ij}，那么因素 j 与因素 i 重要性之比为 A_{ji}

每个专家根据上述判断规则进行判断分析，都可以逐层写出比较判断矩阵。由于这个矩阵是依据每个专家个人判断写出来的，称之为个体判断矩阵。不同的专家在分析认识上可能存在一定的偏见或差异，往往会出现一些偏激判断（即偏离正常结果或多数人的意见），给合理确定权重带来不利影响，因此还需要对个体判断矩阵中的偏激判断信息进行有效的剔除，最后综合成群体判断矩阵。剔除的方法是：计算所有专家个体判断矩阵中每一个信息元素的算术平均数和标准差，剔除超出算术平均数两个标准差以外的个体信息，然后再次计算算术平均数，依次作为专家群体对这一元素的综合判断信息。对每一个信息元素依次进行上述判断，就可以形成专家群体的综合判断矩阵。

7.5.2.3　层次单排序及其一致性检验

在对各元素两两比较其重要性得到判断矩阵后，求出判断矩阵的最大特征根及其对应的特征向量，然后将特征向量归一化处理后得到特征向量的各个分量就是各个元素的权重，计算所有元素相对重要性的排序权值，称为层次单排序。

由于专家构造的比较矩阵可能存在一定的误差，如某专家给出的判断矩阵认为 X 元素相对于 Y 元素来说极端重要，Y 元素相对于 Z 元素同样重要，而 X 元素相对于 Z 元素来说只是稍重要，那么在逻辑上我们就可以得出这个专家的判断是“不一致”的，也就是判断矩阵不可信。因此，计算判断矩阵最大特征值及对应的特征向量，得出每一层各要素的权重值后，还需进行一致性检验，一般定义一致性指标CI为：

$$\mathrm{CI}=\frac{\lambda_{\max}-n}{n-1}$$

考虑到专家对问题认识的不同而引起的误差，将上述一致性指标CI除以系数RI，其中 RI 为不同阶比较矩阵的随机一致性指标，T.LSaaty 教授曾做过计算，详见表 7-19。

表 7-19　1~10 阶比较矩阵的随机一致性指标

n	RI
1	0.00
2	0.00
3	0.58
4	0.90
5	1.12
6	1.24
7	1.32
8	1.41
9	1.45

当判断矩阵满足：CR=CI/RI<0.1 时，则认为比较矩阵具有满意的一致性，计算出来的特征向量（单权重）是可以被认可的；否则，说明专家构造的比较矩阵误差较大，超过允许的范围，需要调整。

本研究共发出 45 份专家调查问卷，回收 40 份，回收率为 88.89%，其中有效问卷 37 份，占 82.22%（这里的有效问卷是指所填数据全部合理有效且能够通过一致性检验）。在对判断矩阵进行计算的过程中采用软件对数据进行处理，所建立的比较判断矩阵、判断矩阵的特征向量及一致性检验结果分别如表 7-20~表 7-34 所示。

表 7-20　G 指标判断矩阵

G	A1	A2	A3	A4
A1	1	1	1	2
A2	1/2	1/2	1/2	1
A3	1	1	1	2
A4	1	1	1	2

表 7-21　G 指标层次单排序及其一致性检验

G	A1	A2	A3	A4	*W*
A1	1	1	1	2	0.285
A2	1/2	1/2	1/2	1	0.143
A3	1	1	1	2	0.286
A4	1	1	1	2	0.286
	V_{max} =4.000			CI=0.000	
	RI=0.90			CR=CI/RI=0.000＜0.1	

表 7-22　A1 指标层次单排序及其一致性检验

A1	B1	B2	B3	B4	W
B1	1	1	1	1	0.250
B2	1	1	1	1	0.250
B3	1	1	1	1	0.250
B4	1	1	1	1	0.250
	V_{max} =4.000			CI=0.000	
	RI=0.90			CR=CI/RI=0.000＜0.1	

表 7-23　A2 指标层次单排序及其一致性检验

A2	B5	B6	B7	W
B5	1	1	2	0.500
B6	1/2	1	1	0.250
B7	1/2	1	1	0.250
	V_{max} =3.000		CI=0.000	
	RI=0.58		CR=CI/RI=0.000＜0.1	

表 7-24　A3 指标层次单排序及其一致性检验

A3	B8	B9	B10	B11	W
B8	1	2	3	5	0.463
B9	1/2	1	3	5	0.327
B10	1/3	1/3	1	3	0.136
B11	1/5	1/5	1/2	1	0.074
	V_{max} =4.08159			CI=0.02720	
	RI=0.90			CR=CI/RI=0.03022＜0.1	

表 7-25　A4 指标层次单排序及其一致性检验

A4	B12	B13		W
B12	1	1		0.500
B13	1	1		0.500
	V_{max} =2.000		CI=0.000	
	RI=0.43		CR=CI/RI=0.000	

表 7-26　B1 指标层次单排序及其一致性检验

B1	**C1**	**C2**	**C3**	***W***
C1	1	1	2	0.333
C2	1	1	1	0.333
C3	1	1	1	0.333
	V_{max} =3.000		CI=0.000	
	RI=0.58		CR=CI/RI=0.000<0.1	

表 7-27　B2 指标层次单排序及其一致性检验

B2	**C4**	**C5**	**C6**	***W***
C4	1	1	2	0.500
C5	1/2	1	1	0.250
C6	1/2	1	1	0.250
	V_{max} =3.000		CI=0.000	
	RI=0.58		CR=CI/RI=0.000<0.1	

表 7-28　B3 指标层次单排序及其一致性检验

B3	**C7**	**C8**	**C9**	***W***
C7	1	1	2	0.500
C8	1/2	1	1	0.250
C9	1/2	1	1	0.250
	V_{max} =3.000		CI=0.000	
	RI=0.58		CR=CI/RI=0.000<0.1	

表 7-29　B4 指标层次单排序及其一致性检验

B1	**C10**	**C11**	**C12**	***W***
C10	1	1	2	0.333
C11	1	1	1	0.333
C12	1	1	1	0.333
	V_{max} =3.000		CI=0.000	
	RI=0.58		CR=CI/RI=0.000<0.1	

表 7-30　B5 指标层次单排序及其一致性检验

B5	C13	C14	W
C13	1	1	0.500
C14	1	1	0.500
	V_{max} =2.000		CI=0.000
	RI=0.43		CR=CI/RI=0.000

表 7-31　B6 指标层次单排序及其一致性检验

B5	C15	C16	W
C15	1	1	0.500
C16	1	1	0.500
	V_{max} =2.000		CI=0.000
	RI=0.43		CR=CI/RI=0.000

表 7-32　B7 指标层次单排序及其一致性检验

B7	C17	C18	W
C17	1	1	0.500
C18	1	1	0.500
	V_{max} =2.000		CI=0.000
	RI=0.43		CR=CI/RI=0.000

表 7-33　B12 指标层次单排序及其一致性检验

B12	C19	C20	C21	C22	C23	C24	W
C19	1	2	1	2	2	1	0.222
C20	1/2	1	1/2	1	1	1/2	0.111
C21	1	2	1	2	2	1	0.222
C22	1/2	1	1/2	1	1	1/2	0.111
C23	1/2	1	1/2	1	1	1/2	0.111
C24	1	2	1	2	2	1	0.222
	V_{max} =2.604				CI=0.000		
	RI=0.58				CR=CI/RI=0.000		

表 7-34　B13 指标层次单排序及其一致性检验

B13	C25	C26	C27	W
C25	1	1	2	0.333
C26	1	1	1	0.333
C27	1	1	1	0.333
	V_{max} =3.000		CI=0.000	
	RI=0.58		CR=CI/RI=0.000＜0.1	

7.5.2.4　层次总排序及其一致性检验

由于第一层（*A* 层）的各个要素对应的是总目标层的权重 *G*，它的总权重也就是它的单权重，在数值上等于（*G-A*）判断矩阵的特征向量。其他层次的各个指标都与其上一层相对应，其总权重相对于上一层次的各个组成要素，因此其总权重应该是其单权重与上一层次权重的积加和，即以其权重与上一层次各要素的总权重进行加权综合。第二层（*B* 层）各指标总权重的计算公式为：

$$B_i = \sum a_k * b_j^{(k)} \quad (i = 1,2,3,\cdots,n)$$

其他各层各指标的计算公式与此相同。对总权重的计算结果也要进行一致性检验，首先计算 $CI = \sum a_k * CI_k$ 和 $RI = \sum a_k * RI_k$ 值

当满足 CR=CI/RI<0.1 时，认为达到了满意的一致性，计算的总权重是可以确定的，否则说明判断矩阵中的一些信息元素仍存在较大的偏差，需要对判断矩阵进行调整。

依据单层次排序及权向量，得到公共体育服务水平综合评价指标体系指标权重如表 7-35 所示。

表 7-35　公共体育服务水平综合评价指标体系指标权重

总系统层	一级指标（子系统层）	二级指标（准则层）	三级指标（指标层）	
G1 公共体育服务水平	A1 资源获取 0.286	B1 经费 0.071	C1 人均公共预算收入	0.024
			C2 人均公共预算支出	0.024
			C3 人均体育彩票公益金	0.024
		B2 人员 0.071	C4 每万人拥有社会体育指导员	0.018
			C5 每万人拥有竞赛人才	0.035
			C6 每万人拥有后备人才	0.018
		B3 场地设施 0.071	C7 健身场地设施	0.018
			C8 国民体质监测站点	0.035
			C9 青少年校外体育活动中心	0.018

续表

总系统层	一级指标（子系统层）	二级指标（准则层）	三级指标（指标层）	
G1 公共体育服务水平	A1 资源获取 0.286	B4 信息 0.071	C10 网站平均点击量	0.018
			C11 微博博文平均点击量	0.024
			C12 微信图文平均点击量	0.024
	A2 资源整合 0.143	B5 政府机构 0.072	C13 政府牵头成立公共体育服务工作机构数量	0.024
			C14 体育系统机构数量	0.036
		B6 社会机构 0.036	C15 每万人拥有体育社团数量	0.036
			C16 青少年体育组织及体育俱乐部数量	0.018
		B7 政策法规 0.036	C17 公共体育服务的“三纳入”	0.018
			C18 公共体育服务发展规划	0.018
	A3 资源配置 0.286	B8 人均公共体育服务经费 0.132		
		B9 每万人用用公共体育服务人员数量 0.094		
		B10 体育服务业增加值在体育产业增加值中比例 0.039		
		B11 政府牵头成立的体育服务机构覆盖率 0.143		
	A4 资源供给 0.286	B12 服务数量 0.143	C19 体育场馆向社会开放率	0.032
			C20 体育竞赛计划执行率	0.016
			C21 全民健身活动	0.032
			C22 国民体质监测达标率	0.016
			C23 科学健身指导人次	0.016
			C24 人均体育场地面积	0.032
		B13 服务质量 0.143	C25 服务质量满意度	0.048
			C26 服务价格满意度	0.046
			C27 服务水平满意度	0.048

7.6　指标的无量纲化处理

无量纲处理，是对评价指标数值的标准化、正规化处理，它是通过一定的数学变换来消除原始指标量纲影响的一种方法，即把性质、量纲各异的指标转化为可以进行综合的相对数——量化值。目前对指标进行无量纲化处理的方法很多，考虑到评价指标体系中的指标有些是正指标（即指标数值越大越好），有些是逆指标（即指标数值越小越好），还有的是适度指标（即指标数值处于某一适度的范围最好），指标彼此之间的“好”与“差”没有明晰的数量界限，在一定程度上具有一定的模糊性，采用模糊量化的方法比较合适，同时依据评价指标体系中各个指标的性质，本研究采用了美国学者 L.A.Zadeh 提出的线性模糊隶属度函数的方法，对各个评价指标原始数值的实际价值进行“量化”。其具体处理方法如下。

7.6.1 对正向指标的处理

确定各个指标的“优”“劣”上下限，是进行模糊量化的前提。公共体育服务是一个相对概念，各个评价对象的发展水平孰大孰小都是相对的，各个指标的“优”“劣”上下限阈值确定也比较困难。为此，本研究将各个正向指标在所评价区域内的最大值 X_{max} 和最小值 X_{min} 确定为“优”“劣”上下限，并采用半升梯形模糊隶属度函数进行量化，求出模糊隶属度值 $B(x_i)$ 。即：

$$Y(x_i)=(X_i-X_{min})/(X_{max}-X_{min})=\begin{cases}1 & X_i>X_{min}\\(X_i-X_{min})/(X_{max}-X_{min}) & X_{min}<X_i<X_{max}\\0 & X_{max}<X_{min}\end{cases}$$

式中，$Y(x_i)$ 表示第 A_i 指标实际数值的隶属度值；X_i 表示第 A_i 指标具体实际数值；X_{max} 表示第 A_i 指标的上限值，即最大值；X_{min} 表示第 A_i 指标的下限值，即最小值。

7.6.2 对逆向指标的处理

各个逆向指标上下限的确定，所在评价区域内的最大值 X_{max} 为“劣”、最小值 X_{min} 为“优”，并采用半降梯形模糊隶属度函数进行量化，求出模糊隶属度值 $Y(x_i)$ 。即：

$$Y(x_i)=(X_{max}-X_i)/(X_{max}-X_{min})=\begin{cases}1 & X_i<X_{min}\\(X_{max}-X_i)/(X_{max}-X_{min}) & X_{min}<X_i<X_{max}\\0 & X_{max}>X_{min}\end{cases}$$

式中，$Y(x_i)$ 表示第 A_i 指标实际数值的隶属度值；X_i 表示第 A_i 指标具体实际数值；X_{max} 表示第 A_i 指标的上限值，即最大值；X_{min} 表示第 A_i 指标的下限值，即最小值。

7.6.3 对适度指标的处理

适度指标上下限的确定，应该首先确定一个适度值 X_{io}，即该数值为这个适度指标的“最佳点”，然后围绕 X_{io} 分别确定其“优”“劣”上下限。考虑到所有数据口径的可比性问题，对于适度指标的“优”“劣”上下限，仍规定为该指标在所有评价对象中的最大值和最小值。

$$Y(x_i)=\begin{cases}2(X_i-X_{min})/(X_{max}-X_{min}) & X_{min}<X_i<X_{io}\\2(X_{max}-X_i)/(X_{max}-X_{min}) & X_{min}<X_i<X_{max}\\0 & X_i<X_{min}\text{或}X_i>X_{max}\end{cases}$$

式中，$Y(x_i)$ 表示第 A_i 指标实际数值的隶属度值；X_i 表示第 A_i 指标具体实际数值；X_{max} 表示第 A_i 指标的上限值，即最大值；X_{min} 表示第 A_i 指标的下限值，即最小值。

各类指标量化值 $Y(x_i)$ 在数值上都介于 0~1，模糊数学中常把某事物隶属度属于某一标准的程度，用（0，1）区间内的一个实数来表示，“0”表示完全不隶属，“1”表示完全隶属。无量纲化处理后，各个指标之间可以进行相互比较，但是 0~1 之间的相对数，不符合差异比较的习惯，因此将量化值进一步转化为百分制的标准量化值，即：$f(x_i)=Y(x_i)\cdot 100$。

7.7　综合评价模型的应用与实证研究

根据上述各个判断矩阵特征向量的计算结果，按照评价指标体系的逐层结构逐层进行加权计算，得出公共体育服务水平评价指标体系中各个指标的权重 W，依据指标无量纲化处理得到各类指标量化值 Y，并最终形成公共体育服务水平综合评价模型：

$$R = W \cdot F$$

式中，$R = (r_1, r_2, \cdots, r_n)$ 表示 n 个地区的公共体育服务水平综合评价结果向量；$W = (W_1, W_2, \cdots, W_m)$ 表示 m 个评价指标的权向量；$F = (B_{ij})_m \cdot n$ 表示 n 个地区各项指标的无量纲化数据矩阵。

按 R_j 的大小将地区排序，R_j 越大，地区的公共体育服务水平越高。

本研究以陕西省作为典型案例进行公共体育服务水平综合评价实证分析。

7.7.1　评价数据收集

本研究所涉及的核心数据为陕西省各地市公共体育服务数据，包括资源获取、资源整合、资源配置和资源供给。按照公共体育服务统计报表制度设计的统计指标进行数据收集，采集陕西省各地市公共体育服务统计数据。

7.7.2　综合评价过程、结果与分析

本研究中对陕西省公共体育服务水平的实证评价采用的是总指数法进行评价的，其具体过程如下：通过一系列计算，得到评价指标的基础数据；对评价指标基础数据进行无量纲化处理，形成评价指标的比较值；用各指标的比值乘以相应的权重，得出单项指标数据。

由表 7-36 的评价结果，可排出陕西省各地市公共体育服务经费的评价结果由高到低依次为：西安、宝鸡、咸阳、榆林、汉中、延安、商洛、安康、渭南和铜川。

表 7-36　B1 经费综合评价结果

序号	地区	人均公共预算收入	人均公共预算支出	人均体育彩票公益金	合计	排序
1	西安	2.328	2.190	1.670	6.188	1
2	咸阳	2.112	1.970	1.034	5.116	3
3	宝鸡	2.160	1.920	1.430	5.510	2
4	汉中	1.800	1.650	1.190	4.640	5
5	榆林	2.040	1.866	1.178	5.084	4
6	渭南	2.016	1.884	0.000	3.900	9
7	商洛	1.752	1.607	1.250	4.609	7
8	安康	1.680	1.542	0.974	4.196	8
9	铜川	0.000	0.000	1.078	1.078	10
10	延安	1.824	1.672	1.142	4.638	6

由表 7-37 的评价结果，可排出陕西省各地市公共体育服务人员的评价结果由高到低依次为：西安、宝鸡、渭南、咸阳、榆林、安康、商洛、汉中、延安和铜川。

表 7-37　B2 人员综合评价结果

序号	地区	每万人拥有社会体育指导员	每万人拥有竞赛人才	每万人拥有后备人才	合计	排序
1	西安	3.563	1.478	1.532	6.573	1
2	咸阳	3.099	1.407	1.354	5.860	4
3	宝鸡	3.064	1.443	1.781	6.288	2
4	汉中	2.779	1.318	0.000	4.097	8
5	榆林	2.672	1.407	1.389	5.468	5
6	渭南	3.064	1.461	1.354	5.879	3
7	商洛	2.529	1.300	1.229	5.058	7
8	安康	2.672	1.247	1.193	5.112	6
9	铜川	0.000	1.781	1.283	3.064	10
10	延安	2.529	0.000	1.211	3.740	9

由表 7-38 的评价结果，可排出陕西省各地市公共体育服务场地设施的评价结果由高到低依次为：西安、宝鸡、榆林、延安、咸阳、汉中、铜川、安康、商洛和渭南。

表 7-38　B3 场地设施综合评价结果

序号	地区	健身场地设施	国民体质监测站点	青少年校外体育活动中心	合计	排序
1	西安	3.563	1.781	1.781	7.125	1
2	咸阳	1.367	1.158	1.069	3.594	5
3	宝鸡	2.734	1.283	1.443	5.459	2
4	汉中	1.906	0.802	0.855	3.563	6
5	榆林	1.864	1.158	1.389	4.411	3
6	渭南	0.000	1.247	1.104	2.351	10
7	商洛	2.113	0.570	0.000	2.683	9
8	安康	1.160	0.980	1.193	3.333	8
9	铜川	2.900	0.000	0.552	3.452	7
10	延安	1.740	1.104	0.837	3.681	4

由表 7-39 的评价结果，可排出陕西省各地市公共体育服务信息的评价结果由高到低依次为：宝鸡、汉中、西安、渭南、咸阳、安康、榆林、延安、商洛和铜川。

表 7-39　B4 信息服务综合评价结果

序号	地区	网站平均点击量	微博博文平均点击量	微信图文平均点击量	合计	排序
1	西安	1.685	1.020	1.542	4.247	3
2	咸阳	0.910	1.542	1.447	3.899	5
3	宝鸡	2.373	1.708	2.373	6.454	1
4	汉中	1.269	2.373	1.139	4.781	2
5	榆林	1.241	1.542	0.902	3.685	7
6	渭南	0.902	1.661	1.471	4.034	4
7	商洛	1.407	0.759	0.000	2.166	9
8	安康	0.772	1.305	1.685	3.762	6
9	铜川	0.000	0.617	0.736	1.353	10
10	延安	1.159	0.000	1.115	2.274	8

由表 7-40 的评价结果，可排出陕西省各地市公共体育服务资源整合中政府机构的评价结果由高到低依次为：渭南、西安、宝鸡、榆林、汉中、咸阳、延安、安康、商洛和铜川。

表 7-40　B5 政府机构综合评价结果

序号	地区	政府牵头成立公共体育服务工作机构数量	体育系统机构数量	合计	排序
1	西安	2.288	3.575	5.863	2
2	咸阳	1.372	2.324	3.696	6
3	宝鸡	2.896	2.574	5.470	3
4	汉中	1.912	2.002	3.914	5
5	榆林	1.871	2.324	4.193	4
6	渭南	3.575	2.503	6.078	1
7	商洛	0.000	1.144	1.144	9
8	安康	1.164	1.966	3.130	8
9	铜川	1.108	0.000	1.108	10
10	延安	1.746	1.823	3.569	7

由表 7-41 的评价结果，可排出陕西省各地市公共体育服务资源整合中社会机构的评价结果由高到低依次为：宝鸡、西安、渭南、咸阳、延安、汉中、榆林、铜川、安康和商洛。

表 7-41 B6 社会机构综合评价结果

序号	地区	每万人拥有体育社团数量	青少年体育组织及体育俱乐部数量	合计	排序
1	西安	1.591	1.466	3.057	2
2	咸阳	1.394	1.162	2.556	4
3	宝鸡	1.788	1.287	3.075	1
4	汉中	0.912	1.001	1.913	6
5	榆林	0.935	0.840	1.775	7
6	渭南	0.858	1.788	2.646	3
7	商洛	0.822	0.000	0.822	10
8	安康	0.000	0.983	0.983	9
9	铜川	0.554	0.608	1.162	8
10	延安	0.965	1.162	2.127	5

由表 7-42 的评价结果，可排出陕西省各地市公共体育服务资源整合中政策法规的评价结果由高到低依次为：咸阳、宝鸡、西安、渭南、延安、榆林、汉中、安康、商洛和铜川。

表 7-42 B7 政策法规综合评价结果

序号	地区	公共体育服务的“三纳入”	公共体育服务发展规划	合计	排序
1	西安	1.645	1.144	2.789	3
2	咸阳	1.788	1.555	3.343	1
3	宝鸡	1.448	1.788	3.236	2
4	汉中	0.608	1.001	1.609	7
5	榆林	0.822	1.162	1.984	6
6	渭南	1.341	1.251	2.592	4
7	商洛	0.644	0.000	0.644	9
8	安康	0.582	0.983	1.565	8
9	铜川	0.000	0.644	0.644	10
10	延安	1.001	1.090	2.091	5

由表 7-43 的评价结果，可排出陕西省各地市公共体育服务资源供给中服务数量的评价结果由高到低依次为：宝鸡、西安、咸阳、汉中、榆林、延安、渭南、商洛、安康和铜川。

表 7-43 B12 服务数量综合评价结果

序号	地区	体育场馆向社会开放率	体育竞赛计划执行率	全民健身活动	国民体质监测达标率	科学健身指导人次	人均体育场地面积	合计	排序
1	西安	2.825	1.016	3.175	0.683	0.810	3.175	11.144	2
2	咸阳	2.476	1.381	2.063	1.032	0.609	1.218	8.779	3
3	宝鸡	3.175	1.587	2.286	1.143	1.587	2.436	12.214	1
4	汉中	1.619	0.889	1.778	1.587	0.849	1.698	8.420	4
5	榆林	1.661	1.032	2.063	1.032	0.831	1.661	8.280	5
6	渭南	1.524	1.111	2.222	1.111	0.603	0.000	6.571	7
7	商洛	1.460	0.000	1.016	0.508	0.941	1.883	5.808	8
8	安康	0.000	0.873	1.746	0.873	0.517	1.034	5.043	9
9	铜川	0.984	0.571	0.000	0.413	0.000	2.584	4.552	10
10	延安	1.714	0.968	1.619	0.000	0.775	1.550	6.626	6

由表 7-44 的评价结果，可排出陕西省各地市公共体育服务资源供给中服务质量的评价结果由高到低依次为：西安、宝鸡、铜川、榆林、咸阳、汉中、安康、渭南、商洛和延安。

表 7-44 B13 服务质量综合评价结果

序号	地区	服务质量满意度	服务价格满意度	服务水平满意度	合计	排序
1	西安	2.373	1.969	2.373	6.715	1
2	咸阳	0.910	1.874	1.424	4.208	5
3	宝鸡	1.821	1.922	1.922	5.665	2
4	汉中	1.269	1.756	1.139	4.164	6
5	榆林	1.241	1.874	1.851	4.966	4
6	渭南	0.000	1.946	1.471	3.417	8
7	商洛	1.407	1.732	0.000	3.139	9
8	安康	0.772	1.661	1.590	4.023	7
9	铜川	1.931	2.373	0.736	5.040	3
10	延安	1.159	0.000	1.115	2.274	10

各单项指标指数相加得出各准则层指标的评价结果如表 7-45~表 7-47 所示。

由表 7-45 的评价结果，可排出陕西省各地市公共体育服务资源获取的评价结果由高到低依次为：西安、宝鸡、榆林、咸阳、汉中、安康、渭南、商洛、延安和铜川。

表 7-45 A1 资源获取综合评价结果

序号	地区	经费	人员	场地设施	信息	合计	排序
1	西安	6.188	6.573	7.125	4.274	24.160	1
2	咸阳	5.116	5.860	3.594	3.900	18.470	4
3	宝鸡	5.510	6.288	5.459	6.454	23.711	2
4	汉中	4.640	4.097	3.562	4.781	17.080	5
5	榆林	5.084	5.468	4.411	3.685	18.649	3
6	渭南	3.900	5.878	2.351	4.033	16.163	7
7	商洛	4.609	5.059	2.683	2.166	14.516	8
8	安康	4.196	5.112	3.333	3.762	16.403	6
9	铜川	1.078	3.064	3.452	1.352	8.946	10
10	延安	4.638	3.741	3.681	2.274	14.333	9

由表 7-46 的评价结果，可排出陕西省各地市公共体育服务资源整合的评价结果由高到低依次为：宝鸡、西安、渭南、咸阳、榆林、延安、汉中、安康、铜川和商洛。

表 7-46 A2 资源整合综合评价结果

序号	地区	政府机构	社会结构	政策法规	合计	排序
1	西安	5.863	3.057	2.735	11.655	2
2	咸阳	3.696	2.556	2.949	9.201	4
3	宝鸡	5.470	3.075	3.575	12.120	1
4	汉中	3.914	1.913	1.913	7.740	7
5	榆林	4.194	1.775	2.097	8.066	5
6	渭南	6.078	2.646	2.109	10.833	3
7	商洛	1.144	0.822	0.822	2.788	10
8	安康	3.130	0.983	0.983	5.096	8
9	铜川	1.108	1.162	1.198	3.468	9
10	延安	3.569	2.127	2.056	7.752	6

由表 7-47 的评价结果，可排出陕西省各地市公共体育服务资源配置的评价结果由高到低依次为：西安、宝鸡、咸阳、渭南、榆林、延安、安康、汉中、商洛和铜川。

表7-47 A3资源配置综合评价结果

序号	地区	人均公共体育服务经费	每万人拥有公共体育服务人员数量	体育服务业增加值在体育产业增加值中比例	政府牵头成立的体育服务机构覆盖率	合计	排序
1	西安	13.242	9.352	3.890	1.884	28.368	1
2	咸阳	11.520	6.079	2.334	1.651	21.584	3
3	宝鸡	11.388	6.734	3.151	2.116	23.389	2
4	汉中	10.329	4.208	1.867	1.079	17.483	8
5	榆林	9.931	6.079	3.034	1.107	20.151	5
6	渭南	11.388	6.547	2.412	1.016	21.363	4
7	商洛	9.402	2.993	0.000	0.974	13.369	9
8	安康	9.931	5.144	2.606	0.000	17.681	7
9	铜川	0.000	0.000	1.206	0.656	1.862	10
10	延安	9.402	5.798	1.828	1.143	18.171	6

由表7-48的评价结果，可排出陕西省各地市公共体育服务资源供给的评价结果由高到低依次为：西安、宝鸡、榆林、咸阳、汉中、渭南、铜川、安康、商洛和延安。

表7-48 A4资源供给综合评价结果

序号	地区	服务数量	服务质量	合计	排序
1	西安	11.683	6.715	18.398	1
2	咸阳	8.780	4.208	12.988	4
3	宝鸡	12.214	5.665	17.879	2
4	汉中	8.420	4.164	12.584	5
5	榆林	8.280	4.967	13.247	3
6	渭南	6.571	3.417	9.988	6
7	商洛	5.808	3.139	8.947	9
8	安康	5.042	4.023	9.065	8
9	铜川	4.552	5.039	9.591	7
10	延安	6.627	2.274	8.901	10

各准则层指数相加得出陕西省各地市公共体育服务水平综合评价结果（表7-49）。

由表7-49的评价结果，可排出陕西省各地市公共体育服务水平的综合评价结果由高到低依次为：西安、宝鸡、咸阳、榆林、渭南、汉中、延安、安康、商洛和铜川。

表 7-49 陕西省各地市公共体育服务水平综合评价结果

序号	地区	资源获取	资源整合	资源配置	资源供给	合计	排序
1	西安	24.160	11.655	28.367	18.397	82.579	1
2	咸阳	18.470	9.201	21.584	12.988	62.243	3
3	宝鸡	23.711	12.119	23.389	17.879	77.098	2
4	汉中	17.080	7.739	17.483	12.584	54.886	6
5	榆林	18.649	8.067	20.152	13.246	60.114	4
6	渭南	16.163	10.832	21.362	9.988	58.345	5
7	商洛	14.516	2.789	13.368	8.947	39.620	9
8	安康	16.403	5.096	17.681	9.065	48.245	8
9	铜川	8.946	3.468	1.862	9.592	23.868	10
10	延安	14.333	7.752	18.171	8.901	49.157	7

第8章

公共体育服务信息系统研制

在体育领域中，国外一些发达国家信息应用系统建设和体育信息资源的开发利用取得了领先地位，形成了比较健全的信息采集、处理、保存和使用体系，拥有了一批为国民提供体育信息和相关服务的综合性数据库。目前国内关于公共体育服务统计应用与决策信息化系统仅有个别区域性公共体育服务统计应用平台，且存在兼容性不强、Bug 较多、对数据的纠错性较差、信息决策较少、操作不方便等缺陷。本研究在系统分析公共体育服务统计应用与决策信息支持系统需求的基础上，以公共体育服务部门应用为切入点，按照科学性与可行性、系统性与层次性的原则，设计了我国公共体育服务统计应用与决策信息化系统。

8.1 需求分析

8.1.1 满足各级职能管理部门数据查询与统计分析的需求

整个统计系统部署完成后，各相关单位周期性向系统上报各类公共体育服务统计数据（如每月、每季等）。各级职能管理部门可随时通过系统查询公共体育服务统计数据，如公共体育服务经费支出情况、某省体育场馆建设情况等，并可对各阶段历史数据进行对比和统计。

8.1.2 便于多业务数据查询和统计分析

建立完整的公共体育服务统计分析系统，把全民健身、公共体育场地服务及竞赛服务各方面的数据全部纳入其中，便于多种业务综合查询，也便于多种业务数据对比。

8.1.3 减轻统计人员的工作负担，增加统计数据的准确性

建立公共体育服务统计分析系统，把需要的信息及时录入系统，统计工作可以由系统自动完成，这样可以减轻统计人员的工作负担，增加统计数据的准确性。

8.1.4 建立权威性的公共体育服务统计数据库

在每年统计信息的基础上，建立全国公共体育服务统计数据库，便于数据查询、对比和分析，为我国体育战略决策提供直接准确的依据。

8.1.5 建立灵活的互联网统计系统分级管理体系

建立灵活的互联网统计系统分级管理体系，可以满足公共体育服务统计工作业务发展和变化的需求。

8.1.6 建立统计产品快捷生成体系

通过系统对数据的规范化管理，建立一个统计报表的快捷生成体系，可生成包括“公共体育服务统计年鉴”“省公共体育服务统计年鉴”“公共体育服务统计可视化”在内的各类统计产品。系统提供多种图表供用户选择，展示多种不同统计模式。

8.2 研制目标

通过软件开发前期大量的工作，使系统在具有强大功能的前提下，具备友好的用户界面，简捷方便的操作模式，以满足用户的需要。

软件系统通过中央管理层，对各下级系统进行功能增减、修改、扩展及升级等，以适应多种数据变化需求。各级用户上报的数据，上层用户可选择是否审核，并自动导入上层数据库。中央管理层用户可按需选择所需统计的数据，并自动生成所需的图表等报表格式，上报相关领导。通过一键式操作，可按期生成供印刷所需的统计产品。

各级用户上传、下传的数据均进行过加密处理，可有效防止信息泄露。

系统采用模块化设计模式，可按后续需求增加其他功能模块，各模块之间既可运行于同一平台上，也可单独运行。此外，系统采用开放式结构，便于后续低成本升级，既保证了系统的先进性，也避免了用户的重复投资。

8.3 系统设计

首先，对国家各省、市、县等体育管理机构对社会体育服务统计与决策信息化系统的需求进行调研，结合实际调研结果，按照软件开发流程搭建数据库，编写代码，完成系统开发工作。针对系统平台各项功能，独立进行黑、白盒测试。其次，对整个系统的安全性、容错性、数据统计准确性、数据校验有效性、系统整体相应速度、易用性等指标进行全面测试。最后，系统上线试运行，经多次调试，消除系统运行过程中的各项程序错误，面向全国各级体育管理部门正式运行。系统开发流程如图 8-1 所示。

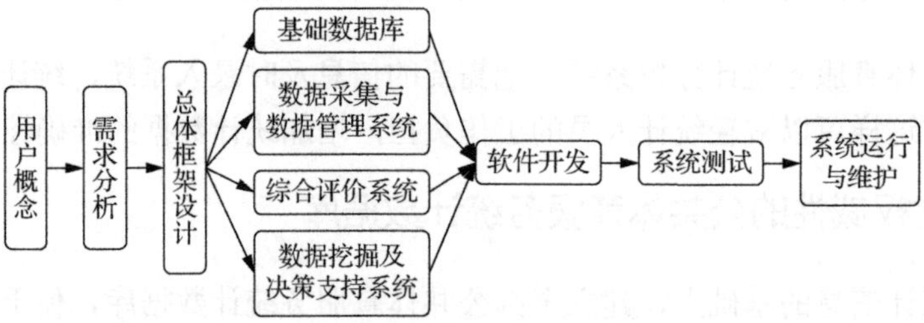

图 8-1 系统开发流程

按照“我国公共体育服务体系理论模型、统计体系模型和综合评价模型”分析系统，在规划数据库时，充分考虑数据的完整性、统一性，充分考虑系统的安全性、易用性、扩展性，为下一步系统升级、功能扩展预留丰富接口。

8.4 系统实现

充分理解“我国公共体育服务体系理论模型、统计体系模型和综合评价模型”，应用最新的计算机软件、网络通信技术，分析与之相关的各项指标，抽取算法，建立逻辑关系。在此基础上，搭建我国公共体育服务基础数据库，进而开发设计我国公共体育服务数据采集与管理系统、数据挖掘与决策支持系统。

8.4.1 搭建我国公共体育服务基础数据库

依据“我国公共体育服务体系理论模型、统计体系模型和综合评价模型”，基于大型关系型数据库 Oracle 10g 设计数据库的字段、表、视图、逻辑关系，开发编写数据库端存储、SQL 脚本。

在数据库端，开发设计数据挖掘、决策支持相关数据索引表、视图，并编写相关存储代码。

数据库是系统开发的基础，存储全国各地的公共体育服务数据，并负责数据的查询、统计等相关运算。因此，基础数据库的设计应支持 1000 万级数据的存储，同时支持 1000 万级用户增、删、改、查询及统计操作。

8.4.2 开发我国公共体育服务数据采集及管理系统

数据采集及管理系统是本研究的基础，数据采集不完善、表单不合理、管理系统不科学将直接影响到查询、统计、决策的结果。我国公共体育服务数据采集及管理系统主要包括数据录入、数据导入、数据编辑、数据导出、数据查询、数据统计汇总、数据输出、系统互联、用户管理、权限管理十大功能。

8.4.2.1　数据录入功能

针对各级上报系统，每个系统都有自己的基本数据录入功能（专指统计信息数据）。数据录入模板的设置是通过国家级公共体育服务统计系统来进行的，可添加、更新和修改，各省（自治区、直辖市）用户可以通过连接自动（或手工）下载录入模板，并根据模板格式的定义及录入数据规范的要求，进行经济统计数据的录入。

8.4.2.2　数据导入功能

对于满足格式的外来数据文件，可以进行数据导入系统操作，对于新导入数据先插入临时数据库，并提供是否需审核选项，然后导入本地数据库。

导入经济数据需要原始数据及数据导入规则合作完成，数据导入流程如图 8-2 所示。

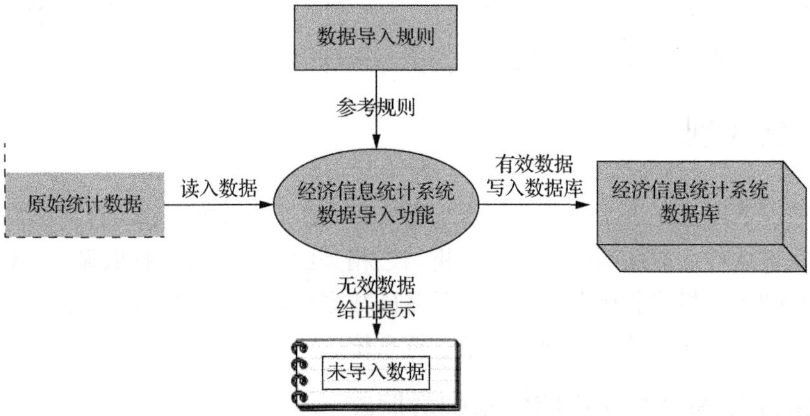

图 8-2　数据导入流程

8.4.2.3　数据编辑功能

每个下级系统对录入的数据都有编辑、修改和删除的功能。对于导入的数据和下级系统上传的数据，本地用户无修改权限。

8.4.2.4　数据导出功能

国家级的公共体育服务统计系统都可对数据库内的数据文件进行筛选（选择满足条件的数据）打包，用于保存和进行数据传输。

导出数据经过数据导出模板的规范写入导出数据包，数据导出流程如图 8-3 所示。

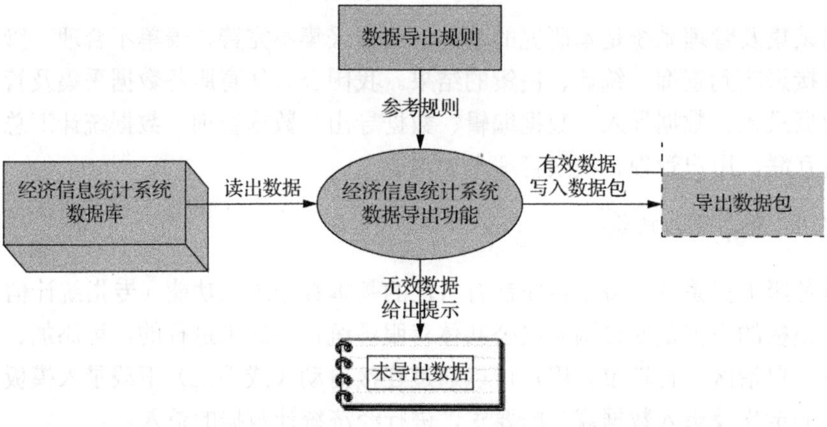

图 8-3　数据导出流程

8.4.2.5　数据查询功能

查询范围，原则上所有用户都可查询自己范围内的数据，并经过授权查询其他子系统的数据（只可查询不可修改）。

查询条件的选择，系统提供多查询条件组合查询功能，允许用户选择条件之间的关系（与、或、非），条件的操作符包括大于、小于、包含、不包含、等于、不等于 6 个。对于字长不明确的文本信息可提供模糊查询。

多个查询结果，采用多种列表形式显示多个查询结果，用户选择一个查询结果后，即可查看相关统计信息，对于查询到的信息可选择另存或打印处理。

8.4.2.6　数据统计汇总功能

用户可按不同的功能需求，进行数据汇总，并生成图表等所需的报表格式。功能需求选择简单、方便，用户能够对汇总出来的数据一目了然。

8.4.2.7　数据输出功能

用户可实现对数据的查询统计功能，查询和统计的结果，可按用户预定的要求进行输出、打印，或按用户预定的文件格式另存等。

8.4.2.8　系统互联功能

数据采集及管理系统由多点、多级别互联系统组成。系统的上下级间、同级系统间都通过特定的高级别安全方式传送数据。

8.4.2.9　用户管理功能

按设计要求，系统可进行无限多级用户的等级划分。基本设置如下：超级系统管理员（完成整个系统的用户管理）、系统管理员（完成整个系统除超级管理员外的用户管理，以及系统基本信息配置）、数据统计分析员（完成系统统计数据的录入、数据的上传下达和数据的汇总输出等）、信息发布员（完成系统信息发布功能）、单位负责人（对系统所有数据进行无限制查询、统计与分析，不具备数据修改、添加、删除功能）。

8.4.2.10　权限管理功能

系统权限严格按级别划分进行管理，各级别有自己特定的数据访问权限。每个级别可添加自己的下级，并可把自己权限的部分或全部向下级授权。

8.4.3　研制综合评价系统

依据我国公共体育服务综合评价模型，设计开发综合评价系统，实现公开收集社会公众对公共体育服务的意见建议，同时采用打分机制统计出完整数据，为我国公共体育服务的改善提供决策支持服务。综合评价系统分为综合评价数据录入、网上评价、数据汇总统计和综合评价管理 4 个部分。

8.4.3.1 综合评价数据录入

综合评价数据录入包括全国各区域数据录入、导入，修改规定时间内的综合评价数据。

8.4.3.2 网上评价

通过互联网公开收集社会公众对公共体育服务的意见、建议以及评分。社会公众通过互联网，填写社会体育服务综合评价表，提交后系统智能判断该用户所在区域，然后将该用户提交的数据自动归属到该区域的网上评价数据中。

8.4.3.3 数据汇总统计

对收集到的数据，通过表格、柱状图、饼状图等形式显示统计结果，最后将各区域提交的评价数据与网上调查的统计结果整合显示。

8.4.3.4 综合评价管理

使用综合评价管理模块对不同时间段，各省、市、县的综合数据进行综合评价，并将反馈结果用于数据管理。

8.4.4 开发建设我国公共体育服务数据挖掘及决策支持系统

我国公共体育服务数据挖掘及决策支持系统是本系统的核心，前 3 个部分的重点在如何收集、管理和汇总我国公共体育服务数据，那么本部分功能是解决如何更好地应用数据，让数据发挥真正的价值的问题。

数据挖掘及决策支持系统主要包括数据智能查询、数据智能统计、数据挖掘规则库、决策支持知识库和决策支持结果。

8.4.4.1 数据智能查询

结合分词技术、AJAX 技术、逻辑 OR 等对公共体育服务基础数据库中的数据进行智能检索，具体系统查询功能如下。

全国公共体育服务数据查询。全国的数据查询，可以根据省份、机构类别、机构级别和某个字段的数量范围（如公共体育服务机构人数、公共体育场地设施数量、社会体育指导员人数）等进行查询。表 8-1 查询的是陕西省各体育运动学校场地规模情况。

表 8-1 陕西省各体育运动学校场地规模情况

场地位置	场地归属	场地规模（m^2）		
		用地面积	建筑面积	场地面积
校园	体育运动学校	36000.00	0.00	15796.00
校园	体育运动学校	27000.00	6000.00	15000.00

续表

场地分布	场地归属	场地规模（m^2）		
		用地面积	建筑面积	场地面积
校园	体育运动学校	5300.00	0.00	5100.00
校园	体育运动学校	7200.00	943.00	6257.00
校园	体育运动学校	48864.00	97000.00	15796.00
校园	体育运动学校	40000.00	30000.00	17246.73
校园	体育运动学校	6280.00	80.00	6200.00
校园	体育运动学校	52500.00	44937.00	45000.00
校园	体育运动学校	9395.70	390.70	9005.00
校园	体育运动学校	3200.00	0.00	3100.00
校园	体育运动学校	26400.00	40.00	20400.00
校园	体育运动学校	21908.00	300.00	20822.00
校园	体育运动学校	21600.00	300.00	15000.00
校园	体育运动学校	8000.00	0.00	6500.00
校园	体育运动学校	3500.00	0.00	3250.00
校园	体育运动学校	4800.00	0.00	4000.00
校园	体育运动学校	4800.00	0.00	4600.00
校园	体育运动学校	33300.00	15765.00	17535.00
校园	体育运动学校	71446.86	22708.44	20848.44
校园	体育运动学校	3000.00	0.00	3000.00
校园	体育运动学校	7777.00	0.00	7777.00
校园	体育运动学校	68812.00	6540.00	18000.00
校园	体育运动学校	21000.00	0.00	16500.00
校园	体育运动学校	76000.00	50.00	37000.00
校园	体育运动学校	6780.00	0.00	3700.00

年度公共体育服务数据查询。统计年度信息数据的查询主要可以选择开始时间和结束日期，也可以选择某一年查询某个机构类别下符合条件的记录。表 8-2 查询的是 2011 年 1 月 1 日到 2013 年 1 月 1 日陕西省不同地区全民健身赛事开展情况。

表 8-2　2011 年 1 月 1 日—2013 年 1 月 1 日陕西省不同地区全民健身赛事开展情况

开始时间	结束时间	赛事名称
2011 年 1 月 1 日	2013 年 1 月 1 日	西安市第五届乒乓球锦标赛
2011 年 1 月 1 日	2013 年 1 月 1 日	西安市第三届大王岩登山挑战赛
2011 年 1 月 1 日	2013 年 1 月 1 日	西安市第四届关庙山象棋邀请赛
2011 年 1 月 1 日	2013 年 1 月 1 日	春季信鸽竞技赛
2011 年 1 月 1 日	2013 年 1 月 1 日	西安市第五届业余网球（单项）公开赛

续表

开始时间	结束时间	赛事名称
2011 年 1 月 1 日	2013 年 1 月 1 日	周至县第五届环百里洲自行车邀请赛
2011 年 1 月 1 日	2013 年 1 月 1 日	西安市桥牌联赛
2011 年 1 月 1 日	2013 年 1 月 1 日	碑林区城区老干部第二十届中国象棋比赛
2011 年 1 月 1 日	2013 年 1 月 1 日	西安市第三届羽毛球锦标赛
2011 年 1 月 1 日	2013 年 1 月 1 日	太极趣味推手交流赛
2011 年 1 月 1 日	2013 年 1 月 1 日	自然水域漂流赛
2011 年 1 月 1 日	2013 年 1 月 1 日	全国少年宫体育舞蹈湖北赛区比赛
2011 年 1 月 1 日	2013 年 1 月 1 日	少儿五子棋、国际跳棋升级定级赛
2011 年 1 月 1 日	2013 年 1 月 1 日	咸阳市五人制足球赛
2011 年 1 月 1 日	2013 年 1 月 1 日	第六个全民健身日系列活动
2011 年 1 月 1 日	2013 年 1 月 1 日	咸阳市第二届健身气功交流赛
2011 年 1 月 1 日	2013 年 1 月 1 日	咸阳市健身腰鼓大赛
2011 年 1 月 1 日	2013 年 1 月 1 日	第六届汽车摩托车场地越野赛
2011 年 1 月 1 日	2013 年 1 月 1 日	咸阳举办全国第五届登山节
2011 年 1 月 1 日	2013 年 1 月 1 日	安康第四届乒协俱乐部杯赛
2011 年 1 月 1 日	2013 年 1 月 1 日	安康市第八届健美操比赛
2011 年 1 月 1 日	2013 年 1 月 1 日	安康市中老年人体育舞蹈比赛

公共体育服务数据查询。公共体育服务数据的查询可以根据省份、机构类别查询公共体育服务人员情况，也可以根据场地类型、场地分布、场地规模查询公共体育服务场地设施投入情况，还可以根据自己的需求，按某一月或是选择某一个时间段进行查询等。表 8-3 查询的是某省各年度的公共体育场地设施投入情况。

表 8-3　某省各年度的公共体育场地设施投入情况

建成年份	场地数量（个）	投资金额（万元）
1993	132	743
1994	128	478
1995	166	714
1996	418	206136
1997	239	802
1998	438	4869
1999	293	103135
2000	681	14442
2001	464	11539
2002	582	6515
2003	787	15680

续表

建成年份	场地数量（个）	投资金额（万元）
2004	983	11344
2005	1176	9630
2006	1567	46743
2007	2146	55338
2008	3395	48308
2009	4373	67167
2010	4776	251823
2011	4212	52372
2012	5948	52431
2013	5599	141943

地区公共体育服务数据查询。地区体育经济信息数据查询：可以根据某个省份进行查询（如河南、河北、浙江、湖南、北京等）查询所有省份不同地区的信息情况。表 8-4 查询的是陕西省不同地区全民健身赛事开展情况。

表 8-4 陕西省不同地区全民健身赛事开展情况

地区	赛事名称
西安	西安市第五届乒乓球锦标赛
西安	西安市第三届大王岩登山挑战赛
西安	西安市第四届关庙山象棋邀请赛
西安	碑林区城区老干部第二十届中国象棋比赛
西安	西安市第三届羽毛球锦标赛
西安	太极趣味推手交流赛
西安	自然水域漂流赛
西安	全国少年宫体育舞蹈湖北赛区比赛
咸阳	少儿五子棋、国际跳棋升级定级赛
咸阳	咸阳市五人制足球赛
咸阳	第六个全民健身日系列活动
咸阳	咸阳市第二届健身气功交流赛
咸阳	咸阳市健身腰鼓大赛
咸阳	第六届汽车摩托车场地越野赛
咸阳	咸阳举办全国第五届溪降节
安康	安康第四届乒协俱乐部杯赛
安康	安康市第八届健美操比赛
安康	安康市中老年人体育舞蹈比赛
安康	安康市第三届围棋对抗赛

续表

地区	赛事名称
安康	安康老年人桥牌比赛
安康	安康市第四届武术运动会
安康	宜昌第九届篮球俱乐部联赛（秋季）
安康	某市第二十八届冬渡长江活动
安康	安康市桥牌等级赛
安康	安康市第四届跆拳道品式赛
宝鸡	宝鸡市第五届业余网球（团体）公开赛
宝鸡	宝鸡市第九届体育舞蹈锦标赛
宝鸡	宝鸡市体育舞蹈比赛
宝鸡	宝鸡市第八届冬泳锦标赛（标准池）
宝鸡	宝鸡市举办第四届定向越野比赛
宝鸡	宝鸡第三十一届元旦万人长跑活动

体育经济信息数据组合查询。组合查询是系统为用户提供的，用户按自己的需求任意组合查询条件进行查询的方式。组合查询的条件有很多，比如根据省份、时间段、某一特定时间、机构类别、服务内容等进行查询。用户根据自己的需要进行查询，如不需要某个条件的限制，可以不选择，需要时再选择。表 8-5 查询的是 2011 年 1 月 1 日—2013 年 1 月 1 日陕西省不同地区全民健身赛事开展情况。

表 8-5　2011 年 1 月 1 日—2013 年 1 月 1 日陕西省不同地区全民健身赛事开展情况

开始时间	结束时间	地区	赛事名称
2011 年 1 月 1 日	2013 年 1 月 1 日	西安	西安市第五届乒乓球锦标赛
2011 年 1 月 1 日	2013 年 1 月 1 日	西安	西安市第三届大王岩登山挑战赛
2011 年 1 月 1 日	2013 年 1 月 1 日	西安	西安市第四届关庙山象棋邀请赛
2011 年 1 月 1 日	2013 年 1 月 1 日	西安	春季信鸽竞技赛
2011 年 1 月 1 日	2013 年 1 月 1 日	西安	西安市第五届业余网球（单项）公开赛
2011 年 1 月 1 日	2013 年 1 月 1 日	西安	周至县省第五届环百里洲自行车邀请赛
2011 年 1 月 1 日	2013 年 1 月 1 日	西安	西安市桥牌联赛
2011 年 1 月 1 日	2013 年 1 月 1 日	西安	西安市首届三峡黄牛岩登山邀请赛
2011 年 1 月 1 日	2013 年 1 月 1 日	西安	国际空手道公开赛、全国空手道锦标赛
2011 年 1 月 1 日	2013 年 1 月 1 日	西安	西安市第十三届“东体”杯足球赛
2011 年 1 月 1 日	2013 年 1 月 1 日	西安	全国门球赛
2011 年 1 月 1 日	2013 年 1 月 1 日	西安	市直机关技能运动会
2011 年 1 月 1 日	2013 年 1 月 1 日	西安	“红牛公园季”健步走宜昌站
2011 年 1 月 1 日	2013 年 1 月 1 日	西安	碑林区城区老干部第二十届中国象棋比赛
2011 年 1 月 1 日	2013 年 1 月 1 日	西安	西安市第三届羽毛球锦标赛

续表

开始时间	结束时间	地区	赛事名称
2011年1月1日	2013年1月1日	西安	太极趣味推手交流赛
2011年1月1日	2013年1月1日	西安	自然水域漂流赛
2011年1月1日	2013年1月1日	西安	全国少年宫体育舞蹈湖北赛区比赛
2011年1月1日	2013年1月1日	咸阳	少儿五子棋、国际跳棋升级定级赛
2011年1月1日	2013年1月1日	咸阳	咸阳市五人制足球赛
2011年1月1日	2013年1月1日	咸阳	第六个全民健身日系列活动
2011年1月1日	2013年1月1日	咸阳	咸阳市第二届健身气功交流赛
2011年1月1日	2013年1月1日	咸阳	咸阳市健身腰鼓大赛
2011年1月1日	2013年1月1日	咸阳	第六届汽车摩托车场地越野赛
2011年1月1日	2013年1月1日	咸阳	全国第五届溪降节
2011年1月1日	2013年1月1日	安康	安康第四届乒协俱乐部杯赛
2011年1月1日	2013年1月1日	安康	安康市第八届健美操比赛
2011年1月1日	2013年1月1日	安康	安康市中老年人体育舞蹈比赛
2011年1月1日	2013年1月1日	安康	安康市第三届围棋对抗赛
2011年1月1日	2013年1月1日	安康	安康老年人桥牌比赛
2011年1月1日	2013年1月1日	安康	安康市第四届武术运动会
2011年1月1日	2013年1月1日	安康	第九届篮球俱乐部联赛（秋季）
2011年1月1日	2013年1月1日	安康	安康市第二十八届冬渡长江活动
2011年1月1日	2013年1月1日	安康	安康市桥牌等级赛
2011年1月1日	2013年1月1日	安康	安康市第四届跆拳道品式赛
2011年1月1日	2013年1月1日	宝鸡	宝鸡市第五届业余网球（团体）公开赛
2011年1月1日	2013年1月1日	宝鸡	宝鸡市第九届体育舞蹈锦标赛
2011年1月1日	2013年1月1日	宝鸡	宝鸡市体育舞蹈比赛
2011年1月1日	2013年1月1日	宝鸡	宝鸡市第八届冬泳锦标赛（标准池）
2011年1月1日	2013年1月1日	宝鸡	宝鸡举办第四届全国STR交流大会
2011年1月1日	2013年1月1日	宝鸡	宝鸡第三十一届元旦万人长跑活动

8.4.4.2 数据智能统计

采用人工智能技术，依据数据挖掘规则库中设置的规则，按照要求对数据库中的数据进行统计。针对所有查询、统计、汇总的数据，系统提供数据输出功能，用户可选择按照不同的格式打印输出或存入临时文件备用。

用户查询出来的数据，可以根据需要选择不同的表现形式。最基本的数据报表形式是以图的形式进行输出，如圆柱图报表、饼图报表、折线图报表等。图8-4、图8-5是对全国的体育行政机关、运动项目管理部门、职业运动技术学院、本科院校、体育运动学校和竞技体校2012年的人员构成情况汇总的两种报表形式。

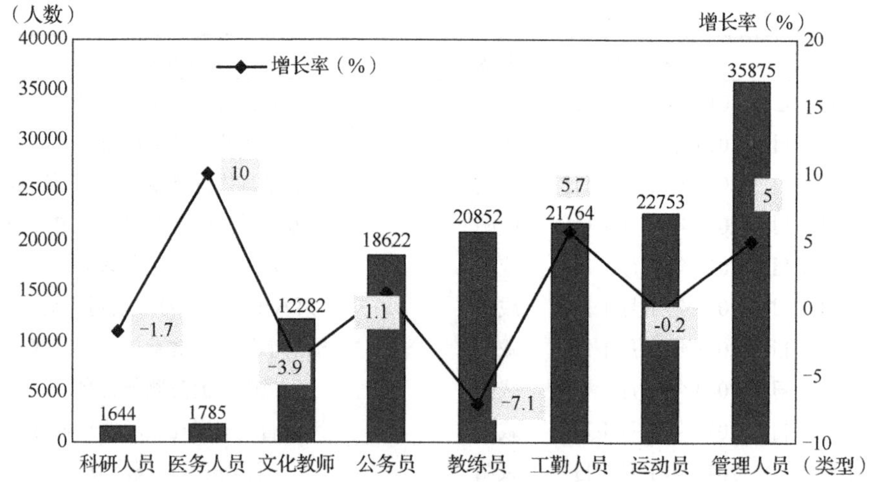

图 8-4　2012 全国机构人员汇总圆柱图报表

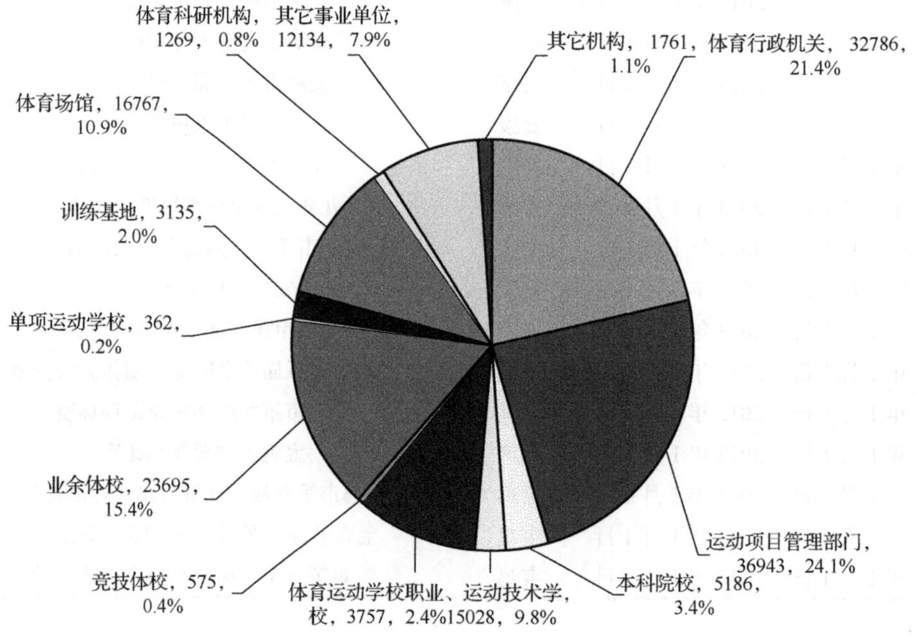

图 8-5　2012 全国机构人员汇总饼图报表

8.4.4.3　数据挖掘规则库

依据我国公共体育服务统计模型，增、删、改、启、停数据挖掘规则，进而影响数据挖掘结果。

8.4.4.4　决策支持知识库

按照我国对公共体育服务数据的管理规则，增、删、改决策支持知识库，进而影响决策支持结果。

8.4.4.5　决策支持结果

采用人工智能技术，结合决策支持知识库、决策支持规则库，按照要求决策所需数据要求对数据库中的数据进行查询统计，并以图形化界面，柱状图、饼状图、曲线图等对统计结果形象呈现。

8.5　系统软件技术架构

系统采用.NET 程序架构，B/S 与 C/S 模式结合的方式，使用 C#语言开发，采用 SQL SERVER 数据库。

B/S 是 Brower/Server 的缩写，客户机上只需安装一个浏览器，如 Netscape Navigator 或 Internet Explorer，服务器需安装 Oracle、Sybase、Informix 或 SQL Server 等数据库。浏览器通过 Web Server 同数据库进行数据交互。

采用 B/S 模式的优点就是可以在任何地方进行操作而不用安装任何专门的软件客户端零维护。系统的扩展非常容易，只要能上网，再由系统管理员分配一个用户名和密码，就可以使用了。

有关 B/S 模式的安全问题可以通过以下三个方面解决：一是数据访问的安全级别设定，可定义到记录级别；二是数据的加密传输；三是用户的安全认证。在解决好上述三个问题的前提下，B/S 模式是当前计算机信息系统设计的首选。

C/S 是 Client/Server 的缩写，很多适宜本地化处理的业务在客户端执行，适宜远程处理的业务在服务端执行，它与 B/S 模式的结合，使系统兼具灵活性与安全性。SQL Server 2012 是一个比较全面的数据库平台，使用集成的商业智能工具提供企业级的数据管理。SQL Server 2012 数据库引擎是企业数据管理解决方案的核心，为关系型数据和结构化数据提供更安全可靠的存储功能，使用户可以构建和管理用于业务的高可用和高性能的数据应用程序。

8.6　系统的安全性保证

8.6.1　软件防火墙、防病毒软件

在系统服务器上安装软件防火墙、防病毒软件，防止病毒入侵。

8.6.2　管理员账号严格控制

具有管理权限的账号将被严格控制，只有少数的核心人员才能掌握管理员账号。

8.6.3 每个用户均使用独立账号登录

每个用户均有一个账号，即用户名必须唯一。

8.6.4 禁止使用弱密码

每个用户强制使用字母+数字或者字母+特殊符号之类的强密码，防止密码被别人猜中。另外，系统可以设置定期更改密码，如三个月后密码必须更改等。

8.6.5 严格的账号权限控制

每个账号均具有不同的身份和角色，每种身份和角色均对应不同的操作权限。重要操作权限仅属于系统管理员账号。

8.6.6 采用 SSL 128 位加密传输

8.6.6.1 SSL 加密传输技术简介

安全套接层（Secure Sockets Layer，SSL）及其继任者传输层安全（Transport Layer Security，TLS）是为网络通信提供安全及数据完整性的一种安全协议。TLS 与 SSL 在传输层对网络连接进行加密。

SSL 为 Netscape 所研发，用以保障在 Internet 上数据传输的安全，利用数据加密（Encryption）技术，可确保数据在网络传输过程中不会被截取及窃听，现已被广泛地用于 Web 浏览器与服务器之间的身份认证和加密数据传输。目前一般通用规格为 40 bit 的安全标准，美国已推出 128 bit 更高的安全标准。只要 3.0 版本以上的 IE 或 Netscape 浏览器即可支持 SSL。

SSL 协议位于 TCP/IP 协议与各种应用层协议之间，为数据通信提供安全支持。SSL 协议可分为两层：SSL 记录协议（SSL Record Protocol），建立在可靠的传输协议（如 TCP）之上，为高层协议提供数据封装、压缩、加密等基本功能的支持；SSL 握手协议（SSL Handshake Protocol），建立在 SSL 记录协议之上，用于在实际的数据传输开始前，通信双方进行身份认证、协商加密算法、交换加密密钥等。

8.6.6.2 SSL 协议提供的服务

认证用户和服务器，确保数据发送到正确的客户机和服务器；加密数据以防止数据中途被窃取；维护数据的完整性，确保数据在传输过程中不被改变。

8.6.7 使用 VPN

VPN 的英文全称是 Virtual Private Network，即虚拟专用网络。顾名思义，可以把虚拟专用网络理解成是虚拟出来的企业内部专线。VPN 可以提供防火墙认证、加密、隧道化等功能。

VPN 主要采用隧道技术、加解密技术、密钥管理技术和使用者与设备身份认证技术，通过特殊的加密通信协议，为连接在 Internet 上位于不同地方的两个或多个企业内部网之间建立一条专有的通信线路，这就好比架设了一条专线，但是它并不需要真正铺设光缆之类的物理线路；也可以理解成去电信局申请专线，但是不用给铺设线路的费用，也不用购买路由器等硬件设备。VPN 的核心就是通过利用公共网络建立虚拟私有网。

8.7　小结

公共体育服务植根于公民的基本体育权利，关系到公民的基本体育素质和生活质量、生存能力、精神状态，是实施全民健身计划目标的基本保障。本研究一方面将统计应用综合评价的研究工具和研究方法引入公共体育服务领域，另一方面应用元数据库、数据挖掘等信息技术，实现数据库智能化。建立我国公共体育服务统计应用与决策信息化支持平台，并研制我国公共体育服务统计应用与决策信息支持平台可以实现对公共体育服务体系结构、设计原理、关键技术的验证，提供公共体育服务系统环境的性能检测及诊断工具，便于攻破公共体育服务统计示范应用中的技术难题。建立一套公共体育服务统计应用系统和决策信息支持示范应用系统，不仅可以丰富公共体育服务领域的研究内容，还将为后续公共体育服务的实证研究提供方法学借鉴，为我国体育公共服务业的科学发展提供必要的参考，也为体育管理学、综合评价学、体育统计学及相关学科的发展提供重要借鉴。

第二部分

子 报 告

第9章

我国大型体育场馆公共服务能力评价指标体系研究

通过文献资料法、问卷调查法、访谈法、逻辑学方法和数理统计法对我国省会城市(西安、武汉、济南、广州)的大型体育场馆公共服务能力评价指标体系进行分析和研究。确定体育场馆公共服务能力评价指标和权重之后，将评价指标体系应用到西安、武汉、济南和广州四个省会城市的大型体育场馆进行检验，结果表明该指标体系基本涵盖评价场馆服务能力所应涉及的内容，能够较好地评价大型体育场馆的公共服务能力。

9.1 研究背景

9.1.1 选题背景和依据

改革开放40多年来，竞技体育在我国得到了长足的发展。在竞技体育辉煌战绩的映衬下，群众体育发展却相对滞后，主要表现在我国对群众体育重视程度不高、全民健身运动开展不够普遍、亚健康群体不断扩大、青少年的身体素质近20年来持续下降，这些都将阻碍我国向体育强国迈进的步伐。

大型体育场馆是开展公共体育服务、发展体育事业的重要物质基础，且对于完善城市功能、推动全民健身、服务和改善民生具有重要作用。随着我国经济社会和体育事业的不断发展，各地相继建设了一批包括大型体育场馆在内的体育设施，较好地缓解了体育需求快速增长与公共体育资源相对不足的矛盾。但大型体育场馆在赛后运营方面仍面临着体制机制不适应、运营效能不佳、服务能力不强、利用水平不高、配套政策不健全、持续发展动力不足等问题，亟须采取措施予以解决。

由于我国人口基数大，人均场地面积较小，人民群众多样的体育需求和大众健身娱乐场所供给不足之间的矛盾异常突出。人们普遍感觉在严重缺乏锻炼场所的同时，却又存在大量体育场地资源被闲置和浪费的情况；加之体育场馆的高额运行和维护费用，低使用频率和对大众开放能力成为各级政府的心病。要更好地利用现有的公共体育场馆资源，应从提高体育场馆的公共服务能力入手。笔者通过文献搜索发现，国内目前对于体育场馆公共服务能力评价相关方面的研究基本处于空白状态。因此，对于公共服务能力的界定，以及进一步研究其相关内容都是十分必要的。本章将在界定体育场馆公共服务能力概念的基础上着重进行我国大型体育场馆公共服务能力评价指标体系的相关研究。

9.1.2 研究意义

有关体育场馆公共服务能力指标评价体系的研究，是公共体育场馆运营管理中的一个新兴的重要研究领域。目前，这方面的研究还很少，本研究的成果将弥补国内外在此领域研究的不足，并为体育管理学、社会体育学等相关学科的发展提供重要借鉴。

9.1.3 研究思路

体育场服务能力受体育场馆内、外部多种因素影响。为了比较全面详细地掌握体育场服务能力的情况，根据研究目的和内容要求，本研究通过资料整理和分析，同时也对选取的四个省会城市大型体育场馆的经营特点及空间利用进行分析，认为我国省会城市大型体育场馆的服务能力基本上可以从体育场馆的服务和体育场馆的资源利用两个方面着手，参考服务管理学和服务营销学中有关理论和方法对体育场馆服务能力内涵的分析，将我国省会城市大型体育场馆的服务能力分为人力资源、设施设备、时间空间、顾客消费、经营理念、规章制度和管理模式七个方面。因此，本研究从这七个方面入手，将其分成若干具体指标，通过专家咨询，借助 Microsoft Visual Foxpro 9.0 和 Microsoft Excel 2003 统计软件进行分析，采用描述统计、聚类分析等方法，从而推导和探索出我国省会城市大型体育场馆服务能力的构成要素和服务能力的评价指标体系。

9.2 文献综述

大型体育场馆作为举办各类体育赛事和全民健身的物质基础，是体育产业发展必不可少的硬件设施。随着北京奥运会的成功落幕和广州亚运会的圆满结束，大型体育场馆的运营问题被进一步提上议程，成为后奥运时代研究的焦点。围绕大型体育场馆运营的相关问题，理论界和有关实践部门进行了大量而深入的探讨，研究广度不断拓展，视角也趋于多样化。目前国内外有关我国体育场馆公共服务能力评价指标体系的相关研究较少，具体到评价原则及具体评价指标的研究尤为欠缺。

9.2.1 关于国家对公共体育场馆运营管理的政策研究

2013 年 11 月，国家体育总局等 8 部委联合下发《关于加强大型体育场馆运营管理改革创新 提高公共服务水平的意见》（以下简称《意见》），要求以邓小平理论、“三个代表”重要思想、科学发展观为指导，以满足人民群众日益增长的体育需求为目标，以改革为动力，以体制机制创新为重点，着力提升大型体育场馆的运营管理能力和公共服务水平，为加快建设公共体育服务体系和全面建成小康社会做出贡献。用五年左右的时间，实现大型体育场馆规划建设更加科学，功能设计更加合理，运营能力明显加强，使用效率大幅提高，发展活力不断增强，公共体育服务水平显著提升。

《意见》指出，为了提高大型公共体育场馆运营能力，必须建立大型体育场馆服务标准和管理制度，实施标准化、规范化管理。结合国内外大型体育场馆运营管理的实际情况来看，只有建立明确的服务标准和管理制度，才能使大型体育场馆的运营管理有章可循，真正满足人民群众的健身需要。因此，通过构建大型体育体育场馆公共服务能力评价指标体系，来检验和补充大型体育场馆服务标准是当前亟须解决的重要问题。

2015 年国家体育总局印发了《体育场馆运营管理办法》（以下简称《办法》）。该《办法》分总则、运营内容与方式、经营管理、监督管理、附则 5 章 29 条，自 2015 年 2 月 1 日起施行，适用于体育系统各级各类体育场馆。该《办法》实施，规范了体育场馆运营管理，充分发挥了体育场馆的体育服务功能，能更好满足人民群众开展体育活动的需求，促进体育产业和体育事业协调发展。

9.2.2　关于公共体育场馆经营管理状况及对策的研究

我国体育场馆的性质按产权状况分为国有、集体、个人及外资，相应的运营管理模式主要有政府管理型和法人管理型，以事业单位管理模式为主。学者们普遍认为，随着我国体育产业的迅猛发展，体育场馆不断拓展经营思路，积极向社会开放，不断满足人民群众日益增长的体育健身需求，取得了良好的经济效益和社会效益。尤其是近年来，体育场馆不断深入挖掘内部潜力，拓展经营思路，引入科学的经营管理理念和市场营销方式，经营效益得到了显著提高。刘辰芯①通过《我国公共体育场馆在经营管理中存在的问题及对策研究》一文，分析并指出我国公共体育场馆经营管理过程中存在的问题，并提出了相应的对策。林琳等人②在《厦门市公共体育场馆管理运营现状与对策研究》中就厦门市公共体育场馆设施现状、管理体制、管理模式和运营模式进行调查研究。

体育场馆在经营管理中仍然存在以下问题：市民体育消费意识不强，体育场馆经营人才缺乏，体育经营政策不够明确，市场竞争压力不断增大，经营困难等。

9.2.3　关于公共体育场馆经营管理模式的研究

体育场馆经营管理模式主要有事业单位管理模式、半企业化管理模式和企业化管理模式三种。陈明③在《公共体育场馆经营管理的模式》中阐明，在社会主义市场经济体制下，公共体育场馆经营管理模式的建立要以管理体制改革为切入点，以体育场馆经营为核心，以市场为导向进行资源配置，以集约化经济为经营模式，以大型专业物业公司为管理实体，实现体育场馆的区域化和整体性综合经营管理。郑美艳等人④在《基于委托代理理论的公共体育场馆运营模式及案例研究》中以委托代理模式为理论基础，探讨了公共体育场馆委托运营管理模式的理论优势，并在对国内公共体育场馆委托经营典范案例深入剖析的基础上，提出公共体育场馆委托运营实际过程中应遵循的具体操作原则，以

① 刘辰芯．我国公共体育场馆在经营管理中存在的问题及对策研究[J]．体育世界（学术版），2010（11）：20-21.

② 林琳，许红峰，邱冠寰．厦门市公共体育场馆管理运营现状与对策研究[J]．首都体育学院学报，2008（5）：53-56，60.

③ 陈明．公共体育场馆经营管理的模式[J]．体育学刊，2004（3）：25-28.

④ 郑美艳，王帅，耿文光．基于委托代理理论的公共体育场馆运营模式及案例研究[J]．体育世界（学术版），2010（4）：5-7.

合理引导、积极促进公共体育场馆托管模式在我国的推广。

虽然学者们对国内体育场馆经营管理模式的看法不一，主张不同，但对于公共体育场馆来说，不管采用何种管理模式，都必须首先保证场馆的公益性，场馆盈利范围只是为了保证场馆基本运营及税费支出，企业化管理并不是真正使场馆失去其公众服务性。

9.2.4 关于体育场馆公共服务的研究

体育场馆的服务质量是指以体育场馆的有形产品与无形产品为依托，满足顾客精神及物质需要的程度。服务质量的构成要素很多，部分体育场馆的管理者在对体育场馆服务质量的认识上存在偏差，认为提高体育场馆管理、维护水平，就是提升服务质量。实际上提升体育场馆的服务质量，需对体育场馆的服务进行整体设计和有效控制。杨风华等人①在《我国城市公共体育场馆服务机制研究》一文中运用公共管理和公共经济理论，通过对城市公共体育场馆服务的市场机制及运行机制的研究，阐述了市场经济条件下公共体育场馆服务供给机制规律，为公共体育场馆服务体制发展的政策取向和路径选择提供参考。李海燕②在《浅谈体育场馆经营的优质服务》一文中分析了体育场馆经营优质服务的基本特征及决定因素，并提出了提供体育场馆优质服务的建议。唐立成等人③在《我国公共体育场馆服务管理绩效评估模式与对策研究》一文中通过引入公共体育场馆服务管理绩效评估的概念，探讨了公共体育场馆服务管理的绩效评估的模式及对策，其内容对于笔者提出体育场馆服务能力的构成要素很有启发意义和参考价值。

9.2.5 关于服务能力的研究

有关服务能力的研究已有不少，如马士华、陈铁巍④在《基于供应链的物流服务能力构成要素及评价方法研究》一文中，为使供应链企业有效地认识和管理面向客户的物流能力，提出了供应链物流服务能力的构成要素与评价方法。徐佳、邹敏⑤在《配送中心服务能力构成及量化研究》一文中，首先从配送中心的概念中归列出配送中心所提供的各种服务项目，接着分析构成其服务能力的各项能力要素，最后对能力要素进行了量化研究。这些对笔者在本研究中提出我国省会城市大型体育场馆公共服务能力的构成要素都有启发作用。王德占、何世伟⑥在《基于铁路物流能力的概念与构成要素的研究》一文中，通过对铁路物流能力概念和特点的阐述，同时也阐述了铁路物流能力由 16 种能力要素构成，并对铁路物流能力的要素进行了定量分析。马士华、陈习勇⑦在《供应链环境下的物

① 杨风华，陈浩. 我国城市公共体育场馆服务机制研究[J]. 河北体育学院学报，2010，24（3）：5-7.

② 李海燕. 浅谈体育场馆经营的优质服务[J]. 内蒙古科技与经济，2008（2）：63-64.

③ 唐立成，唐立慧，王笛. 我国公共体育场馆服务管理绩效评估模式与对策研究[J]. 北京体育大学学报，2010，33（1）：24-27.

④ 马士华，陈铁巍. 基于供应链的物流服务能力构成要素及评价方法研究[J]. 计算机集成制造系统，2007（4）：744-750.

⑤ 徐佳，邹敏. 配送中心服务能力构成及量化研究[J]. 中国水运（学术版），2006（9）：219-220.

⑥ 王德占，何世伟. 基于铁路物流能力的概念与构成要素的研究[J]. 物流技术，2007（8）：42-44+50.

⑦ 马士华，陈习勇. 供应链环境下的物流能力构成及其特性研究[J]. 管理学报，2004（1）：107-111，5-6.

流能力构成及其特性研究》一文中提出物流能力并分析其特性，这对笔者分析我国省会城市大型体育场馆公共服务能力的内涵和经营特点有借鉴意义。从上述研究中看出，服务能力是指一个服务系统（或组织）为需要的一方提供服务的条件。提高服务能力对于系统（或组织）具有重要的意义，可以实现系统（或组织）的经济价值和社会价值，有利于系统（或组织）的可持续发展。

当前我国对体育场馆的研究取得了可喜的成果，体育场馆通过引入科学的经营管理理念和市场营销方式，经营效益得到了显著提高，但研究缺乏系统性，不够全面和完整，其结论也有一定局限性，提出的观点和理念不能与时俱进，同时国内体育场馆研究缺乏对体育场馆的全面了解，而且没有充分结合体育场馆的实际情况，导致共性与个性的特征没有处理好。此外，体育场馆在经营中没有做到社会效益和经济效益相统一，经营效果的评价没有充分考虑社会效益和经济效益，尤其是社会效益，加之国家目前还没有一套完善的公共体育场馆经营效益评价指标体系，因此绝大部分研究者都只能做定性研究，全面系统的定量研究相对较少，导致结论存在一定的局限性。

9.3 研究对象与方法

9.3.1 研究对象

我国省会城市（西安、武汉、济南、广州）的大型体育场馆公共服务能力评价指标体系。

9.3.2 研究方法

9.3.2.1 文献资料法

广泛查阅涉及体育场馆运营方面的研究成果，并认真阅读体育管理学、体育经济学、体育统计学等相关教材；查阅中国知网公开发表的相关文献资料，并浏览网络电子信息，基本掌握最新的相关信息和翔实的基础资料，为本研究确立一定的理论基础。

9.3.2.2 问卷调查法

根据研究的需要，在查阅文献资料和遵循有关问卷设计要求的基础上，拟定大型体育场馆公共服务能力评价指标体系研究调查问卷，发放给有关专家学者及场馆管理者。问卷中的题目来源于笔者对文献资料的阅读、整理和总结，题目设计好后征求有关方面的专家和学者的意见。另外，为了确保调查问卷设计的质量和要求，还对问卷进行了有效性检验（表 9-1~表 9-3）。

表 9-1 专家构成情况

专家职称	人数
教授	16
副教授	9
场馆管理人员	15
合计	40

表 9-2 问卷发放与回收情况

问卷	数据
发出问卷	40
回收问卷	38
回收率	95%
有效问卷	37
问卷有效率	97.4%

表 9-3 专家对大型体育场馆公共服务能力评价指标体系研究调查问卷的有效性评价

评价内容	很完善	比较完善	基本完善	不太完善	很不完善
问卷设计的总体评价	20	18	2		
问卷内容的总体评价	13	21	6		
问卷结构的总体评价	8	23	5	4	

9.3.2.3 访谈法

对高校相关领域的学者或体育场馆高层管理人员进行访谈，详细了解体育场馆公共服务能力评价指标体系情况。

9.3.2.4 逻辑学方法

运用归纳、演绎、推理等方法，对研究过程及结果进行理论概括，确保结果与结论的科学性。

9.3.2.5 数理统计法

运用 Microsoft Visual Foxpro 9.0 和 Microsoft Excel 2003 统计软件对调查结果进行分析，制表，制图。

9.4 研究结果与分析

通过查阅大量的相关文献资料，对公共体育场馆的概念进行了总结，并对公共服务能力概念和评价指标体系等问题作出了分析与比较研究。考虑到我国不同区域经济发展水平的不均衡，选取有代表性的四个省会城市的城市公共体育场馆进行调研，并通过发放专家调查问卷来研究评价指标体系，得出下列研究结果。

9.4.1　体育场馆公共服务能力概念的界定

城市公共体育场馆是城市居民进行休闲健身活动的重要场所，是贯彻落实“全民健身计划”的物质保证，体育场馆公共服务能力的高低直接影响到居民健身的效果和场馆的发展。

9.4.1.1　公共体育场馆的概念

目前，对公共体育场馆的概念还没有一个明确统一的定义，对公共体育场馆概念的阐述多见于对各种体育场馆的经营管理、政策法规及资产开发的研究论文中，进行专门讨论的文章还没有。具有代表性的定义如下：陈雪玲①在《公共经济体育场馆政策研究》一文中提出，公共体育场馆是指“国家投资或筹集社会资金兴建的，属国家各级体育行政部门管理的，用于开展社会体育活动，满足广大群众进行体育锻炼或观赏运动竞技以及运动员训练、竞赛需求的体育活动场所。它是实施奥运争光计划和全民健身计划的一项主要的物质保障”。曹可强②在《上海市公共体育场馆经营管理现状与对策研究》一文中认为，公共体育场馆是指“国家投资或筹集社会资金兴建的，属国有资产，其社会分工是为大众体育和竞技体育提供健身、训练和比赛场所”。王菁等人③在《深圳市公共体育场馆的现状及多功能开发的研究》一文中提到，公共体育场馆是指“直属体委系统的体育场馆的总称，它是面向广大人民群众的体育设施”。李明④在《我国公共体育场馆的资产性质及其改革》一文中认为，公共体育场馆是指“通过政府财政拨款或通过其他途径筹集资金兴建的，以满足运动训练、运动竞赛和群众健身娱乐等需要的社会公有体育场和体育馆及其附属配套设施，它是实现我国体育事业发展目标的基础性物质条件”。钟天朗⑤在《体育经营管理——理论与实务》一书中指出，公共体育场馆是指“国家投资或筹集社会资金兴建的、属国家各级体育行政部门管理的、用于开展社会体育活动、满足广大群众进行体育锻炼或观赏体育比赛，以及运动员训练、竞赛需求的体育场所”。

从上述定义可知，我国学者对公共体育场馆的概念在含义上并无较大分歧，只是在表述上有所差别。在本章中，对公共体育场馆的界定比较认同钟天朗的说法，即国家投资或筹集社会资金兴建的、属国家各级体育行政部门管理的、用于开展社会体育活动、满足广大群众进行体育锻炼或观赏体育比赛，以及运动员训练、竞赛需求的体育场所。

9.4.1.2　大型公共体育场馆的概念

朱志强、刘石⑥在《对我国大型体育场馆规划管理的研究》中指出，国内外对大型体

---

① 陈雪玲. 体育经济政策研究[M]. 人民体育出版社，1997：90.

② 曹可强. 上海市公共体育场馆经营管理现状与对策研究[J]. 沈阳体育学院报. 2003（4）：7-9.

③ 王菁，吕树庭，刘江南. 深圳市公共体育场馆的现状及多功能开发的研究[J]. 广州体育学院学报，2003（3）：1-3.

④ 李明. 我国公共体育场馆的资产性质及其改革[J]. 天津体育学院学报，2003（2）：56-58.

⑤ 钟天朗. 体育经营管理——理论与实务[M]. 上海：复旦大学出版社，2004.

⑥ 朱志强，刘石. 对我国大型体育场馆规划管理的研究[J]. 哈尔滨体育学院学报，2000，（3）：6-9.

育场馆的划定，目前尚未有严格统一的标准。依据现行基建管理体制，我国对大型体育基本建设项目的划定，以投资额3000万元为限，以上者为大、中型项目，由国家计委审批；以下者为小型或一般项目。另外，根据《关于加强大型体育场馆运营管理改革创新 提高公共服务水平的意见》，大型体育场馆是指由各级人民政府和社会力量投资建设、向公众开放、达到《体育建筑设计规范（附条文说明）》（JGJ 31—2003）有关规模规定的体育场（观众座位数20000座及以上），体育馆（观众座位数3000座及以上），游泳馆、跳水馆（观众座位数1500座及以上）等体育建筑。

本章所要研究的是我国省会城市的大型公共体育场馆，以西安、武汉、济南、广州四市的大型体育场馆为例，无论其投资金额还是座席数量，都达到或超过大型体育场馆划定标准的最低限制。

9.4.1.3 服务的概念

服务在《辞海》中的解释是“为集体（或别人的）利益或为某种事业而工作”。在现代社会，服务业作为第三产业是指利用设备、工具、场所、信息或技能为社会提供服务的业务。体育场馆利用场馆内各种健身、运动器材和教练员、陪练员乃至服务员的各种运动技能和知识为社会提供各种体育服务，这就是体育场馆的服务。

9.4.1.4 服务能力的概念

服务能力是指一个服务系统提供服务的能力程度，通常被定义为系统的最大产出率。这种定义方法与制造业企业定义生产能力的方法是一样的。但是，对于制造业企业来说，可以用产品数量明确地衡量一个生产系统的生产能力如日产多少台、年产多少辆、每小时生产多少个等，而对于服务业企业来说，这个简单的定义却隐含了一个难题，即如何衡量服务的产出。服务的三个基本特点是：第一，产品是无形的；第二，服务难以标准化，存在较大的差异性；第三，服务组织很少提供单一的、统一的服务。

9.4.1.5 公共服务能力的概念

简单地说，公共服务能力就是公共服务主体能否意识到公共服务客体的需求并及时提供公共服务以及提供公共服务的水平如何。确切地说，公共服务能力是指公共服务主体为生产和提供优质的公共服务产品，以满足公共服务客体的公共服务需求而具备的技能、技术和技巧。公共服务能力的强弱决定了公共服务主体在整个公共生活过程中是否能够真正承担并办理好所有的公共服务事项。

9.4.1.6 大型体育场馆公共服务能力

大型体育场馆公共服务能力指大型体育场馆所具备的利用场馆内各种健身、运动器材和工作人员的各种运动技能和体育知识，为社会提供公共体育服务，以满足公共体育服务客体公共体育服务需求的技能、技术和技巧。

9.4.2　构建体育场馆公共服务能力评价指标体系的依据与原则

构建体育场馆公共服务能力评价指标体系要以习近平新时代中国特色社会主义思想为指导，以满足人民群众日益增长的体育需求为目标，以改革为动力，以体制机制创新为重点，着力提升大型体育场馆运营管理能力和公共服务水平，为加快建设公共体育服务体系和全面建成小康社会做出贡献。

9.4.2.1　构建体育场馆公共服务能力评价指标体系的依据

为贯彻落实党的十八大精神和中央关于实施体育强国战略的部署，根据国家体育总局、国家发展和改革委员会、公安部、财政部、国土资源部、住房和城乡建设部、国家税务总局和国家工商总局于 2013 年 10 月联合颁发的《关于加强大型体育场馆运营管理改革创新 提高公共服务水平的意见》精神，为实现大型体育场馆规划建设更加科学、功能设计更加合理、运营能力明显加强、使用效率大幅提高、发展活力不断增强、公共体育服务水平显著提升的目标，真正发挥大型体育场馆在体育公共服务方面的优势，落实全民健身计划，特制定我国大型体育场馆公共服务能力评价指标体系，指导大型体育场馆公共服务能力的提升。

2020 年 10 月 10 日，国务院办公厅印发的《关于加强全民健身场地设施建设发展群众体育的意见》中指出，要以习近平新时代中国特色社会主义思想为指导，深入贯彻党的十九大和十九届二中、三中、四中全会精神，完善健身设施建设顶层设计，增加健身设施有效供给，补齐群众身边的健身设施短板，大力开展群众体育活动，统筹推进新冠肺炎疫情防控和全民健身促进工作。简化、优化审批程序，提高健身设施项目审批效率。“十四五”期间，在全国新建或改扩建 1000 个左右体育公园，打造全民健身新载体。

9.4.2.2　构建体育场馆公共服务能力评价指标体系的原则

为了使指标体系的建立做到合理、有力、有据，本研究在建立指标体系过程中遵循了以下基本原则：①目的性原则。在确定每一个因素或指标时，首先要考虑该指标在整个指标体系中的地位和作用，然后再根据它所反映的研究对象的性质和特征，确定该指标的名称、含义及测量计算方法。②科学性原则。依据一定目的设计的指标要求在理论上必须有科学的依据，在实践中必须可量化并有实际意义，这样才能被用来测评并予以处理，并可以用来做出正确的分析和判断。③可操作性原则。评价体系设计得过简、过繁都会造成评价流于形式，达不到评价的目的，因此指标的设置不应追求尽善尽美、面面俱到，而应追求可行有效、抓住主要问题并易于操作。④系统性原则。在建立指标体系的过程中，从系统的角度，按照宏观、中观和微观三层次体系来建立指标体系。⑤全面性原则。指标应尽可能反映我国大型体育场馆公共服务的主要方面，既要全面，又要把握关键要素。⑥代表性原则。在建立指标体系的时候应该尽量选取代表性较强的典型指标，抓住核心，找出问题的主要矛盾，以最少的指标包含所要表达的信息。

9.4.3 体育场馆公共服务能力评价指标体系的构建

9.4.3.1 确定大型体育场馆公共服务能力评价指标的方法

对于大型体育场馆公共服务能力评价指标的确定和筛选，我们可以通过工作分析法、问卷调查法、德尔菲法、理论推演法、多元统计法等来进行，本研究主要采取的是文献资料法、工作分析法和问卷调查法。在文献查阅和工作分析的基础上初步选定一些指标，然后组织相关领域专家进行调查，并对调查结果整理分析确定最终的二级评价指标体系。

9.4.3.2 大型体育场馆公共服务能力评价指标体系框架

大型体育场馆公共服务能力评价指标体系的一级指标包括人力资源、设施设备、时间空间、顾客消费、经营理念、规章制度和管理模式七个方面。每个一级指标下又分为若干个二级指标，如图 9-1 所示。

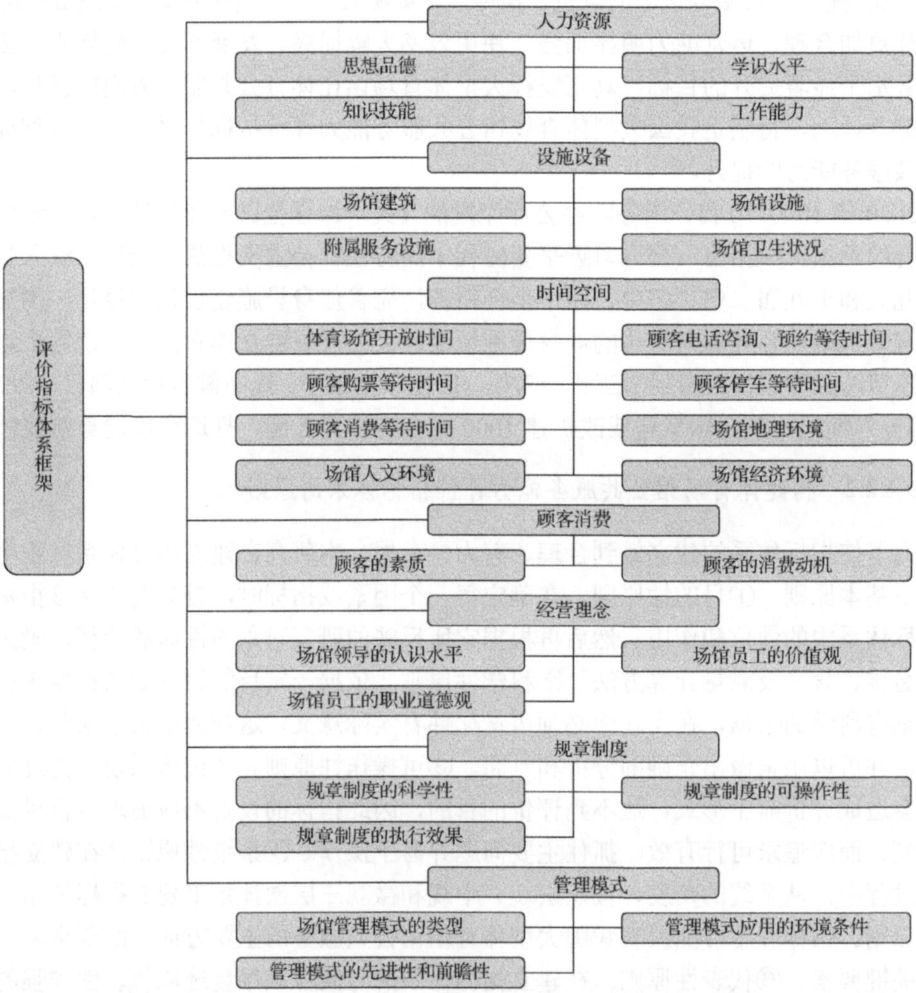

图 9-1 大型体育场馆公共服务能力评价指标体系框架

9.4.3.3　确定大型体育场馆公共服务能力评价指标权重的方法

确定我国大型体育场馆公共服务能力评价指标体系的指标之后，还要确定这些评价指标的权重，也就是各指标的重要性。在明确指标权数确定的基本原则和方法的情况下，通过数据分析来确定指标的权重。

（1）指标权数确定的基本原则

导向性。各指标权数的大小，关系到对大型体育场馆公共服务能力各方面的重视程度和努力程度。因此，要根据当前消费需求和服务重点确定并突出相应指标，给以相应权重，以引导该方面工作取得成效。

突出重点，兼顾一般。建立此评价体系的主要功能是对大型体育场馆公共服务能力的现状及发展趋势进行测评。因此，应把反映体育场馆公共服务能力的核心指标作为重点，给予较大权数，反映其他侧面或次要方面的指标给予较小权数。这样既突出了重点，又兼顾了一般。

指标数值准确可靠。适当加大数据来源明确、准确度高的指标权数，减少数据准确性、可靠性不高或者存在一些误差的指标权数，以保证综合评价结果的准确性和可靠性。

多种方法结合运用。大型体育场馆公共服务能力评价指标体系属于多层次框架结构，适合用多层次分析方法。为确保评价指标权重系数科学合理，宜将专家估价权重确定方法与指标多层次分析法相结合，以专家估价权重为基础，用指标多层次分析法对专家估价权重系数进行汇总和调整。

（2）指标权数确定方法

主观赋权法。测评人员根据自己的知识、经验、信息和价值观（也可征求有关专家意见）直接、主观地赋予各项指标权重，要求测评人员具备丰富的理论知识和长期实践经验。该方法又分为专家评判法和层次分析法。专家评判法也称德尔菲法，是最常用的一种方法；层次分析法是在专家评价法的基础上对主观判断做数学处理，使之更科学的法。尽管主观赋权法不需要具备样本数据，而是根据专家的主观看法确定权数，但由于这些看法建立在经过严格挑选的专家们的经验基础上，经验的获得又是专家们对被评价事物深入研究的结果，并且不同专家的主观看法还要采用适当的数学方法进行处理，以保证赋权的客观性，因此这种方法的适用范围较广，特别是对一些定性的模糊指标的赋权优势更加明显。但该方法由于过分依赖专家的主观看法也存在一些不足之处，如专家经验积累不同、对指标认识有差距，对问题的理解都会出现偏差。

客观赋权法。客观赋权法是直接根据各个指标的原始信息经过一定数学处理后获得权数的一种方法。其基本思想是根据各个指标间的相互关系或各指标提供的信息量来确定指标权重。该方法又可细分为变异系数法、相关系数法、熵值法和坎蒂雷赋权法等。客观赋权法主要根据各个指标提供的分辨信息量的大小或各指标间的相互关系来确定权数，在一定程度上可以弥补主观赋权法的不足。但客观赋权法也有缺陷，如对同一评价指标体系的两组不同评价对象即使用同一方法确定的权数也会有差异，且有时客观赋权法确定的指标权数可能会与评价者的主观认识完全不同，使评价者感到困惑，再加上这种方法要求有较完整的样本数据，因此应用上受到很大限制。

（3）体育场馆公共服务能力评价指标权重的确定

指标权重可以采用层次分析法、专家打分法等方法来进行确定。本研究采用专家打分法对各指标的权重予以确定。

- 问卷调查法收集估价权数资料

邀请对所研究问题有深刻认识的专家，使其独立对每个评价指标进行评判，然后将专家意见集中起来得到指标权数。专家打分法往往借助专家的经验和分析判断能力对指标的重要性进行判断，因此，专家的评判结果对权数确定结果的准确性影响很大。一般采用问卷调查法收集专家评分资料。

根据要素的重要性，分别确定其权重。具体步骤：首先，根据评价目的和评价内容确定问卷发放部门及对象。同时，考虑到技术创新能力的评价问题专业性较强，因此将调查部门的范围确定为长期从事科技活动管理、理论研究、实践活动的部门，并在这些部门范围内选择对技术创新工作熟悉的专家。其次，拟定调查表，收集权数资料。调查表的设计直接关系到评价指标权数资料的科学性和客观性。调查表中对所列指标设置五个重要程度分值，分别为非常重要（5 分）、重要（4 分）、一般（3 分）、不重要（2 分）和很不重要（1 分）。要求专家对各项指标重要程度进行评分，并根据专家评分得出各指标所占权重。在统计问卷结果时，使每个指标的权重系数取值范围为[0，1]，各模块的权重系数之和应等于 1，各模块中要素的权重系数之和应等于 1，各要素中指标的权重系数之和应等于 1。

- 数理统计法汇总，确定指标权数

数理统计法以概率论为基础研究大量随机现象的统计规律性。它主要研究随机现象中局部（字样）与整体（母体）之间，以及各有关因素之间相互联系的规律性。它主要是利用样本的平均数、标准差、标准误、变异系数率、均方、检验推断、相关、回归、聚类分析、判别分析、主成分分析、正交试验、模糊数学和灰色系统理论等有关统计量的计算来对实验所取得的数据和测量、调查所获得的数据进行有关分研究得到所需结果的一种科学方法。它要求具有随机性，而且数据必须真实可靠，这是进行定量分析的基础。这种方法在不可借助计算机来进行的同时，亦能达到快速、准确和实施大量计算的目的。经过统计分析，一级和二级指标的最大值、最小值、均值、权重、方差分别如表 9-1 和表 9-2 所示。均值代表各指标重要性的平均值，方差代表填写问卷的 40 位场馆领域专家学者、场馆经营管理者们的意见的差异性。

通过分析表 9-4 和表 9-5，可以看出二级指标中多数指标的均值在 3.9~4.5，但有四个指标的均值位于 3.4~3.9。其中，服务人员工作时间、顾客的消费经验和顾客的自备物品这三个指标的方差较大，说明各位专家意见差异性较大；而指标场馆背景与现状均值较低，方差较小，说明各位专家对该指标意见无较大差异。结合指标的权重、均值和方差分析，这四个指标对场馆公共服务能力的评价影响较小，评价一个大型体育场馆的公共服务能力时可以不必考虑以上这四个指标内容。

表 9-4　一级指标统计分析值

变量	最小值	最大值	均值	权重	方差
人力资源	3	5	4.54	0.150	0.436
设施设备	3	5	4.38	0.145	0.423
时间空间	3	5	3.92	0.130	0.744
顾客消费	3	5	3.92	0.130	0.410
经营理念	3	5	4.69	0.155	0.397
规章制度	3	5	4.31	0.142	0.564
管理模式	3	5	4.46	0.148	0.436

表 9-5　二级指标统计分析值

变量	最小值	最大值	均值	权重	方差
思想品德	4	5	4.62	0.28	0.256
学识水平	2	5	4.00	0.24	0.667
知识技能	4	5	4.50	0.25	0.273
工作能力	4	5	4.64	0.23	0.255
场馆建筑	3	5	4.08	0.24	0.577
场馆设施	4	5	4.46	0.26	0.269
附属服务设施	3	5	4.31	0.25	0.564
场馆卫生状况	3	5	4.38	0.25	0.423
体育场馆开放时间	3	5	4.38	0.12	0.590
顾客电话咨询、预约等待时间	3	5	4.00	0.11	0.500
顾客购票等待时间	3	5	4.00	0.11	0.500
顾客停车等待时间	3	5	4.08	0.11	0.577
顾客消费等待时间	3	5	4.23	0.12	0.692
服务人员工作时间	3	5	3.85	0.10	0.808
场馆地理环境	3	5	4.50	0.11	0.455
场馆人文环境	3	5	4.23	0.12	0.359
场馆经营环境	3	5	4.08	0.10	0.447
顾客的素质	3	5	3.92	0.27	0.744
顾客的消费动机	3	5	4.08	0.28	0.744
顾客的消费经验	2	5	3.62	0.24	0.756
顾客的自备物品	2	5	3.42	0.21	0.811
场馆领导的认识水平	4	5	4.77	0.32	0.192
场馆员工的价值观	4	5	4.38	0.34	0.256

续表

变量	最小值	最大值	均值	权重	方差
场馆员工的职业道德观	4	5	4.54	0.34	0.269
规章制度的科学性	3	5	4.31	0.34	0.397
规章制度的可操作性	3	5	4.62	0.33	0.423
规章制度的执行效果	3	5	4.54	0.33	0.436
场馆管理模式的类型	3	5	4.31	0.27	0.397
管理模式应用的环境条件	3	5	4.15	0.26	0.474
场馆背景与现状	3	4	3.54	0.22	0.269
管理模式的先进性和前瞻性	3	5	4.08	0.25	0.744

剔除上述四个指标后，重新计算得出我国大型体育场馆公共服务能力评价指标体系的内容及其指标权重，如表 9-6 所示。

表 9-6　大型体育场馆公共服务能力评价指标体系的内容及其指标权重

一级指标	权重	二级指标	权重
人力资源	0.150	思想品德	0.28
		学识水平	0.24
		知识技能	0.25
		工作能力	0.23
设施设备	0.145	场馆建筑	0.24
		场馆设施	0.26
		附属服务设施	0.25
		场馆卫生状况	0.25
时间空间	0.130	体育场馆开放时间	0.13
		顾客电话咨询、预约等待时间	0.12
		顾客购票等待时间	0.12
		顾客停车等待时间	0.13
		顾客消费等待时间	0.13
		场馆地理环境	0.13
		场馆人文环境	0.13
		场馆经营环境	0.11
顾客消费	0.130	顾客的素质	0.49
		顾客的消费动机	0.51
经营理念	0.155	场馆领导的认识水平	0.35
		场馆员工的价值观	0.32
		场馆员工的职业道德观	0.33

续表

一级指标	权重	二级指标	权重
规章制度	0.142	规章制度的科学性	0.32
		规章制度的可操作性	0.34
		规章制度的执行效果	0.34
管理模式	0.148	场馆管理模式的类型	0.34
		管理模式应用的环境条件	0.33
		管理模式的先进性和前瞻性	0.33

9.4.3.4　大型体育场馆公共服务能力评价指标内涵

由于本书中涉及的每个指标均对场馆公共服务能力的评价产生影响，是指标体系的重要组成部分，故在此对每个指标的内涵进行说明。

（1）人力资源

人力资源，广义上是指一个社会拥有的能够推动整个经济和社会发展、具有智力劳动能力和体力劳动能力的人的总和，包括质量和数量两个方面；狭义上是指一个组织所拥有的用以制造产品和提供服务的人力。本书中所提到的人力资源是指体育场馆所拥有的用来提供服务的人力情况，涉及人员的思想品德、学识水平、知识技能和工作能力。

思想品德。思想品德是指人们在一定的思想指导下，在品德行为中表现出来的较为稳定的心理特点、思想倾向和行为习惯的总和。它与一定的经济活动、政治活动、道德风尚及风俗习惯相联系，受到社会发展水平的制约。本书中的评价指标中的思想品德主要是指场馆服务人员有较高的道德修养，热爱祖国，热爱人民，坚决拥护中国共产党领导和我国社会主义制度，遵纪守法，爱护公共财产，团结同事，乐于助人；对工作高度重视，时刻以专业精神对待工作，尽心尽力，一丝不苟，严格遵守各项制度和规定，恪守职责，爱岗敬业，维护场馆的荣誉。

学识水平。学识水平原是指教师已有知识、技能及再学习能力的总和，在一定程度上标志其思想、理念的深刻程度和技能水准。在这里学识水平是指场馆服务人员的受教育程度，也就是学历；所拥有的知识结构是否与工作有关或者有助于工作的开展；服务人员的工作经历等。场馆一般服务人员要具有高中以上学历，教练员要具有本科及以上学历，且专业符合职位要求。场馆工作人员之前的工作经历最好与体育和服务有关，以便顺利进入角色。

知识技能。知识是指人类在实践中认识客观世界的成果。它包括事实、信息的描述或在教育和实践中获得的技能。技能是指通过练习获得的能够完成一定任务的动作系统。涉及体育场馆的服务人员则主要分为两种，一种是教练员和陪练员，另一种是前台接待、销售人员和服务员等非体育专业人员。对教练员和陪练员而言，知识和技能就是指他们所学习并且掌握的与体育项目相关的专业知识和专业技能。例如，健身教练应掌握各种健身器材的应用，针对不同客户群体的健身需求提供专业、科学、有效的健身计划，并在客户锻炼的过程中提供保护等；而对于网球教练或陪练，要掌握各种网球动作的技术要领并做出正确示范，为初学者、熟练者等不同学习阶段的客户提供行之有效的学习和练习方案并协助完成。对其他服务人员来说，要具备职位所要求的知识和技能，若有体育的相关背景则更好。

工作能力。在人力资源管理学上，工作能力是指对一个人担任一个职位的一组标准化的要求，用以判断是否称职。这包括其知识、技能及行为是否能够配合相应工作。简单来说，工作能力就是一个人是否有适合的能力担任一个职位。在这里，体育场馆作为一个服务场所，它所生产和提供的不是有形的产品而是无形的服务，场馆的服务人员每天面对的不是各式各样的机器而是有各种各样健身需要的客户，那么服务人员就要具备较强的沟通能力以便了解客户的需求，并通过运用他所拥有的知识和技能为客户提供健身服务，来满足客户的需求并为场馆创造收益。例如，在沟通能力方面，场馆服务人员待人要亲切热情，具有亲和力，能够敏锐察觉他人的需求与意图，快速领悟话题的实质，切中要害，特别是与有文化、习俗等差异的人沟通时，需要了解相互间的需求，明确存在的分歧，通过进一步交流解决分歧达成一致的能力。

（2）设施设备

设施是指为某种需要而建立的机构、系统、组织、建筑等。设备是指可供人们在生产中长期使用，并在反复使用中基本保持原有实物形态和功能的生产资料及物质资料的总称。书中体育场馆的设施设备主要指场馆的外部建筑、场馆的内部设施、场馆的附属服务设施和场馆的卫生状况等。

场馆建筑。建筑，一般指供人居住、工作、学习、生产、经营、娱乐、储藏物品及进行其他社会活动的工程建筑。建筑构成的三个要素是建筑功能、建筑技术和建筑艺术形象。体育场馆是供人们娱乐、健身的场所，是居民生活不可或缺的工程建筑。大型体育场馆从外表看大都造型优美、独特，是城市的标志性建筑，深受人民群众喜爱；从功能上说，大型体育场馆功能设计比较全面，不但为居民健身提供场地，还可以举办各种体育比赛、演唱会和博览会等。

场馆设施。体育场馆根据功能不同所配备的器材设施也有很大差异，这些器材设施不仅包括如健身器材、球拍球网、比赛用具等必备器材，还包括如更衣室、洗浴室等锻炼前后所需的设施。场馆设施要齐全，能够满足多位顾客同时使用；设施要便于使用，具有相似或连续功能的器材设施摆放要合理；设施设备要安全可靠，定期维护维修，保证顾客的人身和财产安全。

附属服务设施。体育场馆的附属服务设施是指场馆是否拥有配套的停车场、酒店和会议中心等。随着城乡居民收入的大幅增加，汽车消费快速进入家庭，城镇居民家庭家用汽车拥有量持续升高，而停车成为一个大问题。体育场馆周围要配备较大的停车场，保证能够容纳前来健身或参加活动的居民的车辆，且停车要方便快捷。场馆周围要有价格合理的酒店，为前来观看比赛的外地顾客提供良好的休息和就餐环境。

场馆卫生状况。一个好的环境可以带来好的心情，愉悦的心情使人们乐于参与活动、锻炼身体。场馆卫生条件的好坏会影响人们是否喜欢并且愿意到这里健身，同时也反映该体育场馆的公共服务能力。地面要整洁，器材要干净，摆放要整齐无锈迹，空气要清新，卫生间要干净整洁无异味，等等。

（3）时间空间

时间和空间涉及的指标内容比较多。当今社会日新月异，时间成了最宝贵的东西，对很多人来说"时间就是金钱，时间就是生命"。等待是人们普遍不喜欢做的事情，等待时间过长会降低人们的耐心和兴趣，间接影响场馆的效益。时间指标如体育场馆开放时间，顾客电话咨询、预约等待时间，顾客购票等待时间，顾客停车等待时间，顾客消费等待时间。空间则主要考虑场馆的地理环境、人文环境。

体育场馆开放时间。体育场馆早晨何时开放，晚上何时关门，周内和周末的开放时间有无区别，区别是什么，体育场馆的开放时间是否能满足居民健身的需要，这些都是影响场馆公共服务能力的重要因素。体育场馆开放时间应注意与顾客上下班时间的协调，若与顾客上下班时间一致，则势必影响部分消费者的消费机会。

顾客电话咨询、预约等待时间。顾客电话咨询场馆的服务，或者电话预约场馆服务过程中，场馆工作人员是否及时接通并为顾客提供满意的答复将影响顾客的满意度，进而影响其消费情况。等待时间过长、无人接听或者接听后无法回答顾客的提问，都是场馆服务能力不强的表现。

顾客购票等待时间。在场馆日常工作中，由于顾客不会集中前来，购票等待时间一般可以忽略不计。但在举行大型活动或顾客消费的高峰期时，消费者集中前来购票，此时场馆拥有售票窗口的数量和售票的速度则决定顾客购票是否需要等待，以及等待时间的长短。

顾客停车等待时间。场馆附属服务设施中提到场馆要拥有配套停车场，能够满足顾客停车需求。停车场的大小、停车场的服务流程是否顺畅则影响顾客停车等待的时间。如果活动即将开始，或者消费者原本的锻炼时间紧张，那么把时间消耗在停车和找车位就会引起消费者的不快甚至不满。

顾客消费等待时间。场馆的设施设备齐全固然重要，但设施设备是否充足，顾客是否需要排队来进行锻炼，顾客锻炼前或结束后换衣服和冲洗需要等待的时间都将影响场馆的服务能力。

场馆地理环境。场馆所在的地理位置和周边的交通状况影响场馆的客流量，其他条件相同或相似的情况下，场馆位于市区或交通便利区位则会吸引更多的锻炼者。若场馆位于郊区或交通不便区位，无论驾车或公共交通均难以到达，则人们更倾向于选择交通便利的场馆。如今城市用地日趋紧张，许多场馆不得不建在相对远离市中心的地方，这些地方通常可用空间较大，是政府规划的新型商业区或居民区。一方面，场馆的建设会带动该地区的发展和繁荣，带动居民小区、教育和医疗机构的建设；另一方面，居民区的存在会带来可观的客户群体，也有利于全民健身运动的开展和居民身体素质的提高。

场馆人文环境。人文环境可以定义为一定社会系统内外文化变量的函数，文化变量包括共同体的态度、观念、信仰系统、认知环境等。人文环境是社会本体中隐藏的无形环境，是一种潜移默化的民族灵魂。场馆的人文环境意味着场馆所在区域的居民是否爱好体育锻炼，是否认识到体育锻炼的重要性并会有意识地通过参加体育锻炼来提高自己的身体素质，是否愿意并喜欢观看体育比赛等。

场馆经营环境。从广义上讲，企业的经营环境包括企业经营外部环境与内部环境。影响企业经营的外在因素可分为政治、经济、社会和技术四类。企业内部经营环境包括企业内部功能系统和内部组织机构。企业内部功能系统由供、产、销、研四个子系统构成。体育场馆虽不是单纯以营利为目的的企业，但其提供公共服务的过程中也要考虑环境因素。体育场馆作为一个特殊的服务型组织，它的经营环境主要是指场馆所在地区的区域经济环境、政府对场馆的政策支持、居民的人均可支配收入等影响场馆收入的因素。区域经济发展良好，政府在税收、土地等方面给予场馆相应的优惠政策，居民人均可支配收入较高且有能力进行消费等，都将有利于场馆的经营。

（4）顾客消费

顾客消费在这里主要涉及顾客的素质和顾客的消费动机，因为体育场馆服务的对象不是机器，而是顾客。顾客的素质和消费动机会影响场馆的服务质量和效益，以及场馆的口碑。

顾客的素质。素质有很多个定义，《辞海》对素质一词的定义为人的生理上的原来的特点；事物本来的性质；完成某种活动所必需的基本条件。素质的另一个定义是指个人的才智、能力和内在涵养，即才干和道德水平。本书中提到的顾客的素质主要是指顾客到场完成健身或观看比赛的活动所必需的基本条件，包括顾客的身体素质、知识水平和道德修养等。顾客的身体素质好坏会影响健身的效果。如果顾客身体素质太差，不仅锻炼的效果不好，而且若患有一些疾病如心脏病等，则会给顾客健身带来安全隐患。顾客的知识尤其是与体育相关的知识越丰富，则越有利于顾客健身活动的开展，一方面可以更好地理解并接受教练的指导，另一方面自己可以控制锻炼的强度，达到更好的锻炼效果。顾客的道德修养体现在如礼貌、礼让、谦逊、宽容等方面，好的道德修养不仅体现个人素质，还有利于场馆秩序的维护，营造良好的健身及观赛环境。

顾客的消费动机。顾客的消费行为受动机支配，其动机推动顾客产生消费行为，通过消费行为满足某种需要的内部驱动力。动机来源于需要，动机能否引起行为，取决于动机的强烈度。一个人同时可能存在许多动机，这些动机不但有强弱之分，而且有矛盾和冲突，只有最强烈的动机即“优势动机”，才能导致消费行为。顾客需要参与健身活动、迫切希望观看体育比赛或演唱会等会促使顾客前往消费。如果此消费活动难以对消费者构成刺激，则可能导致消费者去参与其他动机更强烈的活动。消费者动机受多方面因素的影响，同时反过来也影响场馆的客流量和收益。场馆要采取适当的营销方案，并组织有趣的活动来刺激消费者的消费动机，吸引消费者来场馆消费。

（5）经营理念

经营理念是管理者追求企业绩效的根据，是顾客、竞争者及职工价值观与正确经营行为的确认，然后在此基础上形成企业基本设想与科技优势、发展方向、共同信念和企业追求的经营目标。不论是营利组织还是非营利组织，任何组织都需要一套经营理念。事实证明，一套明确的、始终如一的、精确的经营理念，可以在组织中发挥极大的效能。场馆同样需要正确的经营理念，这不但可以使场馆更好地为社会提供服务，还有利于场馆效益的提升和社会影响力的扩大。

场馆领导的认识水平。这里主要指场馆的领导对场馆的性质、定位、经营管理等方面的看法和态度。这将影响领导决策，并对场馆的发展产生影响。

场馆员工的价值观。价值观是指一个人对周围的客观事物的意义、重要性的总评价和总看法。一方面表现为价值取向、价值追求，凝结为一定的价值目标；另一方面表现为价值尺度和准则，成为人们判断价值事物有无价值及价值大小的评价标准。价值观对人们自身行为的定向和调节起着非常重要的作用。价值观决定人的自我认识，它直接影响和决定一个人的理想、信念、生活目标和追求方向的性质。场馆员工就其工作来说，确立正确的价值观，员工对所从事的工作产生正确的价值判断，确定其有意义、有价值，就会产生好的动机，并最终促使积极行为的产生。

场馆员工的职业道德观。职业道德是指人们在一定范围内所必须遵守与其行业相适应的行为规范。每项职业都是神圣的，每个从业人员，不论从事哪种职业，在职业活动中都要遵守道德。例如，教师要遵守教书育人、为人师表的职业道德，医生要遵守救死扶伤的职业道德等。职业道德不仅是从业人员在职业活动中的行为标准和要求，而且是本行业对社会所承担的道德责任和义务。职业道德是社会道德在职业生活中的具体化。场馆作为一个服务型的组织，其员工要遵守服务至上、顾客至上的职业道德，从而提供更好的服务。

（6）规章制度

规章制度是指用人单位制定的组织劳动过程和进行劳动管理的规则及制度的总和。规章制度内容广泛，包括了用人单位经营管理的各个方面。根据 1997 年 11 月劳动部颁发的《劳动部关于对新开办用人单位实行劳动规章制度备案制度的通知》，规章制度主要包括：劳动合同管理、工资管理、社会保险福利待遇、工时休假、职工奖惩，以及其他劳动管理规定。合理的制度可以提高员工工作的积极性，而不合理的制度则会使员工缺乏工作的热情和积极性，最终影响场馆的服务能力。

为了保护劳动者的合法权益，调整劳动关系，建立和维护适应社会主义市场经济的劳动制度，促进经济发展和社会进步，根据宪法，2021 年劳动法规定了有关劳动者的工作年龄、工作保障、工资待遇、工作时间和休息休假等的具体要求。还规定了建立劳动关系应当订立劳动合同，以及劳动合同如何签订才有效力等。

规章制度的科学性。科学性是指概念、原理、定义和论证等内容的叙述是否清楚、确切，历史事实、任务及图表、数据、公式、符号、单位、专业术语和参考文献写得是否准确，或者前后是否一致等。规章制度要具有科学性是指场馆的各项规章制度在内容表述上要清楚、准确，使员工能够读懂，且各项规章制度之间要连贯统一，不得出现前后矛盾的情况。

规章制度的可操作性。场馆规章制度的可操作性是指各项规章制度不仅从理论上的最优化出发，要考虑规章制度正确、科学，还要考虑在现有条件下能否可以顺利执行，要考虑场馆现实具备的条件如场馆管理者和工作人员自身的服务特点、能力水平、专业层次等其他的因素。

规章制度的执行效果。规章制度的执行效果在这里是指规章制度是否可以顺利执行，有无大的漏洞，执行这一系列的规章制度是否有利于提高员工效率，保障场馆日常工作的顺利进行，以及在出现突发情况时可以及时有效应对。

（7）管理模式

管理模式是在管理人性假设的基础上设计出的一整套具体的管理理念、管理内容、管理工具、管理程序、管理制度和管理方法论体系并将其反复运用于企业，使企业在运行过程中自觉遵守的管理规则。曾几何时，我国公共体育场馆一直作为公共事业单位为我国的体育事业服务。然而，近年来随着经济的发展和群众高涨的健身需求，公共场馆也逐渐对大众开放，创造经济效益，扭转了单纯依赖财政的局面。

场馆管理模式的类型。现阶段我国体育场馆的管理模式主要有以下几个类型：事业单位管理模式、事业单位企业化管理模式和委托管理模式。场馆管理模式多种多样，但不管采用哪种模式，最终目的都是利于场馆公共服务能力的提高。采用不同的管理模式意味着场馆的经费模式也有所差异，经费模式有财政全额拨款、差额拨款和自负盈亏等类型。本书中涉及的这一要素的含义是该场馆使用的场馆管理模式是否有利于场馆的经营与发展。

管理模式应用的环境条件。管理模式应用的环境条件涉及方方面面，场馆的历史背景、投资主体、发展现状等都会影响场馆管理模式的应用。环境条件是否有利，会影响到场馆的服务能力。如果场馆的历史背景复杂，投资主体不明确，场馆的发展缓慢，则场馆的管理模式应用困难，就需进一步研究需要改善环境或应用新的管理模式。

管理模式的先进性和前瞻性。计划经济体制下我国的体育场馆管理模式主要是体育局下属的事业单位管理模式，场馆只需按照体育局的要求完成每年训练和比赛任务的场地提供即可，没有收益，而支出完全由财政负担。随着市场经济的发展，体育场馆的经营管理也面临改革，管理模式的先进性和前瞻性要求大型体育场馆要与时俱进，紧跟时代步伐，使场馆既要满足人民群众的健身需要，体现其公益性，还要适应市场经济的要求自负盈亏并尽可能取得收益，体现其经营性。

9.4.3.5　大型体育场馆公共服务能力评价指标体系的实践检验

基于构建的大型体育场馆公共服务能力评价指标体系，设计了检验问卷发放给体育场馆的管理者和消费者，旨在检验该指标体系是否符合我国大型体育场馆经营管理的实际，能否客观评价场馆的公共服务能力。问卷发放与回收情况如表 9-7 所示。

表 9-7　问卷发放与回收情况

项目	数据
发出的问卷	160
回收的问卷	150
回收率（%）	93.75
有效的问卷	146
有效率（%）	91.25

（1）发放检验问卷的场馆简介

- 陕西省体育场

陕西省体育场是陕西省政府于 1997 年投资改造，用以承办 1999 年全国第 4 届城市运动会，场馆位于西安市南二环长安立交西北部的朱雀广场内，总投资约 2.5 亿元人民币。建筑面积约 10 万平方米，场馆共有 12 个观众入口、42 个看台。整个体育场建筑分为 6 个区：可容纳 5 万名观众的足球田径场；可容纳 2500 个展位的陕西国际展览中心（2008 年改制后现为实用面积 11000 平方米的陕西省体育运动商城，主要经营体育服装和运动器材）；商务写字楼区；技术及办公用房区；多功能健身区；可容纳 400 个停车位的地下停车场。

场馆先后举办和承办过 1999 年第 4 届城市运动会的开闭幕式和田径比赛，国力足球队和中新浐灞足球队的主场，每年承办中国足球协会超级联赛 16 场，平均每年举办各种演唱会 4 场、各种展览会 30 余场。

- 武汉体育中心

武汉体育中心地处武汉市经开区之内，于 1998 年立项并于 2002 年建成主体育场投入使用，2007 年建成体育馆、游泳馆及全民健身的相关配套设施并交付使用。武汉体育中心主体育场包括主场、2 块标准训练场、3 个广场及停车场，可容纳 60000 名观众，而体育馆和游泳馆分别可容纳 13000 人和 3500 人。武汉体育中心所有场馆均按照国际田联和国际足联标准建成，设有运动员、裁判休息室，办公室，医务室等，观众席同时设有贵宾席、官员席、记者席等，功能十分齐全。体育中心总面积约 165000 平方米，共投资 14 亿元，近年来举办了多项国内外体育赛事和各类商业演出。

武汉体育中心既是一流的体育场馆又是市民的健身乐园。体育中心成为江城的首家“体育公园”。针对市民不同需要，还修建了保龄球馆、网球馆、羽毛球馆、健身中心及商场等具有综合功能的体育休闲场所。武汉市民可在山清水碧中充分享受体育健身、休闲娱乐的快乐。

武汉体育中心采取“国家建设，企业管理”的模式进行管理和运营，具体由武汉体育中心发展有限公司受武汉市经济技术开发区管委会国资办的委托，享有武汉体育中心资产的经营权，负责武汉体育中心资产的运营管理。

● 济南奥林匹克体育中心

济南奥林匹克体育中心（简称济南奥体中心）位于东部新城区，北起经十路，南至龙奥北路，东起奥体东路，西至奥体西路，占地面积 81 公顷，总建筑面积约 35 万平方米，总投资达 30 亿元。济南奥体中心是全国第 11 届运动会主赛场，结合地形地势，在西场区布置体育场，在东场区布置体育馆、游泳馆、网球馆。东区的场馆布局，以圆形体育馆为中心，游泳馆、网球馆以对称的体型环抱体育馆，从而与西场区的体育场实现了空间及体量上的双轴对称。中心区平台，赛时平台下为新闻中心，赛后将成为较好的商业运营空间。体育场、体育馆、游泳馆及网球馆周围设置了观众疏散平台，普通观众在平台以上活动。赛时，贵宾、运动员等由平台下进入场。

在济南奥体中心设计之初，设计方就结合北京奥运场馆的情况，充分考虑到赛后利用等多种因素。充分考虑赛后运营的灵活性，通过场馆建设及赛后运营，使其成为高品位服务大众的体育文化休闲商业中心，成为济南市新的形象标志。在体育赛事及大型活动、体育健身及体育装备、餐饮购物及商务会展、体育旅游等方面实现多元经营、多元化发展。

● 广州天河体育中心

广州天河体育中心位于市区东部，地处广州市金融商业中心地带，总占地面积 51 万平方米，是广州目前最大的体育场地。天河体育中心最初主要由体育场、体育馆、游泳馆三大场馆组成。六运会后，体育中心不断发展，相继兴建了棒球场、网球场、保龄球馆、门球场、室内卡丁车场、露天游泳池、健美乐苑等系列竞赛及群体活动场馆和项目场地。

1995 年，在国家体委提倡全民健身活动的号召下，广州天河体育中心率先实行了全面开放，修建了全国第一条健身路径，并增建了树林舞场、露天羽毛球场、乒乓球活动区、儿童活动区、健身小区、篮球俱乐部等各种群体设施，同时还有优美的园林绿化环境，中心内绿草如茵，处处充满亚热带的园林风情，陪衬着整个宏伟的场地而成为一个园林式的体育公园。广州天河体育中心成为既可举办各种体育比赛，广泛开展群众体育活动，又可举办各类大型博览会，集健身、娱乐、休闲和展示于一体的大型多功能综合性活动场所。

（2）检验结果统计

检验问卷对每一指标设计三个评判等级，即优、良、差。其中，优等指符合指标描述的内容要求，可评分在 80~100 分，计算时取值 90 分；良等指较符合指标描述的内容要求，但有一定差距，可评分在 60~80 分，计算时取值 70 分；差等指该场馆此项指标较差，不符合指标描述的内容要求，可评分在 60 分以下，计算时取值 50 分。再根据每一指标所占的权重计算出场馆的最终得分（表 9-8）。

表 9-8　检验问卷针对四省会城市大型体育场馆公共服务能力评价结果分析

场馆	指标							得分
	人力资源	设施设备	时间空间	顾客消费	经营理念	规章制度	管理模式	
陕西省体育场	13.5	10.875	10.738	11.7	13.95	9.94	10.36	81.063
武汉体育中心	13.5	11.6	11.362	11.7	13.95	11.8144	11.3368	85.263
济南奥体中心	10.53	13.05	11.05	10.426	10.85	9.94	12.3432	78.189
广州天河体育中心	13.5	12.354	11.05	11.7	13.95	11.8144	11.3368	85.705

根据对上述四个大型体育场馆的综合调查及研究表明，评价结果基本符合场馆实际，说明运用本指标体系可以较好地评价我国大型公共体育场馆的公共服务能力。

9.5　结论

大型公共体育场馆是指由国家投资或筹集社会资金兴建的、属国家各级体育行政部门管理的、用于开展社会体育活动、满足广大群众进行体育锻炼或观赏体育比赛，以及运动员训练、竞赛需求的体育场所，并且体育场的观众座位数在 20000 座及以上，体育馆的观众座位数在 3000 座及以上，游泳馆、跳水馆的观众座位数达到 1500 座及以上。大型体育场馆公共服务能力则是指大型体育场馆所具备的利用场馆内各种健身、运动器材和工作人员的各种运动技能及体育知识为社会提供公共体育服务，以满足公共体育服务客体对象的公共体育服务需求的技能、技术和技巧。

对大型体育场馆公共服务能力主要从人力资源、设施设备、时间空间、顾客消费、经营理念、规章制度和管理模式 7 个一级指标来评价。人力资源包括思想品德、学识水平、知识技能和工作能力 4 个方面；设施设备含有场馆建筑、场馆设施、附属服务设施和场馆卫生状况 4 个方面；时间空间包括体育场馆开放时间、顾客电话咨询、预约等待时间，顾客购票等待时间，顾客停车等待时间，顾客消费等待时间，场馆地理环境，场馆人文环境和场馆经营环境 8 个方面；顾客消费包括顾客的素质和顾客的消费动机 2 个方面；经营理念包括场馆领导的认识水平、场馆员工的价值观和场馆员工的职业道德观 3 个方面；规章制度包括规章制度的科学性、规章制度的可操作性和规章制度的执行效果 3 个方面；管理模式包括场馆管理模式的类型、管理模式应用的环境条件及管理模式的先进性和前瞻性 3 个方面。指标体系包含 7 个一级指标、27 个二级指标，并利用其所得结果来评价体育场馆公共服务能力。在确定权重系数过程中，把专家评判法与层次分析法进行有机结合，以保证权数确定的科学、客观、公正、权威。

公共服务能力方面的资料和研究较少，尤其是对大型体育场馆领域的公共服务能力评价体系的研究尚处在探索阶段，因此，初步建立此评价指标体系仅供相关研究人员和管理部门参考，旨在共同分析、探讨和进一步完善。体育场馆公共服务能力评价指标体系的建立对于加强大型体育场馆运营管理改革创新、提高公共服务水平具有重要的指导意义，在此指标体系基础上，可以进行实践的检验，运用到各类大型体育场馆服务能力的评价中，以检验其是否客观、公正、有效，为修正和改进体育场馆公共服务能力评价体系提供反馈。

第10章

残疾人公共体育服务体系研究

本章将结合我国新时期残疾人公共体育服务发展理念，基于新公共服务理论和新公共管理理论，运用文献资料法、调查法、比较研究法等研究方法，探讨残疾人公共体育服务的概念和基本特征，回顾改革开放以来我国残疾人公共体育服务发展历程，同时，在深入走访、调研我国残疾人公共体育服务现状的基础上，探析我国残疾人公共体育服务中存在的问题，并提出相应的对策建议。

10.1 研究背景

10.1.1 选题依据

残疾人公共体育服务的发展规模和发展水平是公共服务事业发展规模和发展水平的重要且特殊的标志。残疾人体育是公共体育服务的重要组成部分，是各级政府为残疾人提供公共体育服务的重要载体，是保障残疾人各项体育需求的主要途径。近年来，国家对残疾人公共体育服务问题越来越重视，各级政府通过了一系列维护残疾人权益、促进残疾人平等参与的文件，有力地推动了残疾人公共体育服务状况的改善。

加快构建残疾人公共体育服务体系、发展残疾人公益性体育事业是推进政府职能转变的有力抓手，是落实政府科学健身、体育惠民的重要举措，特别是残疾人享有公共体育服务的权利，既是残疾人作为现代社会公民基本权利的体现，也是残疾人改善自身生存状态，体现社会文明和文明进步的重要方面。因此，按照社会公平理论，发展残疾人公共体育服务体系在平等参与、共享成果，实现“中国梦”的进程中有着十分重要的现实意义和长远的历史意义。摸清现阶段残疾人公共体育服务的现状，从界定残疾人公共体育服务的内涵与外延着手，探索残疾人公共体育的服务服务范围、服务标准及服务供给模式，从而构建适合我国国情实际的残疾人公共体育服务体系，这也是现阶段残疾人体育研究中亟待解决的重点与难点问题。

10.1.2 研究意义

10.1.2.1 理论意义

本章旨在对残疾人公共体育服务体系中的重点与热点问题进行基础性和创新性研究。残疾人公共体育服务作为一个国家或地区政治文明程度、体育事业发展水平的重要标志，对促进我国社会发展，建设服务型政府，提高残疾人健康水平，加快我国残疾人体育事业的发展都将发挥至关重要的作用。残疾人公共体育服务的核心任务是利用公共社会资源，统筹、组织、协调、配置社会公共体育资源，向残疾人提供基本的公共体育服务及体育产品，以保障残疾人体育权利的实现。建立完善的残疾人公共体育服务体系，一个很重要的基础性工作就是摸清我国残疾人公共体育服务的整体发展状况和各地区残疾人公共体育服务的发展状况，寻找存在的主要问题及提出解决问题的有效对策，并依此进行科学决策，制定我国残疾人公共体育服务发展战略。然而，目前我国在该领域缺乏系统完善的相关理论研究和实践探索，迫切需要从理论和实践两个方面进行深入研究。

因此，全面调研我国残疾人公共体育服务发展现状，构建我国残疾人公共体育服务体系已成为当前亟待解决的重大研究问题。开展此研究，有助于进一步完善我国公共体育服务体系内容，有利于改善残疾人参加体育健身活动的保障能力和服务能力，保障残疾人共享公共体育服务的积极成果。同时，本研究将数据挖掘技术、统计应用的研究工具和研究方法运用到残疾人公共体育服务领域，进行现状的统计描述、残疾人公共体育服务共性特征的数据挖掘等，必将开拓残疾人公共体育服务领域的研究视野，丰富公共体育服务研究内容，为后续公共体育服务的实证研究提供借鉴。全面收集、整理全国层面及各地区对于残疾人公共体育服务内容、方式和运行机制的相关资料，为相关研究的开展打下基础。

10.1.2.2 实践意义

了解残疾人公共体育服务的现状，分析残疾人参与体育活动的服务需求，探讨政府部门向残疾人提供公共体育服务产品的供给机制，探索实现均等化发展的措施；为残疾人公共体育服务体系的建立提供理论依据与具体策略；为国家制定相关的残疾人公共体育服务政策提供参考；为培养与提高残疾人在社会环境中参与体育活动的能力与策略提供指导。

本研究有助于形成理解、帮助残疾人的社会氛围，使残疾人平等、充分地参与社会生活；对维护残疾人参加体育健身活动的基本权益，促进残疾人康复健身、享受体育健身带来的健康快乐有着重要意义。

10.1.3 文献综述

10.1.3.1 有关残疾人体育研究

利用中国期刊网索引对2005年1月至2012年12月有关以下几个方面的内容进行了检索，共收集相关论文585篇。其中，以“残疾人体育”“残疾体育事业”“残疾人体育运动”为篇名，有关残疾人体育的文献有148篇。现有的研究成果表明我国残疾人体育的起步较晚。国内残疾人体育研究的文献数量逐渐递增，但是理论研究较多，竞技体育、大众体育的研究较少，体育教学和康复体育的研究更少。国内残疾人体育的局部研究较多，全国范围的调查研究较少。国内关于残疾人体育的目的、功能和意义的研究较多。

残疾人体育运动往往受到内部因素和外部因素的制约。

10.1.3.2　有关公共体育服务研究

（1）公共体育服务理论问题

理论研究是公共体育服务研究的基础性内容，厘清公共体育服务的基本概念、理论框架、研究现状有助于后续公共体育服务研究的深入与拓展，增加了公共体育服务应用研究的科学性与合理性。因此，我们有必要重视公共体育服务理论研究现状的系统梳理。就现有相关研究成果而言，公共体育服务的概念和内涵始终都是当前体育公共服务研究的重点和难点。不仅是因为概念性的问题具有关键的研究指导作用，更重要的是，包括学界在内的社会各界至今为止尚未就公共体育服务的概念和内涵形成学术共识，主要围绕“体育公共服务”与“公共体育服务”的概念使用展开学术争论。

郇昌店[①]提出，公共体育服务是为满足公众的公共体育需求而提供的各种体育服务和活动的总称。其他学者批判性地提出了“体育公共服务”的新认识。例如，范冬云[②]指出，体育公共服务是公共部门为满足社会成员体育公共需要而提供体育公共产品的过程。刘亮[③]从体育公共利益需求与价值选择出发，提出体育公共服务是指为实现和维护社会公众或社会共同体的体育公共利益，保障其体育权益的目标实现，以政府为核心的公共部门，依据法定职责，运用公共权力，通过多种方式与途径，以不同形态的体育公共物品为载体，所实施的公共行为的总称。除了以上关于“体育公共服务”的概念界定研究，其他理论研究还包括体育公共服务的理论框架、研究框架、研究综述或述评，体育公共服务城乡一体化发展理论，新农村公共体育服务理论等相关研究内容。应当说，这些研究成果虽然相对不足，但却是对体育公共服务理论研究的有益探索，需要继续深入研究。

（2）体育公共服务体系研究

严格说来，体育公共服务体系研究应当属于理论研究范畴，但是这部分研究内容紧密联系实践，具有较高的应用价值，因此备受学者关注，取得了较为丰富的学术成果。第一，关于体育公共服务体系的概念问题，肖林鹏[④]认为，公共服务体系是指由满足公共需求的要素构成的有机整体，具体包括体育活动体系、体育组织体系、体育场地设施体系、体育信息体系、体育指导体系、体育资金体系、体育政策法规体系、体育监督反馈体系、体育绩效评价体系 9 个组成部分。齐立斌[⑤]将体育公共服务体系简化为体育场地设施、活动指导、健身组织、组织管理和信息供给 5 个子系统。第二，关于体育公共服务体系的机制问题，贺伍[⑥]认为，体育公共服务体系运行机制指体育公共服务体系运行过程中各要素间关系的处理方式，具体包括目标机制、组织机制、动力机制、约束机制、经

① 郇昌店. 我国公共体育服务供给市场化运作方式研究[D]. 天津：天津体育学院，2008.

② 范冬云. 我国体育公共服务研究中几个问题的探讨[J]. 成都体育学院学报，2010，36（2）：6-12.

③ 刘亮. 我国体育公共服务的概念溯源与再认识[J]. 体育学刊，2011，18（3）：14-19.

④ 肖林鹏. 我国公共体育服务体系概念开发及其结构探讨[J]. 天津体育学院学报，2007，22（6）：472-475.

⑤ 齐立斌. 新农村公共体育服务理论体系的架构[J]. 河北体育学院学报，2011，25（2）：4-9.

⑥ 贺伍. 体育公共服务体系运行机制的研究[J]. 内蒙古民族大学学报，2011，17（1）：77-78.

营机制、决策机制、人事机制、分配机制、核算机制（财务机制）、筹资机制、激励机制、预警机制、监督机制、准入机制、调控机制等内容。第三，关于体育公共服务体系的现状与对策问题，相关研究立足于地方发展实践，着重当地体育公共服务体系的发展现状和构建完善。现有地方体育公共服务体系研究覆盖广泛，包括浙江、上海、安徽、齐齐哈尔、苏州、四川、北京、烟台等地区都有针对当地特色的体育公共服务体系现状研究，并且对应提出了许多有益的完善建议。不仅如此，国家相关科研管理部门积极资助此类课题研究，近三年，仅国家社科基金项目便有 7 项之多，促进了我国体育公共服务体系研究的快速发展。

（3）体育公共服务供给研究

体育公共服务供给以制度经济学的研究视角定量分析我国体育公共服务投入问题，对政府部门科学制定体育公共服务管理决策具有重要意义。现有研究主要集中在供给的制度、主体、模式及现状等方面。

第一，关于供给制度研究。樊炳有[①]认为，我国体育公共服务供给的制度安排面临的首要问题是体育公共服务体制实践抉择问题。正确面对城市与农村二元体育公共服务体制的格局，在不同地区实行体育公共服务体制的梯度推进。明确划分不同层级的政府在体育公共服务中的职能权限，遵循以政府供给模式为主、以社会化运行为辅，采用命令与控制、工商管理、社会化手段、市场化制度安排模式。古礼燕[②]具体提出了社区体育公共服务供给制度的改革措施包括拓展社区体育公共服务的资金渠道，创新社区体育公共服务物品的供给模式，建立和完善社区体育公共服务的质量监控制度，创新运行规则不断提高服务组织运作绩效等方式。第二，关于供给主体研究。蓝国彬等人[③]提出，体育公共服务供给主体将由政府唯一主体，逐步转化为政府部门、非政府部门、非营利部门、私人部门多主体并存。郝艳艳等人[④]认为，体育公共服务的四个供给主体是政府及体育行政部门、非营利性体育组织、营利性体育组织、个人。第三，关于供给模式研究。曹可强等人[⑤]指出，我国体育公共服务供给主体单一且供给效果不佳，应该运用市场化和社会化手段，引导和吸引社会资源参与体育公共服务供给，逐步形成政府、社会非营利组织和市场商业性组织的多元化体育公共服务供给格局。陈静霜[⑥]同样认为，政府、企业和非政府组织在公共体育服务中多元合作、良性互动，才能最大限度地满足人民群众日益增长的多元化体育需要。第四，关于供给现状研究。肖林鹏[⑦]分析了我国公共体育服务供给的困境，即“公共体育服务供给的主体单一，公共体育服务供给的对象有限，公共体育服务供给的总量不足，公共体育服务供给的结构失衡，公共体育服务供给的方式简单和

① 樊炳有.我国体育公共服务供给制度及实践路径选择探讨[J].体育与科学，2009，30（4）：27-31.

② 古礼燕.我国城市社区体育公共服务供给制度的改革研究[J].广州体育学院学报，2011，31（1）：24-27.

③ 蓝国彬，樊炳有.我国体育公共服务供给主体及供给方式探析[J].首都体育学院学报，2010，22（2）：27-31.

④ 郝艳艳，李金亮.体育公共服务多主体供给分析[J].体育科技文献通报，2010，18（6）：98-99，112.

⑤ 曹可强，俞琳.论体育公共服务供给主体的多元化[J].体育学刊，2010，17（10）：22-25.

⑥ 陈静霜.我国公共体育服务模式选择与供给主体分析[J].成都体育学院学报，2009，35（6）：32-34.

⑦ 肖林鹏，李宗浩，杨晓晨，等.论我国公共体育服务的供给困境[J].山东体育学院学报，2008（8）：1-4.

公共体育服务供给的制度缺位等”。卢文云[①]认为，我国西部农村公共体育服务供给存在地位低、供给低水平、缺乏针对性及供给机制缺陷等主要问题。此外，国家社科基金也很重视体育公共服务供给研究，仅 2011 年的相关立项课题就有 2 项之多。

（4）体育公共服务均等化研究

均等化（均衡化）研究是财政学视野下体育公共服务供给公正性的新兴研究方向。该方面研究虽然起步较晚，但发展迅速，特别是在国家政府的大力扶持下取得了一系列丰硕的研究成果，引起了学界和社会的广泛关注。现有体育公共服务均等化研究主要集中在概念内涵、问题现状、原因分析、实现路径 4 个方面的内容。

第一，关于体育公共服务均等化的概念内涵研究。刘玉[②]认为，体育公共服务均等化是指政府要为社会公众提供基本的、在不同阶段具有不同标准的、最终大致均等的体育公共产品和体育公共服务。范宏伟等人[③]从公共服务均等化的概念推演出，公共体育服务均等化一般是指公共组织考虑到公民的生活娱乐需要，能够按照全国一般和一致的标准，提供基本的公共体育产品和服务。第二，关于体育公共服务均等化的发展现状研究。张利等人[④]分析指出，我国体育公共服务总量严重不足、区域差异明显、城乡差异显著。汤际澜等人[⑤]认为，我国全民健身公共体育服务中存在着基本标准缺失、城乡和区域之间不均等的现象。秦小平等人[⑥]提出了体育基本公共服务均等化的概念，其内涵是让社会上的每一位公民，无论生活在城市还是农村，都能够均等地享受到政府利用公共资源提供的体育公共服务和体育公共产品。第三，关于体育公共服务均等化不足的原因分析。钱伟良认为，传统的城乡二元制度、分税制财政体制改革不到位及政府与农民的理性选择均成了影响农村公共体育服务均等化的关键因素。郇昌店等人[⑦]提出，各级政府公共体育服务事权、财权不对称，体育行政部门体育发展策略存在缺陷，农村公共体育服务供给决策机制不规范，公共体育组织不健全等因素是影响现行公共体育服务发展机制实现均等化目标的主要原因。黄晓[⑧]也指出，地域城乡差异、社会阶层分化、过度体育市场化、体育管理体制改革滞后等因素导致了我国公共体育服务呈非均等化发展态势。第四，关于体育公共服务均等化实现路径的研究。蓝国彬[⑨]提出，加强公共体育服务供给、财政支出和结构调整等基础性制度规范，同时与调节性制度有机集合起来，以促进公共体育服务

---

① 卢文云，梁伟，孙丽，等. 新农村建设背景下西部农村公共体育服务供给现状、问题及对策研究[J].体育科学，2010，30（2）：11-19.

② 刘玉. 论体育公共服务均等化的内涵及意义[J]. 吉林体育学院学报，2010，25（4）：277-281.

③ 范宏伟，靳厚忠，秦椿林，等. 中国都市公共体育服务均等化发展的实证研究[J]. 武汉体育学院学报，2009，43（9）：12-16.

④ 张利，田雨普. 我国体育公共服务均等化现状及发展对策研究[J]. 西安体育学院学报，2010，27（2）：137-141.

⑤ 汤际澜，徐坚，郭权. 全民健身公共体育服务均等化的模式选择和路径探索[J]. 南京体育学院学报（社会科学版），2010，24（5）：80-84.

⑥ 秦小平，李明. 体育基本公共服务均等化的内涵分析及评价指标构建[J]. 河北体育学院学报，2010，24（5）：15-18.

⑦ 郇昌店，肖林鹏. 公共体育服务均等化初探[J]. 体育文化导刊，2008（2）：29-31.

⑧ 黄晓. 和谐社会语境下公共体育服务均等化发展研究[J]. 成都体育学院学报，2008，34（5）：5-8.

⑨ 蓝国彬. 实现城乡公共体育服务均等化的路径思考[J]. 体育与科学 2010，31（2）63-66.

逐渐向均等化过渡。

基于以上综合所述，我们认为目前我国有关公共体育服务方面的研究虽有一定基础，但从公共体育服务的视角研究残疾人体育还鲜有研究成果，这在一定程度上影响和制约了我国残疾人公共体育服务的发展。本章将以区域经济和公共服务理论为基础，以公共体育服务体系为依托，以实地调查为手段，通过准确把握不同经济区域残疾人公共体育服务体系的基本特征和规律，构建适合我国国情实际的残疾人公共体育服务体系，为我国公共体育服务的科学发展提供必要的参考。

10.2 研究的总体设计

10.2.1 研究对象

本研究以我国残疾人公共体育服务为研究对象。

10.2.2 研究技术路线

按照区域经济划分理论，在东中西部分别选择典型的经济区（部分省市），对其残疾人公共体育服务体系建设现状进行调查，结合使用定性与定量相结合的方法，了解残疾人公共体育服务的现状与需求。

应用多学科理论和方法，以体育学相关理论为主要理论出发点，结合运用体育社会学、体育管理学、体育统计学等多学科的视野分析我国残疾人公共体育服务的概念界定、基本特征、发展历程等内容。

基于上述架构，我们将进一步研究残疾人公共体育服务范围和供给模式等内容。从政府、公众、服务提供者等多视角研究影响我国残疾人公共体育服务体系的内因与外因，并利用系统论与博弈论方法对体系结构和运行机制进行动态描述，为制定我国残疾人公共体育服务政策、措施提供依据。

10.2.3 研究方法

本研究主要采用量化和质化相结合的研究方法。量化的研究方法主要体现在对问卷调查等数据进行整理的基础上，运用 SPSS 软件进行分析统计。质化的研究方法则体现在文献检索、问卷调查、访谈与座谈讨论、理论分析与现场考察相结合。具体而言，本研究的方法主要包括以下几个。

10.2.3.1 文献资料法

根据研究任务的需要，一方面，广泛地学习与借鉴系统论、社会学、体育学、公共服务和管理学等方面的有关理论与方法。另一方面，利用中国期刊网索引对 2005 年 1 月至 2012 年 12 月有关以下几个方面的内容进行检索，共收集相关论文 585 篇。其中，以“残疾人体育”“残疾体育事业”“残疾人体育运动”为篇名，有关残疾人体育的研究论文 148 篇；以“公共服务”为篇名，有关公共服务方面的研究论文 125 篇；以“公共体育服务”为篇名，有关公共体育服务方面的论文 132 篇。通过分析近年来国内外有关残疾人体育和公共体育服务研究的相关文献，吸收国内外在残疾人公共体育服务方面的研究成果，并参考现行的服务体系，为研究做好必要的理论准备。

10.2.3.2　调查法

按照区域经济划分理论，在东中西部分别选择典型的经济区（陕西省、河北省、辽宁省、湖南省和江苏省五个省）作为调查样本，通过问卷调查和实地走访的方式，获取残疾人公共体育服务现状方面的第一手资料，为深入研究残疾人公共体育服务奠定基础。

10.2.3.3　比较研究法

查阅国内外关于残疾人公共体育服务建设的情况，进行比较研究，了解不同地域、不同经济发展水平地区的残疾人公共体育服务建设情况，为构建适合国情实际的残疾人公共体育服务体系提供参考。

10.2.3.4　理论分析法

对通过残疾人公共体育服务需求调查研究所获取的信息与数据，建立相关的分析模型，并依据体育统计学、体育社会学、体育管理学等学科知识进行理论分析。

10.2.3.5　数理统计法

本研究运用多种数理统计和数量分析方法对数据、资料进行分析处理，结合 SPSS 统计软件对数据进行矩阵分析，获得不同区域残疾人公共体育服务需求、残疾人公共体育服务供给现状，以及政府提供服务能力评估等方面的统计学特征和结论，力求在理论分析的基础上结合数理分析来更好地阐述和支撑研究观点。

10.3　研究结果与分析

10.3.1　残疾人公共体育服务的概念界定

随着我国正在逐步完善基本公共服务体系，推进残疾人社会保障体系和服务体系，“残疾人公共体育服务”一词在残疾人体育研究领域成为热点问题，但对其理解莫衷一是。事实上，对“残疾人公共体育服务”概念的界定一直处在争论之中，即使在国外也没有一致的定论。研究残疾人公共体育服务体系构建、均等化制度设计等问题时，厘清“残疾人公共体育服务”的基本概念是研究中亟待解决的首要难题。

现有资料对“残疾人公共体育服务”的界定基本上从政府职能、服务与公共物品等方面展开，主要表现了三层意思：①政府职能部门在残疾人公共体育服务的供给方面采用直接或间接的方式参与，供给主体必须是具有政府职能的部门；②残疾人公共体育服务具有某种功能性，是满足残疾人基本生活需求的一种行为；③残疾人公共体育服务是以通过人们（客体）接受服务或产品（客体）的方式进行的。

综上所述，本研究将残疾人公共体育服务界定为为满足残疾人的体育需求，由法律授权的政府和非政府公共组织及有关企业，通过生产和供给纯粹公共体育物品、混合性公共体育物品及特殊私人体育物品等方式，为残疾人提供的、基本的、非营利性的体育服务。

10.3.2 残疾人公共体育服务的基本特征

公共服务是指为集体或别人工作，或为他人提供帮助，即满足他人需求的行为。残疾人公共体育服务是满足残疾人群体公共体育需求的行为，是为残疾人公共体育利益提供的基本性或普遍性服务。残疾人公共体育服务与其他公共服务、体育服务相比，有其明显的基本特征。

10.3.2.1 服务对象的特殊性

关心残疾人是社会文明进步的重要标志，健全和完善残疾人公共体育服务是构建社会主义和谐社会的有机组成部分。残疾人也是社会的一部分，拥有和健全人一样的参与体育活动的权利，同时由于身体条件障碍，无法同健全人一样实现其体育权利诉求，更是一个数量众多、特性突出且特别需要帮助的特殊群体，需要建构和完善专门针对残疾人的公共体育服务体系，其服务的对象是独立的、个体的但与健全人在自然禀赋与占有资源方面存在巨大差异的特殊人。残疾人公共体育服务的特殊性并不意味着其服务对象的特定性。为特定人提供的服务属于私人服务，它根据特定人的需求个别安排服务，属于私人服务的范畴。残疾人公共体育服务的对象是不特定的残疾人，只根据一般性体育需求安排一般性体育服务。

10.3.2.2 服务目的的公益性

公益即“公众利益”之意。公益性事业是指直接或间接地为经济活动、社会活动和居民生活服务的部门、企业及其设施。公益性企业是指直接涉及社会公共利益领域服务的企业。我国绝大多数残疾人公共体育服务通过体育方式，以帮扶和救助残疾人（包括视力残疾、听力残疾、言语残疾、肢体残疾、智力残疾、精神残疾和多重残疾等）为主，其服务对象的特殊性决定了残疾人公共体育服务的公益性特征。由于身体或心理的缺陷，残疾人参与体育活动依赖于他人或机构的体育服务，离开了他人或机构基本不能实现。不同阶段、不同类型、不同地区的残疾人又有不同的体育服务需求，营利性的体育服务和长期性的体育服务必然使家庭和个人背负沉重的负担。因此，残疾人公共体育服务体系的建设要落实“以残疾人为本”，并要求政府和社会提供公益性的服务，而且必须根据残疾人的个体性和差异性来设计并提供多样化的公益性服务。

10.3.2.3　服务主体的多元性

残疾人体育作为一种准公共产品，其服务主体主要有政府、企业和非营利性组织三类。残疾人公共体育服务是残疾人体育的一部分，也是政府公共服务的一部分；政府是残疾人公共体育服务的主体之一，残疾人公共体育服务职能只是政府公共服务职能之一。当前，残疾人公共体育服务发展中存在的突出问题就是现有的残疾人体育资源难以满足广大残疾人日益增长的参与体育活动尤其是公共体育服务的需要，其突出表现就是残疾人专门体育设施的缺乏和专业体育指导人才的匮乏，其实质是残疾人服务主体单一导致残疾人体育“供给”和“需求”之间的突出矛盾。残疾人公共体育服务不仅要发挥政府部门及公共财政支持的事业单位的主导作用，而且要大力动员和鼓励社会各界力量建立非营利性残疾人体育公益服务机构，参与残疾人公共体育服务。在政府实施有效监管、机构严格自律、社会加强监督的基础上，实现残疾人公共体育服务供给主体的多元化，用更多的社会资源来化解当前残疾人公共体育服务中的供求矛盾，构建满足社会需求的残疾人公共体育服务。

10.3.2.4　服务资源配置的均衡性

均衡性主要指残疾人公共体育服务体系中的体育资源配置。构建残疾人公共体育服务体系，必然涉及公平正义的问题，残疾人作为社会成员均等地享有公共服务是残疾人公共体育服务的一个重要组成部分，是和谐社会建设过程中不得不关注的一个重要内容，这在客观上要求实现残疾人公共体育服务资源配置的均衡性。当前，我国在残疾人体育公共服务建设方面，供给疲软、资源配置不均、效率不高等现象突出。城乡二元结构和各地经济社会发展极不平衡导致了城乡之间残疾人体育公共服务资源配置不均衡，城市残疾人体育公共服务的配置在总体上优于农村。不同区域之间残疾人体育公共服务资源配置的不均衡导致了东部残疾人体育公共服务资源的配置优于中部，而中部又优于西部。按照政府提出的实现基本公共服务均等化的目标，要建立健全残疾人体育公共服务有效的工作机制，着力解决残疾人体育公共服务在城乡之间、地域之间、不同残疾人群之间的不均衡问题。

10.3.3　改革开放以来我国残疾人公共体育服务的发展历程

10.3.3.1　萌芽阶段（1978—1989 年）

改革开放以后，残疾人的权益保护得到各级政府部门的重视，残疾人体育事业得到了较快发展，残疾人公共体育服务开始萌芽。这个时期，残疾人公共体育服务的发展主要表现在以下几个方面：一是残疾人公共体育服务机构成立。1983 年 10 月，天津市体委、民政局等四家单位联合发起并举办了伤残人体育邀请赛，借此机会国家体委等部门在天津召开了全国伤残人体育工作者和运动员代表大会，选出了以卫生部部长钱信忠为主席的第一届伤残人体育协会。1985 年 6 月成立了中国弱智人体育协会，1986 年 12 月成立了中国聋人体育协会。全国各省、自治区、直辖市残疾人体育协会也相继成立。二是加强残疾人公共体育服务的政策得以制定。为了残疾人体育有更大的发展空间，国家及有关部门先后制定和颁布了一系列法律法规，其中 1984 年、1987 年国家体委三次下发《关于加强开展伤残人体育工作的通知》。三是残疾人公共体育服务经费列入财政预算。中国伤残人体育协会成立后，每年有 16 万元的活动经费。服务的范围主要是组织残疾人体育竞赛和体育教育。1984 年 6 月，中国残疾人体育和健全人体育一样，重回国际赛场，组团参加了当年的奥运会和残奥会，两位盲人姑娘平亚丽、赵继红面对各国强手，勇于拼搏，分别夺得女子 B2、B3 两个级别的跳远金牌。1984 年，第一届残疾人运动会（原称“伤残人运动会”）在安徽省合肥市举行。1987 年，第二届残疾人运动会在河北省唐山市举行。1985 年 5 月，《中共中央关于教育体制改革的决定》提出：“有步骤地实行九年制义务教育”，“还要努力发展幼儿教育，发展盲、聋、哑人和弱智儿童的特殊教育”，当时全国各地的盲童、聋人学校和特殊学校陆续开展体育课。

10.3.3.2 形成阶段（1990—1999 年）

1992 年初，邓小平同志“南方谈话”及时深刻地回答了我国改革开放中“什么是社会主义，怎样建设社会主义”的重大问题，为社会主义市场经济的建立和完善提供了重要理论指导。1992 年，党的十四大中明确提出“建设有中国特色的社会主义市场经济体制”，我国要逐步实现从计划经济体制向市场经济体制转轨。在这个宏观大背景下，1993 年国家体委将这一时期体育改革基本方向调整为生活化、普遍化、社会化、科学化、产业化和法制化等六化，并提出了 6 大类 29 项改革措施，使得体育改革逐步由过去的在体制外围展开向着深层次的、核心的管理体制和运行机制深入。

为了使残疾人公共体育服务更好地反映残疾人体育事业发展的变化，原国家体委和中国残疾人联合会对我国残疾人公共体育服务进行了系列变革。这些改革主要包括：一是理顺残疾人公共体育服务机构的归属管理问题。伤残人体育协会于 1990 年更名为中国残疾人体育协会，由国家体育总局管理，1993 年归还于中国残联管理。二是增加了残疾人公共服务的经费预算和人员编制。这期间残疾人公共体育服务经费和人员编制不断增加，每年的活动经费增至 400 万元。三是通过法律、法规的形式将残疾人参与体育的权益予以明确。1990 年，《中华人民共和国残疾人保障法》第三十七条明确提出“残疾人文化、体育、娱乐活动应当面向基层，融于社会公共文化生活，适应各类残疾人的不同特点和需要，使残疾人广泛参与”。1995 年《中华人民共和国体育法》第十六条规定：“全社会应当关心、支持老年人、残疾人参加体育活动。各级人民政府应当采取措施，为老年人、残疾人参加体育活动提供方便。”1995 年，国务院颁布了《全民健身计划纲要》，其中第十五条规定：“广泛开展残疾人体育健身活动，提高残疾人的身体素质和平等参与社会活动的能力。丰富残疾人体育健身方法，培养体育骨干，提高残疾人体育运动水平。”经过一系列改革，我国残疾人公共体育服务的制度化、系统化初步形成，建立了一套比较完善、规范的残疾人公共体育服务体系和制度，培养了一支具有专业化水平的残疾人公共体育服务队伍。

10.3.3.3　发展与完善阶段（2000 年至今）

进入 21 世纪，我国体育事业改革的各项任务已基本完成，全民健身计划顺利实施，群众体育蓬勃开展，竞技体育实力和在国际体坛的竞争能力不断增强，体育市场不断发育，体育产业初具规模，体育科技日益繁荣，体育对外交流活动更加频繁，进入深化改革的新时期。新形势下，我国残疾人公共体育服务改革逐步推进，进入一个发展和完善的新阶段，经过广大残疾人、残疾人工作者、体育工作者的积极参与和共同努力，我国的残疾人体育工作进入了快速发展时期。北京 2022 年冬残奥会的成功举办，标志着残疾人体育发展进入一个新的阶段。习近平总书记在北京冬奥会、冬残奥会总结表彰大会总结发言中指出："中国体育代表团首次全项参赛，勇夺冬奥会 9 枚金牌、15 枚奖牌和冬残奥会 18 枚金牌、61 枚奖牌，创造了我国参加冬奥会、冬残奥会的历史最好成绩！我国广大运动员、教练员以实际行动落实拿道德金牌、风格金牌、干净金牌的要求，诠释了奥林匹克精神和中华体育精神，实现了运动成绩和精神文明双丰收，为党和人民赢得了荣誉！"此阶段的发展主要表现在以下几个方面。

一是将残疾人公共体育服务纳入国家基本公共服务范畴。《国家基本公共服务体系"十二五"规划》中明确提出"为残疾人提供盲人阅读、聋人手语及影视字幕、特殊艺术、自强健身等公共文化体育服务"，同时明确了残疾人基本公共体育服务的项目、服务对象、保障标准与覆盖水平等内容，如表 10-1 所示。

表 10-1　"十二五"时期残疾人基本公共体育服务国家基本标准

标准名称	内容
服务项目	残疾人体育健身服务
服务对象	残疾人
保障标准	免费享有体育健身指导服务
支出责任	中央和地方财政共同负担
覆盖水平	建立 1200 个残疾人体育健身示范点，经常参加体育健身的残疾人比率达到 15%以上

二是服务于残疾人体育的人员、经费和机构等持续增加。从 1995 年开始中国残疾人体育协会工作人员不断增加，逐步建立了裁判员、医学分级人员和运动员队伍，到 2002 年经费增至 2000 万元。为了迎接 2008 年残奥会，中国残疾奥林匹克运动管理中心于 2003 年正式成立，编制 850 名（含运动队），每年经费达到 1 亿元人民币。江苏、福建、云南、陕西和辽宁和北京等地的残疾人体协相继挂牌成立。截至 2020 年，全国残疾人健身示范点累计建设 10675 个，共培养、发展残疾人社会体育指导员 12.5 万名，为 43.4 万户重度残疾人提供了康复体育进家庭等服务。2021 年，国务院印发的《"十四五" 残疾人保障和发展规划》明确提出，推动残疾人体育全面发展，筹办好北京冬残奥会，实现"简约、

安全、精彩”的目标，将残疾人作为重点人群纳入全民健身公共服务体系建设，组织残疾人参加各级各类全民健身活动，推动残疾人康复健身体育身边化服务。对保障残疾人体育需求和公共服务提出了明确的政策支持，彰显了我国残疾人体育发展迈向新的台阶。

三是残疾人体育赛事和群众性体育活动蓬勃开展。2000 年悉尼残奥会，中国运动员共获得 34 枚金牌，25 次打破世界纪录，金牌总数上升至第 6 位。2004 年，雅典残奥会派出 287 人组成的代表团，其中运动员 200 人，参加 11 个大项、284 个小项的比赛。2008 年北京残奥会，中国体育代表团获得 89 枚金牌、211 枚奖牌，名列金牌榜和奖牌榜首位，创造了中国体育代表团参加残奥会以来的最好成绩。2012 年伦敦残奥会，中国体育代表团总人数为 414 人，其中运动员 282 人，中国代表团以 95 金 71 银 65 铜，231 块奖牌高居奖牌榜首位。其中，四个集体项目是首次通过预选赛获得残奥会参赛资格。2016 年里约残奥会，中国派出由 499 人组成的代表团奔赴里约，中国军团获得了 107 金 81 银 51 铜，239 枚奖牌稳居金牌榜和奖牌榜首位，自 2004 雅典残奥会以来连续 4 届稳居金牌榜首位。2020 年东京残奥会，中国残奥代表团共获得 96 金 60 银 51 铜总计 207 枚奖牌，中国代表团连续 5 届残奥会金牌、奖牌双第一。中国选手郑涛获得男子 50 米自由泳 S5 级冠军，这是中国代表团在该届残奥会上的第 66 枚金牌，也是在历届夏季残奥会上的第 500 枚金牌。

全国残疾人社区文体活动参与率由 2015 年的 6.8%持续提升至 2021 年的 23.9%。各级各类学校组织残疾学生开展适合其特点的日常体育活动，创编推广排舞、啦啦操、旱地冰壶等适合残疾学生集体参与的运动项目。自 2007 年起，每年 7 月 20 日开展“全国特奥日”活动，智力残疾人通过参加特奥运动，挖掘潜力、增强信心、融入社会。自 2011 年起，每年“全民健身日”所在周全国集中开展“残疾人健身周”活动，举办轮椅太极拳、柔力球、盲人足球等健身运动项目。自 2016 年起，连续 6 年举办“残疾人冰雪运动季”，为残疾人参与冰雪运动搭建平台，带动残疾人融入“3 亿人参与冰雪运动”。从首届开展的 14 个省级单位发展到现在的 31 个省（自治区、直辖市）。

10.3.4 残疾人公共体育服务的现状

10.3.4.1 残疾人公共体育服务需求现状调查

（1）数据来源

本研究运用文献资料法对现有研究成果进行梳理，并结合开放式问卷、专家走访及调查对象访谈等方法形成了初测问卷，随后经过 3 轮专家调查确定其效度和信度。调查问卷内部一致性信度为 0.82，重测信度为 0.81，其结构效度的检验运用因子分析确定残疾人公共体育服务调查内容的结构维度及各所包含的题项，并运用主成分分析的方法来验证其构想效度。结果显示较为理想，有 100%的调查项目的共同度达到了 0.50 以上（共同度是否达到 0.5 以上是项目检查统计学上的要求）。

数据收集采用分层抽样和简单随机抽样为主的抽样方法，对陕西省、辽宁省、湖南省、西藏自治区和河北省的残疾人进行抽样。在样本量的选定上，学者 Tinsley 建议，问卷项目总数与被测样本量的比例最好大于 10∶1。由于本研究所采用的调查项目为 23 项，样本数目至少要 230 份以上。本研究选择样本量为 750 个，符合社会学研究的样本需求，共发放问卷 750 份，回收问卷 613 份，回收率为 81.73%，有效问卷 576 份，有效率为 93.96%。

（2）残疾人公共体育服务需求构成特征分析

在残疾人公共体育服务需求构成中（表 10-2），参与体育健身活动是目前残疾人公共体育服务需求的最主要内容，占被调查者总数的 92.88%。体育活动场所设计无障碍设施和定期组织残疾人体育比赛分别占被调查者总数的 82.12%和 62.15%，居第二位和第三位，有 61.81%的被调查者在残疾人公共体育服务需求中涉及体育健身指导的内容。在残疾人公共体育服务需求构成中，第一选择和第二选择中排前二位的都是为参与体育健身活动和体育活动场所设计无障碍设施；第三选择中，残疾人体育健身指导和维护残疾人参与体育的合法权益分别排第一位、第二位。这表明参与体育健身活动和体育活动场所设计无障碍设施等内容是残疾人公共体育服务中首要考虑的问题。

表 10-2　残疾人公共体育服务内容构成情况调查

残疾人公共体育服务内容	第一选择频数	第二选择频数	第三选择频数	第四选择频数	第五选择频数	合计 频数	合计 百分比（%）
参与体育健身活动	375	119	21	12	8	535	92.88
体育活动场所设计无障碍设施	121	304	31	13	4	473	82.12
定期组织残疾人体育比赛	21	27	25	155	130	358	62.15
残疾人体育健身指导	14	29	164	84	65	356	61.81
专门的残疾人体育活动场所	14	27	75	137	56	309	53.65
专门为残疾人服务的体育组织、社团、协会	5	21	50	65	145	286	49.65
维护残疾人参与体育的合法权益	7	11	145	33	18	214	37.15
文化站和图书室中有适合残疾人阅读的体育书籍	4	9	34	45	54	146	25.35
残疾人体育用品	12	23	21	11	30	97	16.84
体育电视节目中增加手语解说	3	6	10	21	39	79	13.72

在残疾人公共体育服务需求构成调查分析中，通过传统的描述统计分析能够发现残疾人公共体育服务需求基本构成情况，反映出残疾人公共体育服务需求构成的基本特征。但是当被调查者第一选择的消费支出是参与体育健身活动时，后续选择中出现体育活动场所设计无障碍设施和定期组织残疾人体育比赛的可能性；或者是当第一选择和第二选择等前项选择是体育活动场所设计无障碍设施和定期组织残疾人体育比赛时，后续选择中出现残疾人体育用品需求的可能性等问题很难通过运用描述统计方法予以解决。在上述问题中，被调查者的选择行为彼此有先后的关系，从第一选择到第五选择代表一定的

前后顺序，第一选择在前，第五选择在后，并呈现出一定的关联性特征。因此，从所收集到的大量序列数据中，挖掘残疾人公共体育服务需求构成选择的前后关联性特征，进而推断其后续的发生可能，这对于研究残疾人公共体育服务需求构成特征具有更为重要的意义。

本研究通过运用 SPSS-Clementine12.0 数据挖掘平台，建立序列关联规则模型，对“残疾人公共体育服务需求构成调查”数据库中残疾人公共体育服务需求构成调查数据进行数据挖掘，给定最小支持度和最小置信度的阈值均为 30%（序列关联规则的支持度定义为包含某序列规则的事务数占总事务的比例；序列关联规则的置信度定义为同时包含前项和后项的事务数与仅包含前项的事务数的比，也是规则支持度与前项支持度的比），得到涉及残疾人公共体育服务需求构成的关联规则，如表 10-3 所示。从序列关联规则可知，与描述统计分析的发现不同，数据挖掘能有效挖掘出数据背后隐藏的残疾人公共体育服务需求构成的关联性特征。

表 10-3　残疾人公共体育服务需求构成关联规则

序号	前项选择	后项选择	实例	支持度（%）	置信度（%）
规则 1	参与体育健身活动	残疾人体育健身指导	113	74.32	36.84
规则 2	参与体育健身活动	专门的残疾人体育活动场所	68	35.54	35.31
规则 3	参与体育健身活动>体育活动场所设计无障碍设施	残疾人体育健身指导	86	31.32	34.16
规则 4	参与体育健身活动>体育活动场所设计无障碍设施	专门为残疾人服务的体育组织、社团和协会	86	31.32	31.29
规则 5	专门的残疾人体育活动场所>残疾人体育用品	专门为残疾人服务的体育组织、社团和协会	52	32.20	34.50
规则 6	维护残疾人参与体育的合法权益	体育活动场所设计无障碍设施	72	51.32	35.69
规则 7	定期组织残疾人体育比赛	残疾人体育用品	66	67.34	34.13
规则 8	体育活动场所设计无障碍设施	参与体育健身活动	98	45.31	31.08

规则 1 表示残疾人公共体育服务需求构成中选择参与体育健身活动的被调查者，还将会有残疾人体育健身指导需求的置信度为 36.84%。

规则 2 表示残疾人公共体育服务需求构成中选择参与体育健身活动的被调查者，还将会有专门的残疾人体育活动场所需求的置信度为 35.31%。这表明被调查者在选择参与体育健身活动以后，将选择残疾人体育健身指导的可能性大于用于专门的残疾人体育活动场所的可能性。

规则 3 表示残疾人公共体育服务需求构成中选择参与体育健身活动>体育活动场所设计无障碍设施的被调查者，还将会有残疾人体育健身指导需求的置信度为 34.16%。

规则 4 表示残疾人公共体育服务需求构成中选择参与体育健身活动>体育活动场所设计无障碍设施的被调查者，还将会有专门为残疾人服务的体育组织、社团和协会需求的置信度为 31.29%。这表明被调查者在选择参与体育健身活动　体育活动场所设计无障碍设施以后，将选择残疾人体育健身指导的可能性大于用于专门为残疾人服务的体育组织、社团和协会需求的可能性。

规则 5 表示残疾人公共体育服务需求构成中选择专门的残疾人体育活动场所　残疾人体育用品的被调查者，还将会有专门为残疾人服务的体育组织、社团和协会的置信度为 34.50%。

规则 6 表示残疾人公共体育服务需求构成中选择维护残疾人参与体育的合法权益的被调查者，还将会有体育活动场所设计无障碍设施需求的置信度为 35.69%。

规则 7 表示残疾人公共体育服务需求构成中选择定期组织残疾人体育比赛的被调查者，还将会有残疾人体育用品的置信度为 34.13%。

规则 8 表示残疾人公共体育服务需求构成中选择体育活动场所设计无障碍设施的被调查者，还将会有参与体育健身活动的置信度为 31.08%。

10.3.4.2　残疾人公共体育服务供给的现状

（1）残疾人专门的体育场地设施

残疾人专门的体育场地设施的发展规模和水平是一个国家经济发展水平和社会文明程度的重要标志之一，专门的体育场地设施是残疾人公共体育服务发展的物质基础，是普及残疾人体育运动，提高残疾人竞技体育水平的关键因素之一。在残疾人公共体育服务完善与发展阶段，我国残疾人专门体育健身、体育训练和娱乐休闲场地设施建设发展迅速。

截至 2012 年（数据来源于《中国残疾人事业统计年鉴》），我国残疾人群众体育活动示范点共计 209 个。从各省份的情况看，前 8 位的省份依次为上海 55 个，占 25%；北京 30 个，占 13.6%；甘肃 25 个，占 11.4%；湖北 20 个，占 9.1%；陕西 13 个，占 5.9%；江苏 11 个，占 5.0%；吉林 10 个，占 4.5%；安徽省 8 个，占 3.6%。具体情况如表 10-4 所示。

表 10-4　残疾人群众体育活动示范点数量前 8 位省份

地区	数量（个）	百分比（%）
上海	55	25.0
北京	30	13.6
甘肃	25	11.4

续表

地区	数量（个）	百分比（%）
湖北	20	9.10
陕西	13	5.90
江苏	11	5.00
吉林	10	4.50
安徽	8	3.60

截至 2012 年（数据来源于《中国残疾人事业统计年鉴》），我国残疾人体育训练基地共计 220 个。从各省份的情况看，前 8 位的省份依次为辽宁 28 个，占 12.73%；上海 23 个，占 10.45%；陕西 23 个，占 10.45%；河北 15 个，占 6.82%；吉林 14 个，占 6.36%；福建 13 个，占 5.91%；湖北 10 个，占 4.55%；海南 10 个，占 4.55%。具体情况如表 10-5。

表 10-5　残疾人体育训练基地数量前 8 位省份

地区	数量（个）	百分比（%）
辽宁	28	12.73
上海	23	10.45
陕西	23	10.45
河北	15	6.82
吉林	14	6.36
福建	13	5.91
湖北	10	4.55
海南	10	4.55

（2）专门的残疾人服务队伍

专门的残疾人指导员是开展残疾人体育活动的组织者，是从事体育基本知识、技能传授，指导锻炼活动和组织管理工作的人员，主要人员包括残疾人体育健身指导员和指标残疾人运动员训练的教练员。专门的残疾人指导员队伍建设是残疾人公共体育服务体系的重要方面。

截至 2012 年（数据来源于《中国残疾人事业统计年鉴》），我国残疾人体育健身指导员共计 886 名。从各省份的情况看，前 8 位的省份依次为北京 450 人，占 50.79%；江苏 150 人，占 16.93%；上海 50 人，占 5.64%；福建 35 人，占 3.95%；广西 30 人，占 3.39%；吉林 24 人，占 2.71%；湖北 20 人，占 2.26%；陕西 20 人，占 2.26%。具体情况如表 10-6 所示。

表 10-6　残疾人体育健身指导员数量前 8 位省份

地区	数量（人）	百分比（%）
北京	450	50.79
江苏	150	16.93
上海	50	5.64
福建	35	3.95
广西	30	3.39
吉林	24	2.71
湖北	20	2.26
陕西	20	2.26

截至 2012 年（数据来源于《中国残疾人事业统计年鉴》），我国聘请的残疾人教练员共计 828 名。从各省份的情况看，前 8 位的省份依次为上海 160 人，占 19.32%；吉林 55 人，占 6.64%；河北 50 人，占 6.04%；福建 46 人，占 5.56%；甘肃 37 人，占 4.47%；辽宁 35 人，占 4.23%；江苏 31 人，占 3.74%；北京 30 人，占 3.62%。具体情况如表 10-7 所示。

表 10-7　聘用教练员数量前 8 位省份

地区	数量（人）	百分比（%）
上海	160	19.32
吉林	55	6.64
河北	50	6.04
福建	46	5.56
甘肃	37	4.47
辽宁	35	4.23
江苏	31	3.74
北京	30	3.62

（3）残疾人体育活动

开展残疾人群众性体育活动是中国残疾人事业的一个重要组成部分，也是残疾人全面参与社会生活的重要途径之一。目前我国开展的残疾人体育活动主要包括群众性残疾人体育活动和残疾人体育赛事等。

2012 年（数据来源于《中国残疾人事业统计年鉴》），我国举办的残疾人群众体育健身活动共计 173 次。从各省份的情况看，前 8 位的省份依次为陕西 40 次，占 23.12%；上海 20 次，占 11.56%；福建 17 次，占 9.83%；北京 12 次，占 6.94%；江苏 10 次，占 5.78%；河北 10 次，占 5.78%；天津 8 次，占 4.62%；新疆 6 次，占 3.47%。具体情况如表 10-8 所示。

表 10-8　残疾人群众体育健身活动

地区	数量（次）	百分比（%）
陕西	40	23.12
上海	20	11.56
福建	17	9.83
北京	12	6.94
江苏	10	5.78
河北	10	5.78
天津	8	4.62
新疆	6	3.47

2012 年（数据来源于《中国残疾人事业统计年鉴》），我国残疾人群众体育健身活动参加人数共计 36610 人次。从各省份的情况看，前 8 位的省份依次为北京 5000 人次，占 13.66%；四川 5000 人次，占 13.66%；上海 3800 人次，占 10.38%；天津 3200 人次，占 8.74%；陕西 3000 人次，占 8.19%；江苏 2500 人次，占 6.83%；福建 1650 人次，占 4.51%；浙江 1500 人次，占 4.10%。具体情况如表 10-9 所示。

表 10-9　残疾人群众体育健身活动参加人数

地区	数量（人次）	百分比（%）
北京	5000	13.66
四川	5000	13.66
上海	3800	10.38
天津	3200	8.74
陕西	3000	8.19
江苏	2500	6.83
福建	1650	4.51
浙江	1500	4.10

2012 年（数据来源于《中国残疾人事业统计年鉴》），我国开展残疾人体育比赛共计 100 次。从各省份的情况看，前 8 位的省份依次为上海 16 次，占 16.00%；山东 10 次，占 10.00%；北京 7 次，占 7.00%；吉林 6 次，占 6.00%；福建 6 次，占 6.00%；天津 6 次，占 6.00%；江苏 5 次，占 5.00%；湖南 5 次，占 5.00%。具体情况如表 10-10 所示。

表 10-10　残疾人体育比赛

地区	数量（个）	百分比（%）
上海	16	16.00
山东	10	10.00

续表

地区	数量（个）	百分比（%）
北京	7	7.00
吉林	6	6.00
福建	6	6.00
天津	6	6.00
江苏	5	5.00
湖南	5	5.00

10.3.4.3　残疾人获得公共体育服务的途径现状

表 10-11 显示，被调查的残疾人中获得公共体育服务的途径分别为政府提供（直接生产）占 37.85%，混合提供占 28.65%，政府提供（间接生产）占 19.44%，市场提供占 9.38%，自己提供占 3.65%，其他占 1.04%。残疾人公共体育服务供给方式如表 10-11 所示。

表 10-11　残疾人公共体育服务供给方式

供给方式	频数	百分比（%）	累计百分比（%）
政府提供（直接生产）	218	37.85	37.85
混合提供	165	28.65	66.49
政府提供（间接生产）	112	19.44	85.94
市场提供	54	9.38	95.31
自己提供	21	3.65	98.96
其他	6	1.04	100.00

从被调查者的性别来看（图 10-1），政府提供（直接生产）、混合提供和政府提供（间接生产）三种方式是男性和女性残疾人获得公共体育服务的主要途径，其中女性稍多于男性；在市场提供和自己提供这两种途径中，男性稍多于女性。

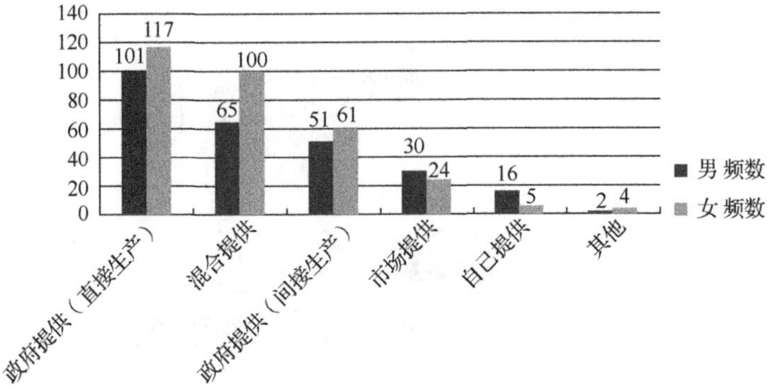

图 10-1　不同性别残疾人公共体育服务供给方式

从受访者的年龄来看（图 10-2），在 18 岁以下、31~40 岁、51~60 岁和 60 岁以上四个年龄段，被调查者获得公共体育服务的主要途径是政府提供（直接生产）方式；在 18~30 岁这个年龄段，被调查者获得公共体育服务的主要途径是混合提供方式；在 41~50 岁这个年龄段，被调查者获得公共体育服务的主要途径是政府提供（间接生产）方式。通过市场提供获得公共体育服务的被调查者年龄集中在 18~30 岁和 31~40 岁两个年龄段。通过自己提供方式获得公共体育服务的被调查者年龄集中在 51~60 岁和 60 岁以上两个年龄段。

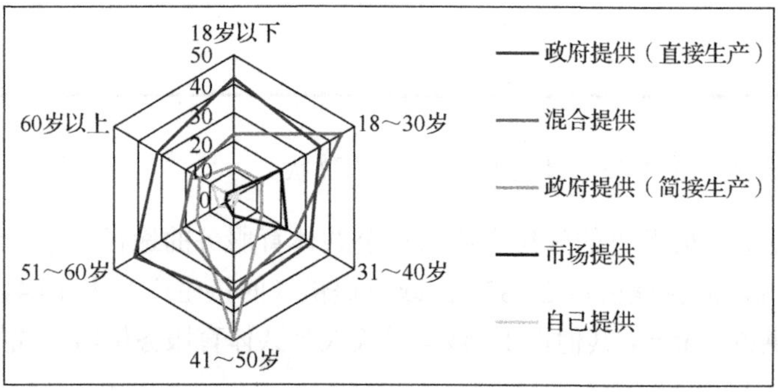

图 10-2　不同年龄残疾人公共体育服务供给方式

本研究运用 Gephi 数据可视化工具，将不同文化程度被调查者获得公共体育服务途径数据进行可视化分析，分析结果显示（图 10-3），小学及以下文化程度被调查者获得公共体育服务的主要途径是政府提供（直接生产）方式；初中文化程度被调查者获得公共体育服务的主要途径是混合提供方式；高中文化程度被调查者获得公共体育服务的主要途径是政府提供（间接生产）方式；大专及高职文化程度被调查者获得公共体育服务的主要途径是市场提供方式。

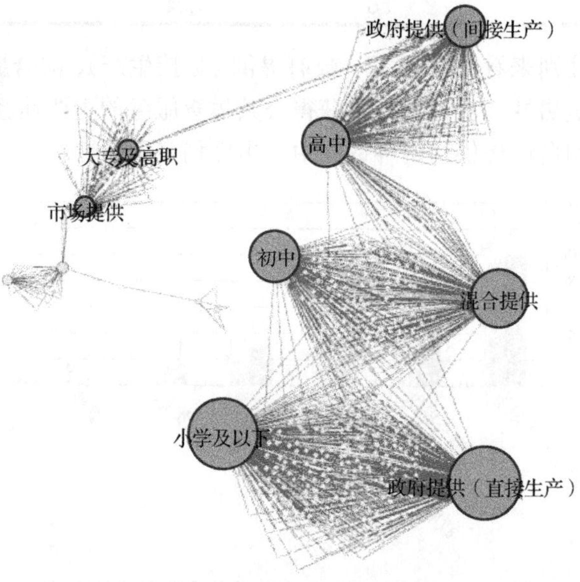

图 10-3　不同文化程度残疾人公共体育服务供给方式

10.3.5　残疾人公共体育服务的困境

10.3.5.1　残疾人公共体育服务供给的整体不足

随着经济社会的发展，残疾人对公共体育服务需求的数量和质量提出了更高要求，但由于残疾人涉及的供给群体较大，供给范围广，加之国家用于残疾人体育的财力较弱，资金自主调节弹性较低，各级政府对残疾人公共体育服务供给的总量还不足以满足残疾人参与体育活动的要求。这种不足主要表现为以下方面：①残疾人专门体育场地设施较少。我国残疾人群众体育活动示范点仅为 209 个，省均仅为 6.3 个；我国残疾人体育训练基地共计 220 个，省均仅为 6.7 个。目前，我国各类残疾人总数已达 8500 万人，每 40.67 万人拥有 1 个残疾人群众体育活动示范点，每 38.6 万人拥有 1 个残疾人体育训练基地。②残疾人体育队伍建设不足。我国残疾人体育健身指导员共计 886 名，省均仅为 26.8 名，每 9.6 万人拥有 1 名残疾人体育健身指导员；我国聘请的残疾人教练员共计 828 名，省均仅为 25.2 名，每 10.7 万人拥有 1 名残疾人教练员。

10.3.5.2　残疾人公共体育服务主体单一

随着经济发展和人民生活水平的提高，残疾人对公共体育服务的需求越来越大。研究表明，社会越发达越进步，残疾人对公共体育服务的需求越强烈。然而，我国的基本国情和现行的体制决定了残疾人公共体育服务承担了过多的社会职责和服务项目，同时，过于行政化的管理风格和单一的公共服务主体容易使残疾人公共体育服务事业缺乏活力和效率。这与单独由政府提供的少量资源形成巨大的反差。残疾人公共体育服务供给单一体制导致了供给严重不足，已经成为制约我国残疾人公共体育服务发展和壮大的瓶颈。从国际经验来看，非营利组织是推动残疾人公共体育服务发展的重要力量。目前我国非营利组织在残疾人公共体育服务领域所发挥的作用仍非常薄弱，受限制条件较多，导致其参与积极性不高。这就导致了残疾人群体的公共体育服务需求和表达渠道不畅，公共体育服务的供给主体与供给渠道单一。

10.3.5.3　残疾人公共服务主体职责不清晰

为残疾人提供基本公共体育服务，保障其体育权益是政府的基本职责之一。目前，体育、残联、财政、教育等多个政府部门都出台了相应的政策来保障我国残疾人公共体育服务的供给。然而，现实中却普遍存在着残疾人公共体育服务政策得不到有效落实、所提供的公共体育服务不能满足残疾人参与体育活动的基本需求、政府公共体育服务行为不规范、残疾人公共体育事业发展缓慢等现象。由于在残疾人参与体育活动中过分强调了家庭和残疾人的自我保障功能，对责任主体缺乏明确的规定，公共财政的投入比较少，保障资金短缺，残疾人公共体育服务体系还没有真正发挥其应有的作用。

10.3.5.4 残疾人公共服务不均等

残疾人公共体育服务不均等主要体现在区域及较之健全人公共体育服务的提供与享有方面。残疾人公共体育服务区域间不均等。当前，由于我国不同区域的经济发展水平和规模差异显著，东部经济发达地区与西部欠发达地区之间，同一地区不同城市之间，同一城市不同社区之间对残疾人公共体育服务的需求都有明显的差异。调查显示，东部发达地区的残疾人对体育健身、残疾人合法权利保护和残疾人体育信息等方面的公共体育服务需求较大；而西部经济欠发达地区的残疾人则对残疾人专门场地设施和健身指导等方面的需求较为强烈。残疾人公共体育服务与健全人公共体育服务缺乏均等化。与健全人相比，直接与残疾人参与体育活动相关联的场地设施无障碍化、健身指导和参与体育竞赛等方面的公共体育服务缺乏均等化。在残疾人无障碍体育场地设施服务的提供方面，由于无障碍设施的管理力度不足，被挤占、损坏的情况时有发生。在健身指导方面，每 9.6 万人才拥有 1 名残疾人体育健身指导员，每 2 万人拥有 1 名社会体育指导员。

10.3.6 破解残疾人公共体育服务困境的策略

10.3.6.1 进一步提高完善残疾人公共体育服务体系重要性的认识

完善残疾人公共体育服务体系，保障残疾人享有平等的体育健身权利，彰显着社会公平和文明进步。各级政府、各社会团体、各慈善公益机构都应牢固树立残健融合、一视同仁的观念。残疾人在享有公共体育服务方面出现的不公平，从经济层面看，其主要根源是经济发展的速度还不能满足人民群众的精神文化生活的需求，这就导致了残疾人公共体育服务体系的有效供给不足。从社会学层面和社会公平的角度看，残疾人公共服务供给现状，可以说存在着权利不平等和机会缺失，不仅仅是经济方面的原因，也存在着制度性和政策性原因。在现实中，仅仅对残疾人公共体育服务体系健身给予“一视同仁”的投入是远远不够的，况且还达不到这一要求，现在急需解决的是向残疾人公共体育服务体系建设实行“补偿性原则”，只有这样才能有效地增加供给，尽量缩小差距，减少不公平现象。若各方面都能对此达成共识，就一定能够实现中国残疾人联合会第六次全国代表大会描述的“共圆中国梦，同写新篇章”的宏伟蓝图。

10.3.6.2 增加残疾人方便可就的体育健身设施

建立和完善公共体育设施及服务，确保残疾人获得公共体育服务的均等化。国家采取有力措施，全面推进体育领域的无障碍环境建设，加强全民健身场地设施无障碍改造，完善各类体育场馆设施并向所有残疾人开放，落实合理便利支持，消除残疾人充分参与体育活动的外部障碍。利用中央资金引导支持地方实施“全民健身助残工程”，配套健身器材、健身路径，也要考虑到残疾人的需求。推动各类公共健身场所按照《无障碍设施设计规范》的要求，完善残疾人使用的体育健身器材和设施。鼓励企业要研发适合残疾人使用的体育健身器材和设施，调动残联、共青团、妇联等社会团体、民间团体和基金会，包括企业在内的全社会的力量，为残疾人提供公共服务，通过这些措施，能够给残疾人参加体育健身活动提供方便。残疾人公共体育服务供给质量改善可以从以下两个方面着手。一是要提高残疾人公共体育服务供给的效率，即要以有限的财政资金使残疾人群体获得最多的公共体育服务；二是要提高残疾人公共体育服务供给的针对性，要以满足残疾人基本公共体育服务需求为根本出发点。

10.3.6.3 组织残疾人参加体育健身活动

培育扶持残疾人体育组织和文艺团体，购买多样的社会服务，举办残健融合的体育活动，促进残疾人社区文体活动参与率不断提高。支持和指导各地体育部门及残疾人体育组织，为残疾人参加体育活动提供方便，多组织残疾人体育活动，促使残疾人融入社会，更好地发挥体育健身的作用。根据《“健康中国 2030”规划纲要》的要求，落实各级政府的主体责任，突出学校、社区和家庭 3 个重点，在每年“全国助残日”“残疾人健身周”“全国特奥日”“国际残疾人日”等节日节点，因地制宜组织开展残疾人喜爱的体育活动、特奥融合活动，动员有能力参与体育活动的残疾人每年参加活动。通过“残疾人健身周”“残疾人文化周”“全国特奥日”“残疾人冰雪运动季”等契机，以活动赞助、志愿服务、啦啦队等形式支持促进残疾人参与体育活动，共享社会文明成果。

10.3.6.4 建立残疾人体育健身指导体系

建设一批残疾人健身示范点，创编推广一批残疾人康复体育、健身体育项目和方法，培养一批在残疾人健身康复体育方面具有咨询指导、项目拓展和活动组织能力的社会体育指导员，为残疾人提供各种康复体育服务。同时还应该结合当代残疾人的生活方式，多开展一些平台宣教、社区宣讲、网络宣传活动，多给残疾人推送一些体育健身的消息，加大对残疾人健身设施的建设力度，要让残疾人都具备科学健身的意识，让残疾人可以在不同的平台或软件中观看科学的健身视频。开展一些相关的体育健身综艺或科学健身的普法栏目，让残疾人可以在观看综艺放松身心的过程中，逐渐具备科学健身意识，逐渐养成全民健身的习惯。

10.4 结论

本研究将残疾人公共体育服务界定为为满足残疾人的体育需求，由法律授权的政府和非政府公共组织及有关企业，通过生产和供给纯粹公共体育物品、混合性公共体育物品及特殊私人体育物品等方式，为残疾人提供的、基本的、非营利性的体育服务。

残疾人公共体育服务的基本特征表现为服务对象的特殊性、服务目的的公益性、服务主体的多元性和服务资源配置的均衡性四个方面。

改革开放以来我国残疾人公共体育服务经历了萌芽、形成、发展与完善三个阶段。

参与体育健身活动、体育活动场所设计无障碍设施和定期组织残疾人体育比赛是目前残疾人公共体育服务需求的最主要内容；从残疾人获得公共体育服务的途径看，政府提供占主导地位。

现阶段，我国残疾人公共体育服务面临服务供给的整体不足、服务主体单一、主体职责不清晰和服务不均等问题。

可以通过增加残疾人公共体育服务总量和质量、转变残疾人公共体育服务供给模式、明晰残疾人公共服务主体职责和推动残疾人公共体育服务均等化来破解当前我国残疾人公共体育服务的困境。

第11章

陕西省全民健身体育公共服务水平评价指标体系研究

本章运用文献资料法，归纳和总结全民健身公共体育服务评价指标体系的研究现状；通过文本数据的可视化技术，探索全民健身公共体育服务评价指标之间的相互关联，研究表明全民健身场地设施和全民健身活动 2 大类指标是全民健身公共体育服务评价的核心内容，国民体质监测、社会体育指导员、全民健身经费、全民健身组织等 7 大类指标是全民健身公共体育服务评价的重要组成部分。

11.1 选题背景

近年来，随着陕西省社会经济持续健康快速的发展，全民健身的建设有了强大的物质基础，全民健身活动的开展日益频繁。从关中的渭河平原到陕北的黄土高原再到陕南的秦巴山地，多种具有地方特色的群众体育活动一年四季持续不断。但是，在看到陕西省全民健身事业取得的显著成绩的同时，也要看到存在的诸多困难和问题，如陕西省的人均体育场地、人均体育消费和经常参加锻炼的人数还处在较低水平，全民健身体系还不够完善等。在今后相当长的一个时期内，人民群众日益增长的体育文化需求与社会所能提供的体育资源不足的矛盾，仍将是全民健身体育公共服务发展进程中的主要矛盾。

因此，要全面了解陕西省全民健身公共体育服务的发展现状，把握全民健身公共体育服务的发展前景，预测未来的发展趋势，就必须科学地、系统地对其进行客观统计和综合评价。综合评价是科学决策的前提，是科学决策中的一项基础性工作。所谓综合评价是根据明确的目的来测定评价对象系统的属性，并将这些属性变为客观定量的计值或主观效用的一种行为，也是根据评价目的将多个反映被评价事物不同方面的指标赋予不同的权重，并按照多元统计的方法通过构造效用函数将其综合在一起，进而对被评价事物作出整体性评价的一种方法体系。简单地说，就是对评价对象从不同侧面所得的数据运用科学的方法进行加工处理后得到一个相对评价值并据此作出概括性的、综合性的结论。对事物进行客观公正的评价，是“透过现象看本质”的重要手段，是运用“全面的观点、发展的观点”分析问题和解决问题的重要方法，是做到“知己知彼”的重要途径[①]。如同预测对决策的重要性一样，正确地开展综合评价也是正确决策的前提。本研究一方面将统计应用、综合评价的研究工具和研究方法引入全民健身公共体育服务领域，包括进行评价指标体系的构建、权重的确立、综合指数的开发及实证研究。另一方面应用元

① 朱孔来. 国民经济和社会发展综合评价研究[M]. 济南：山东人民出版社. 2004：53.

数据库、数据挖掘等信息技术，建立陕西省全民健身公共体育服务综合评价体系。这不仅将丰富公共体育服务领域的研究内容，还将为后续公共体育服务的实证研究提供方法学借鉴，大量的第一手实证研究资料和研究成果也将为体育管理学、综合评价学、体育统计学及相关学科的发展提供重要借鉴。

11.2 研究的基本思路

从全民健身公共体育服务的内涵和外延的理论探讨入手，结合陕西省全民健身公共体育服务发展现状，明确陕西省全民健身公共体育服务目标。以陕西省全民健身公共体育服务统计指标实际验证为切入点，查阅文献资料，走访和请教有关部门、专家、一线统计人员，设计出具有高效度与信度的问卷并进行定量研究，构造一个合理的陕西省全民健身公共体育服务综合评价理论模型（图 11-1）。

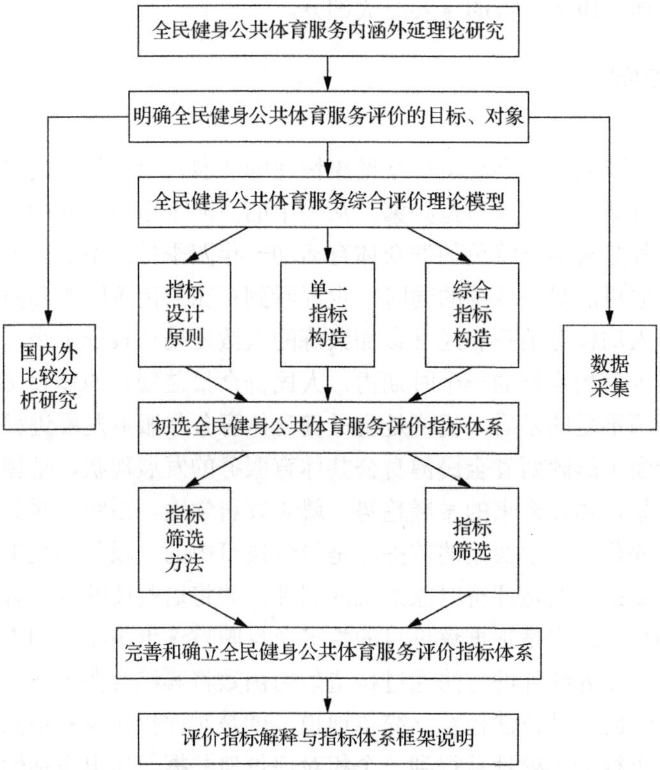

图 11-1　研究的基本思路框架图

按照科学性、可行性、系统性与层次性的原则，初步构建陕西省全民健身公共体育服务评价指标体系，此时指标的选择侧重于评价指标体系的效度而不考虑指标体系中有关数据的可获得性或者说评价的信度。

初选的评价指标体系更加注重指标的系统性，而对指标之间的重叠、指标的可操作性及指标的区分度有所忽视，因此还需运用定性与定量相结合的筛选方法对评价指标体系进行完善，然后根据新产生的经验、数据、资料逐步确立陕西省全民健身公共体育服务评价指标体系，直至最终形成符合研究需要的综合评价指标体系。在此基础上，结合全民健身、公共服务的理论与实践，对陕西省全民健身公共体育服务评价指标体系进行指标解释与框架说明。

11.3　研究对象

本研究选取陕西省 10 个地市的全民健身公共体育服务发展状况作为研究对象。

11.4　研究方法

11.4.1　文献资料法

通过广泛地学习与借鉴系统论、社会学、体育学、统计学、测量与评价等方面的有关理论与方法，查阅近年来国内外有关全民健身公共体育服务研究的相关文献，吸收国内外在构建评价指标体系方面的研究成果，并参考现行的统计指标体系，为研究做好必要的理论准备。

11.4.2　专家访谈法

在构建陕西省全民健身体育公共服务发展评价体系指标中，拟通过走访校内外相关领域的专家学者、一线各级体育部门的管理人员，征求他们对陕西省全民健身体育公共服务发展评价的方向和原则、理论模型和目标模式及经验预选指标集等的意见与建议，完善研究设计，充实和修改经验预选指标集。

11.4.3　问卷调查法

为了确立科学合理的指标体系及各指标的权重，拟采用调查问卷的方式请专家针对每组指标进行排序赋值。指标筛选和指标排序的调查问卷分别采用研制的问卷，调查对象包括校内外相关方面的专家学者。通过反复归纳和整理，确定陕西省全民健身体育公共服务发展水平综合评价指标体系和指标权重。

11.4.4　层次分析法

本研究运用的层次分析法是一种定性与定量分析相结合的多准则决策方法。它是将陕西省全民健身体育公共服务水平发展评价这个复杂的问题分解成各个组成要素，并按这些要素的支配关系组成递阶层次结构，通过两两比较的方法确定层次中诸因素的相对重要性，然后综合决策者的判断，确定决策方案相对重要性的总的排序。

11.4.5 数理统计法

本研究运用多种数理统计和数量分析方法对数据、资料进行分析处理，结合 SPSS 统计软件对数据进行矩阵分析，获得陕西省全民健身体育公共服务发展水平评价指标及权重的统计学特征和结论，同时检验陕西省全民健身体育公共服务发展水平评价指标体系的合理性和可行性。

11.5 研究结果与分析

11.5.1 理论基础

11.5.1.1 全民健身

全民健身是指全国人民，不分男女老少，全体人民增强力量，提高柔韧性，增加耐力，提高协调性，控制身体各部分的能力，从而使人民身体强健。它旨在全面提高国民体质和健康水平，以青少年和儿童为重点，倡导全民做到每天参加一次以上的体育健身活动，学会两种以上的健身方法，每年进行一次体质测定。全民健身关系人民群众的身体健康和生活幸福，是综合国力和社会文明进步的重要标志，是社会主义精神文明建设的重要内容，是全面建设小康社会的重要组成部分。

《全民健身条例》正式施行，是党和政府关注民意、改善民生、提高中华民族健康素质和人民群众生活质量的重要举措，有利于保障人民群众的体育健身权益，促进全民健身事业更加蓬勃发展，有利于推动我国由体育大国向体育强国迈进。《全民健身条例》涵盖五个方面的内容：第一，明确了公民在全民健身活动中的权利；第二，强调了各级政府及有关部门发展全民健身事业的责任；第三，结合不同人群，进一步规范和促进全民健身活动的开展；第四，利用各类公共场所安排全民健身活动场地，大力推动已有体育设施开放；第五，规范全民健身服务，保障全民健身安全，推动体育市场和体育产业的发展。

11.5.1.2 健身计划

在体育锻炼人口方面，《全民健身计划（2011—2015 年）》中提出“到 2015 年，城乡居民每周参加体育锻炼活动不少于 3 次、每次不少于 30 分钟、锻炼强度中等以上的人数比例达到 32%以上”。这些量化目标是依据过去 15 年全民健身事业的历史基础和发展状况，经过多次研究探讨确定的，是客观科学的。对残疾人参加体育锻炼的情况目前没有完整的现状调查，因此对其发展目标仅原则性提出要求。

在国民体质监测方面，《全民健身计划（2011—2015 年）》中提出“到 2015 年，城乡居民达到《国民体质测定标准》合格以上标准的人数比例明显增加。在校学生普遍达到《国家学生体质健康标准》基本要求，其中达到优秀标准的人数比例超过 20%”。考虑到各地情况差异较大，对于城乡居民达到《国民体质测定标准》合格以上标准的人数比例，没有提出具体量化目标。各地区下一步在制订本地区具体实施计划时，可以结合自身实际情况提出具体量化目标。学生标准则按教育部有关要求提出。

在全民健身场地设施方面，《全民健身计划（2011—2015 年）》中提出“到 2015 年，全国各类体育场地达到 120 万个以上，人均体育场地面积达到 1.5 平方米以上。市（地）、县（区）、街道（乡镇）、社区（行政村）普遍建有体育场地，配有体育健身设施”。2003 年全国体育场普查数据表明，我国有各类体育场地 85 万个（块），人均体育场地面积为 1.03 平方米。“十一五”期间，仅国家实施“农民体育健身工程”，已在全国农村地区新增了 20 多万个体育场地，新增体育场地面积约 2 亿平方米，截至 2010 年底全国体育场地超过 1000 万个（块）。“十二五”期间，将组织实施“体育基本公共服务设施建设规划”，加大对基层公共体育设施建设的投入，体育设施数量和面积会继续有大的发展。

在全民健身经费方面，《全民健身计划（2011—2015 年）》中提出“到 2015 年，县级以上地方人民政府要按照《全民健身条例》规定，将全民健身事业纳入本级国民经济和社会发展规划，将全民健身工作所需经费列入本级财政预算。加强基础建设和重大全民健身活动的经费投入，对公益性全民健身事业单位和服务机构给予必要的经费保障”。受财力所限，现阶段不是所有县级以上人民政府都能将全民健身工作所需经费纳入本级财政预算。未来各级政府应坚持体育事业公益性原则，把全民健身当作公共服务产品。除加大财政对全民健身事业的投入外，还要完善财政、税收、金融和土地等优惠政策，鼓励和引导社会力量捐资、出资兴办全民健身事业。

在公共体育设施开放率方面，《全民健身计划（2011—2015 年）》中提出“学校在课余时间和节假日要向学生开放体育设施，并在保证校园安全的前提下，积极创造条件向公众开放体育设施”。长期以来，我国学校体育设施向公众开放的比例较低。安全、管理和物耗等问题是影响学校开放体育设施积极性的重要原因。开放学校体育设施，应厘清各方的权责界限，兼顾学校和公众的利益。文化部、财政部发出通知要求，全国美术馆、图书馆、文化馆站都要逐渐向公众免费开放。公共体育设施向公众免费开放，也是未来体育职能部门努力的方向。

在全民健身表彰与奖励方面，《全民健身计划（2011—2015 年）》中提出“各级体育主管部门要切实提高认识，认真履行职责，积极探索全民健身工作的新思路、新办法，加强组织领导，落实政策保障、人员配备、资金投入、监督奖励等措施，并建立目标责任制，签订责任书，实行目标考核”。国家体育总局经过几年的研究已初步形成一套全民健身发展评价体系，近期将正式出台。今后，国家体育总局将依据这套评价体系，对各地群众体育工作进行年度评估，从机制上保证各项目标任务的贯彻落实。

11.5.1.3　全民健身公共体育服务体系的分类

全民健身公共服务体系，指各级政府为保障人民群众基本体育权益，满足日益增长的体育服务需求，投资兴办的以公共体育场地设施、公益体育组织网络、群众性体育活动系统、公益社会体育指导员队伍、健身指导及信息服务系统为支撑和运作评估为基本框架的覆盖全社会的体育健身服务体系。它是社会公共服务体系的组成部分，是全民健身服务体系的主要组成部分。全民健身公共体育服务体系是由相互联系、相互作用，各自具有不同特定功能的子系统所组成的一个复杂的系统。全民健身公共体育服务体系结构问题是体全民健身公共体育服务体系运行的实质性问题，全民健身公共体育服务体系分类就是对客观存在的全民健身公共体育服务体系结构的统计描述，是进行综合评价的起点。全民健身公共体育服务体系结构是不断发展变化的，全民健身公共体育服务体系分类又是对全民健身公共体育服务体系结构的反映，那么，全民健身公共体育服务体系分类也必须是发展的，而不是一成不变的。本研究以《全民健身条例》和《全民健身计划（2011—2015 年）》为基本理论依据，从全民健身公共体育服务体系的目标、功能和特点为出发，借鉴相关研究成果对全民健身公共体育服务分类的经验，初步将全民健身公共体育服务内容分为全民健身体育场地设施、全民健身组织、全民健身队伍、全民健身活动、全民健身政策、国民体质监测、全民健身宣传推广、全民健身表彰奖励和全民健身经费 9 大类。

11.5.2 评价指标体系的构建原则

11.5.2.1 科学性原则

从全民健身公共体育服务的基本定义出发，选取能准确反映全民健身公共体育服务发展总体情况和程度的适当指标。科学性原则主要体现在理论和实践相结合，以及所采用的科学方法等方面。在理论上要站得住脚，同时又能反映评价对象的客观实际情况。设计评价指标体系时，首先要有科学的理论作指导。使评价指标体系能够在基本概念和逻辑结构上严谨、合理，抓住评价对象的实质，并具有针对性。同时，评价指标体系是理论与实际相结合的产物，无论采用什么样的定性、定量方法，还是建立什么样的模型，都必须是客观的抽象描述，抓住最重要的、最本质的和最有代表性的东西。对客观实际抽象描述得越清楚、越简练、越符合实际，科学性就越强。

11.5.2.2 系统性原则

选出的指标，既要能全面地反映陕西省全民健身公共体育服务水平，以衡量整个评价对象全民健身公共体育服务的整体情况，又要能反映出影响全民健身公共体育服务各个构成要素的情况。评价对象必须用若干指标进行衡量，这些指标是互相联系和互相制约的。有的指标之间有横向联系，反映不同侧面的相互制约关系；有的指标之间有纵向关系，反映不同层次之间的包含关系。同时，同层次指标之间尽可能地界限分明，避免相互有内在联系的若干组、若干层次的指标体系，体现出很强的系统性。

指标数量的多少及其体系的结构形式以系统优化为原则，即以较少的指标（数量较少，层次较少）较全面系统地反映评价对象的内容，既要避免指标体系过于庞杂，又要避免单因素选择，追求的是评价指标体系的总体最优或满意。精选出来的系列指标要有概括性，能够达到少而精的目的，即用尽可能少的指标来反映全民健身公共体育服务水平。评价指标体系要统筹兼顾各方面的关系，由于同层次指标之间存在制约关系，在设计指标体系时，应该兼顾各方面的指标。

设计评价指标体系的方法应采用系统的方法，如系统分解和层次分析法，由总指标分解成次级指标，再由次级指标分解成次次级指标（通常人们把这三个层次称为目标层、准则层和指标层），并组成树状结构的指标体系，使体系的各个要素及其结构都能满足系统优化要求。也就是说，通过各项指标之间的有机联系方式和合理的数量关系，体现出对上述各种关系的统筹兼顾，达到评价指标体系的整体功能最优，客观的、全面地评价系统的输出结果。

11.5.2.3　通用可比性原则

通用可比性是指不同时期及不同对象间的比较，即纵向比较和横向比较。纵向比较，即同一对象这个时期与另一个时期做比较。评价指标体系要有通用可比性，条件是指标体系和各项指标、各种参数的内涵和外延保持稳定，用以计算各指标相对值的各个参照值（标准值）不变。横向比较，即不同对象之间的比较，找出共同点，按共同点设计评价指标体系。对各种具体情况，采取调整权重的办法，综合评价各对象的状况并加以比较。对于相同性质的部门或个体，往往很容易取得可比较的指标。全民健身公共体育服务测算与评价的指标体系既要符合陕西省情况，能反映陕西省全民健身公共体育服务发展的实际，也要能进行省内区域间全民健身公共体育服务的总体情况比较；既可以纵向测算陕西省全民健身公共体育服务水平的历史进程，又可以横向比较陕西省内不同地区间全民健身公共体育服务水平的差异。

11.5.2.4　实用性原则

实用性原则是指实用性、可行性和可操作性。指标要简化，方法要简便。评价指标体系要繁简适中，计算评价方法简便易行，即评价指标体系不可设计得太烦琐，在能基本保证评价结果的客观性、全面性的条件下，指标体系尽可能简化，减少或去掉一些对评价结果影响甚微的指标。数据要易于获取。评价指标所需的数据易于采集，无论是定性评价指标，还是定量评价指标，其信息来源渠道都必须可靠，并且容易取得。否则，评价工作难以进行或代价太大。整体操作要规范。各项评价指标及其相应的计算方法，各项数据都要标准化、规范化。要严格控制数据的准确性。能够实行评价过程中的质量控制，即对数据的准确性和可靠性加以控制。考虑评价指标体系的可操作性，所选取的指标最好能够从各种统计资料上直接获得或者通过计算后获取，使理想化的指标体系能够现实化，并可以进行量化处理。理论上非常好的指标，若现有数据库没有或计量手段无法量化，则一般应予以剔除或者寻找其他替代性指标。

11.5.3 评价指标体系的预选

综合评价指标体系从不同的侧面反映社会现象的复杂系统，因此在构建一个综合评价指标体系的过程中，一般包括系统元素的配置和系统结构的安排两个方面的内容，系统元素即评价指标，系统结构即各指标之间的相互关系。从构建的流程上看，一般是先建立指标体系的结构，然后设计指标。

陕西省全民健身公共体育服务评价指标体系结构的设计就是要解决该系统中各个指标之间的相互关系如何，层次结构怎样。越复杂的综合评价问题，层次结构越多，理顺指标之间的层次关系，对提高评价指标体系的科学性、系统性都有重要的作用。构造陕西省全民健身公共体育服务评价指标体系，必须从陕西省全民健身公共体育服务整体出发，将陕西省全民健身公共体育服务这个目标系统分解为不同的准则层，然后在分解后研究的基础上，再综合集成到陕西省全民健身公共体育服务这一整体，最后从整体上构建陕西省全民健身公共体育服务的系统结构。基于前期的理论基础，本研究将陕西省全民健身公共体育服务评价指标体系结构初步设计为三层结构（不包括由评价对象所构成的底层，以下研究都不包括对象层）：目标层、准则层、指标层。

基于上述系统结构，评价指标体系的构建须用单项评价指标对陕西省全民健身公共体育服务目标系统的各个方面进行综合的概括、系统的反映和描述。单项评价指标的构造就是要解决陕西省全民健身公共体育服务评价指标体系是由哪些具体指标组成的，每个指标的概念、计算范围（包括计算的总体范围界定、时空范围界定、标志内容界定等）、计算方法、计量单位。基于统计指标理论，单项评价指标的构造包括“明确指标测量目的并给出理论定义”“选择指标标志并给出操作性定义”“设计指标计算内容和计算方法”等内容。

本研究首先对现有的“中国体育事业统计指标体系”“中国体育产业统计指标体系”“国民体质监测指标体系”“群众体育发展现状调查指标体系”等资料中涉及全民健身公共体育服务的相关指标进行经验性预选，探索了全民健身公共体育服务评价指标之间的相互关联。研究表明，全民健身场地设施和全民健身活动两大类指标是全民健身公共体育服务评价的核心内容，国民体质监测、社会体育指导员、全民健身经费、全民健身组织等 7 大类指标是全民健身公共体育服务评价的重要组成部分。

在此基础上，根据陕西省全民健身公共体育服务这一目标系统的本质与特征，采用问卷调查与专家咨询相结合的方法预选具有代表性的指标。按照德尔菲法的专家调查问卷设计要求，将预选的指标拟成调查问卷，发给国内全民健身、体育统计与公共体育服务等研究领域的 35 位专家、学者，回收 32 份，回收率为 91.4%，咨询评价指标具体内容的设置。根据反馈的信息及收集的资料，初步形成陕西省全民健身公共体育服务发展水平评价指标体系，该体系包括 9 个一级指标、64 个二级指标（表 11-1）。

表 11-1　陕西省全民健身公共体育服务发展水平预选评价指标体系

一级指标	二级指标
全民健身场地设施	全民健身公共体育场地的开放情况
	全民健身公共体育场馆面积
	每万人拥有全民健身公共体育场馆数
	全民健身公共体育场馆年增长率
	全民健身公共体育场馆利用率
	新建全民健身公共体育场地设施
	健身站点
	村级农民体育健身工程
	乡镇体育健身示范工程
	全民健身苑（路径）
	全民健身活动中心
	体育公园
	城市社区和农村社区体育场所
全民健身组织	全民健身公共体育行政机构数
	全民健身公共体育社团总数
	全民健身公共体育社团年增长率
	全民健身公共体育活动站、点数
	全民健身公共体育活动站、点年增长率
	全民健身公共体育俱乐部状况
	城市街道体育组织
	农村乡镇体育组织
	体育总会
	单项体育协会
	人群体育协会
	青少年体育俱乐部
	县及以上地区全民健身领导、协调组织机构
	全民健身工作委员会
	街道或社区体育俱乐部
全民健身队伍	全民健身公共体育服务从业人员总数
	全民健身公共体育服务管理人员总数
	社会体育指导员总数
	每万人拥有社会体育指导员人数
	街道（乡镇）全民健身专（兼）职工作人员
	每万人拥有群众体育管理人员数

续表

一级指标	二级指标
全民健身活动	全民健身指导业务培训 每年全民健身公共体育活动开展次数 每年全民健身公共体育活动参加人数 全民健身公共体育开展年增长率 全民健身公共体育活动参加人数年增长率 单项（人群）全民健身竞赛活动 经常参加体育锻炼人数比例 全民健身运动会 全民健身日 全民健身月
全民健身政策	“三纳入”的覆盖率 制定本级《全民健身实施计划》情况 县及以上地区有《全民健身实施计划》检查评估制度 全民健身发展工作纳入县及以上政府工作报告
全民健身经费	政府对全民健身公共体育拨款额 社会对全民健身公共体育的投入 全民健身公共体育营业收入 全民健身公共体育支出 全民健身公共体育服务经费占体育事业经费的比例 彩票公益金用于全民健身工作投入比例
国民体质监测	城市居民《国民体质测定标准》合格达标率 农村居民《国民体质测定标准》合格达标率 国民体质监测站（点） 每年接受体质测试人数
全民健身宣传推广	全民健身栏目覆盖率 全民健身新闻报道 全民健身信息报送
全民健身表彰奖励	同级政府部门表彰奖励 上级体育主管部门表彰奖励 上级政府部门表彰奖励

11.5.4 评价指标体系的筛选

科学、客观及具有可操作性的指标体系是获得高质量体育统计信息的前提，因此在预选指标体系的基础上，还需采用定性与定量相结合的方法对其中的评价指标进行筛选。首先将各级评价指标制成专家问卷，各指标按照“很重要”“重要”“一般”“不重要”“很不重要”分别给予 9、7、5、3、1 的分值，然后请专家对问卷进行抽样测试。共计发放问卷 40 份，其中全民健身研究领域专家 10 人，公共体育服务研究领域专家 10 人，体育统计研究领域专家 10 人，群众体育管理人员 10 人，回收问卷 37 份，剔除空白或者无意义的作废问卷 5 份，共回收有效问卷 32 份。

11.5.4.1　调查问卷的效度、信度检验

（1）效度检验

表面效度与内容效度：专家问卷中指标的选择首先经过了大量文献研究和调查，经反复研究讨论做出初选，然后走访了各个领域的专家、学者，提出了修改意见，对指标进行了必要的增删和修改，删除了内容不清、可操作性不强的指标，并对容易引起歧义或者误解的指标表述进一步予以明确，以保证专家问卷具有可靠的表面效度与内容效度。

结构效度：采用主成分分析的方法检验专家问卷的结构效度（表 11-2），在问卷中，有 100%的一级指标共同度在 0.5 以上，有 95%的二级指标共同度在 0.5 以上，达到了统计学结构效度检验的统计学要求，因此其结构效度也是比较理想的。

表 11-2　一级指标共同度一览表

指标	指标代码	初生共同度	再生共同度
全民健身场地设施	B1	1	0.893
全民健身组织	B2	1	0.763
全民健身队伍	B3	1	0.861
全民健身活动	B4	1	0.858
全民健身政策	B5	1	0.634
全民健身经费	B6	1	0.728
国民体质监测	B7	1	0.786
全民健身宣传推广	B8	1	0.684
全民健身表彰奖励	B9	1	0.664

（2）信度检验

信度测量方法主要包括重复测量、复本测量和折半测量等方法，根据本研究的实际情况，采用折半测量的方法测量专家调查问卷的信度。首先将调查结果随机排序，然后按照单双号进行分组，计算两者的相关系数。信度系数用 Cronbach α系数来检验，得到的α系数值越高，则代表其检验的问卷内部一致性越大，信度越高。用 Cronbach α系数对本问卷及其 4 个维度的内部一致性进行检验（表 11-3）。结果表明，陕西省全民健身公共体育服务发展水平评价指标体系初选专家问卷的内部一致性信度为 0.74，全民健身场地设施、全民健身组织、全民健身队伍、全民健身活动、全民健身政策、全民健身经费、国民体质监测、全民健身宣传推广、全民健身表彰奖励的信度分别为 0.75、0.69、0.77、0.67、0.62、0.79、0.81、0.65 和 0.73，这说明该问卷具有良好的信度。

表 11-3 第一轮问卷信度检验结果一览表

指标	指标代码	部分量表	整体量表
全民健身场地设施	B1	0.75	0.74
全民健身组织	B2	0.69	
全民健身队伍	B3	0.77	
全民健身活动	B4	0.67	
全民健身政策	B5	0.62	
全民健身经费	B6	0.79	
国民体质监测	B7	0.81	
全民健身宣传推广	B8	0.65	
全民健身表彰奖励	B9	0.73	

11.5.4.2 筛选指标的定量依据

专家调查问卷的分析主要采用以下统计参数。

变异系数：各个指标的标准差与其加权平均值之比，变异系数值越小，表明专家评价结果的分散程度越小。一般认为，变异系数≥0.25，则认为该指标的专家协调程度不够。假设 X_{ij} 表示第 i 个专家、第 j 个指标的打分，现在共有 n 个专家、m 个指标，则

变异系数的计算公式如下：

$$M_j = \frac{1}{n}\sum_{i=1}^{n} X_{ij}$$

$$V_j = \frac{S_j}{M_j}$$

其中，V_j 表示指标的变异系数；S_j 表示指标标准差；M_j 表示指标的算术平均值。V_j 越小，则认为指标的专家意见协调度越高。

协调系数：专家组中各专家彼此间对每项指标给出的评价意见是否存在较大分歧。通过对协调系数的研究，能够了解专家们对全部指标的协调程度，用 W 表示协调系数，W 在 0~1。

协调系数的计算公式如下：

$$W = \frac{12}{m^2(n^3 - n) - m\sum_{i=1}^{m} T_i}\sum_{i=1}^{n} d_i^2$$

协调程度的显著性检验采用等级一致性检验（非参数检验）。如果 $P>0.05$，则认为专家意见的评估或预测的可信度差，评价或预测结果不可取；如果 $P<0.05$，则认为专家意见的评估或预测的可信度好，评价或预测结果可信[①②]。

① 权德庆，徐文强，黄海，等. 中国体育事业统计指标体系优化研究[Z]. 国家科技成果，2010-12-12.
② 权德庆，徐文强，安儒亮，等. 中国体育事业统计体系研究[J]. 体育科学，2009，29（11）：15-22.

协调系数一致性检验：

$$\chi^2 = \frac{1}{mn(n+1) - \frac{1}{n-1}\sum_{i=1}^{m} T_i} \sum_{i=1}^{n} d_i^2$$

式中，m 表示专家总数；n 表示指标数；d 表示各个指标等级和 n 个指标等级和的均数之差；T_i 表示修正系数。

一般情况下，在采用专家调查法进行指标筛选过程中，关于专家的一致意见，很少有资料对其进行明确的定义。李建国等在《县级公共卫生应急反应能力评价方法的研究》一文中选取重要性得分在 70 分以上的指标（满分为 100 分）作为研究的评价指标[①]。袁海霞等在《德尔菲法在潜艇舱室空气质量评价指标筛选中的应用》一文中认为，如果评选此指标的专家人数超过 50%，则选用此指标[②]。因此，本研究在专家调查筛选指标时主要依据：①指标的变异系数小于 0.25；②专家的评价结果取得一致性检验，即 $P<0.05$ 或 $P<0.01$；③所选指标的平均得分在分 6.3 以上（达到总分的 70%）。

11.5.4.3　第一轮指标筛选

针对第一轮回收的调查数据，采用 SPSS16.0 软件进行描述统计量和非参数检验的统计分析，具体结果如下：9 个一级指标的变异系数均小于 0.25。其中，全民健身表彰奖励的变异系数最大为 0.2204，说明被调查者对该指标的评价协调度相对较低。调查对象的一致性系数为 0.548。协调系数是指调查对象中被调查者彼此间对每项指标给出的评价意见是否存在较大分歧。通过协调系数，能够了解被调查者对全部指标进行评判时评判标准的一致性程度 W 越接近 1，则意味着指标所得分之间存在显著性差异，进而说明被调查者的评价标准的一致性。经过一致性检验，一级指标 W 协调系数值为 0.048，小于 0.050，表明评判人意见的评估或预测的可信度好，评价或预测结果可信。二级指标调查结果显示，各个指标的变异系数大部分小于 0.25，但全民健身公共体育场馆利用率、城市街道体育组织、农村乡镇体育组织、单项体育协会、每年全民健身公共体育活动参加人数、全民健身工作委员会、全民健身运动会、全民健身发展工作纳入县及以上政府工作报告和全民健身公共体育营业收入 9 个指标的变异系数大于 0.25。专家评价的一致性系数为 0.573，且 P 值大于 0.05，说明被调查者对二级指标的评价一致性高，彼此间对二级指标给出的评价意见存在较大分歧。

从指标的得分均数来看，51 个二级指标的得分在 6.3 分以上，13 个二级指标的得分在 6.3 分以下，其中，满分率达到 100%的指标有 5 个指标，得分在 8 分以上的指标有 14 个（含 8 分，但不包括满分指标），说明经过经验预选的指标体系具有较好的代表性；全民健身公共体育场馆利用率、全民健身活动中心、体育公园 13 个二级指标的得分在 6.3 分以下，因此将分值过低的予以删除。

---

① 李建国，贲智强，阙文进，等. 县级公共卫生应急反应能力评价方法的研究[J]. 护理医药学杂志，2006（1）：93-96.

② 袁海霞，汪南平，史德. 德尔菲法在潜艇舱室空气质量评价指标筛选中的应用[J]. 海军医杂志，2005（3）：18-20.

11.5.4.4 第二轮指标筛选

2011 年 11 月，笔者将第一轮专家咨询中形成的指标体系制成专家调查问卷，进行第二轮专家咨询（本轮调查原则上不再增加新的指标）。咨询对象为上一轮返回专家问卷的专家、学者共 32 人，共获得 30 份有效问卷。将回收的问卷进行整理后，采用与第一轮相同的指标筛选方法进一步完善指标体系。

从表 11-4 中可以看出，9 个一级指标的变异系数均小于 0.25，其中，全民健身队伍的变异系数最大为 0.183。表 11-5 显示，调查对象评判的一致性系数为 0.451。经过一致性检验，一级指标 W 为 0.047，小于 0.050，表明评判人意见的评估或预测的可信度好，评价或预测结果可信。

表 11-4　第二轮一级指标筛选统计分析参数表

一级指标	均数	标准差	变异系数
全民健身场地设施	8.9	0.43	0.048
全民健身组织	8.9	0.31	0.035
全民健身队伍	8.6	1.57	0.183
全民健身活动	8.9	0.31	0.035
全民健身政策	8.6	1.48	0.172
全民健身经费	8.6	1.5	0.174
国民体质监测	8.8	0.95	0.108
全民健身宣传推广	8.5	1.3	0.153

表 11-5　二级指标统计参数统计分析表

轮次	第一轮
一致性检验	0.451
卡方值	10.52
P	0.047

二级指标调查结果（表 11-6 和表 11-7）显示，各个指标的变异系数均小于 0.25，专家评价的一致性系数为 0.392，且 P 值小于 0.05，说明被调查者对二级指标评判的一致性高。从指标的得分均数来看，12 个二级指标的得分都在 8 分以上，说明经过第一轮指标筛选所构建的二级指标具有较高的可信度。3 个二级指标的得分在 6.3 分以下，因此将分值过低的“全民健身公共体育活动站、点数，人群体育协会，社会体育指导员总数，每万人拥有全民健身公共体育场馆数，全民健身日，制定本级《全民健身实施计划》检查评估制度，单项体育协会，全民健身指导业务培训，全民健身月，全民健身公共体育场馆面积，新建全民健身公共体育场地设施，城市社区和农村社区体育场所，体育总会，群体信息月报工作，全民健身栏目覆盖率，全民健身公共体育俱乐部状况，每年全民健

身公共体育活动参加人数，全民健身公共体育场馆年增长率，全民健身公共体育活动站、点年增长率，每年接受体质测试人数，全民健身公共体育社团年增长率，社会对全民健身公共体育的投入和全民健身公共体育支出”予以删除。专家们建议将部分绝对数指标修订为相对数指标，如将“全民健身器材社区配送数量”“村级农民体育健身工程”“乡镇体育健身示范工程”“县级公共体育设施建设工程”“体育社团数”“国民体质监测站（点）数”和“全民健身服务从业人员数”修订为“全民健身器材社区配送覆盖率”“政府对全民健身公共体育拨款额”“村级农民体育健身工程覆盖率”“乡镇体育健身示范工程覆盖率”“县级公共体育设施建设工程覆盖率”“每万人拥有体育社团数”“每万人拥有国民体质监测站（点）数”“每万人拥有全民健身服务从业人员数”。

表 11-6　第二轮二级指标筛选统计分析参数表

二级指标	均数	标准差	变异系数
全民健身公共体育场地的开放情况	8.9	1.24	0.14
每万人拥有社会体育指导员人数	8.9	1.42	0.16
全民健身器材社区配送覆盖率	8.8	1.06	0.12
政府对全民健身公共体育拨款额	8.8	1.15	0.13
村级农民体育健身工程覆盖率	8.7	1.43	0.16
乡镇体育健身示范工程覆盖率	8.6	1.37	0.16
县级公共体育设施建设工程覆盖率	8.4	1.28	0.15
“三纳入”的覆盖率	8.4	1.56	0.19
全民健身公共体育行政机构数	8.3	1.34	0.16
每万人拥有体育社团数	8.2	0.84	0.10
每万人拥有国民体质监测站（点）数	8.1	1.75	0.22
青少年体育俱乐部	8.0	1.14	0.14
街道（乡镇）全民健身专（兼）职工作人员	7.9	1.53	0.19
街道或社区体育健身俱乐部	7.8	1.12	0.14
每万人拥有全民健身服务从业人员数	7.8	1.33	0.17
全民健身新闻报道	7.6	1.15	0.15
每年全民健身公共体育活动开展次数	7.5	1.48	0.20
全民健身经费占体育事业经费的比例	7.5	1.75	0.23
项目（人群）全民健身竞赛活动	7.4	1.53	0.21
经常参加体育锻炼人数比例	7.4	1.28	0.17
上级体育主管部门表彰奖励	7.4	1.12	0.15
彩票公益金用于全民健身工作投入比例	8.2	1.62	0.20
制定本级《全民健身实施计划》情况	7.3	1.32	0.18
上级政府部门表彰奖励	7.3	1.65	0.23
城市居民《国民体质测定标准》合格达标率	7.1	1.45	0.20

续表

二级指标	均数	标准差	变异系数
农村居民《国民体质测定标准》合格达标率	7.1	1.82	0.26
全民健身信息报送数量	6.6	1.29	0.20
同级政府部门表彰奖励	6.5	1.42	0.22
全民健身公共体育活动站、点数	6.2	1.27	0.20
人群体育协会	6.2	1.41	0.23
社会体育指导员总数	6.2	1.38	0.22
每万人拥有全民健身公共体育场馆数	6.1	1.03	0.17
全民健身日	6.1	1.31	0.21
制定本级《全民健身实施计划》检查评估制度	6.1	1.05	0.17
单项体育协会	6.1	1.1	0.18
全民健身指导业务培训	6.1	1.35	0.22
全民健身月	6	1.54	0.26
全民健身公共体育场馆面积	6	1.35	0.23
新建全民健身公共体育场地设施	6	1.82	0.30
城市社区和农村社区体育场所	6	1.55	0.26
体育总会	6	1.3	0.22
群体信息月报工作	6	1.2	0.20
全民健身栏目覆盖率	5.9	1.38	0.23
全民健身公共体育俱乐部状况	5.9	1.5	0.25
每年全民健身公共体育活动参加人数	5.9	1.4	0.24
全民健身公共体育场馆年增长率	5.8	1.12	0.19
全民健身公共体育活动站、点年增长率	5.8	1.49	0.26
每年接受体质测试人数	5.8	1.3	0.22
全民健身公共体育社团年增长率	5.7	1.25	0.22
社会对全民健身公共体育的投入	5.6	1.25	0.22
全民健身公共体育支出	5.5	1.32	0.24

表 11-7　二级指标统计参数统计分析表

项目	结果
轮次	第二轮
一致性检验	0.392
卡方值	14.52
P	0.045

11.5.5　评价指标体系的确立

通过第二轮问卷调查，并结合全民健身公共体育服务发展的特征、指标选取原则等，本研究最终确定了包括 9 个一级指标、28 个二级指标的指标体系来评价陕西省全民健身公共体育服务的总体情况和发展程度（表 11-8）。

表 11-8　陕西省全民健身公共体育服务水平评价指标体系

<table>
<tr><th>总目标层</th><th>一级指标（准则层）</th><th>二级指标（指标层）</th></tr>
<tr><td rowspan="28">陕西省全民健身公共体育服务水平</td><td rowspan="5">全民健身场地设施</td><td>全民健身公共体育场地设施的开放率</td></tr>
<tr><td>全民健身器材社区配送覆盖率</td></tr>
<tr><td>村级农民体育健身工程覆盖率</td></tr>
<tr><td>乡镇体育健身示范工程覆盖率</td></tr>
<tr><td>县级公共体育设施建设工程覆盖率</td></tr>
<tr><td rowspan="4">全民健身组织</td><td>全民健身公共体育行政机构数</td></tr>
<tr><td>每万人拥有体育社团数量</td></tr>
<tr><td>青少年体育俱乐部数量</td></tr>
<tr><td>街道或社区体育健身俱乐部</td></tr>
<tr><td rowspan="3">全民健身队伍</td><td>每万人拥有全民健身服务从业人员数</td></tr>
<tr><td>每万人拥有社会体育指导员人数</td></tr>
<tr><td>街道（乡镇）全民健身专（兼）职工作人员</td></tr>
<tr><td rowspan="3">全民健身活动</td><td>每年全民健身公共体育活动开展次数</td></tr>
<tr><td>区域内项目（人群）全民健身竞赛活动</td></tr>
<tr><td>经常参加体育锻炼人数比例</td></tr>
<tr><td rowspan="2">全民健身政策</td><td>“三纳入”的覆盖率</td></tr>
<tr><td>制定本级《全民健身实施计划》情况</td></tr>
<tr><td rowspan="3">国民体质监测</td><td>城市居民《国民体质测定标准》合格达标率</td></tr>
<tr><td>农村居民《国民体质测定标准》合格达标率</td></tr>
<tr><td>每万人拥有国民体质监测站（点）数</td></tr>
<tr><td rowspan="2">全民健身宣传推广</td><td>全民健身新闻报道</td></tr>
<tr><td>全民健身信息报送</td></tr>
<tr><td rowspan="3">全民健身表彰奖励</td><td>同级政府部门表彰奖励</td></tr>
<tr><td>上级体育主管部门表彰奖励</td></tr>
<tr><td>上级政府部门表彰奖励</td></tr>
<tr><td rowspan="3">全民健身经费</td><td>全民健身经费占体育事业经费的比例</td></tr>
<tr><td>彩票公益金用于全民健身工作投入比例</td></tr>
<tr><td>政府对全民健身公共体育拨款额</td></tr>
</table>

11.5.6 评价指标体系的框架说明及指标解释

为了对陕西省全民健身公共体育服务进行全面的综合评价，所涉及的指标体系中的指标较为复杂，各指标从不同侧重点反映陕西省全民健身公共体育服务情况，如果不进行归类整理，则整个指标体系就会显得混乱。因此通过利用层次结构，建立陕西省全民健身公共体育服务评价指标体系，使整个体系既系统又完整。本研究采用三层的指标体系结构，总体目标是对陕西省全民健身公共体育服务的总体情况和发展程度进行综合评价，在总目标层下，设计了准则层和指标层。

11.5.6.1 框架说明

（1）准则层设置依据及意义

由于总目标下面具体反映的指标比较多，如果直接在总目标层下面设置具体指标，就会显得比较杂乱，而且在运用层次分析法确定权重时，也会因评价对象过多而无能为力。因此设置准则层，不仅能使层次清晰，也有利于综合评价时权重的确定和计算。

（2）指标层设置依据及意义

指标层是整个评价指标体系的基础层，准则层是通过该层各个具体指标来实现的。在指标层的指标筛选中，采用定性与定量相结合的方法，从众多的指标中，筛选出具有可操作性、可比性和代表性的评价指标，同时该层指标，还注意与中国体育事业指标体系相衔接，尽可能利用现有的统计指标数据，既保证了开展综合评价时数据的收集，又提高了数据的可获得性。

11.5.6.2 指标解释说明

陕西省全民健身公共体育服务评价指标体系，分为总目标层、准则层和指标层。准则层包括全民健身场地设施、全民健身组织、全民健身队伍、全身健身活动、全民健身政策、全民健身经费、国民体质监测、全民健身宣传推广和全民健身表彰奖励 9 个准则，指标层有 28 个具体指标，主要指标解释如下。

全民健身场地设施：对社会公众开放并提供各类公共体育服务的体育场、体育馆、游泳馆；部分对社会公众开放并用于体育教学训练所需的田径棚、风雨操场、运动场及其他各类室内外场地、群众体育健身娱乐休闲活动所需的体育俱乐部、健身房、体操房和其他简易的健身娱乐场地等满足全民健身需求的公共体育服务场所的总称。

全民健身公共体育场地的开放率：在节假日、课余等可利用时间向学生和社区居民开放体育设施，供其健身利用的全民健身场地设施，占体育场地设施总数的比例。

全民健身器材社区配送覆盖率：配送全民健身器材的社区，占社区总数的比例。

村级农民体育健身工程覆盖率：配备 1 对篮球架、2 张室外乒乓球台和多件健身器材等健身设施（含有健身器材和其他场地）的行政村，占行政村总数的比例。

乡镇体育健身示范工程覆盖率：配备 1 块灯光篮球场、配备 4 张室外乒乓球台和多件健身器材等健身设施（含有健身器材和其他场地）的乡镇，占乡镇总数的比例。

县级公共体育设施建设工程覆盖率：建成 1 个体育馆、1 座综合楼、1 个标准田径场和 1 块全民健身活动场地等健身场地的县区，占县区总数的比例。

全民健身组织：以从事和发展全民健身事业为目的，以组织开展全民健身活动、为居民提供公共体育服务为功能的，经当地政府批准设立的工作机构[如社会体育指导中心（站）、全民健身活动中心、体育中心、文体中心、综合文体站等]，以及自愿结成的群众性组织（如体育总会、单项体育协会、人群体育协会等）的总称。

全民健身公共体育行政机构数：以组织开展全民健身活动、为居民提供公共体育服务为功能的，经当地政府批准设立的，具有事业单位性质的工作机构数量。

每万人拥有体育社团数量：每万人拥有符合国家体育总局规定的体育社团数。

青少年体育俱乐部数量：有由各级体育主管部门认定的青少年体育俱乐部的县及以上地区，占县及以上地区总数的比例。

街道或社区体育健身俱乐部：有由各级体育主管部门认定的街道或社区体育健身俱乐部的县及以上地区，占县及以上地区总数的比例。

全民健身队伍：以从事和发展全民健身事业为目的，组织开展全民健身活动、为居民提供公共体育服务的人员总称。

每万人拥有全民健身服务从业人员数：每万人拥有的以组织开展全民健身活动、为居民提供公共体育服务的从业人员数量。

每万人拥有社会体育指导员人数：每万人拥有的经过培训后获得执业资格并注册登记的各级职业社会体育指导员数量。

街道（乡镇）全民健身专（兼）职工作人员：在编或正式聘任的全民健身工作人员，占街道（乡镇）专（兼）职工作人员总数的比例。

全民健身活动：举办有影响、有规模的全民健身竞赛、交流和普及推广活动。

每年全民健身公共体育活动开展次数：每年举办有影响、有规模的全民健身活动，参与人数 500 人以上和开展全民健身志愿服务的次数。

区域内的项目（人群）全民健身竞赛活动：区域内的单项体育协会、行业（人群）体协组织开展的全民健身竞赛、交流和普及推广活动。

经常参加体育锻炼人数比例：每周参加体育锻炼频度 3 次及以上，每次体育锻炼持续时间 30 分钟及以上，每次体育锻炼的运动强度达到中等及以上的人数，占户籍总人口的比例。

全民健身政策：各级行政部门为保障《全民健身计划》的顺利实施，制定的各种政策措施。

“三纳入”的覆盖率：将全民健身发展工作纳入县及以上政府工作报告，全民健身工作经费列入县及以上政府财政预算和全民健身事业纳入县及以上政府国民经济和社会发展规划的县及以上地区，占县及以上地区总数的比例。

制定本级《全民健身实施计划》情况：制定本级《全民健身实施计划》的县及以上

地区，占县及以上地区总数的比例。

国民体质监测：国家为了系统掌握国民体质状况，以抽样调查的方式，按照国家颁布的国民体质监测指标，在全国范围内定期对监测对象统一进行测试和对监测数据进行分析、研究。

城市居民《国民体质测定标准》合格达标率：达到《国民体质测定标准》合格及以上标准的城市居民（除在校学生），占城市户籍总人口的比例。

农村居民《国民体质测定标准》合格达标率：达到《国民体质测定标准》合格及以上标准的农村居民（除在校学生），占农村户籍总人口的比例。

每万人拥有国民体质监测站（点）数：每万人拥有的经过培训后获得执业资格并注册登记的各级职业社会体育指导员数量。

全民健身宣传推广：通过中央、省、市、县各级媒体（报刊、电视、广播）刊登（播放）全民健身新闻、栏目；全民健身日开展的大型科学健身宣传活动，以及向上级部门提供本级部门全民健身信息等方式进行的全民健身宣传推广。

全民健身新闻报道：在主要电视台、电台、报纸、官方网站都有专设宣传科学健身栏目的县及以上地区，占县及以上地区总数的比例。

全民健身信息报送：国家体育总局《体育工作情况》录用稿件，群众体育基础数据报送情况等。

全民健身表彰奖励：有地方政府制定的表彰奖励全民健身先进的制度。

同级政府部门表彰奖励：县及以上地区体育部门获得的县及以上地区政府表彰奖励的数量。

上级体育主管部门表彰奖励：本级体育部门获得的本级以上体育部门表彰奖励的数量。

上级政府部门表彰奖励：本级体育部门获得的本级以上政府部门表彰奖励的数量。

全民健身经费：用于全民健身场地设施、组织建设、队伍建设及国民体质监测等公共体育服务的公益金额的总称。

全民健身经费占体育事业经费的比例：全民健身经费与体育事业经费总额之比。

彩票公益金用于全民健身工作投入比例：用于全民健身的公益金额与公益金总额之比。

政府对全民健身公共体育拨款额：对县及以上地区用于全民健身工作财政性拨款的总额。

11.6 结论

本研究运用文献资料法，归纳和总结了全民健身公共体育服务评价指标体系的研究现状；通过文本数据的可视化技术，探索了全民健身公共体育服务评价指标之间的相互关联。研究表明，全民健身场地设施和全民健身活动 2 大类指标是全民健身公共体育服务评价的核心内容，国民体质监测、社会体育指导员、全民健身经费、全民健身组织等 7 大类指标是全民健身公共体育服务评价的重要组成部分。

在此基础上，从陕西省群众体育发展的总目标出发，运用系统论的观点与方法，借鉴省内外全民健身公共体育服务综合评价研究的有益经验，立足于陕西省全民健身公共体育服务发展的实际情况，充分考虑陕西省全民健身公共体育服务未来发展的需求，运用体育学、统计学、社会学等多学科理论，通过预选评价指标及评价指标的筛选，在征询专家意见和建议的基础上，最终确立了陕西省全民健身公共体育服务发展水平评价指标体系，该指标体系包括全民健身场地设施、全民健身组织、全民健身队伍、全民健身活动、全民健身政策、国民体质监测、全民健身宣传推广、全民健身表彰奖励和全民健身经费 9 个一级指标；全民健身公共体育场地设施的开放率、全民健身器材社区配送覆盖率、村级农民体育健身工程覆盖率、乡镇体育健身示范工程覆盖率、县级公共体育设施建设工程覆盖率、全民健身公共体育行政机构数、每万人拥有体育社团数量等 28 个二级指标。

本研究为阶段性的研究成果，在后续研究中还将就评价指标体系的权重系数确立、评价指标的无量纲化处理方法、综合评价方法的选择，以及根据陕西省全民健身公共体育服务发展的特点制定适合省情实际的评价标准等方面开展系列研究，以期为各市区制定全民健身公共体育服务发展政策提供理论参考。

第 12 章

西安市社区公共体育服务体系研究

本章结合我国新时期社区公共体育服务发展理念，基于新公共服务理论和新公共管理理论，运用文献资料法、问卷调查法、比较研究法等研究方法，探讨社区公共体育服务的概念、基本特征和基本内容，在深入走访、调研西安市社区公共体育服务现状的基础上，探析西安市社区公共体育服务中存在的问题，并提出相应的对策建议。

12.1 研究背景

12.1.1 选题依据

社区体育是群众体育最主要的表现形式，是各级政府为人民群众提供公共服务的重要载体，是保障社区成员各项体育需求的主要途径。社区公共体育服务的发展规模和发展水平是公共服务事业发展规模和发展水平的重要的标志。在我国社区公共体育服务方面最为突出的现象，就是构建适合我国当前国情实际的社区公共体育服务体系。社区体育公共服务体系的构建既是社区公共体育服务体系管理的重要组成部分，又是社会体育公共服务系统管理中最基层的构成部分。近年来，国家对社区公共体育服务问题越来越重视，各级政府通过了一系列维护居民体育权益、促进居民平等参与的文件，有力地推动了社区公共体育服务状况的改善。陕西省体育“十四五”规划中提出加快构建西安市社区公共体育服务体系、发展居民公益性体育事业，是推进政府职能转变的有力抓手，是落实政府科学健身、体育惠民的重要举措，特别是居民享有公共体育服务的权利，既是居民作为现代社会公民基本权利的体现，也是居民改善自身生存状态，体现社会文明和文明进步的重要方面。因此，按照社会公平理论，发展社区公共体育服务体系在平等参与、共享成果，实现“中国梦”的进程中有着十分重要的现实意义和长远的历史意义。摸清现阶段西安市社区公共体育服务的现状，从界定社区公共体育服务的内涵与外延着手，探索西安市社区公共体育服务的服务范围、服务标准及服务供给模式，从而构建适合西安市区域特征的社区公共体育服务体系，这也是现阶段西安市社区体育研究中亟待解决的重点与难点问题。

12.1.2　研究意义

1. 理论意义

本章旨在对社区公共体育服务体系中的重点与热点问题进行基础性和创新性研究。西安市社区公共体育服务是西安市公共服务体系的重要组成部分，是西安市建设成国际化大都市的重要方面，也是西安市全面建设小康社会的重要内容。繁荣发展西安市社区公共体育服务，有利于满足西安市城乡居民日益增长的体育需求，增强人民体质，促进人的全面发展；有利于提高人民生活质量，促进西安市和谐社会建设和社会全面进步，增强西安市综合竞争力。

2. 实践意义

以公共管理、新公共服务理论为指导，通过对我国公共体育服务体系建设的历史回顾和全面总结，找到在理论和实践领域存在的主要问题，并提出相应的发展对策和建议，探寻构建西安市社区公共体育服务体系的有效途径和方法。开展研究，有助于进一步完善西安市社区公共体育服务内容，有利于改善西安市城乡居民参加体育健身活动保障能力和服务能力，保障城乡居民共享公共体育服务的积极成果。

12.1.3　文献综述

12.1.3.1　社区体育研究

国外有关社区体育的研究开始于 20 世纪六七十年代，研究的主要力量来源于欧洲、美国、日本。社区体育研究兴起的原因主要是社区体育参与的研究主要是经济快速增长和急剧的社会变革。在社区体育模式研究中，欧美的社会体制不强调统一模式，多以个案研究为主，其中美国[①]的社区公园、欧洲的社区俱乐部、日本的社区公民馆等具有典型特征；社区体育方法研究多为推广应用型，原因是西方国家具有市民社会基础，社区居民自治组织能力较强；推广活动主要由政府及社会团体发起参与面广泛的大众体育活动，这在德国[②]的家庭体育奖章制度和日本[③]的各种挑战活动中比较典型。欧美的研究多采用大社区概念，与我国基层社区概念有较大差异，这说明西方国家与我国有较大差异，但西方社会学理论对社区体育研究有较大的参考价值，如今我国正处在社会转型时期，西方发达国家的经验值得我们借鉴。日本学者提出的“参与”理论，是由于媒体和体育组织的普及，几乎每人都与体育有联系，不同的只是参与的方式。对体育活动评价方面的研究，就事论事的分析方法已经被摒弃，更多的主要从生活角度来研究体育运动与居民的关系。社区体育组织的研究主要集中在组织结构和俱乐部两个方面的研究。其组织结构的研究多为组织构成、成员关系、关键人物等方面，俱乐部多为形态类型研究和俱乐部经营研究。

---

① 陈洁洁，赵传生. 从美国社区体育管理的经验看中国社区体育发展战略[J]. 体育科技文献通报，2009，17（7）：2.

② 刘波. 德国体育环境教育及其启示[J]. 体育文化导刊，2010（2）：145-148.

③ 李加奎. 日本社区体育分析[J]. 体育文化导刊，2010（2）：3.

国内有关社区体育研究，20 世纪 80 年代中期在我国蓬勃兴起，社区体育作为城市文化战略措施成为研究对象，揭开了社区体育研究的序幕。1993 年，首届全国职工体育论文报告会，征集了 7 篇涉及社区体育方面的论文，内容主要涉及社区体育概念的界定、社区体育组织、社区体育现状和社区体育发展模式等方面的内容。1995 年《体育法》的颁布，标志着中国体育正式步入法治时代，同时也标志着中国体育事业进入了一个新的自我完善、自我发展的时期。这不仅有助于竞技水平的提高，还为我国群众体育的发展提供了坚实的法律基础。同年《全民健身计划纲要》进一步促进了群众体育的开展；1996 年底，首届全国社区体育工作会议将社区体育作为社会发展和体育改革的重要组成部分，从目标、体制、组织、设施、经费等方面进行了规定，全面推动了我国社区体育研究的发展；李建国①等学者把社区体育当作群众体育的一种特殊形式，其主要特点为活动范围的区域性、活动设施的公共性、活动组织的民间性、活动方法的服务性、活动指导的平等性；李明②认为经济转型期社区体育有指向性、社会性、有偿性、经营性和经济性等基本特点。随着 2008 年北京奥运会的顺利召开，我国体育健儿取得了骄人成绩，大众健身的热情空前高涨。2009 年，国务院在《全民健康计划纲要》基础上颁布了《全民健身条例》，进一步从政策上保证了人民参加体育锻炼的权利，推动了群众体育的发展。2011 年，国务院印发的《全民健身计划（2011—2015 年）》中提出“到 2015 年，城乡居民体育健身意识进一步增强，参加体育锻炼的人数显著增加，身体素质明显提高，形成覆盖城乡比较健全的全民健身公共服务体系”的总体目标。但是，由于社区群众体育在我国兴起的时间不久，对社区体育的概念特点、功能都还没有达成一致的观点。

为了更深入地对现有研究成果进行梳理，本研究选择 CNKI 中国学术期刊网络出版总库作为数据源，检索时间为 1999—2013 年，来源类别为核心期刊，检索与社区体育有关的主题词，共检索出 630 条记录，每一条数据记录主要包括“篇名、作者、作者单位、关键词、基金项目、摘要、刊名、发表年、第一作者”等信息。由于部分文献不属于社区研究领域，为了提高样本代表性，对文献进行预处理，最后确认 580 篇文献为计量研究的数据样本。数据采集时间为 2013 年 6 月 30 日。

从时间分布来看，1998—2012 年，国内被 CNKI 数据库收录的以社区体育为研究主题的相关文献数量呈波浪式发展（图 12-1）。2005 年，文献数量发展到 182 篇，出现第一个波峰，较 1999 年的 9 篇，文献数量迅速增加（图中趋势线移动平均周期为 2 年），这表明这一阶段国内针对社区体育的研究呈现蓬勃发展态势。2008 年，国内迎来了社区体育研究的第二次高潮，期间文献数量增加到 231 篇。2012 年，国内迎来了社区体育研究的第三次高潮，期间文献数量增加到 252 篇。文献数量的时间分布显示，随着社区体育文献数量的递增，国内学者在该领域的探索逐渐增加，科学知识量也随之增长。

从期刊分布来看，通过 CNKI 检索分析功能，绘制出社区体育研究成果期刊分布情况图（图 12-2），《体育文化导刊》以绝对的刊文数量排在所有期刊中的首位，然后依次是《北京体育大学学报》《上海体育学院学报》《武汉体育学院学报》《体育学刊》《体育成人教育

① 李建国. 上海市社区体育的发展模式[J]. 上海体育学院学报，2001（4）：74-79.

② 李明，秦小平. 日本大众体育管理体制及社区体育的运行模式和特点研究[J]. 浙江体育科学，2009（5）：12-14.

学刊》《西安体育学院学报》《中国体育科技》《成都体育学院学报》《广州体育学院学报》。在其他期刊中，除专门关注体育学相关问题的期刊外，还出现了社会学和管理学类期刊，这在一定程度上表明社区体育问题已开始成为体育学与社会学、管理学交叉研究内容。

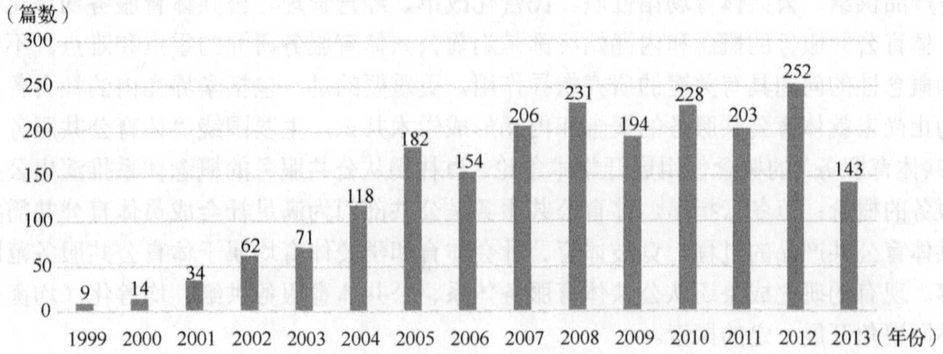

图 12-1　CNKI 数据库中社区体育研究文献数量时间分布图

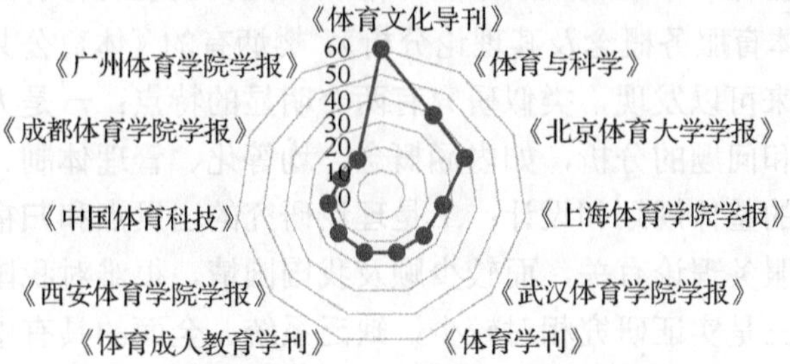

图 12-2　CNKI 数据库中社区体育研究文献期刊期刊分布图

从研究机构分布来看（图 12-3），社区体育研究机构主要分布在高等院校，其中前三名分别为上海体育学院、广州体育学院和北京体育大学；以武汉体育学院、福建师范大学、西北师范大学、西安体育学院、郑州大学、苏州大学和河南大学为作者单位发表的研究成果数量较多。

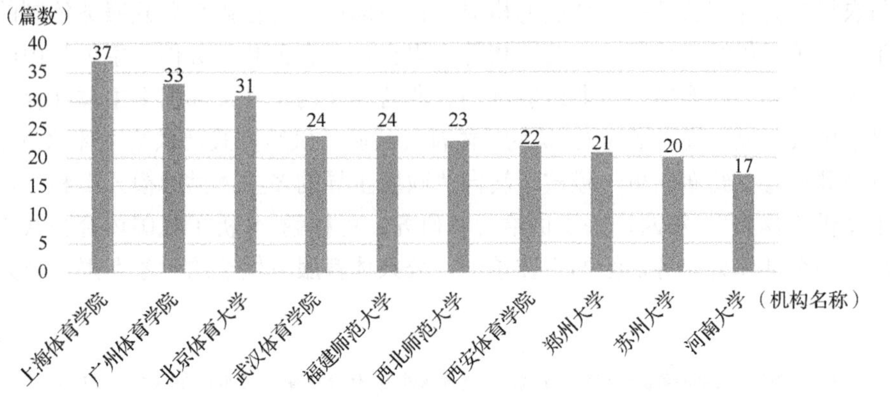

图 12-3　CNKI 数据库中社区体育研究文献研究机构前十分布图

12.1.3.2　公共体育服务研究

关于公共体育服务的研究。该方面的研究主要集中在公共体育服务概念、公共体育服务产品供给、公共体育场馆性质、民营化改革、经营管理、公共体育服务均等化等方面。体育公共服务的概念和内涵始终都是当前公共体育服务研究的重点和难点。不仅是因为概念性的问题具有关键的研究指导作用，更重要的是，包括学界在内的社会各界至今为止尚未就体育公共服务的概念和内涵形成学术共识，主要围绕"体育公共服务"与"公共体育服务"的概念使用展开学术争论。肖林鹏从公共服务的概念体系推演出公共体育服务的概念；范冬云指出，体育公共服务是公共部门为满足社会成员体育公共需要而提供体育公共产品的过程。竞技体育、社会体育和学校体育均属于体育公共服务范围的内容。现有的研究成果还从公共体育服务体系、公共体育服务供给、均等化（均衡化）等不同视角开展一定的探索。

关于公共体育服务体系的研究。该方面研究已有成果数量不多，如刘玉的《发达国家体育公共服务社会化改革经验及启示》、郇昌店等的《我国公共体育服务发展述评》、肖林鹏等的《公共体育服务概念及其理论分析》、樊炳有的《体育公共服务的运行机制探讨》等。但归纳起来可以发现，类似研究有两个明显的特点：一是大多侧重对公共体育服务体系某一现象和问题的分析，如内涵概念、均等化、管理体制、供给主体等，而缺乏对公共服务体系的整体规划和设计；二是理论研究的出发点和归宿点多与西方的公共管理理论、新公共服务理论有关，而较少顾及我国国情，很难对我国公共服务改革提供切实可行的指导；三是实证研究相对较少，缺乏系统、全面的具有中国特色的公共体育服务创新理论和方案，对建立规划、政策改革较难提供科学的理论依据；四是对我国与西方发达国家的公共体育服务缺乏系统的比较研究，也未见到有关我国公共体育服务演变与发展的类似研究，绝大多数仍停留在零敲碎打的地步，较难对公共体育服务做出科学而系统的解释。

关于公共体育服务供给的研究。第一，关于制度设计研究。樊炳有[①]认为，我国体育公共服务供给的制度安排面临的首要问题是体育公共服务体制实践抉择问题。正确面对城市与农村二元体育公共服务体制的格局，在不同地区实行体育公共服务体制的梯度推进。第二，关于供给主体研究。蓝国彬等人提出，体育公共服务供给主体将由政府唯一主体，逐步转化为政府部门、非政府部门、非营利部门、私人部门多主体并存。第三，关于供给模式研究。蓝国彬等人[②]认为，体育公共服务供给方式及供给主体将逐渐从"政府体育公共服务供给垄断单一模式"转向"政府主导的多主体供给模式"和"市场主导的多主体供给模式"。第四，关于供给现状研究。肖林鹏[③]分析了我国体育公共服务供给的困境，即公共体育服务供给的主体单一，公共体育服务供给的对象有限，公共体育服

① 樊炳有. 我国体育公共服务供给制度及实践路径选择探讨[J]. 体育与科学，2009，30（4）：27-31.

② 蓝国彬. 实现城乡公共体育服务均等化的路径思考[J]. 体育与科学，2010，31（2）63-66.

③ 肖林鹏，李宗浩，杨晓晨，等. 论我国公共体育服务的供给困境[J]. 山东体育学院学报，2008（8）：1-4.

务供给的总量不足，公共体育服务供给的结构失衡。卢文云①认为，我国西部农村公共体育服务供给存在地位低、供给低。

关于公共体育服务均等化的研究。第一，关于公共体育服务均等化的概念内涵研究。刘玉②认为，体育公共服务均等化是指政府要为社会公众提供基本的、在不同阶段具有不同标准的、最终大致均等的体育公共产品和体育公共服务。第二，关于发展现状研究。张利等人③分析指出，我国体育公共服务总量严重不足、区域差异明显、城乡差异显著。第三，关于体育公共服务均等化不足的原因分析。钱伟良④认为，传统的城乡二元制度、分税制财政体制改革不到位，以及政府与农民的理性选择均成了影响农村公共体育服务均等化的关键因素。

综合来看，我国公共体育服务的理论研究仍处于萌芽和起步阶段，必须在借鉴、吸收西方公共服务理论的基础上，实现理论的突破和创新。

12.2　研究的总体设计

12.2.1　研究对象

本研究以西安市社区公共体育服务现状为研究对象。

12.2.2　研究技术路线

运用知识图谱技术对现有关于社区体育、公共体育服务的文献进行梳理，探索影响社区公共体育服务的主要因素，制定相应的调研问卷。在此基础上，对西安市 9 区 4 县社区公共体育服务体系建设现状进行调查，结合使用定性与定量相结合的方法，了解西安市社区公共体育服务现状与需求。

应用多学科理论和方法，以体育学相关理论为主要理论出发点，结合运用体育社会学、体育管理学、体育统计学等多学科的视野分析西安市社区公共体育服务概念界定、基本特征、发展历程等内容。

基于上述架构，我们将进一步研究西安市社区公共体育服务的服务范围和服务供给模式等内容。从政府、公众、服务提供者等多视角研究影响西安市社区公共体育服务体系内因与外部因素，并利用系统论与博弈论方法对体系结构和运行机制进行动态描述，为制定西安市社区公共体育服务政策、措施提供依据（图 12-4）。

---

① 卢文云，梁伟，孙丽，等．新农村建设背景下西部农村公共体育服务供给现状、问题及对策研究[J]．体育科学，2010，30（2）：11-19.

② 刘玉．论体育公共服务均等化的内涵及意义[J]．吉林体育学院学报，2010，25（4）：277-281.

③ 张利，田雨普．我国体育公共服务均等化现状及发展对策研究[J]．西安体育学院学报，2010，27（2）：137-141.

④ 钱伟良．农村公共体育服务均等化研究[J]．湖州师范学院学报，2009，31（2）：63-66.

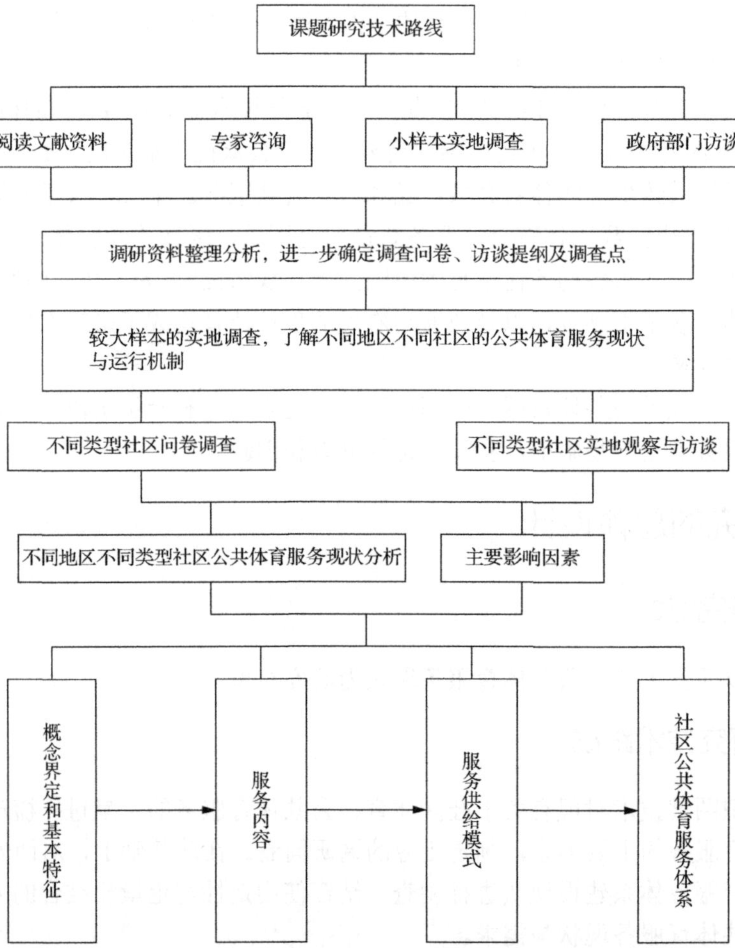

图 12-4 西安市社区公共体育服务体系构建研究课题研究技术路线

12.2.3 研究方法

本研究主要采用量化和质化相结合的研究方法。量化的研究方法主要体现在对问卷调查等数据进行整理的基础上，运用 SPSS 软件进行分析统计。质化的研究方法则体现在文献检索、问卷调查、访谈与座谈讨论、理论分析与现场考察相结合。

12.2.3.1 文献资料法

本研究利用中国期刊网索引对 1999 年 1 月至 2013 年 9 月有关以下几个方面的内容进行了检索，共收集相关论文 985 篇。其中，以“社区体育”为篇名，有关社区体育的文献有 581 篇；以“公共体育服务”为篇名，有关公共体育服务方面的文献有 125 篇；以“公共体育服务”为篇名，有关公共体育服务方面的文献有 404 篇。通过广泛地学习与借鉴系统论、社会学、体育学、公共服务等方面的有关理论与方法，查阅近年来国内外有关社区公共体育服务研究的相关文献，吸收国内外在构建公共体育服务体系的研究成果，并参考现行的发达地区的公共体育服务体系，为研究做好必要的理论准备。

12.2.3.2　专家访谈法

在构建西安市社区公共体育服务体系中，通过走访校内外相关领域的专家学者和一线各级体育部门的管理人员，征求他们对西安市社区公共体育服务体系的方向和原则、理论模型和目标模式及经验预选指标集等意见与建议，完善研究设计，充实和修改经验预选调研指标。

12.2.3.3　问卷调查法

为深入了解西安市社区公共体育服务体系的发展现状，采用调查问卷的方式向西安市城市社区居民进行调研，调查对象包括社区居民、社区体育专职人员等。本研究运用文献资料法对现有研究成果进行梳理，并结合开放式问卷、专家走访及调查对象访谈等方法形成了初测问卷，随后经过 3 轮专家调查确定其效度和信度。调查问卷内部一致性信度为 0.83，重测信度为 0.81，其结构效度的检验运用因子分析确定社区体育调查内容的结构维度及各所包含的题项，并用主成分分析的方法来验证其构想效度，结果显示较为理想，100%的调查项目的共同度达到了 0.50 以上（共同度是否达到 0.5 以上是项目检查统计学上的要求）。数据收集采用以分层抽样和简单随机抽样为主的抽样方法，对西安市 9 区 4 县的城镇居民进行抽样。在样本量的选定上，学者 Tinsley 建议，问卷项目总数与被测样本量比例最好大于 10∶1。本研究所采用的调查项目为 35 项，因此样本数目至少为 350 份。本研究选择样本量为 1310 个，符合社会学研究的样本需求，共发放问卷 1310 份，回收问卷 1017 份，回收率为 77.63%，有效问卷 853 份，有效率为 83.87%。

12.2.3.4　比较研究法

查阅国内外关于社区公共体育服务建设的情况，进行比较研究，了解不同地域、不同经济发展水平地区社区公共体育服务建设情况，为构建适合西安市实际的社区公共体育服务体系提供参考。

12.2.3.5　数理统计法

本研究运用多种数理统计和数量分析方法对数据、资料进行分析处理，结合 SPSS 统计软件对数据进行矩阵分析，获得西安市社区公共体育服务体系现状的统计学特征和结论，同时检验西安市社区公共体育服务体系的合理性和可行性。

12.3　研究结果与分析

12.3.1　社区公共体育服务的基本概念界定

随着我国正在逐步完善基本公共服务体系，推进社区社会保障体系和服务体系，“社区公共体育服务”一词在社区体育研究领域成为热点问题，但对其理解莫衷一是。研究社区公共体育服务体系构建、均等化制度设计等问题时，厘清“社区公共体育服务”的基本概念是研究中亟待解决的首要难题。

现有资料对“社区公共体育服务”的界定基本上从政府职能、服务与公共物品等方面展开，主要表现了三层意思：①政府职能部门在社区公共体育服务的供给方面采用直接或间接的方式参与，供给主体必须是具有政府职能的部门；②社区公共体育服务具有某种功能性，是满足社区居民基本生活需求的一种行为；③社区公共体育服务是通过居民（客体）接受服务或产品（客体）的方式进行。

综上所述，本研究将社区公共体育服务界定为为满足社区居民的体育需求，由法律授权的政府和非政府公共组织及有关企业，通过生产和供给纯粹公共体育物品、混合性公共体育物品及特殊私人体育物品等方式，为社区居民提供的、基本的、非营利性的体育服务。

12.3.2 社区公共体育服务的基本特征

12.3.2.1 服务对象的特殊性

保障居民的体育参与权利是社会文明进步的重要标志，健全和完善公共体育服务是构建社会主义和谐社会的有机组成部分。社区是社会的一部分，社区居民拥有参与体育活动的权利，同时又由于社区的相对封闭性，社区体育场地设施相对较少，难以充分满足社区居民实现其体育权利诉求，需要建构和完善专门针对社区的公共体育服务体系，其服务的对象是独立的、个体的，面向社区生活的所有的居民。

12.3.2.2 服务目的的公益性

我国绝大多数社区公共体育服务都通过免费的方式向社区居民提供相应的体育服务，其服务对象的特殊性决定了社区公共体育服务的公益性特征。不同阶段、不同类型、不同地区的社区又有不同的体育服务需求，营利性的体育服务和长期性的体育服务必然使家庭和个人背负沉重的负担。因此，社区公共体育服务体系的建设要落实“以居民为本”，并要求政府和社会提供公益性的服务，而且必须根据社区的个体性和差异性来设计并提供多样化的公益性服务。

12.3.2.3 服务主体的多元性

社区公共体育服务是社区体育的一部分，也是政府公共服务的一部分；政府是社区公共体育服务的主体之一，社区公共体育服务职能只是政府公共服务职能之一。当前，社区公共体育服务发展中存在的突出问题就是现有的社区体育资源难以满足广大社区居民日益增长的参与体育活动尤其是享受公共体育服务的需要。社区公共体育服务要在政府实施有效监管、机构严格自律、社会加强监督的基础上，实现社区公共体育服务供给主体的多元化。

12.3.2.4 服务资源配置的均衡性

当前，我国在社区体育公共服务建设方面，供给疲软、资源配置不均、效率不高等现象突出。城乡二元结构和各地经济社会发展极不平衡导致了城乡之间社区居民体育公共服务资源配置不均衡。不同区域之间社区体育公共服务资源配置的不均衡导致了东部社区体育公共服务资源的配置优于中部，而中部又优于西部。按照政府提出的实现基本公共服务均等化的目标，要建立健全社区体育公共服务有效的工作机制，着力解决社区体育公共服务在城乡之间、地域之间、不同社区居民之间的不均衡问题。

12.3.3 社区公共体育服务的基本内容

社区体育健身服务体系是以组织各项健身活动为主，为使居民健身活动得以顺利进行的服务网络。因此，社区公共体育服务的基本内容包括提供体育场地设施服务、体育组织管理服务、健身指导服务、体育信息服务等方面。

12.3.3.1 体育场地设施服务

随着人们健身需求的增长、健身娱乐取向的改变，《全民健身计划》的实施和社区的发展，必将推动社区体育的发展。社区体育的开展，设施服务是关键。中共中央《关于进一步发展体育运动的通知》中指出："各地要认真落实国家对体育场地建设的要求和城市规划关于运动场地面积的定额指标。"国务院印发的《全民健身计划纲要》也明确提出："体育场地设施要纳入城乡建设规划，落实国家关于城市公共体育设施用地定额和学校体育场地设施的规定。"社区公共体育设施是社区综合功能的重要载体，也是现代社区建设的闪光点。满足社区居民在开展体育活动，进行运动休闲等方面的生活需求，是社区必须具备和完善的重要功能。社区体育的大发展，首先需要解决的是设施服务的问题。场地设施是构成城市社区体育健身娱乐服务的重要物资要素，它包括场地、器材的建设服务，活动开展的经费保障服务，社区和单位、企业资源共享服务，以及利用和创造良好的健身娱乐环境并提供相应的配套设施服务。

12.3.3.2 体育组织管理服务

对整个社区体育活动的组织管理是向社区居民提供有效社区公共体育服务的重要保障。在当前体育发展利益主体日益多元化的形势下，对于社区居民所不能解决的涉及社区共同利益的公共体育事务，诸如健身活动的组织服务、健身活动的管理服务、健身机构的设置服务，以及保证健身活动正常开展的健身娱乐法规建设服务等，必须由社区体育管理部门通过制定政策来管理。社区体育管理部门在实现公共体育利益中具有主导作用，但并不是唯一的社区公共体育服务产品的直接提供者，社会化、市场化正在成为许多社区公共体育服务改革的一个基本趋向。这就要形成一个社区主导、市场配置、居民参与，以行政手段与市场机制相结合调动社会多元主体投入的组织管理模式。研究证明，组织要素是影响社区体育活动经常化、正常化开展的基本要素。它是动员广大社区居民参加健身娱乐活动的重要手段之一。

12.3.3.3 健身指导服务

场地设施服务是健身娱乐服务的硬件，健身指导服务则是社区健身娱乐服务发展的软件。在搞好“硬设施”的同时，更要做好“软设施”的建设。因此，社区体育要顺利发展，就必须有一大批掌握社会体育组织管理知识和健身知识、技能的人充实到社区进行服务。其中，社区体育指导员是城市社区体育健身娱乐服务的主要力量，他们是指导社区居民进行健身娱乐活动的纽带。另外，社区体育骨干队伍的培养及志愿者队伍的壮大也是大力发展社区体育必不可少的服务。

12.3.3.4 体育信息服务

就加强社区体育工作而言，信息也是一种服务，是集教育服务、知识服务、宣传服务于一体的全方位的服务，也可以说是社区居民健身文化的服务。要知道，健身是一门学问，如何进行健身？如何引导居民进行健身？如何有针对性地进行健身？如何宣传社区健身娱乐文化等。这些问题不是健身器材本身能够回答的问题。可见信息服务在社区健身娱乐服务体系中的重要性。

12.3.4 西安市社区公共体育服务的现状

12.3.4.1 社区居民公共体育服务需求构成特征分析

在西安市社区公共体育服务需求构成中（表 12-1），参与体育健身活动是目前社区居民公共体育服务需求的最主要内容，占被调查者总数的 57.56%；社区体育活动设施和体育健身指导分别占被调查者总数的 51.93%和 41.15%，居第二位和第三位；41.05%的被调查者在社区居民公共体育服务需求中涉及定期组织社区体育比赛的内容。另外，在社区居民公共体育服务需求构成中，第一选择和第二选择中排前二位的都是参与体育健身活动和社区体育活动设施；第三选择中，社区居民体育健身指导和社区体育组织、社团、协会分别排第一位、第二位。这表明参与体育健身活动和社区体育活动设施等内容是社区居民公共体育服务中首要考虑的问题。

表 12-1 社区公共体育服务需求内容构成情况调查（有效样本量 853 个）

社区公共体育服务需求内容	第一选择	第二选择	第三选择	第四选择	第五选择	合计	
	频数	频数	频数	频数	频数	频数	百分比（%）
参与社区体育健身活动	335	106	28	15	7	491	57.56
社区体育活动设施	139	244	42	13	5	443	51.93
体育健身指导	12	31	184	83	41	351	41.15
定期组织社区体育比赛	27	23	33	155	112	350	41.03
社区体育组织、社团、协会	18	23	156	51	31	279	32.71
维社区居民参与体育的合法权益	4	12	14	53	154	237	27.78

续表

社区公共体育服务需求内容	第一选择频数	第二选择频数	第三选择频数	第四选择频数	第五选择频数	合计频数	合计百分比（%）
文化站和图书室中有适合社区居民阅读的体育书籍	4	9	34	45	54	146	17.12
社区设立体育用品购买商店	3	6	10	21	39	79	9.26

在社区居民公共体育服务需求构成调查分析中，通过传统的描述统计分析能够发现社区居民公共体育服务需求基本构成情况，反映出社区居民公共体育服务需求构成的基本特征。但是当被调查者第一选择的服务需求是参与体育健身活动时，后续选择中出现体育活动设施和定期组织社区体育比赛的可能性；或者是当第一选择和第二选择等前项选择是体育活动场地设施和定期组织社区体育比赛时，后续选择中出现社区设立体育用品购买商店需求的可能性等问题很难通过运用描述统计方法予以解决。在上述问题中，被调查者的选择行为彼此有先后的关系，从第一选择到第五选择代表一定的前后顺序，第一选择在前，第五选择在后，并呈现出一定的关联性特征。因此，从所收集到的大量序列数据中，挖掘社区居民公共体育服务需求构成选择的前后关联性特征，进而推断其后续的发生可能，对于研究社区居民公共体育服务需求构成特征具有更为重要的意义。

本研究通过运用 SPSS-Clementine12.0 数据挖掘平台，建立序列关联规则模型，对“社区居民公共体育服务需求构成调查”数据库中社区居民公共体育服务需求构成调查数据进行数据挖掘，给定最小支持度和最小置信度的阈值均为 30%（序列关联规则的支持度定义包含某序列规则的事务数占总事务的比例；序列关联规则的置信度定义同时包含前项和后项的事务数与仅包含前项的事务数的比，也是规则支持度与前项支持度的比），得到涉及社区居民公共体育服务需求构成的关联规则，如表 12-2 所示。

表 12-2　社区居民公共体育服务需求构成关联规则

序号	前项选择	后项选择	实例	支持度（%）	置信度（%）
规则 1	参与体育健身活动	体育健身指导	123	73.32	35.84
规则 2	参与体育健身活动	定期组织社区体育比赛	66	34.51	34.38
规则 3	参与体育健身活动>社区体育活动设施	体育健身指导	89	32.32	35.15
规则 4	参与体育健身活动>社区体育活动设施	社区体育组织、社团和协会	84	30.32	32.21
规则 5	社区体育活动设施>社区设立体育用品购买商店	社区体育组织、社团和协会	63	34.20	34.81
规则 6	维护社区居民参与体育的合法权益	社区体育活动设施	75	41.32	35.63
规则 7	定期组织社区体育比赛	社区设立体育用品购买商店	65	40.31	32.08

从序列关联规则可知，与描述统计分析的发现不同，数据挖掘能有效挖掘出数据背后隐藏的社区居民公共体育服务需求构成的关联性特征。规则 1 表示社区居民公共体育服务需求构成中选择参与体育健身活动的被调查者，还将会有体育健身指导需求的置信度为 35.84%。

规则 2 表示社区居民公共体育服务需求构成中选择参与体育健身活动的被调查者，还将会有定期组织社区体育比赛需求的置信度为 34.38%。这表明被调查者在选择参与体育健身活动以后，将选择体育健身指导的可能性大于用于专门的定期组织社区体育比赛的可能性。

规则 3 表示社区公共体育服务需求构成中选择社区体育活动设施>社区设立体育用品购买商店的被调查者，还将会有体育健身指导需求的置信度为 35.15%。

规则 4 表示社区居民公共体育服务需求构成中选择参与体育健身活动>社区体育活动设施的被调查者，还将会有社区体育组织、社团和协会需求的置信度为 32.21%。这表明被调查者在选择参与体育健身活动>社区体育活动设施以后，将选择体育健身指导的可能性大于用于专门为社区体育组织、社团和协会需求的可能性。

规则 5 表示社区居民公共体育服务需求构成中选择社区体育活动设施>社区设立体育用品购买商店的被调查者，还将会有专门为社区居民服务的体育组织、社团和协会需求的置信度为 34.81%。

规则 6 表示社区居民公共体育服务需求构成中选择维护社区居民参与体育的合法权益的被调查者，还将会有社区体育活动设施需求的置信度为 35.63%。

规则 7 表示社区居民公共体育服务需求构成中选择定期组织社区体育比赛的被调查者，还将会有社区设立体育用品购买商店需求的置信度为 34.13%。

12.3.4.2 社区公共体育服务供给的现状

（1）体育场地设施服务

体育场地设施的发展规模和水平是一个国家经济发展水平和社会文明程度的重要标志之一，社区体育场地设施是社区公共体育服务发展的物质基础，是普及社区体育运动，提高社区公共体育服务水平的关键因素之一。在社区公共体育服务完善与发展阶段，西安市社区体育健身、体育训练和娱乐休闲场地设施建设发展迅速。

截至 2011 年（图 12-5），在西安市社区公共体育场地设施中，健身路径 594 条，较 2006 年增长 150.6%；健身器械 6208 件，较 2006 年增长 125.4%；公共健身场地 4827 个，较 2006 年增长 24.3%；体育经营场馆 402 个，较 2006 年增长 32.2%。

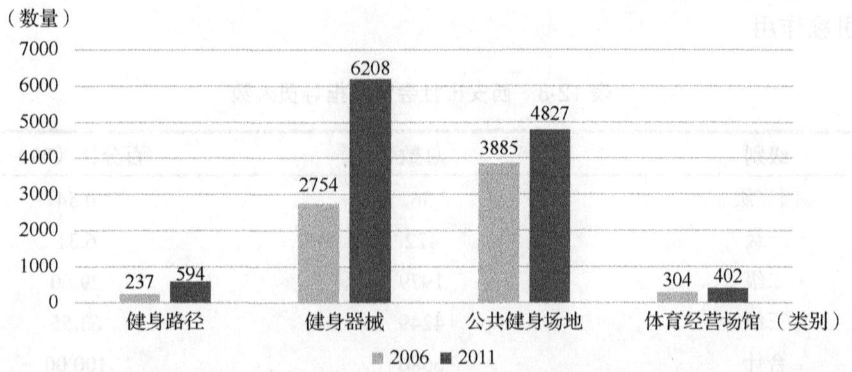

图 12-5　2006—2011 年西安市社区公共体育场地设施情况

社区居民是社区公共体育服务的主体对象，社区体育设施数量的增长是提高社区公共体育服务能力的重要基础，社区居民使用体育设施的情况能更好地反映出社区公共体育服务供给的效能，调查发现（图 12-6），西安市社区居民在学校体育场地参与锻炼的人数明显增加，这可能与西安市落实国家体育总局《全国学校体育场馆向社会开放试点工作方案》，将学校体育场馆开放试点工作纳入政府公共事业管理服务体系之中的政策有关；西安市社区居民在公园广场锻炼的人数也明显增加，这可能与西安市广场舞、健身操等健身项目的兴起和西安市在城市规划中大力建设健身广场的措施有关。西安市社区居民选择经营性健身场所的比例明显增加。西安市社区居民在家锻炼和在社区空地锻炼的比例有所下降。西安市社区居民选择在单位体育设施、社区健身点锻炼的比例增加幅度较不明显。

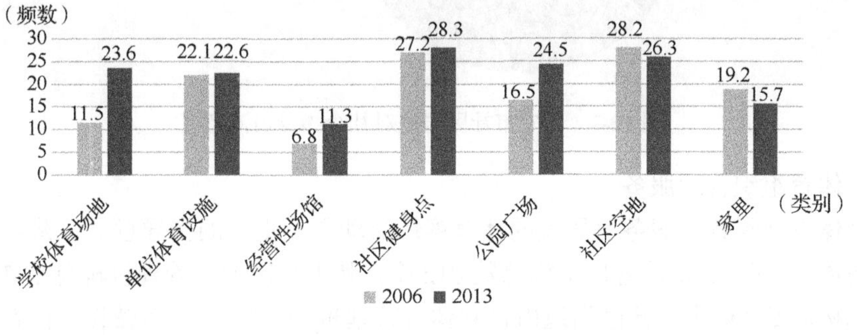

图 12-6　2006—2013 年西安市社区居民使用体育场地设施情况

（2）健身指导服务

截至 2012 年底，西安市社会体育指导员人数为 6686 人。其中，国家级 36 人，占总人数的 0.54%；一级指导员 422 人，占总人数的 6.31%；二级指导员 1979 人，占总人数的 29.6%；三级指导员 4249 人，占总人数的 63.55%（表 12-3）。西安市社区居民平均每千人拥有 7.8 个体育指导员。同时，西安市社区指导员技术等级结构比例严重不合理，高级社会指导员人数过少，二、三级指导员人数比重太大，难以发挥高水平社会指导员的示范引领作用。

表 12-3 西安市社会体育指导员人数

级别	总数	百分比（%）
国家级	36	0.54
一级	422	6.31
二级	1979	29.60
三级	4249	63.55
合计	6686	100.00

通过西安市社区居民对社会指导员满意度调查（图 12-7），西安市社区居民对获得的健身指导服务的满意度偏低。造成社区居民对健身指导服务不满意的因素可能是健身指导服务人员数量相对不足，仍不能满足日益增长的社区居民体育服务的需求；健身指导员服务人员的专业知识、技能水平有限，指导质量较低；社区居民获得健身指导服务的渠道不顺畅，导致了实际获得的指导率低。

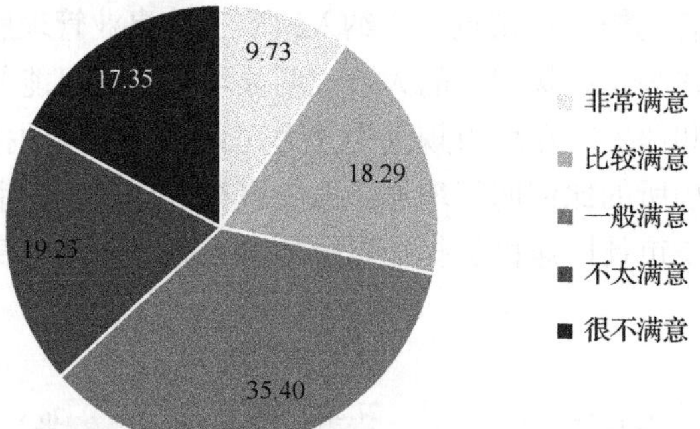

图 12-7 西安市社区居民对社会指导员满意度

（3）体育组织管理服务

社区体育组织管理服务对居民的体育锻炼活动具有重要的指导意义。截至 2012 年，西安市街道（社区）、乡镇管理机构总数 812 个，其中社区街道管理机构总数 723 个，乡镇管理机构总数 89 个。社区街道内设立体育管理机构 625 个，乡镇设立体育管理机构 89 个，如图 12-8 所示。

西安市社区体育组织形式主要包括社区体育协会组织、社区社团组织、社区俱乐部组织、社区居民自发体育组织等。表 12-4 显示，西安市社区居民对社区体育组织的总体满意度不高，在非常满意中，社区体育俱乐部组织和社区体育社团组织的比例较高；在很不满意中，社区体育行政组织和社区体育协会组织的比例较高。这可能与社区的体育组织管理体系不健全、社区组织进行体育健身知识的宣传力度不够和社区体育组织开展有组织、有规模的群众体育活动少等因素有关。

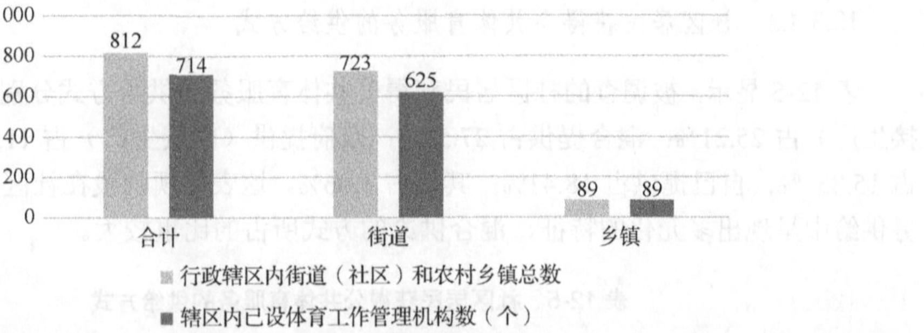

图 12-8　西安市社区体育组织设置情况

表 12-4　西安市不同社区体育组织管理服务满意度

体育组织	非常满意（%）	比较满意（%）	一般（%）	不太满意（%）	很不满意（%）
社区体育行政组织	6.21	17.94	26.14	32.94	16.76
社区体育协会组织	11.25	20.52	29.43	23.56	15.24
社区体育社团组织	12.19	24.51	28.72	20.28	14.30
社区俱乐部组织	13.48	24.38	26.14	21.34	14.65
社区居民自发体育组织	11.02	21.92	33.41	18.87	14.77

（4）社区公共体育信息服务

就社区公共体育服务而言，信息和宣传就是一种服务，是教育服务、知识服务、信息服务。舆论信息不仅可以改变一个人的认知，而且可以影响一个人的行为。通过技术指导、信息服务、舆论宣传，可以树立并强化正确的健身观。居民对社区体育认识程度越高，其参加体育锻炼的频率也越高。调查显示（图 12-9），西安市社区居民通过社区公告栏获取公共体育服务信息的，占被调查对象的 41.74%；通过社区会议获取公共体育服务信息的，占 30.01%。作为现代社会信息传播的主要渠道的网络、电视广播和报纸杂志，发布社区公共体育服务信息较少。这表明社区宣传体育服务信息的方式简单、落后，没有形成高效的、开放的公共体育服务信息平台。

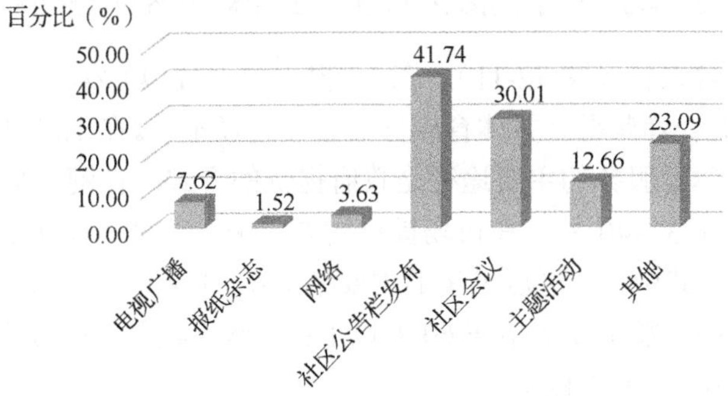

图 12-9　西安市社区公共体育信息服务现状

12.3.4.3 社区居民获得公共体育服务的供给方式

表 12-5 显示，被调查的社区居民获得公共体育服务的供给方式分别为政府提供（直接生产）占 25.21%；混合提供占 27.55%；政府提供（间接生产）占 11.96%；市场提供占 15.83 %；自己提供占 18.41%；其他占 1.06%。这表明现阶段在社区居民公共体育服务供给中呈现出多元化的特征，混合供给的方式所占的比重较大。

表 12-5　社区居民获得公共体育服务的供给方式

供给方式	频数	百分比（%）	累计百分比（%）
混合提供	235	27.55	27.55
政府提供（直接生产）	215	25.21	52.75
自己提供	157	18.41	71.16
市场提供	135	15.83	86.99
政府提供（间接生产）	102	11.96	98.94
其他	9	1.06	100.00

从被调查者的性别来看（图 12-10），混合提供、市场提供和自己提供三种方式是男性和女性社区居民获得公共体育服务的主要供给方式，其中男性稍多于女性；在政府提供（直接生产）、政府提供（间接生产）和其他这两种供给方式中，男性稍多于女性。

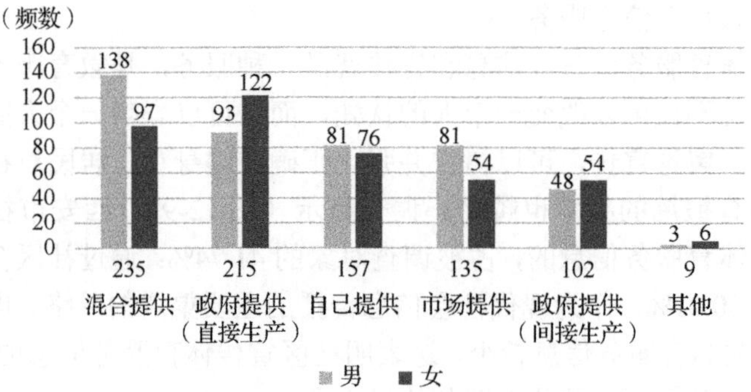

图 12-10　不同性别社区居民获得公共体育服务的供给方式

从受访者的年龄来看（图 12-11），在 18 岁以下、31~40 岁、51~60 岁和 60 岁以上四个年龄阶段，被调查者获得公共体育服务的主要途径不一。在 18 岁以下这个年龄阶段，被调查者获得公共体育服务的主要途径是政府提供的方式；在混合提供的方式中，社区居民年龄主要集中在 31~40 岁；在市场提供的方式中，社区居民年龄主要集中在 31~40 岁；在自己提供的方式中，社区居民年龄主要集中在 31~40 岁；在政府提供（直接生产）的方式中，社区居民年龄主要集中在 60 岁以上；在政府提供（间接生产）的方式中，社区居民年龄主要集中在 18 岁以下。

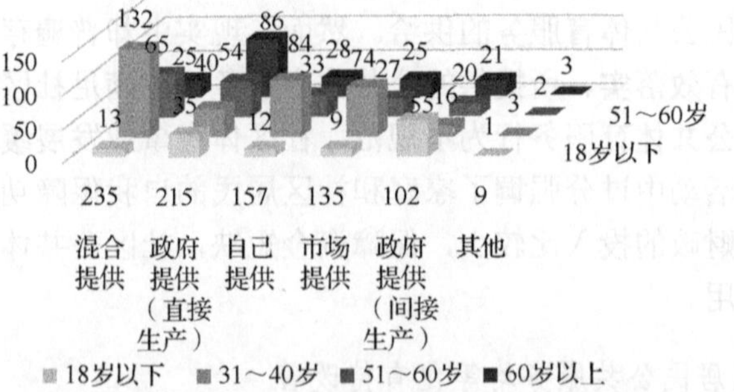

图 12-11　不同年龄社区居民获得公共体育服务的供给方式

12.3.5　社区公共体育服务面临的困境

12.3.5.1　社区公共体育服务供给的相对不足

随着西安市经济社会的发展，社区居民对公共体育服务需求的数量和质量提出了更高要求，但由于社区居民涉及的供给群体较大，供给范围广，加之西安市用于社区居民体育的财力较弱，资金自主调节弹性较低，各级政府对社区公共体育服务供给的总量还不足以满足社区居民参与体育活动的要求。这种不足主要表现为以下方面：社区居民体育活动场地条件差，社区体育场地设施严重不足；社会体育指导员人数偏低，西安市社区居民平均每千人拥有 7.8 个体育指导员；满足不了居民参加体育锻炼的需求及社区体育服务水平偏低等。

12.3.5.2　社区公共体育服务主体单一

社会越发达越进步，社区居民对公共体育服务的需求越强烈。西安市社区公共体育服务供给单一体制导致了供给严重不足，已经成为制约社区居民公共体育服务发展和壮大的瓶颈。西安市的现有条件和现行体制决定了社区公共体育服务承担了过多的社会职责和服务项目，过于行政化的管理风格和单一的公共服务主体容易使社区居民公共体育服务事业缺乏活力和效率。这就导致了社区居民的公共体育服务需求和表达渠道不畅，公共体育服务的供给主体与供给渠道单一。非营利组织是指介于政府与营利组织之间的非政府社会组织，主要包括群众体育社团、单项运动协会、体育基金会、志愿机构等。当社区体育公共产品供给出现“政府失灵”和“市场失灵”现象时，非营利组织的出现就弥补了传统理论视野中“政府与市场”之外的组织真空，通过微观主体之间的“自愿机制、公益机制”可以实现社区体育公共产品的有效供给。现阶段由于政府支持不够、活动经费不足、缺乏有效监管，非政府社会组织参与西安市社区体育公共服务供给效率仍很低。

12.3.5.3　社区公共服务主体职责有待进一步明晰

社区居民作为社区服务的主要对象，为其提供基本公共体育服务，保障其体育权益更是政府的基本职责之一。目前，体育、财政、教育等多领域政府部门都出台了相应的政策来保障社区居民公共体育服务的供给。然而，现实中却普遍存在着社区居民公共体育服务政策得不到有效落实、所提供的公共体育服务不能满足社区居民的参与体育活动的基本需求、政府公共体育服务行为不规范、社区体育事业发展缓慢等现象。由于在社区居民的参与体育活动中过分强调了家庭和社区居民的自我保障功能，对责任主体缺乏明确的规定，公共财政的投入比较少，保障资金短缺，社区公共体育服务体系还没有真正发挥其应有的作用。

12.3.5.4 社区居民公共服务均等化有待改善

当前，由于西安市不同区域的经济发展水平和规模差异显著，城六区与其他地区之间，同一地区不同社区之间对社区公共体育服务的需求都有明显的差异。不同社区之间的基本公共体育服务水平差距明显，公共体育服务资源配置在不同社区之间存在较大差距；不同社区居民享受的基本公共服务不均衡，外来务工人员难以充分享受社区基本公共体育服务。尽管西安市社区公共体育服务供给总量逐步上升，但与发达地区相比，西安市社区公共体育服务建设还存在一定的差距，社区之间公共体育服务发展不均衡，与社区居民日益增长的体育需求相比，公共体育服务总体水平不高，难以满足社区居民的体育需求，距实现社区公共体育服务均等化的目标存在一定差距。

12.3.6 破解社区公共体育服务困境的策略

12.3.6.1 加强社区体育部门的公共体育服务职能

在现代社会中，社区的公共服务职能是动态的、发展的、变化的，为配合实现公共体育服务均等化，需要加强社区体育部门的公共体育服务职能，不断建立和完善社区公共体育服务组织。社区体育部门作为公共体育服务供给的主体，在推进社区公共体育服务均等化进程中发挥着重要的作用。社区体育部门要积极转变传统的发展观念，尤其是强调建设服务型社区，突出社区体育部门的服务职能，强化公共体育服务理念，加快改善公共体育服务状况，为公众提供良好的健身设施和服务，建设一个以满足人们日益增长的公共体育需求为导向的服务型社区。

12.3.6.2 提高社区公共体育服务的供给量

提高社区公共体育服务的供给数量主要是根据当前社区公共体育服务覆盖面小、服务体系不健全的现状，加大政府投入力度，逐步建立和健全覆盖全部社区公共体育服务体系。

12.3.6.3 促进社区公共体育服务供给模式多元化

随着社会的发展，政府作为公共体育服务唯一供给主体的弊端日益凸现。政府需要增加社区公共体育服务资金的供给以满足社区居民多元化的体育需求，不断改变社区公共体育服务单一运营机制，创建多层次、多样性、高效率的供给运营模式，平衡服务运营中福利性与经营性、社会效益与经济效益之间的矛盾。

12.3.6.4　完善社区公共体育服务机制

建立和完善各级政府部门的社区公共体育服务责任分担机制，科学划分中央和地方政府社区公共体育服务的管理权限，以法律法规形式规范中央和地方政府的权力范围、权力运作方式、利益分配结构、责任和义务。不同供给主体之间要通过契约的方式明确权责，各尽其职，防止相互推诿或各自为政。

12.3.6.5　拓宽社区公共体育服务投入渠道

中央和各省级政府要在保证政府作为社区居民公共体育服务供给主体的主导地位不动摇的同时，要积极构建社区居民公共体育服务供给的政府与社会分担机制。按照公共体育服务均等化的要求，确保用于社区居民公共体育服务的转移支付资金逐年增长，有效拓宽社区居民公共体育服务投入渠道，保证社区居民公共体育服务的投入随财政收入的增加按比例增长。

12.4　结论

本研究将社区公共体育服务界定为为满足社区居民的体育需求，由法律授权的政府和非政府公共组织及有关企业，通过生产和供给纯粹公共体育物品、混合性公共体育物品以及特殊私人体育物品等方式，为社区居民提供的、基本的、非营利性的体育服务。

西安市社区公共体育服务的基本特征表现为服务对象的特殊性、服务目的的公益性、服务主体的多元性和服务资源配置的均衡性四个方面。

西安市社区公共体育服务的基本内容包括提供健身场地设施服务、健身娱乐活动的组织服务、健身指导服务、健身信息情报服务等方面。

在西安市社区公共体育服务需求构成中，参与体育健身活动是目前社区居民公共体育服务需求的最主要内容，占被调查者总数的 57.56%；社区体育活动设施和体育健身指导分别占被调查者总数的 51.93%和 41.15%，居第二位和第三位。西安市社区居民公共体育服务供给呈现出多元化的特征，政府直接提供的方式所占的比重较大，占 27.55%。

西安市社区公共体育服务面临的主要困境表现为社区公共体育服务供给的相对不足、社区公共体育服务主体单一、社区公共服务主体职责有待进一步明晰和社区居民公共服务均等化有待改善。

破解西安市社区公共体育服务困境的建议：加强社区体育部门的公共体育服务职能；提高社区公共体育服务的供给量；促进社区公共体育服务供给模式多元化；完善社区公共体育服务机制；拓宽社区公共体育服务投入渠道。

第 13 章

政府公共体育服务投入对体育消费水平影响的应用研究

本章拟对政府公共体育设施投入、公共体育指导需求等方面研究，从全国年鉴数据、西安市年鉴数据入手，勾勒我国公共体育服务投入对居民体育消费水平的影响轨迹与力度；从微观角度出发，利用数据分析方法，对西安市城镇居民体育消费的个体数据进行系统研究，发现居民消费行为的规律性，剖析居民经济收入等因素对居民体育消费水平、结构等的导向路径，进一步从客观全局、细节入微处把握居民体育消费水平与区域经济发展、居民生活质量之间的逻辑关系，从而为政府更好地转变工作作风和履行公共体育服务职能提供决策依据，也为引导体育产业的结构调整和优化升级，引导大众更新健身观念，促进体育事业和国民经济的和谐发展提供参考。

13.1 研究背景

13.1.1 选题背景与意义

体育消费是社会发展到一定生产力时的产物，是个人在满足基本生存消费后，追求发展和享受需要的个人消费行为。首先，它作为一种现代社会的经济文化现象，已经成为现代人所推崇的一种丰富精神生活、提高生活品位的手段。其次，体育消费还表现在其对人的良好的心理调节能力上，按照社会学冲突理论的观点，体育为释放社会能量提供了渠道，这种能量如不予以分散，会严重威胁社会秩序，而通过有效的体育锻炼则可以有效地解决这一社会问题。最后，作为体育消费的基本功能，体育能给人带来身心的愉悦，对防止疾病、延缓衰老起到重要的作用。

可以说居民的体育消费水平，直接关乎着居民的健身状况，体育消费也必将成为现代人生活消费中的重要组成部分，而体育消费水平、消费结构和体育市场的形成和发展存在着紧密的联系，居民消费水平也是最能代表和反映体育市场活力的一个指标。因此，居民体育消费支出必然要受区域经济发展水平和居民收入的影响，受政府公共体育服务投入力度的制约。国家体育总局局长刘鹏在 2008 年全国体育局长会议上明确提出，“为群众提供良好的体育公共服务是各级人民政府的重要职能。随着社会的发展进步，政府提供公共体育服务的职能只能加强，不能削弱，这既是由体育事业的公益性质决定的，也是由政府的职责和任务决定的"。

当前我国公共体育服务供给的突出问题是缺乏对公众公共体育服务真正需求的认识，从而导致很多公共体育服务供给成为无效供给，进而使我国公共体育服务的供给陷入困境，不仅与世界发达国家相比存在很大差距，自身的供需矛盾也比较突出，而日益增长的公众体育需求却日渐多元化，使得本来存在的供需矛盾更加复杂化。

为准确把握我国城镇居民体育消费水平增长机制与影响机制，对 1995—2010 年我国各地区文化娱乐性消费支出、文化体育传媒财政支出、居民可支配收入、GDP、文化娱乐固定资产投资、体育事业经费；以及 2002—2010 年《中国体育事业年鉴》和《第五次全国体育场地普查数据》；西安市 2002—2010 年统计年鉴等一系列数据，采用灰色预测、灰色关联、聚类等方法进行深入挖掘和逻辑分析。

13.1.2　研究思路

政府公共体育服务投入对体育消费水平影响研究的总体思路如图 13-1 所示。

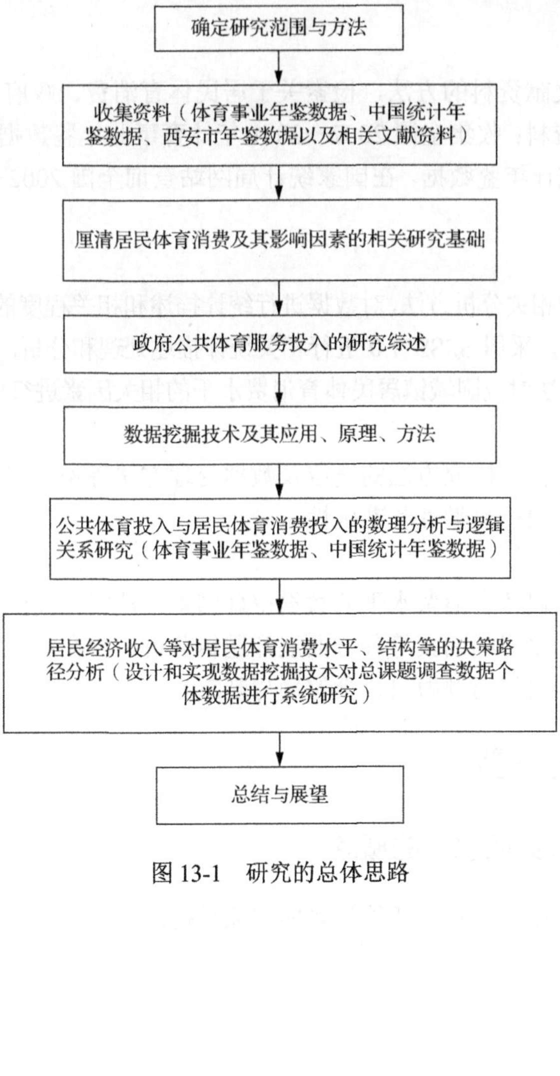

图 13-1　研究的总体思路

13.1.3 数据来源与研究方法

13.1.3.1 数据来源

（1）总课题入户调查数据

采用等距抽样调查方法，抽样选定西安市各个地区的5000户城市居民作为入户调查样本，以获得城市居民体育消费的第一手资料，为开展研究城市居民体育消费规律，以及确立体育消费水平综合评价实证研究奠定基础。

（2）各类统计年鉴数据

通过访问中国国家统计局网站，获取1995—2010年我国各地区文化娱乐性消费支出、文化体育与传媒的财政支出、各地区居民可支配收入、各地区GDP、文化娱乐固定资产投资、体育事业经费等相关数据；2002—2010年《中国体育事业年鉴》和《第五次全国体育场地普查数据》；西安市2002—2010年统计年鉴的相关数据。

13.1.3.2 研究方法

（1）文献研究

首先运用检索文献资料的方法，检索关于居民体育消费、政府公共体育服务、数据分析等方向的文献资料；收集全国2002—2011年体育事业年鉴数据，到陕西省图书馆查阅陕西省、西安市统计年鉴数据，在国家统计局网站查询全国2002—2011年统计年鉴数据。

（2）数理统计

采用描述统计和相关分析方法，对数据进行统计描述和相关程度的分析，采用Excel2007对数据进行常规处理，采用SPSS17.0进行相关统计描述处理和分析。采用灰色预测、灰色关联分析、聚类等方法对我国城镇居民体育消费水平的相关因素进行归类与追踪。

（3）专家访谈法

针对研究内容范围、研究方法的选取及数据处理方法等相关问题，对相关专家进行访谈，以确保研究结果的科学性和准确性。

（4）逻辑分析法

根据我国城镇居民体育消费水平的数据挖掘结果，从国计民生、财政支出、体育事业战略、体育消费水平影响因素等各方面展开逻辑分析，旨在对现阶段我国城镇居民体育消费现状与发展趋势等问题做出科学勾勒与判断。

13.2 理解体育消费

13.2.1 体育消费数据水平的概念

体育消费水平是指居民消费所能达到的并能维持的一种状态，是以货币购买力表示的人均体育消费资料和劳务的数量，它直接反映了居民体育消费状况。

既然居民体育消费水平在价值形态上表现为以货币购买力表示的人均体育消费资料和劳务的数量，那么不仅居民体育消费总量的变化可以显示出居民体育消费水平的变动趋势，而且居民货币支付能力及其他各项消费支出的变动均能反映出体育消费水平的变动状况。因此可以选择收入水平、生活质量和健康状况、恩格尔系数、闲暇时间等变量指标加以分析比较，进而具体考察我国居民体育消费水平的现状。

目前，有关居民体育消费的指标还不完善，不能查询到直接的体育消费水平的指标数据，本研究用中国年鉴数据中的文化娱乐性消费支出间接表示体育消费水平。

13.2.2　体育消费水平的影响因素

当前我国居民体育消费水平既受经济发展整体环境、个人收入水平及消费水平等经济因素的制约，也受消费心理、消费习惯、社会文化背景和自然环境等非经济因素的影响。简而言之，影响体育消费水平的因素主要包括以下四个方面。

13.2.2.1　消费观念因素

长期以来，我国一直把体育当作政府提供的一项福利事业来认识，对体育的产业性质缺乏足够的认识，人们对体育的认识始终局限在锻炼身体、培养意志、为国争光的观念中，而体育运动，以及赛事中的娱乐性没有体现。随着人们生活水平的提高，对精神生活追求的日益迫切，在体育消费过程中所获得的快乐、成功与协作的感受会对人们传统的消费结构造成一定的冲击。体育消费结构以实物消费资料为主逐渐转向体育赛事及资讯等无形消费。

13.2.2.2　经济因素

消费者收入的高低在很大程度上决定了他们的购买力，收入水平直接影响着人们对体育消费的投入。支付能力是影响居民体育消费的经济因素，而体育消费人口、购买愿望是制约居民体育消费的社会文化因素。一般说来，地区经济越发达，全民体育意识及体育社会化程度就越高，体育消费水平也就越高。由此可见，影响社区居民体育消费决策的最主要因素是经济收入。居民的收入变化会带动消费水平的变化，体育消费是顺应我国社会消费结构变化规律的、有增长潜力的服务性消费，它在未来社会中的持续发展是必然的和不可逆转的。

13.2.2.3　社会可供体育资源因素

社会可供体育资源包括多方面，如场地器材、体育消费品的市场营销、政府对体育消费市场的管理与指导，以及体育产品的开发与利用等，这些资源反过来影响社区居民的体育消费行为，甚至有时能完全改变社区居民的体育消费价值观，潜移默化地引导社区居民加以购买体育产品。我国在场馆建设和管理方面也加大了投入力度，在大的城市和地区设立比较大的健身中心和文体娱乐中心，从而弥补一些体育场馆不足的问题。

13.2.2.4 个体消费需求因素

按照马斯洛的需求理论分析，体育消费需求应属于较高层次的需求，其中既有社交需求的目的，又有自我实现需求的动机。例如，社区居民在参与某收费性的健身俱乐部时，有些居民出于对友谊、爱情，以及隶属关系的需求而选择到此俱乐部进行消费，还有一些居民则有可能是想要发挥自己的体育潜能、施展已有的才华，进而实现自己的价值而选择到该俱乐部进行消费。

除了上述因素以外，影响我国居民体育消费的因素还有地区经济发展的不平衡、是否有闲暇时间等，因此，在人们生活水平达到一定程度时，进行全民体育教育，加强全民健身意识是扩大体育消费的主要措施。随着人们对健康和体育需求的提高，加上体育消费市场管理的不断完善，体育消费市场必将扩大和发展起来。

13.2.3 我国城镇居民体育消费水平的数据分析

13.2.3.1 1997—2012 年我国城镇居民体育消费水平发展态势

在不同社会历史发展阶段，不同的生产方式决定了公共需求的具体内容和表现形式。从社会经济文化大环境来看，政府的公共体育服务供给改革首先应顺应社会公共需求的变化趋势。从国际经验上讲，人均 GDP 从 1000 美元向 3000 美元的过渡时期，也是该国公共需求快速扩张的时期。公共需求的快速扩张必然带来需求内容的变化与升级。作为建立在生产资料公有制基础上的社会主义国家，近些年我们经历了从一般温饱社会向全面小康社会加快发展与转型的特定时期，已逐渐形成全社会公共需求快速增长的现实基础，社会公共需求也正发生着深刻变化，其表现之一就是伴随着公众余暇时间的大量增加与健康意识的不断提升，公众对包括体育在内的文化娱乐服务需求增加明显。1997—2012 年我国城镇居民人均文化娱乐类消费支出增长情况如图 13-2 所示。

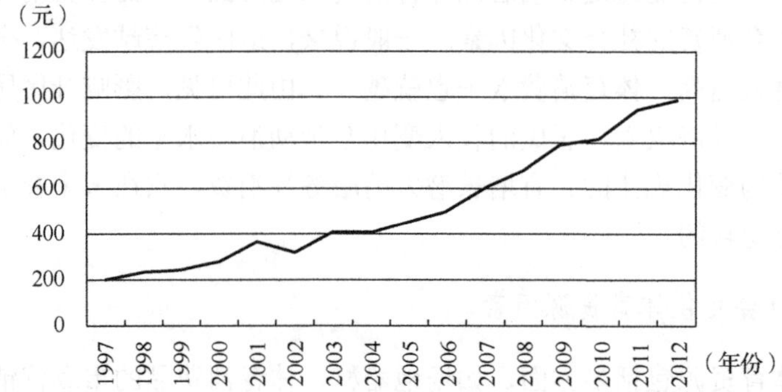

图 13-2 1997—2012 年我国城镇居民人均文化娱乐类消费支出增长情况

13.2.3.2　我国城镇居民体育消费水平的区域差异对比分析

综合全国性的居民体育消费水平研究，我们发现，居民体育消费水平总体上不高，且存在不平衡现象：一是东西部体育消费不平衡；二是城市和农村居民体育消费水平不平衡。为了清楚地描述这一差距，首先对全国各地城镇居民文化娱乐类消费支出及比例进行排名，以期对总体体育消费水平情况有一个全面的了解。

（1）全国各地城镇居民人均文化娱乐类消费支出占总消费支出排名情况

通过对 2012 年全国各地城镇居民人均文化娱乐类消费支出进行绝对值的排名，结果发现，支出排名前 5 名的地区为上海、北京、广东、浙江、江苏，均在东部地区（表 13-1）；支出排名后 5 名的地区为新疆、青海、海南、黑龙江、西藏，多数地区在西部地区（表 13-2）。

表 13-1　全国各地城镇居民人均文化娱乐类消费支出绝对值排名前 5 名地区

地区	人均文化娱乐类消费支出（元）	占总消费支出的比例（%）	排名
上海	2195.4	9.46	1
北京	1873.0	9.40	2
广东	1550.6	8.39	3
浙江	1352.0	7.57	4
江苏	1301.5	9.07	5

表 13-2　全国各地城镇居民人均文化娱乐类消费支出绝对值排名后 5 名地区

地区	人均文化娱乐类消费支出（元）	占总消费支出的比例（%）	排名
新疆	579.0	5.68	1
青海	558.3	5.81	2
海南	523.0	4.79	3
黑龙江	473.0	4.43	4
西藏	279.7	2.89	5

值得关注的是，对 2012 年全国各地城镇居民人均文化娱乐类消费支出占总消费支出的比例进行排名时发现，支出排名前 5 名的地区为上海、北京、江苏、广东、福建，均在东部地区（表 13-3）；支出排名后 5 名的地区为河北、吉林、海南、黑龙江、西藏，只有西藏在西部地区，其余均在东部地区（表 13-4）。对出现这种结果的原因进行推理，东部地区的经济水平无疑比西部地区要发达很多，但居民体育消费支出不完全取决于地区经济水平或可支配收入，或许更多取决于当地体育经费投入与体育消费观念和理念。因此，发展体育产业或与居民体育消费，不应受限于地区经济水平，而应从体育投入或转变体育消费观念做起。

表 13-3 全国各地城镇居民人均文化娱乐类消费占总消费支出比例排名前 5 名地区

地区	人均文化娱乐类消费支出（元）	占总消费支出的比例（%）	排名
上海	2195.4	9.46	1
北京	1873.0	9.40	2
江苏	1301.5	9.07	3
广东	1550.6	8.39	4
福建	1180.7	8.00	5

表 13-4 全国各地城镇居民人均文化娱乐类消费占总消费支出比例排名后 5 名地区

地区	人均文化娱乐类消费支出（元）	占总消费支出的比例（%）	排名
河北	580.5	5.63	1
吉林	580.3	4.97	2
海南	523.0	4.79	3
黑龙江	473.0	4.43	4
西藏	279.7	2.89	5

（2）东、中、西部地区城镇居民人均文化娱乐类消费支出存在差异情况

在同一社会历史阶段下，社会经济发展不均衡会导致不同区域的公共需求存在差异性的侧重内容及表现形式，各地 2012 年我国城镇居民体育消费呈现出较大的差异。同时，体育消费观念与习惯滞后也会影响体育消费行为与水平（表 13-5）。

表 13-5 2010 年东、中、西部地区城镇居民人均文化娱乐类消费支出对比表

区域	人均消费性支出（元）	人均文化娱乐类消费支出（元）	人均文化娱乐类消费支出所占比例（%）
东部	14171.65	1060.98	7.49
西部	11217.11	723.71	6.45
中部	11006.45	720.15	6.54

总的来说，我国居民体育消费水平与经济发达国家相比有很大的差距，这是发展我国体育产业亟待解决的问题，从另一角度也说明，我国体育产业还有非常大的发展空间。体育消费水平的高低与社会生产力发展水平、国家的经济实力分不开。据资料显示，体育消费水平的不断提高，已成为经济发达国家影响居民消费结构变化的重要因素，对提高国民生产总值有巨大的拉动作用。

13.3　理解政府公共体育服务投入

13.3.1　公共体育服务投入的概念

公共体育服务是指公共组织为满足公共体育需要而提供的公共物品或混合物品。目前，我国公共体育服务的供给主体实际上包括 3 类组织：一是政府及体育行政部门，是指各级党委和政府的公共体育服务的决策领导机构及执行机构，我国县级以上政府部门均设有各种专门和非专门的体育组织机构。其中，公共体育服务的执行机构，主要由各类事业单位来承担，如公共体育场馆、博物馆、科研院所等。二是非营利性体育组织（NPO），主要包括体育事业单位、体育社团、体育基金会、体育类民办非企业单位，未登记或转登记的体育组织等。它们在政府体育政策的指导与安排下，独立或配合体育事业单位完成各类公共体育服务。三是营利性体育组织，其是以提供各种体育服务为主要内容，以营利为目的、自主运行的体育实体，即从事体育经营活动的企业。体育企业可以作为公共体育服务的主体，它们在国家政策允许下，按照“谁投资、谁受益”的原则进行公共体育服务的市场供给。

公共体育服务的内容根据性质可分为有形产品（如公共体育场地设施等）和无形产品（如公共政策、法规制度等）两大类。根据公共体育服务的表现形式又可分为：基础性的公共体育服务，如提供公共体育场馆、公共图书馆等；制度性的公共体育服务，主要包括提供有关体育的法律、行政法规和相应的规章制度、国家体育发展战略规划等；信息性的社会公共体育服务，如普及性的科学健身知识和锻炼方法、面向公众的体育科研；政策性的公共体育服务，如提供体育制度、方案与策略等。

以上这些公共服务的内容既有纯粹的公共物品，也包括混合物品，在实践中往往以混合物品居多。我国公共体育服务的供给主体必须充分认识到我国公共体育服务内容的多样性，采取灵活多样的手段保证公共体育服务的供给。

13.3.2　我国政府公共体育服务投入的现状分析

13.3.2.1　国家对体育事业持续稳定的财政投入保障了体育事业的发展

随着国家经济形势的好转，财政收入的增加，政府对体育事业的财政投入也不断增多。2001 年，体育事业的财政投入为 39.3768 亿元；2004 年，体育事业的财政投入增加到 81.5967 亿元。2001—2004 年，体育事业财政投入占体育事业经费的比重为由 62.33%降低到 57.54%，体育事业财政投入占政府财政支出的比重由 0.30%提高到 0.37%（表 13-6）。2005 年，体育事业的财政投入为 99.8408 亿元；2007 年，体育事业的财政投入增加到 121.1542 亿元。2005—2007 年，体育事业财政投入占体育事业经费的比重由 64.28%提高到 67.24%，体育事业财政投入占政府财政支出的比重由 0.37%提高到 0.40%。2008 年，体育事业的财政投入为 132.8099 亿元；2012 年，体育事业的财政投入增加到

359.8038 亿元。2008—2012 年，体育事业财政投入占体育事业经费的比重由 61.58%提高到 111.01%，体育事业财政投入占政府财政支出的比重由 0.33%提高到 0.40%。随着体育事业财政投入的不断增加，体育事业财政投入占体育事业经费的比重呈现出周期性波动特征。

表 13-6 体育事业财政投入与政府财政支出对比一览表

年份	体育事业财政投入（亿元）	体育事业经费（亿元）	体育事业财政投入占体育事业经费的比重（%）	政府财政支出（亿元）	体育事业财政投入占政府财政支出的比重（%）
2001	39.3768	63.1708	62.33	13187.67	0.30
2002	47.6006	86.8452	54.81	15886.5	0.30
2003	60.7698	119.1087	51.02	18902.58	0.32
2004	81.5967	141.8100	57.54	22053.15	0.37
2005	99.8408	155.3140	64.28	24649.95	0.41
2006	113.5313	173.7474	65.34	28486.89	0.40
2007	121.1542	180.1831	67.24	33930.28	0.36
2008	132.8099	215.6847	61.58	40422.73	0.33
2009	177.0278	260.0647	68.07	49781.35	0.36
2010	416.8496	560.0811	74.43	62592.66	0.67
2011	376.6216	289.9548	129.89	76299.93	0.49
2012	359.8038	324.1263	111.01	89874.16	0.40

13.3.2.2 体育事业经费的相对规模呈下降态势，影响了体育民生工程的建设

体育事业经费投入的绝对值虽在不断增加，但从体育事业经费投入的相对规模来看，体育事业经费投入占全国 GDP 及国家财政支出的比重却非常低，两项比重均呈下降趋势。2004 年，体育事业经费投入占全国 GDP 的比重仅为 0.14%，到 2012 年，体育事业经费投入占全国 GDP 的比重下降至 0.08%；而占政府财政支出的比重也逐年缩小，2004 年为 0.64%，到 2012 年缩减为 0.36%（表 13-7），与西方国家相差甚远。西欧大多数经济发达国家的体育经费及与体育有关的资金，与本国 GDP 的比值超过 1%。据报道，瑞士体育娱乐方面的政府投资在政府预算中的比重已达 4.3%；在俄联邦建立的国家体育运动基金的资金来源中，有 2%来自俄联邦预算。体育事业发展经费的不足，影响了政府履行体育公共服务职能，不利于体育民生工程的建设。此外，国家直属体育事业投入在中央财政支出中的比重也呈下降趋势，2009 年的比重仅为 0.27%。国家直属体育事业经费投入的不足，直接影响到国家体育总局对体育事业发展的宏观调控能力，不利于体育事业的均衡发展及我国体育公共财政保障体系的建设。

表 13-7　体育事业财政投入占全国 GDP 及国家财政支出的比重一览表

年份	文化、体育和娱乐业固定投资（亿元）	占全社会固定资产投资比重（%）	体育事业经费（亿元）	全国 GDP 总量（亿元）	比重（%）	政府财政支出（亿元）	比重（%）
2004	531.5	0.957	141.81	120332.69	0.14	22053.15	0.64
2005	773.4	1.097	155.31	135822.76	0.13	24649.95	0.63
2006	857.0	0.965	173.75	159878.3379	0.13	28486.89	0.61
2007	955.4	0.869	180.18	184937.369	0.10	33930.28	0.53
2008	1243.4	0.905	215.68	216314.4259	0.10	40422.73	0.53
2009	1589.9	0.920	260.06	265810.3058	0.10	49781.35	0.52
2010	2383.4	1.061	560.08	314045.43	0.18	62592.66	0.89
2011	2959.4	1.064	289.95	340902.81	0.09	76299.93	0.38
2012	3162	1.015	324.13	401202.03	0.08	89874.16	0.36

13.3.2.3　竞技体育和群众体育经费投入比例不合理，关注民生体育较少

体育经费投入比例不合理，导致与群众健身直接相关的公共体育场地设施极其匮乏，公益性社会体育指导员短缺，体育的组织化水平不高等。据第 5 次全国体育场地的普查数据显示，2003 年底，我国平均每万人拥有体育场地 6.58 个，而 2002 年德国平均每万人拥有体育场地数 15.39 个，德国人均体育场地数是我国的 2 倍多。虽然在第 6 次全国体育场地的普查数据中，我国平均每万人拥有体育场地数增加至 12.45 个，但依然较为匮乏。2008 年，我国体育系统内的体育事业资金共支出 3327020.6 万元，其中，群众体育支出 691053 万元，群众体育占体育事业经费支出的比例仅为 20.77%；体育俱乐部共有 17340 个，体育社团 22727 个，2008 年全国人口有 132802 万，每 76587 人才能参加一个俱乐部，每 58434 人拥有一个体育社团；青少年体育俱乐部 2242 个，而全国青少年人数有 3 亿多，每 133809 名青少年才能参加一个青少年俱乐部；公益性社会体育指导员 1042529 名，一名公益性社会体育指导员要指导 1274 人，而日本 2007 年共有 235054 名（包括体育辅导员）社会体育指导员，平均约 553 人就享有一名社会体育指导员（表 13-8）。

表 13-8　2008 年体育组织及体育指导员数情况一览表

体育公共产品 名称	数量（个）	全国人口数（万人）	体育组织及体育指导员数与人口数的比值
体育俱乐部	17340	132802	1/76587
体育社团	22727	132802	1/58434
公益性社会体育指导员	1042529	132802	1/1274
青少年体育俱乐部	2242	30000（全国青少年数）	1/133809

13.3.2.4 公共体育投入呈现区域不平衡，西部地区体育事业经费严重不足

我国公共体育投入还呈现出较大的区域差异。2007 年，上海、江苏、浙江和广东的体育事业经费共投入 651780 万元，而贵州、云南、陕西和甘肃的体育事业经费总数为 123378 万元，东部三省一市的体育事业经费是西部四省的 5 倍多；上海、江苏、浙江和广东的人均体育事业费平均为 36.33 元，而贵州、云南、陕西和甘肃的人均体育事业经费平均为 8.66 元，东部三省一市的人均体育事业经费是西部四省的 4 倍多（表 13-9）。

表 13-9 2007 年东部 4 省（市）与西部 4 省的体育事业经费比较一览表

地区	体育事业经费支出（万元）	人口数（万人）	人均体育事业均费（元）
上海	134239	1858	72.25
江苏	157691	7625	20.68
浙江	155778	5060	30.79
广东	204074	9449	21.60
贵州	23389	3762	6.22
云南	35545	4514	7.87
陕西	35416	3748	9.45
甘肃	29028	2617	11.10

目前体育场地（馆）的建设费用占据了我国公共体育投入的主要部分，在体育场地（馆）的建设投入上也存在明显的区域差异。2008 年以来，我国在体育场地上的投资依然是逐年增加的，尤其是 2010 年投资金额 748611043 万元，是 2008 年的 55 倍，在西部投资比例为 69.3%，东部为 18.8%，中部为 11.9%，西部明显高于东、中部。这体现了中央扶持西部，加大西部各项建设的决心和力度（表 13-10）。

表 13-10 奥运后期全国体育场地投资金额及区域结构

年份	合计	东部地区		中部地区		西部地区	
		金额（万元）	比例（%）	金额（万元）	比例（%）	金额（万元）	比例（%）
2008	13531879	9058082	67.0	1236759	9.1	3237038	23.9
2009	23055683	21112200	91.5	290822	1.3	1652661	7.2
2010	748611043	140864343	18.8	88908563	11.9	518838137	69.3

从群众体育场地建设上来看，新建场地占地面积、建筑面积均逐年增加，但是场地面积有所减少。图 13-3 和图 13-4 显示，通过百分比的对比发现，2010 年西部地区的新增场地所占比例较大，但关于场地面积的数据比例相比较小。由此可以推断，西部新建的场地的主要特点是数量多、规模小，可能与西部地区人口分布有关，而东、中部地区新建场地数量虽少，但规模较大。

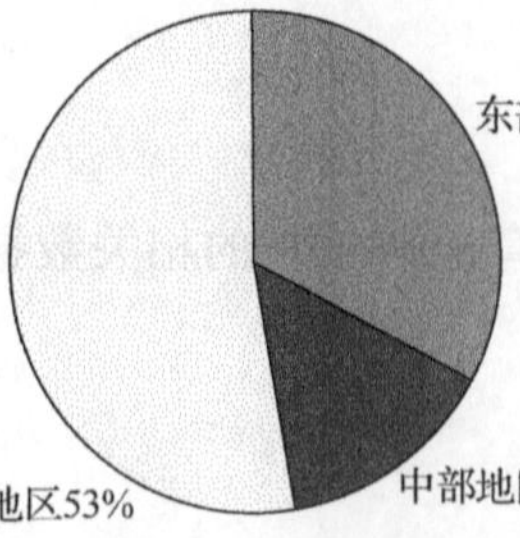

图 13-3　2010 年东、中、西部体育场地数量比

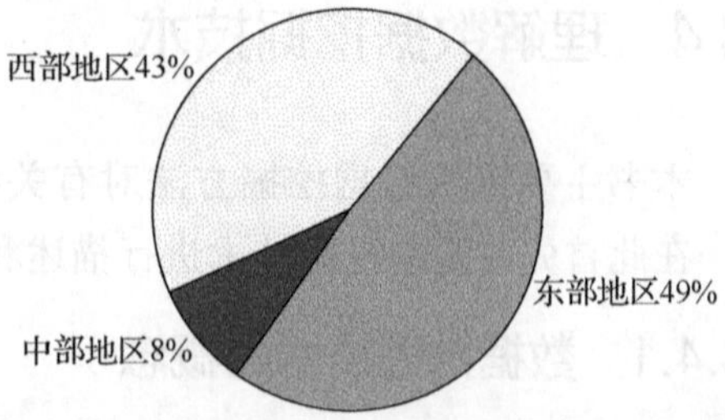

图 13-4　2010 年东、中、西部体育场地占地面积比例

总体而言，体育场地总面积和人均体育场地面积方面，东部高于西部，中部最少，主要是东部地区经济发达，体育场地的基础雄厚；而 10 万人拥有体育场地数，西部最高，中部最低，主要是西部地区地域广阔，人口稀少。可见，我国区域体育场地数量规模分布呈现出极大的不平衡。

13.3.2.5　国外发达国家体育投入情况

在国外，体育被作为一项重要的事业来发展，并给予相应的财政保障。近年来，许多国家的体育财政拨款都呈不断增加的趋势。澳大利亚政府 2006—2007 年度对体育系统的财政拨款约 2.5 亿澳元；为应对北京奥运会和伦敦奥运会的激烈挑战，澳大利亚政府在 2006—2009 年增加了 5570 万澳元的体育预算用以发展体育事业。新加坡 2007 年的体育财政拨款为 3190 万美元，比 2006 年的 3110 万美元增长 2.6%。德国联邦政府为重新回到夏季奥运会奖牌榜的前列及在冬季项目上继续保持世界顶尖水平，2008 年的体育预算草案达到 1.258 亿欧元，比 2007 年增长 1730 万欧元；2010 年，德国在总体经济形势困难的情况下，联邦内政部体育预算仍达到约 1.4 亿欧元，比 2009 年增加了约 500 万欧元（表 13-11）。国外经济发达国家对体育事业财政投入的不断增加为我国加大体育事业的财政保障提供了很好的借鉴。

表 13-11　德国的体育财政预算情况一览表

年份	体育财政预算（亿欧元）	增长率（%）
2007	1.09	10.4
2008	1.26	15.9
2009	1.35	7.3
2010	1.40	3.7

资料来源：http:www.sportinfo.net.cn.

13.4 理解数据挖掘技术

本书主要采用数据挖掘方法对有关我国城镇居民体育消费水平的相关数据进行分析，在此首先对数据挖掘技术进行描述和分析。

13.4.1 数据挖掘技术的概念

数据挖掘至今还没有一个完全统一的精确定义，Friedman 在其技术报告中总结了关于数据挖掘的多种定义：①Fayyad 指出数据挖掘是一个确定数据中有效的、新颖的、潜在有用的，以及最终可理解的模式的非平凡过程；②Zekulin 定义数据挖掘是一个从大型数据库中提取以前未知的、可理解的、可执行的信息，并用它来进行关键的商业决策的过程；③Ferruzza 定义数据挖掘是在知识发现过程中辨识存在于数据中的未知关系和模式的一些方法；④Jonn 认为数据挖掘是发现数据中有益模式的过程；⑤Parsaye 定义数据挖掘是我们为那些未知的信息模式而研究大型数据集的一个决策支持过程。

13.4.2 数据挖掘的基本流程

数据挖掘是指从大量数据中提取或“挖掘知识”。同时，数据挖掘也被称为“数据中的知识发现”（Knowledge Discovery in Database，KDD），因此，许多学者把数据挖掘视为知识发现过程中的一个基本步骤。图 13-5 给出了知识发现的基本过程，并包括如下几个组成部分。

① 数据清理：清除噪声和挖掘与主题明显无关的数据。

② 数据集成：将来自多数据源中的相关数据组合到一起，形成数据仓库。

③ 数据选择：从数据库中提取与分析任务相关的数据。

④ 数据转换：将数据转换为易于进行数据挖掘的数据存储形式。

⑤ 数据挖掘：知识挖掘的一个基本步骤，其作用就是利用智能方法挖掘数据模式或规律知识。

⑥ 模式评估：根据一定评估标准从挖掘结果中筛选出有意义的模式知识。

⑦ 知识表示：利用可视化和知识表达技术，向用户展示所挖掘的相关知识。

步骤①~④是数据的预处理过程，为数据挖掘准备数据；步骤⑤~⑥是根据期望挖掘的知识目标开发算法的知识学习过程；步骤⑦则是规则解释和图形化技术表达过程。所有这些步骤构成了整个知识学习过程。

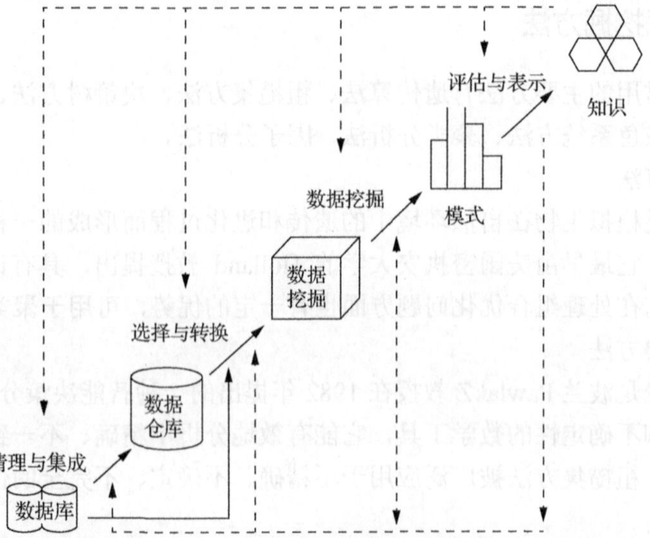

图 13-5　知识发现的基本过程

13.4.3　数据挖掘的分类

数据挖掘作为一门跨学科的应用技术，它涵盖了统计学、机器学习、人工智能、模糊数学等诸多学科领域，并且形成了根据具体任务而进行数据分析及知识萃取的方法体系，即根据具体的数据挖掘目标而制定不同的方法；同样，对于相同的问题也可以根据不同的应用领域特点选择不同的算法。例如，处理描述性挖掘任务有数据特征化和数据区分等概念抽象和数据汇总概要处理；预测性挖掘任务因目标变量属性的不同有分类和预测方法。

数据挖掘涉及的学科领域和方法很多，有多种分类法。一是根据挖掘任务，可分为分类或预测模型发现、数据总结、聚类、关联规则发现、序列模式发现、依赖关系或依赖模型发现、异常和趋势发现等。二是根据挖掘对象，可分为关系数据库、面向对象数据库、空间数据库、时态数据库、文本数据源、多媒体数据库、异质数据库、遗产数据库及环球网 Web。三是根据挖掘方法，可分为机器学习方法、统计方法、神经网络方法和数据库方法。其中，机器学习方法可细分为归纳学习方法（决策树、规则归纳等）、基于范例学习、遗传算法等。统计方法可细分为回归分析（多元回归、自回归等）、判别分析（贝叶斯判别、费歇尔判别、非参数判别等）、聚类分析（系统聚类、动态聚类等）、探索性分析（主元分析法、相关分析法等）等。神经网络方法可分为前向神经网络（BP 算法等）、自组织神经网络（自组织特征映射、竞争学习等）等。数据库方法主要是多维数据分析或 OLA 方法，还有面向属性的归纳方法。

13.4.4 数据挖掘方法

数据挖掘常用的主要方法有遗传算法、粗糙集方法、决策树方法、神经网络方法、模糊集方法、灰色系统方法、聚类分析法、因子分析法。

（1）遗传算法

遗传算法是模拟生物在自然环境中的遗传和进化过程而形成的一种自适应全局优化概率搜索算法。它最早由美国密执安大学的 Holland 教授提出，具有计算简单、优化效果好的特点，它在处理组合优化问题方面也有一定的优势，可用于聚类分析等。

（2）粗糙集方法

粗糙集理论是波兰 PawlakZ 教授在 1982 年提出的一种智能决策分析工具,它是一种刻画不完整性和不确定性的数学工具，它能有效地分析不精确、不一致、不完整等各种不完备的信息。粗糙集方法被广泛应用于不精确、不确定、不完全的信息的分类和知识获取。

（3）决策树方法

决策树方法是利用训练集生成一个测试函数，根据不同取值建立树的分支；在每个分支子集中重复建立下层结点和分支。这样便生成一棵决策树，然后对决策树进行剪枝处理，最后把决策树转化为规则。决策树方法主要用于分类挖掘。

（4）神经网络方法

神经网络方法模拟人脑神经元结构，以 MP 模型和 Hebb 规则为基础，建立了三大类多种神经网络模型。这三类网络主要包括：①前馈式网络，它以感知机、反向传播模型、函数网络为代表，可用于预测、模式识别等方面；②反馈式网络，它以 Hopfield 的离散模型和连续模型为代表，分别用于联想和优化计算；③自组织网络，它以 ART 模型、Kohofon 模型为代表，用于聚类。

（5）模糊集方法

模糊集（fuzzyset）也称为可能性理论，它是美国控制论专家 L.A.Zadeh 于 1965 年首次提出的。它作为传统的二值逻辑和概率论的一种代替，提供了一种处理不确定性数据的重要方法。模糊集不仅可以处理不完全数据、噪声或不精确数据，而且在开发数据的不确定性模型方面能提供比传统方法更灵巧、更平滑的性能，同时，在数据挖掘中，常用来进行证据合成、置信度计算等。

（6）灰色系统方法

灰色系统理论从信息的非完备性出发研究和处理复杂系统，它通过对系统某一层次的观测资料加以数学处理，达到在更高层次上了解系统内部变化趋势、相关关系等机制的目的。

（7）聚类分析法

聚类（duster，也称为簇）是一个将物理的或抽象的对象集合分成相似的对象类的过程。一个聚类是数据对象的集合，这些对象与同一个聚类中的对象彼此相似，却区别于其他聚类中的对象。

目前，在数据挖掘技术中主要的聚类方法大致可以分为划分的方法、层次的方法、基于密度的方法、基于网格的方法、神经网络方法及基于统计学的方法。

（8）因子分析法

因子分析法又被称为因素分析法，该方法最早是由英国心理学家 C.E.斯皮尔曼在对学生各科成绩之间的相关性进行分析研究之后提出的。因子分析法是一种将若干个变量看成是由某些公共的因素所制约的，然后把这些公共因素进行分离的分析方法。

13.5 我国城镇居民体育消费水平的数据挖掘分析

鉴于没有直接的城镇居民体育消费指标数据，本书选用我国城镇居民文化娱乐型消费支出指标的数据（文化娱乐型消费支出包含文化娱乐用品、文化娱乐服务消费支出）来间接体现中国城镇居民体育消费水平。

13.5.1 灰色预测分析

灰色系统最早是由邓聚龙教授于 20 世纪 80 年代提出的，被应用于控制理论的研究中。如果一个系统的内部信息是已知的，即系统的信息是充分完整的，那么这种系统可以称为白色系统；如果人们对这些信息一无所知，并且人们只能通过系统与外界联系进行分析研究，那么这种系统称为黑色系统；而灰色系统则是介于上述两种系统之间的一种系统，其内部信息部分是已知的，而另外一部分则是未知的。目前，灰色系统已广泛应用于工程技术、社会、经济、农业、生态、环境等各种领域。

13.5.1.1　灰色系统的基本特点

灰色系统的基本特点在于其能够以部分已知的信息为研究对象，或者在部分信息为未知的小样本、贫信息，甚至在系统不确定的情况下为研究对象，这也就使其明显区别于传统的统计分析方法。灰色系统的基本特点如图 13-6 所示。

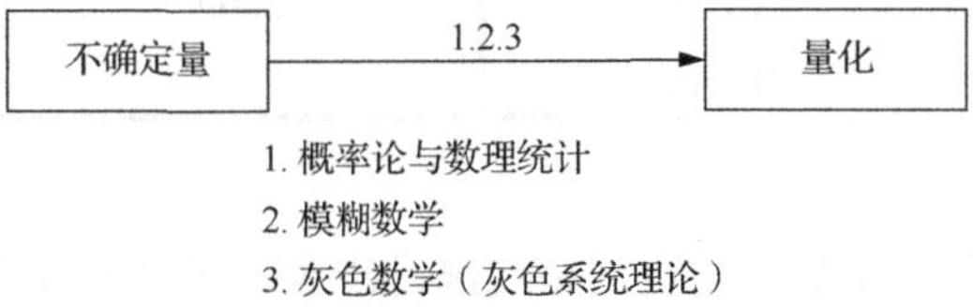

图 13-6　灰色系统的基本特点

① 用灰色理论来处理不确定量，使之量化。模糊数学研究没有清晰界限的事物，它通过函数模型来使模糊的概念量化。灰色系统理论将不确定量定义为灰数，用灰色理论来处理不确定量，同样也能将其量化。

② 利用已知数据信息分析系统的发展规律，研究灰色系统的关键是如何使灰色系统

白化、模型化。

③ 灰色系统理论可处理贫乏信息系统，灰色模型不同于传统的分析方法对数据的要求，传统的统计模型如概率统计等需要较全的资料，对数据量要求较大，而灰色模型只需要较少的观测数据就能建立模型完成分析。

13.5.1.2 灰色预测模型的建立

灰色预测不是把观测到的数据序列视为一个随机过程，而是将其看作是随时间变化的灰色量或灰色过程，通过累加生成或累减生成逐步使灰色量白化，建立起新的数据序列。新生成的数据序列暗含着一定的规律性，利用这种规律建立起相应的微分方程模型，从而达到对事物未来的发展趋势和状态进行预测的目的。常见的灰色系统模型：GM（1，1）模型、GM（1，N）模型、GM（0，N）模型、GM（2，1）模型。

本章采用目前使用较为广泛的 GM（1，1）模型（Gray Model）来进行定量分析。通常 GM（1，1）模型分为灰色时间序列预测、灾变预测（畸变预测）、波形预测、系统预测。本章采用灰色时间序列预测模型对数据进行预测。

（1）原始数据列

选用 1995—2010 年《中国统计年鉴》中的我国城镇居民人均全年文化娱乐服务性消费支出作为原始数据列，如表 13-12。

表 13-12 1997—2012 年我国城镇居民人均文化娱乐服务性消费支出

年份	金额（元）	年份	金额（元）
1997	147.01	2003	420.38
1998	170.65	2004	473.85
1999	210.76	2005	526.14
2000	224.39	2006	591.04
2001	243.72	2007	690.76
2002	264.07	2008	736.09
2003	261.71	2009	826.88
2004	407.04	2010	966.30

（2）灰色生成数列

在灰色系统理论中，通常原始数据呈现离乱现象，无法直接从中寻找出规律。灰色理论通过累加生成、累减生成或加权累加生成将无规律的原始数据进行初步处理，使其变成较有规律的生成数列。本章采用累加生成对原始数据进行预处理。

累加生成：把数列各项数据一次设原始数据序列为 $x^{(0)}(t)=\{x^{(0)}(1),x^{(0)}(2),x^{(0)}(3),\cdots,x^{(0)}(n)\}$，其中，$x^{(1)}(k)=\sum_{i=1}^{k}x^{(0)}(i),k=1,2,\cdots,n$。则称所得到的新数列 $x^{(1)}=\{x^{(1)}(1),$

$x^{(1)}(2), x^{(1)}(3), \cdots, x^{(1)}(n)\}$ 为数列 $x^{(0)}$ 的 1 次累加生成数列。类似的有：$x^{(r)}(k)=\sum_{i=1}^{k} x^{(r-1)}(i)$，$k=1,2,\cdots,n, r \geqslant 1$，称为 $x^{(0)}$ 的 r 次累加生成数列。即

$$x^{(0)}(k)=\{407.04，420.38，473.85，526.14，591.04，690.76，736.09，826.88，966.30\}$$

$$x^{(1)}(k)=\{407.04，827.42，1301.27，1827.41，2418.45，3109.21，3845.3，4672.18，5638.48\}$$

（3）构造数据矩阵 B 和数据向量 Y_n

$$B=\begin{bmatrix} -\frac{1}{2}\left[x^{(1)}(1)+x^{(1)}(2)\right] & 1 \\ -\frac{1}{2}\left[x^{(1)}(2)+x^{(1)}(3)\right] & 1 \\ -\frac{1}{2}\left[x^{(1)}(3)+x^{(1)}(4)\right] & 1 \\ -\frac{1}{2}\left[x^{(1)}(4)+x^{(1)}(5)\right] & 1 \\ -\frac{1}{2}\left[x^{(1)}(5)+x^{(1)}(6)\right] & 1 \\ -\frac{1}{2}\left[x^{(1)}(6)+x^{(1)}(7)\right] & 1 \\ -\frac{1}{2}\left[x^{(1)}(7)+x^{(1)}(8)\right] & 1 \\ -\frac{1}{2}\left[x^{(1)}(8)+x^{(1)}(9)\right] & 1 \end{bmatrix}=\begin{bmatrix} -617.23 & 1 \\ -1064.345 & 1 \\ -1564.34 & 1 \\ -2122.93 & 1 \\ -2763.83 & 1 \\ -3477.255 & 1 \\ -4258.74 & 1 \\ -5155.33 & 1 \end{bmatrix} \quad Y_n=\begin{bmatrix} x^{(0)}(2) \\ x^{(0)}(3) \\ x^{(0)}(4) \\ x^{(0)}(5) \\ x^{(0)}(6) \\ x^{(0)}(7) \\ x^{(0)}(8) \\ x^{(0)}(9) \end{bmatrix}=\begin{bmatrix} 420.38 \\ 473.85 \\ 526.14 \\ 591.04 \\ 690.76 \\ 736.09 \\ 826.88 \\ 966.30 \end{bmatrix}$$

（4）得出预测模型

计算 $\hat{a}=\begin{Bmatrix} a \\ b \end{Bmatrix}=(\boldsymbol{B}^T\boldsymbol{B})^{-1}\boldsymbol{B}^T\boldsymbol{Y}_n$ 得出预测模型：

$$x^{(1)}(t)=\left(x^{(0)}(1)-\frac{b}{a}\right)e^{-a(t-1)}+\frac{b}{a}$$

注：在实际的回归分析中求估计值是用软件计算的，如 Matlab、Excel 等。

13.5.1.3　GM（1，1）模型检验

GM（1，1）模型的检验分为残差检验、关联度检验、后验差检验。由于直接运用 GM（1，1）模型对数据进行分析会带来较大的误差值，为了提高预测值的准确性和精度，采用 GM（1，1）残差模型对 GM（1，1）模型进行修正。残差大小检验，即对模型值和实际值的残差进行逐点检验，如表 13-13 所示。

表 13-13　我国城镇居民体育消费水平支出（文化娱乐消费性）残差值表

年份	残差值	相对残差	周期残差	相对残差（修正后）
2004	0	0	0.9901	0.002433
2005	2.179	0.00518	6.16338	0.014661
2006	3.774	0.00796	6.3738	0.013451
2007	2.2463	0.004269	4.0824	0.007759
2008	2.8895	0.004889	1.44475	0.002444
2009	23.16	0.03352	9.839	0.014244
2010	14.325	0.019461	10.1749	0.013823
2011	16.62	0.0201	6.517	0.007881
2012	18.16887	0.0188	20.47523	0.021189
总残差	83.360001		66.06062611	

将残差模型和原模型的误差进行比较可知，周期修正残差模型的总参差为 66.06，小于原模型的总残差 83.36，即经过周期修正的模型的预测精度较原模型更高。

13.5.1.4　数据结果分析

将 2004—2012 年《中国统计年鉴》中我国城镇居民文化娱乐性消费支出（体育消费水平）作为原始数据列，采用曲线拟合的方法进行分析，并运用线性模型、对数模型、二次曲线模型、S 曲线模型和指数曲线模型对获得我国城镇居民体育消费水平支出（文化娱乐消费性）进行预测。5 种曲线拟合模型的预测曲线图如图 13-7 所示。

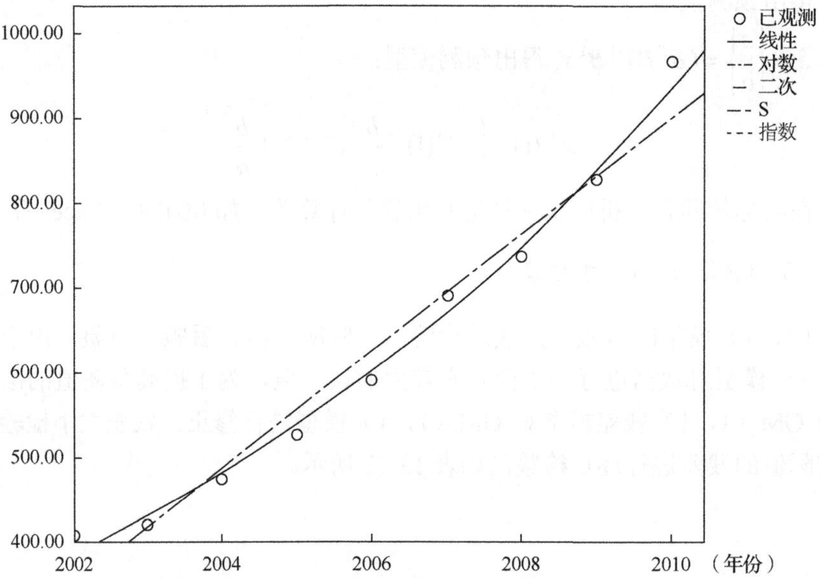

图 13-7　5 种曲线拟合模型的预测曲线图

从图 13-8 中可以发现 5 种曲线拟合模型的偏差较大，为了进一步改善预测效果，根据 GM（1，1）模型，对 2002—2010 年我国城镇居民体育消费水平支出（文化娱乐消费性）进行预测，并采用残差模型对 GM（1，1）模型所预测数据进行周期修正。

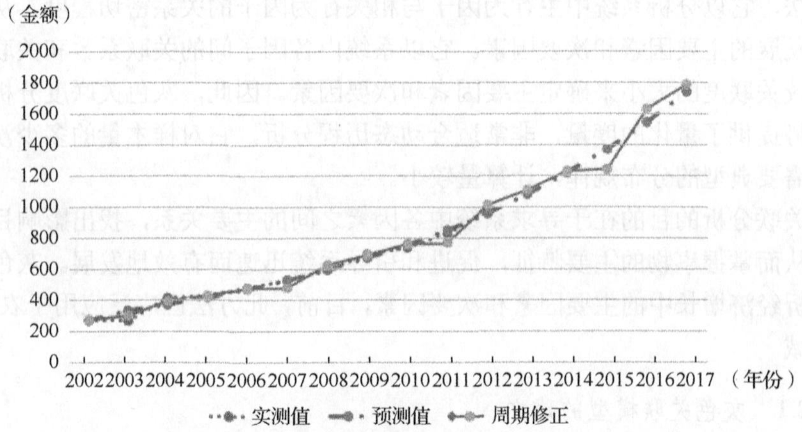

图 13-8　实测值、预测值、周期修正值的对比

表 13-14 给出了 GM（1，1）模型的预测值及采用残差模型进行周期修正后所得到的两个具体预测值。

表 13-14　我国城镇居民体育消费水平支出（文化娱乐消费性）预测值

年份	预测值	周期修正
2013	1065.74	1087.00
2014	1197.94	1191.31
2015	1346.54	1330.41
2016	1513.57	1509.89
2017	1701.32	1735.26

对比图 13-7 和图 13-8 可以发现，GM（1，1）模型的预测曲线和 GM（1，1）周期修正模型的预测曲线较曲线拟合中的五种预测曲线模型的预测效果更好。

从图 13-7 中可以发现，GM（1，1）模型的预测曲线呈线性增长趋势，曲线性质较为单一。尽管采用残差大小检验对 GM（1，1）模型预测值和实际值的残差进行逐点检验后，使得新的预测曲线更为接近真实值，但是从图中仍旧可以发现在某些年份中的偏差。这是因为“城镇居民的体育消费水平”不是单独孤立存在的一个观察量，而是一个受多方面因素影响产生的一个复杂结果，它包括了当年 GDP、居民可支配收入等因素。因此，在运用灰色预测理论对诸如此类较为复杂的观测量进行预测时，就必须考虑一些多方面的影响因素。

13.5.2 灰色关联分析

灰色关联分析是根据事物因素之间发展趋势的相似或相异程度，来衡量因素间关联程度的方法，它以分析系统中主行为因子与相关行为因子的关系密切程度，从而判断引起该系统发展的主要因素和次要因素。它以系统内各因子间的关联系数和关联度作为依据，用比较关联度的大小来确定主要因素和次要因素。因此，灰色关联度分析为系统发展变化态势提供了量化的度量，非常适合动态历程分析，它对样本量的多少没有过分要求，也不需要典型的分布规律，计算量较小。

灰色关联分析的目的在于寻求系统中各因素之间的主要关系，找出影响目标值的重要因素，从而掌握事物的主要特征，促进和引导系统迅速而有效地发展。灰色关联分析常用于分析经济增长中的主要因素和次要因素，目前，此方法已广泛应用于农业、经济、国防等领域。

13.5.2.1 灰色关联模型的建立

以“全国城镇居民教育文化娱乐服务性消费支出”为研究对象，将“国内生产总值（GDP）”“文化体育和娱乐业固定资产投资”“城镇居民可支配收入”“体育事业经费”作为相关因素，并选用2002—2010年《中国统计年鉴》中的相关数据进行建模研究。下面给出灰色关联模型具体的建模过程。

（1）数据处理过程

设“全国城镇居民人均文化娱乐服务性消费支出”为主行为因子的时间序列：

$$x_0(k)=\{420.38，473.85，526.14，591.04，690.76，736.09，826.88，966.30\}$$

并依次设：

X_1——国内生产总值（GDP）；

X_2——文化体育和娱乐业固定资产投资；

X_3——城镇居民可支配收入；

X_4——体育事业经费。

同时，X_1、X_2、X_3、X_4相关的时间序列为

$$x_1(k)=\{135822.76,159878.34,184937.37,216314.43,265810.31,314045.43,340902.81,401202.03\}$$

$$x_2(k)=\{531.5,773.4,857,955.4,1243.4,1589.9,2383.4,2959.4\}$$

$$x_3(k)=\{8472.2,9421.6,10493.0,11759.5,13785.8,15780.8,17174.7,19109.4\}$$

$$x_4(k)=\{1267986.22,1693945.00,801831.03,1723028.57,2600647.18,3327020.60,3135369.80,3556020.94\}$$

计算关联度系数：

$$\Delta\min=\min\min\left|x_0(k)-x_i(k)\right|=111.12$$

$$\Delta\max=\max\max\left|x_0(k)-x_i(k)\right|=3555054.64$$

$$\varepsilon_i(k)=\frac{111.12+\rho 3555054.64}{\left|x_0(k)-x_i(k)\right|+\rho 3555054.64}$$

式中，ρ 表示分辨系数，用来削弱 $\Delta(\max)$ 过大而使关联系数失真的影响。

人为引入 ρ 这个系数的目的在于提高关联系数间的差异显著性，并且满足 $0<\rho<1$ 的条件。可见，关联系数反映了两个数列在某一时刻的紧密程度。例如：当 $\Delta=\left|X_0(k)-X_i(k)\right|=\Delta(\min)$ 时，$\varepsilon_i(k)=1$，关联系数最大；当 $\Delta=\left|X_0(k)-X_i(k)\right|=\Delta(\max)$ 时，关联系数最小。由此可见，关联系数的取值范围为 $0<\varepsilon_i(k)\leqslant 1$。

根据常规，一般取分辨系数 $\rho=0.5$，因此，将相应的 $X_0(k)$ 和 $X_i(k)$ 的数值代入 $\varepsilon_i(k)=\dfrac{1777638.44}{\left|x_0(k)-x_i(k)\right|+1777527.32}$，得

$$\varepsilon_1=(0.93, 0.92, 0.91, 0.89, 0.87, 0.85, 0.84, 0.82)$$

$$\varepsilon_2=(1.0000, 0.9999, 0.9999, 0.9999, 0.9998, 0.9996, 0.9992, 0.9989)$$

$$\varepsilon_3=(0.9956, 0.9951, 0.9945, 0.9938, 0.9927, 0.9917, 0.9909, 0.9900)$$

$$\varepsilon_4=(0.58, 0.51, 0.50, 0.51, 0.41, 0.35, 0.36, 0.33)$$

（2）计算关联度 R（X_0，X_i）

根据公式 $R_i=\dfrac{1}{n}\sum_{k=1}^{n}\varepsilon_i(k)$ 分别计算出国内生产总值（GDP）、文化体育和娱乐业固定资产投资、城镇居民可支配收入、体育事业经费关于全国城镇居民教育文化娱乐服务性消费支出的关联度 R_1、R_2、R_3、R_4。

$$R_1=R(X_0,X_1)=\frac{1}{8}\sum_{k=1}^{8}\varepsilon_1(k)=0.08776$$

$$R_2=R(X_0,X_2)=\frac{1}{8}\sum_{k=1}^{8}\varepsilon_2(k)=0.9996$$

$$R_3=R(X_0,X_3)=\frac{1}{8}\sum_{k=1}^{8}\varepsilon_3(k)=0.9930$$

$$R_4=R(X_0,X_4)=\frac{1}{8}\sum_{k=1}^{8}\varepsilon_4(k)=0.4438$$

由关联度数可以看出：$R_2>R_3>R_1>R_4$。

13.5.2.2　数据结果分析

灰色关联分析结果表明，“城镇居民体育消费水平”与“文化体育和娱乐业固定资产投资”和“城镇居民可支配收入”两项指标的关联最为紧密，这也与人们在经验上的直观感觉相一致。在居民文娱消费保持较高速度增长的有利背景下，基于体育锻炼与健身价值日益受到社会重视的现状，我们预计社会公众的体育消费和公共体育需求在今后几年也将保持良好的增长势头。这就要求体育行政部门加快公共体育服务供给，以满足国内社会公共需求变化趋势中不断增长的公众公共体育需求。在加快公共体育服务构建的进程中，体育行政部门所采取的导向思路是决定公共服务供给水平与效率的关键问题。

在如今社会公众体育消费需求日益增长的背景下，我国体育行政部门更需要明确公共体育服务供给导向，切实转变供给导向思路，重视公众体育需求，采取积极措施以公正、有效地实现公众的需求和利益，将满足公众的公共体育需求作为目标，努力建设成为公共需求导向的服务型政府。

13.5.3 聚类分析

聚类分析是对样品或变量进行分类的一种多元统计方法，目的在于将相似的中国城镇居民体育消费水平数据的挖掘与分析事物归类。聚类分析并不是一种纯粹的统计技术，其方法基本上与分布理论和显著性检验无关，一般不用于从样本中推断总体的研究。在市场研究中，聚类分析主要用于市场细分、研究消费者行为，寻找新的潜在市场和作为其他统计分析的预处理等。

13.5.3.1 聚类分析的基本概念

聚类分析又被称为数据分割（Data Segmentation），它是将某个对象集划分为若干组（Class 或 Cluster）的过程，使得同一个组内的数据对象具有较高的相似度，而不同组中的数据对象是不相似的。相似或不相似的定义基于属性变量的取值确定，一般就采用各对象间的距离来表示。一个聚类（Ouster）就是由彼此相似的一组对象所构成的集合，同组的对象常常被当作一个对象加以对待。聚类分析的方法有很多种，可以大致将聚类算法划分为如下五类：划分方法、层次方法、基于密度的方法、基于网格的方法和基于模型的方法。下面对研究使用的层次方法进行介绍。

层次方法根据给定的数据对象集进行层次分解，并依据层次分解的形式划分为凝聚层次聚类和分层次聚类两种。凝聚层次聚类也称自底向上的方法，开始阶段将每一个对象作为单独的一个类，然后逐次合并相近的对象（类），直到所有小的类别合并为一个类（达到最上层），或者在满足某个终止条件时停止合并。

分层聚类也称自顶向下的方法，在最开始时将所有对象均视为一个类（放在一个簇中），通过迭代将簇分裂为更小的簇，直到每一个对象在一个簇中或者在满足某个终止条件时停止分裂。图 13-9 给出了分层聚类的基本流程。

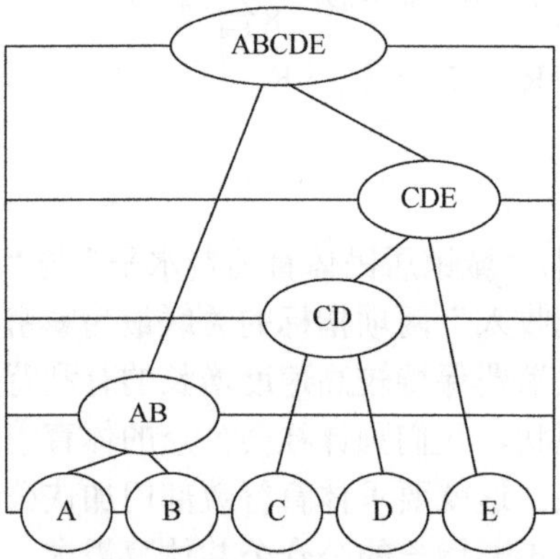

图 13-9　分层聚类的基本流程

13.5.3.2　分层聚类模型的建立

以 2010 年各地区居民教育文化娱乐服务型消费支出、各地区文化体育与传媒财政支出、各地区城镇居民可支配收入的相关数据进行研究分析，其意图旨在通过分层聚类模型对数据进行处理后，大体了解全国各地不同区域的居民体育消费水平和经济发展进行分类的整体情况。实验过程在分层聚类模型中使用凝聚法进行聚类分析，下面给出实验和建模的具体过程。

（1）录入并定义数据源

录入并定义数据源如图 13-10 所示。

Name	Type	Width	Decimals	Label	Values	Missing	Columns	Align	Measure
省份	String	8	0		None	None	8	Left	Nominal
消费支出	Numeric	8	2		None	None	8	Right	Scale
财政支出	Numeric	8	2		None	None	8	Right	Scale
支配收入	Numeric	8	2		None	None	8	Right	Scale

图 13-10　分层聚类数据定义

（2）建立分层聚类模型

依次单击菜单 Analyze→Classify→Hierarehieal Cluster 执行分层聚类分析过程。下面进行详细结果分析。

13.5.3.3　数据结果分析

（1）聚类过程

表 13-15 为聚类分析的过程，表格为所有数据样本聚为一类的整个过程。以第 7 行为例进行解读，第一列表示聚类的步骤数，即第 7 步。由 2、3 列可知在第 7 步将第 4 类和第 17 类合并为一类，即山西省和湖北省从三个指标综合来分析，可归为一类。由第 5 列可看出第 4 类首次出现在第 3 步聚类过程中，而第 17 类在第 6 列所对应的值为 0，表示在第 7 步中第 17 类是首次出现。第 7 列数值 9 表示此步的合并结果，意为在第 7 步，将第 4 类和第 17 类合并为一类，合并结果记录为第 4 类，并且此结果在第 9 步会再次出现，与其他类继续合并。

表 13-15　聚类分析过程示意图

阶	群集组合		系数	首次出现阶群集		下一阶
	群集 1	群集 2		群集 1	群集 2	
1	17	25	0.009	0	0	4
2	4	7	0.016	0	0	6
3	12	16	0.023	0	0	5
4	3	17	0.056	0	1	6
5	12	23	0.057	3	0	9

续表

阶	群集组合		系数	首次出现阶群集		下一阶
	群集 1	群集 2		群集 1	群集 2	
6	3	4	0.064	4	2	10
7	28	31	0.066	0	0	13
8	18	20	0.066	0	0	15
9	12	27	0.108	5	0	14
10	3	14	0.109	6	0	15
11	21	29	0.138	0	0	18
12	24	30	0.141	0	0	19
13	8	28	0.215	0	7	20
14	6	12	0.219	0	9	17
15	3	18	0.251	10	8	19
16	2	13	0.291	0	0	27
17	5	6	0.429	0	14	22
18	21	26	0.439	11	0	25
19	3	24	0.459	15	12	20
20	3	8	0.500	19	13	21
21	3	22	0.867	20	0	22
22	3	5	0.979	21	17	25
23	10	11	1.013	0	0	27
24	1	9	1.598	0	0	29
25	3	21	1.664	22	18	26
26	3	15	2.992	25	0	28
27	2	10	4.256	16	23	28
28	2	3	6.796	27	26	30
29	1	19	14.370	24	0	30
30	1	2	21.370	29	28	0

（2）分层聚类冰柱图

分层聚类冰柱图以柱状图的方式显示了整个聚类过程，第一列为聚类类别个数，同时也为聚类的步骤数。行标题中写入观测量标识的列，冰柱中充满“X”的列，表示观测的初始状态。行标题为空的列，冰柱中无“X”的长度表示当前的聚类步骤，并在此步骤把这列两边的两个类别聚为一类。

从图 13-11 中可以看出，行标题为 25 和 17 的两列中，有一列行标题为空，“X”充满整个冰柱，因此可判断在聚类过程中，第一步是行标题为 25 和 3 的观测量进行聚类，即对云南和河北两省进行合并。同理，第二步是将行标题为 7 和 4 的观测量进行聚类，即对吉林省和山西省进行合并。以此类推，就得到了整个聚类过程。

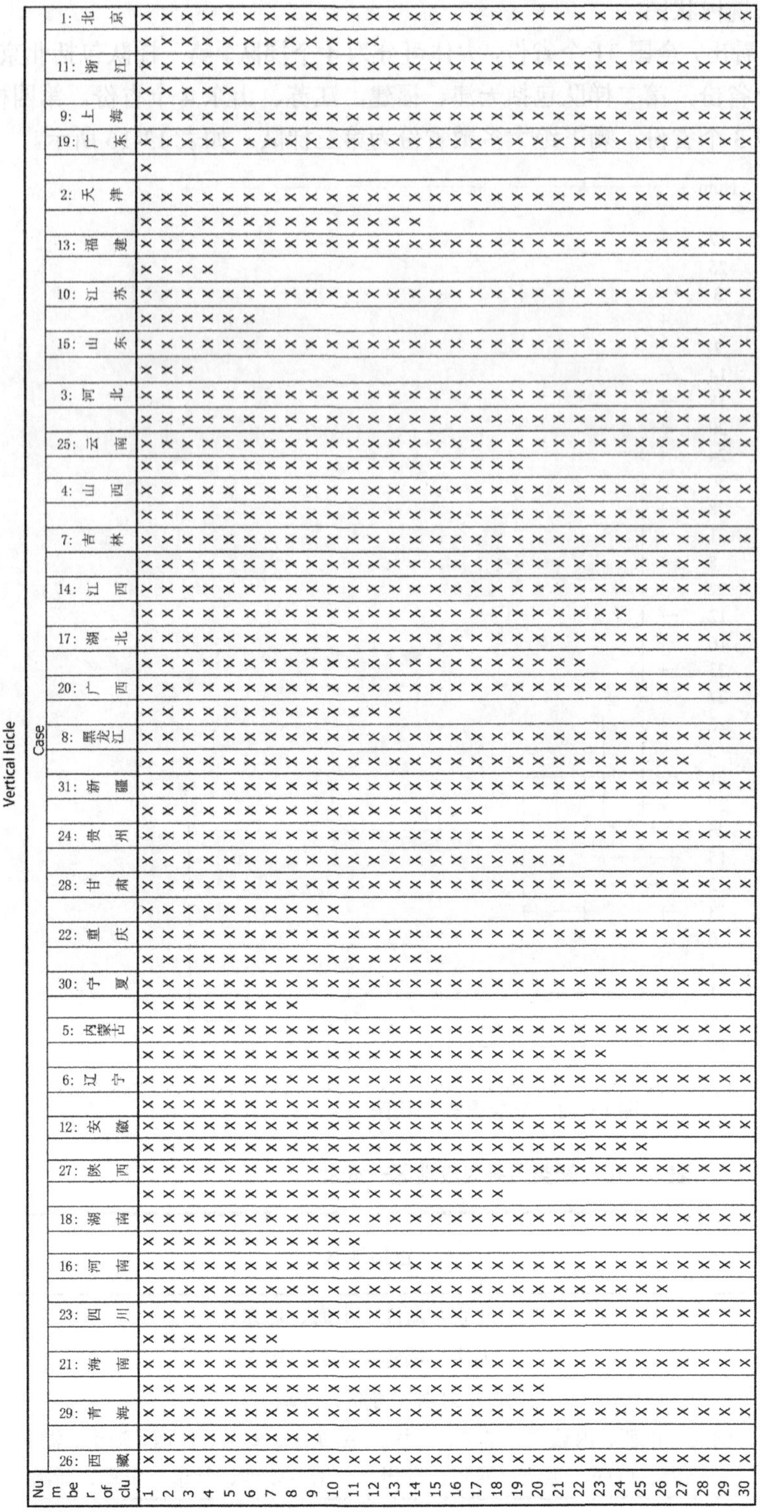

图 13-11　分层聚类冰柱图

（3）聚类过程的系统树状图

从图 13-12 中可以看出，全国 31 个省份，大体可分为 4 个梯队。第一梯队包括北京、浙江、上海、广东 4 个省份，第二梯队包括天津、福建、江苏、山东 4 个省份，第四梯队为海南、青海、西藏 3 个省份，剩下绝大多数省份为第三梯队，如表 13-16 所示。

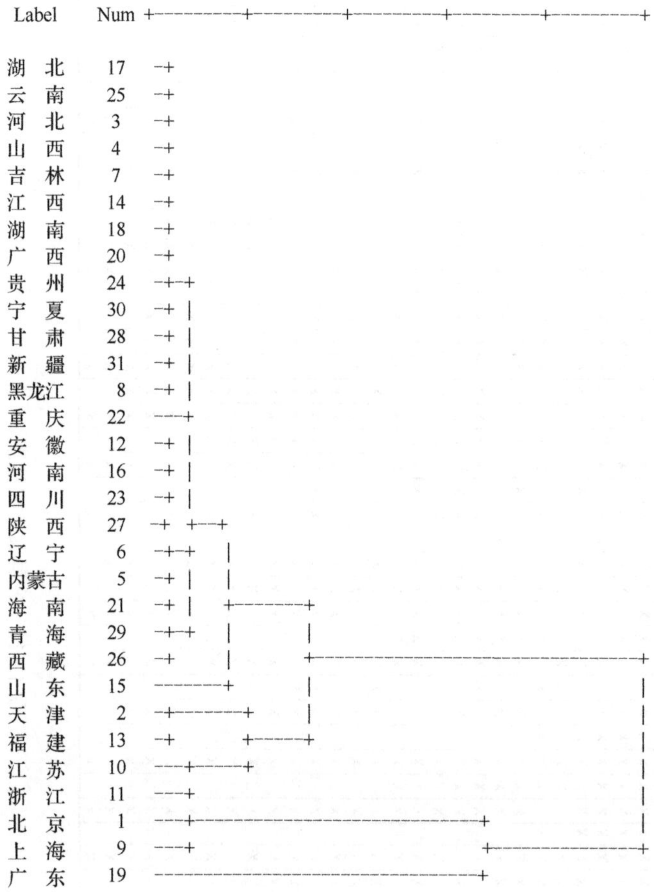

图 13-12　分层聚类树状图

表 13-16　聚类结果对应地区一览表

全国城镇居民体育消费水平聚类结果	包括地区
第一梯队	北京、浙江、上海、广东
第二梯队	天津、福建、江苏、山东
第三梯队	海南、青海、西藏
第四梯队	河北、山西、内蒙古、辽宁、吉林、 黑龙江、安徽、江西、河南、湖北、湖南、广西、重庆、四川、贵州、云南、陕西、甘肃、宁夏、新疆

表 13-16 显示，代表我国居民城镇居民体育消费水平的文化娱乐消费支出经过聚类后，将 31 个省份划分为 4 个梯队，不难看出，包含在第一梯队的是我国的文化政治经济中心、国际性大都市和沿海经济发达地区，不论从经济发展还是居民可支配收入，或是消费观念上看，都为居民参与体育消费提供了良好的前提条件，因而体育消费水平处于第一位。包含在第二梯队的地区在经济发展水平处于龙头地位，而山东是我国体育大省，为居民参与健身消费提供了较好的物质基础和文化基础，因而体育消费水平处于第二位。处在第三、四梯队的地区经济水平国内排名靠后，居民可支配收入也明显低于第一、二梯队的地区，文化程度与发达地区相比也处于劣势，导致人们对健身活动缺乏一定的认可和参与度，也就表现为较低的体育消费水平。

13.6　结论与建议

13.6.1　结论

1997—2012 年，我国城镇居民人均体育消费水平呈逐年增长的态势，而且从灰色预测结果推测，建立了 GM（1,1）残差模型，未来 5 年内还会呈持续增长趋势。但与发达国家相比，我国城镇居民体育消费水平仍存在较大差距，从全国城镇居民人均体育消费支出的排名来看，排名前 5 名的地区在东部，而后 5 名在西部地区，因而居民体育消费水平呈现出明显的东部与中部、西部之间的区域差异和不均衡。

2000—2012 年，我国体育事业经费投入和文化、体育和娱乐业固定投资逐年增长，文化娱类公共体育方面的投入逐年增长，为各项体育事业的发展提供了稳定的经费保障，但从体育经费投入的相对规模来看，体育各项经费占 GDP、国家财政支出以及全社会固定资产投资的比重非常低，而且呈下降趋势。同时与发达国家相比也存在很大差距，公共体育投入的不足与失衡将会对我国城镇居民体育消费造成很大影响。

灰色关联结果显示，对“城镇居民体育消费水平”关联最为密切的不仅是地区经济水平，还与“文化体育和娱乐业固定资产投资”和“城镇居民可支配收入”两项指标的关联最为紧密。这表明在一定经济发展水平条件下，各地区对于公共体育服务的政策导向与资金投入将会直接影响该地区居民的体育消费投入，这与人们在经验上的直观推测是一致的。

我国城镇居民体育消费水平数据聚类分析结果显示，全国 31 个省份划分在 4 个梯队，通过对 4 个梯队的地区从经济发展、文化程度、体育投入、可支配收入等方面进行对比分析和推理，认为经济发展和收入水平是保障城镇居民参与体育消费的一个大前提，但是各地区公共体育服务投入与人们消费观念的差异将会更多地影响居民在体育消费方面的支出，从而在体育消费水平上呈现出较为明显的区域与地区差距。

本章将体育事业统计年鉴、中国统计年鉴等有关体育消费水平的指标数据，利用灰色预测、灰色关联、聚类等方法进行处理，得到了传统的数理技术分析难以充分解答的结果与信息，这充分说明数据挖掘作为一门介于数据库和人工智能之间的新兴交叉学科，能发现隐藏在海量数据中的潜在联系和规律，有利于数据资料更深层次的分析。

13.6.2 建议

13.6.2.1 加强政府主导作用，构建科学、透明的公共体育服务网络

各级政府要持续深入贯彻相关政策，持续加大在公共体育服务方面的投入，将该投入列入本级财政预算和基本建设投资计划；另外，要结合地区经济水平、人口数量、城市基础设施建设与整体规划、地区特色等实际情况，科学设计，合理规划，逐步建立起与我国国情相适应、与城乡经济社会发展水平相协调，服务于大众的多层次、多样化的公共体育服务网络。

13.6.2.2 扩大公共体育投资渠道，使供给方式趋于灵活性

现代公共服务体制的突出特征之一是公共服务社会化，为此，我国公共体育服务构建与改革过程中更需要认清和把握这种趋势和方向，从公共体育服务领域现实出发，努力建立“政府主导、社会参与、适度竞争、监管有力”的现代公共服务体制。具体而言，需要改变政府供给导向的传统做法，打破公共体育服务主体单一、政府垄断的局面，将提供公共体育服务建立在市场机制、社会参与和政府自身变革的基础上，使用社会化手段，引导、吸引社会和民间体育资源参与公共体育服务供给，在政府、私人部门、非营利性组织等不同主体的协调配合下，通过财政机制和市场机制的作用向社会提供多样化的公共体育服务，真正满足社会成员的公共体育需求。

13.6.2.3 加快消费观念的转变，逐步改善投入软环境

对于革命老区、民族地区、边疆地区和贫困地区、少数民族聚集区等经济欠发达地区，一方面应长期设立全民健身扶持项目，划拨专项经费；另一方面，还应着力于提高人民素质、加快观念转变，逐步改善软投入环境，切实保障欠发达地区人民群众拥有同等的体育锻炼的基本条件。另外，应积极增强体育消费观念的宣传，转变消费观念，引导居民参与健康有益的体育消费。在转变观念过程中应以社会健康意识的增强为主线，发挥体育对社会稳定和人类发展所起的作用。

13.6.2.4 公共体育服务供给内容应趋于多层次、多样化

为满足不同层次的体育消费需求，特别是低收入人群的体育消费，要积极引导体育消费，拓宽健身消费领域，推动体育市场的形成，来满足各类群体健身、休闲、娱乐的不同需要。根据居民生活小区规模大小建立相适应的低价位体育设施与场馆，解决“没时间”和“价格高”这两个参与体育消费的消极因素，实现体育消费的大众化。也可以针对青年人的特点，迎合年轻消费者心理制造与比赛有关的小型产品。这是利用体育无形资产，引导居民体育新型消费的商机，也是体育产业结构调整、良性循环发展的一种趋势。

13.6.2.5　加强体育年鉴数据、统计年鉴数据的联合挖掘工作

体育年鉴数据能够客观反映体育事业发展，但孤立地对体育数据进行挖掘，其结果也是失真的，也是毫无价值的。因而，在对体育数据进行统计分析时，只有将其放置在全国自然、人文、经济发展的大背景下进行联合分析，才能得到较为科学、合理的研究结果，对实际工作提供有价值的决策依据。而且，利用数理统计和数据挖掘技术从海量数据信息中获取隐含知识有着相辅相成的作用，特别是对于数据挖掘技术而言，如何将其更好地应用于我国体育事业统计工作的各个领域中，仍然是一个值得重点研究的内容。

主要参考文献

[1] 肖林鹏，李宗浩，杨晓晨．公共体育服务概念及其理论分析[J]．天津体育学院学报，2007(2)：97-101．
[2] 范冬云．我国体育公共服务研究中几个问题的探讨[J]．成都体育学院学报，2010，36（2）：6-12．
[3] 刘亮．我国体育公共服务的概念溯源与再认识[J]．体育学刊，2011，18（3）：14-19．
[4] 郇昌店，肖林鹏，李宗浩，等．我国公共体育服务发展述评[J]．体育学刊，2009，16（6）：20-24．
[5] 肖林鹏．我国公共体育服务体系概念开发及其结构探讨[J]．天津体育学院学报，2007，22（6）：472-475．
[6] 李静，陈嵘．浙江省社区体育公共服务体系的现状与对策研究——以杭州市为例[J]．成都体育学院学报，2009，35（12）：3．
[7] 潘雪梅，樊炳有．我国体育公共服务的发展理念及目标[J]．上海体育学院学报，2010，34(3)：10-14．
[8] 樊炳有．体育公共服务的运行机制探讨[J]．体育与科学，2010，31（2）：25-32．
[9] 罗旭，苗向军，邢文华．全民健身体育公共服务运行机制的理论分析[J]．沈阳体育学院学报，2009，28（6）：4．
[10] 王景波．加强体育行政部门体育公共服务职能的研究[J]．沈阳体育学院学报，2009，28(1)：18-20．
[11] 樊炳有．我国体育公共服务供给制度及实践路径选择探讨[J]．体育与科学，2009，30（4）：27-31．
[12] 曹可强，俞琳．论体育公共服务供给主体的多元化[J]．体育学刊，2010，17（10）：22-25．
[13] 陈静霜．我国公共体育服务模式选择与供给主体分析[J]．成都体育学院学报，2009，35(6)：32-34．
[14] 卢文云，梁伟，孙丽，等．新农村建设背景下西部农村公共体育服务供给现状、问题及对策研究[J]．体育科学，2010，30（2）：11-19．
[15] 范宏伟，靳厚忠，秦椿林，等．中国都市公共体育服务均等化发展的实证研究[J]．武汉体育学院学报，2009，43（9）：12-16．
[16] 张利，田雨普．我国体育公共服务均等化现状及发展对策研究[J]．西安体育学院学报，2010，27（2）：137-141．
[17] 郇昌店，肖林鹏．公共体育服务均等化初探[J]．体育文化导刊，2008（2）：29-31．
[18] 黄晓．和谐社会语境下公共体育服务均等化发展研究[J]．成都体育学院学报，2008，34（5）：5-8．
[19] 蓝国彬．实现城乡公共体育服务均等化的路径思考[J]．体育与科学 2010，31（2）：63-66．
[20] 刘玉．公共服务均等化视野中的体育管理体制改革[J]．上海体育学院学报，2010，34（5）：4-7．
[21] 于善旭．论《全民健身条例》对公共体育服务的制度推进[J]．天津体育学院学报，2010，26（6）：6-8．
[22] 权德庆，徐文强，安儒亮，等．中国体育事业统计体系研究[J]．体育科学，2009，29（11）：15-22．
[23] 权德庆，等．中国体育事业统计体系研究[M]．北京：人民体育出版社，2011．
[24] 曹建平．新世纪国内外体育产业发展的现状及对策[J]．体育科学研究，2008，12（3）：18-20．
[25] 朱家新．体育消费统计指标体系探讨[J]．体育科学研究，2007（01）：18-20．
[26] 李文杰．我国体育消费统计指标体系设计[J]．统计与决策，2008（13）：151-152．
[27] 蔡军，康勤国，李法伟，等．我国体育消费统计调查制度建设与创新研究[J]．西安体育学院学报，2018，35（5）：541-547．
[28] 胡笑寒，毛雅萍．澳大利亚体育消费研究[J]．体育文化导刊，2010（02）：155-158．
[29] 杜栋，庞庆华．现代综合评价方法与案例精选[M]．北京：清华大学出版社，2005
[30] 董新光，晓敏，丁鹏，等．农村体育评价指标体系的研究[J]．体育科学，2007（10）：49-55．
[31] 胡庆山，曹际玮．农村体育治理评价指标体系构建与实证研究[J]．体育科学，2019，39(5)：26-38．

[32] 陈林华，王跃，李荣日，等．国际体育城市评价指标体系的构建研究[J]．体育科学，2014，34（6）：34-41．
[33] 楼兰萍，虞力宏．社区体育发展水平评价指标的研究[J]．北京体育大学学报，2004（5）：595-596，599．
[34] 陈华栋，顾建光，裴锋．新公共管理理论及实践模式探析[J]．求索，2005，07：42-44．
[35] 刘力，张源．“新公共管理”运动及其对中国行政改革的启示[J]．天府新论，2003，（4）：68．
[36] 黄小勇．新公共管理理论及其借鉴意义[J]．中共中央党校学报，2004，3：62-65．
[37] 马庆钰．关于“公共服务”的解读[J]．中国行政管理，2005（2）：78-82．
[38] 李朝祥．政府公共服务职能的市场化[J]．广西社会科学，2003（4）：16-17．
[39] 肖林鹏，李宗浩，杨晓晨，等．论我国公共体育服务的供给困境[J]．山东体育学院学报，2008（8）：1-4．
[40] 范冬云．我国体育公共服务研究中几个问题的探讨[J]．成都体育学院学报，2010，36（2）：6-12．
[41] 袁海霞，汪南平，史德．德尔菲法在潜艇舱室空气质量评价指标筛选中的应用[J]．海军医学杂志，2005（3）：18-20．
[42] 林琳，许红峰，邱冠寰．厦门市公共体育场馆管理运营现状与对策研究[J]．首都体育学院学报，2008（5）：53-56，60．
[43] 陈明．公共体育场馆经营管理的模式[J]．体育学刊，2004（3）：25-28．
[44] 马士华，陈习勇．供应链环境下的物流能力构成及其特性研究[J]．管理学报，2004（1）：107-111，5-6．
[45] 陈雪玲，等．体育经济政策研究[M]．北京：人民体育出版社，1997：90．
[46] 曹可强．上海市公共体育场馆经营管理现状与对策研究[J]．沈阳体育学院报．2003（4）：7-9．
[47] 王菁，吕树庭，刘江南．深圳市公共体育场馆的现状及多功能开发的研究[J]．广州体育学院学报，2003（3）：1-3．
[48] 李明．我国公共体育场馆的资产性质及其改革[J]．天津体育学院学报，2003（2）：56-58．
[49] 权德庆，徐文强，安儒亮，等．中国体育事业统计体系研究[J]．体育科学，2009，29（11）：15-22．
[50] 宋秀丽．新型农村社区体育研究[M]．北京：北京体育大学出版社，2011．